TOMORROW

Titel der Originalausgabe:
DEMAIN
Copyright © 2015 by Actes Sud, France

Cyril Dion
TOMORROW

| | |
|---:|:---|
| Projektmanagement: | Marianne Nentwig |
| Übersetzung: | Elisabeth Müller |
| Lektorat: | Andreas Klatt |
| Gestaltung Umschlag/Innenteil: | Wilfried Klei |
| Coverfoto: | © Alexandre Léglise |
| Autorenfoto: | Fanny Dion |
| Druck & Verarbeitung: | Westermann Druck Zwickau |

© J. Kamphausen Mediengruppe GmbH, Bielefeld 2017
info@j-kamphausen.de | www.weltinnenraum.de

ISBN Printausgabe: 978-3-95883-157-5
ISBN E-Book: 978-3-95883-158-2

**2. Auflage 2017**

Bibliografische Information der Deutschen Nationalbibliothek
Die Deutsche Nationalbibliothek verzeichnet diese
Publikation in der Deutschen Nationalbibliografie;
detaillierte bibliografische Daten sind im Internet über
**http://dnb.d-nb.de** abrufbar.

*Dieses Buch wurde auf 100% Altpapier gedruckt und ist alterungsbeständig.
Weitere Informationen hierzu finden Sie* unter www.weltinnenraum.de

Alle Rechte der Verbreitung, auch durch Funk, Fernsehen und
sonstige Kommunikationsmittel, fotomechanische oder vertonte Wiedergabe
sowie des auszugsweisen Nachdrucks vorbehalten.

CYRIL DION

# TOMORROW
## DIE WELT IST VOLLER LÖSUNGEN

Übersetzung aus dem Französischen von
Elisabeth Müller

## IM BEREICH DES MÖGLICHEN

Die tiefe Krise unserer Gesellschaft ist offenkundig. Die wirtschaftliche Deregulierung, die soziale Ausgrenzung, die ungehemmte Ausbeutung der natürlichen Ressourcen, ein erbittertes, entmenschlichtes Profitstreben und die sich vertiefende Kluft der Ungleichheiten stehen im Mittelpunkt unserer heutigen Problemlage.

Gleichzeitig kommen überall auf der Welt Männer und Frauen zusammen, um originelle, innovative Initiativen zu gründen und neue Zukunftsperspektiven zu schaffen. Lösungen gibt es genug, an allen Ecken des Planeten tauchen nie dagewesene Ideen auf und werden zunächst im kleinen Maßstab umgesetzt – stets mit dem Ziel, eine echte Bewegung zur Verwandlung der Gesellschaft in Gang zu setzen.

# TOMORROW

**EINFÜHRUNG**     **10**
    AUFBRUCH     18
    STANFORD UNIVERSITY – DIE HINTERGRÜNDE DES SCHOCKS     19
    BEGEGNUNG MIT ELIZABETH HADLY UND ANTHONY BARNOSKY     20
    BEGEGNUNG MIT LESTER BROWN     26

**I. UNS SO ERNÄHREN, DASS WIR NICHT AUSSTERBEN**     **32**
1. DIE GESCHICHTE VON GESTERN – BEGEGNUNG MIT OLIVIER DE SCHUTTER     35
2. DEN ANBAU REGIONALISIEREN – DAS ABENTEUER DER URBANEN LANDWIRTSCHAFT     43
        Detroit     43
        Todmorden     52
3. ANDERS PRODUZIEREN – DAS WUNDER DER PERMAKULTUR     63
4. DIE GESCHICHTE DER LANDWIRTSCHAFT NEU SCHREIBEN     72

**II. SO GELINGT DIE ENERGIEWENDE**     **74**
1. DIE GESCHICHTE VON GESTERN – BEGEGNUNG MIT THIERRY SALOMON     76
2. ERNEUERBARE INSELN     85
        Island: Erdwärme und Wasserkraft     86
        La Réunion: Sonne und *Agrinergie*     89
3. KOPENHAGEN: ERSTE $CO_2$-NEUTRALE HAUPTSTADT     95
4. MALMÖ: ÖKO-STADT DER ZUKUNFT     104
5. BEGEGNUNG MIT JAN GEHL     110
6. EINE STADT OHNE MÜLL: DIE GESCHICHTE VON SAN FRANCISCO     118

**III. DIE WIRTSCHAFT VON MORGEN**     **128**
1. DIE GESCHICHTE VON GESTERN – BEGEGNUNG MIT PIERRE RABHI     129
2. POCHECO – ÖKOLOGISCH PRODUZIEREN IST PREISWERTER     139
3. GELD – VON DER MONOKULTUR ZUR VIELFALT     150
        Begegnung mit Bernard Lietaer     150
        WIR: 60.000 Mittelständler gründen ihre eigene Bank     162
        Bristol: die Stadt, in der sich der Bürgermeister in einer Regionalwährung bezahlen lässt     169
4. *LOCAL FIRST!*     182
        Begegnung mit Michelle Long, Michael Shuman, Nikki Silvestri und Judy Wicks     187
5. REPARIEREN, WIEDERVERWERTEN, SELBER MACHEN: DIE BEWEGUNG DER MAKER     197
6. HIN ZU EINER DEZENTRALEN WIRTSCHAFT DES TEILENS: BEGEGNUNG MIT JEREMY RIFKIN     202

## IV. DIE DEMOKRATIE NEU ERFINDEN — 210

1. DIE GESCHICHTE VON GESTERN –
   BEGEGNUNG MIT DAVID VAN REYBROUCK — 211
2. REVOLUTION IN ISLAND: BÜRGER GEGEN FINANZMÄRKTE
   UND DIE ERSTE IM CROWDSOURCING-VERFAHREN
   ENTSTANDENE VERFASSUNG DER GESCHICHTE — 223
3. KUTTAMBAKKAMM: BÜRGER REGIEREN SICH SELBST — 235
4. BEGEGNUNG MIT VANDANA SHIVA: HÖHERE GESETZE BEFOLGEN — 248

## V. DIE NEUE GESCHICHTE DER ERZIEHUNG — 256

1. DIE GESCHICHTE VON GESTERN — 257
2. JEDER SCHÜLER IST WICHTIG: SCHULISCHE ERZIEHUNG IN FINNLAND — 262

## VI. LOSLEGEN — 274

BEGEGNUNG MIT ROB HOPKINS — 275

## SCHLUSS — 282

DANKSAGUNGEN — 288
  Bildnachweis — 288
  Projekte in Deutschland — 289

# EINFÜHRUNG

**27. Juli 2012.** Es ist noch früh am Morgen. Meine Blicke schweifen über die Latten der Scheune, in der ich mit meiner Familie übernachte. Noch vom Schlaf benommen, fühlt sich mein Kopf schwer an und mir ist noch ganz duselig von der Hitze. Mein Körper verlangt nach frischer Luft. Ich stehe leise auf, streife die Kleider über und schlüpfe nach draußen. Die Natur riecht gut. Mit kleinen Schritten gehe ich barfuß durch das hohe Gras. Myriaden von Insekten umschwirren die Sträucher. Ich genieße diese Stunde, in der allmählich der Tag anbricht.

Mit meiner Familie verbringe ich den Urlaub auf dem Bauernhof eines Cousins, der kürzlich auf ökologische Landwirtschaft umgestellt hat. Hinter der Gartenhecke stapfen ein paar Kühe, Schweine und Pferde durch das saftige Gras. Ich ziehe die Schuhe an und gehe los, fast eine Stunde lang durchstreife ich die Natur, fühle mich verbunden mit dem dichten, stillen Leben, das im Dickicht wohnt, in Bäumen und Tümpeln.

Zurück in der Scheune schalte ich den Computer an und lese die Nachrichten. Auf der Seite von *Le Monde* springt mir der ungewöhnliche Titel eines Artikels ins Auge, ganz oben in der Liste der meistgelesenen Texte: „Das Ende des Planeten im Jahr 2100?" Es handelt sich um einen Blogbeitrag der Umweltjournalistin Audrey Garric. Erst überfliege ich ihn, dann lese ich ihn aufmerksamer und erfahre, worum es geht: die drohende Vernichtung von Teilen des Lebens auf der Erde innerhalb weniger Jahrzehnte. Ich kann es kaum glauben. Die Nachricht stammt aus einer Studie, die zweiundzwanzig Wissenschaftler aus der ganzen Welt in der Zeitschrift *Nature* veröffentlicht haben. Sie bezieht Dutzende weiterer Bestandsaufnahmen von Umweltschäden, Klimawandel, Entwaldung, Bodenerosionen, Bevölkerungswachstum und Artensterben mit ein und kommt zu dem Schluss, dass die Erde kurz vor dem Kollaps steht. Tritt er ein, dann brechen in einer Kettenreaktion die Ökosysteme zusammen und das klimatische und biologische Gleichgewicht der Erde wird sich für immer verschieben. Diese Verschiebung wird so brutal über uns hereinbrechen, dass die verschiedenen Arten keine Chance haben werden, sich anzupassen.

Stundenlang fühle ich mich wie unter Schock. Während die anderen aufstehen, bleibe ich völlig unbeteiligt. Ich weiß nicht, was ich sagen soll. Beim Frühstück beobachte ich meine Kinder mit ihren vom Schlaf verquollenen Augen. Ich betrachte die anderen, meine Partnerin und ihre Cousins, wie sie an diesem Morgen in die Gänge kommen und mit mechanischen Gesten den Tag beginnen. Alles, was noch am Vortag normal war, kommt mir jetzt irgendwie falsch vor. Ich habe keine Ahnung, wie ich das, was ich gerade gelesen habe, mit ihnen teilen soll. Aber gleichzeitig würde ich am liebsten sofort damit herausplatzen. Ich warte noch ungefähr eine Stunde, dann erzähle ich es ihnen. So gut ich kann. Ohne übertriebenen Pathos. Mit einem Höchstmaß an gebotener Faktentreue und bei aller Vorsicht, mit der diese vermeintlichen Tatsachen zu interpretieren sind. Aber ich verberge nicht, wie sehr mich die Nachricht erschüttert. Niemand reagiert, wie ich es erwartet hätte, allerdings habe ich nur mit den Erwachsenen gesprochen. Unser Gespräch erschöpft sich in Bemerkungen wie: „Ja, wir wissen, das wird eine Katastrophe. Aber, jetzt mal ehrlich, was sollen wir denn tun?" Ein Teil von mir ist entsetzt, während der andere das sehr gut verstehen kann. Schließlich stimmt es doch: Was soll man denn mit einer solchen Nachricht anfangen?

Zehn Tage später ist die Studie der Aufmacher in der Tageszeitung *Libération*. Laure Nouhalat, einer tonangebenden Journalistin im Auslandsressort, ist es, unterstützt durch das Sommerloch, gelungen, für das Thema die Titelseite und vier Innenseiten der Zeitung zu erobern. Ich spreche noch einmal mit meiner Lebensgefährtin darüber und finde diesmal mehr Gehör. Dennoch fasziniert mich die Beobachtung, dass diese Nachricht bei niemandem eine konkrete Reaktion auslöst. Auch nicht bei mir. Im Grunde ändert sie nichts an unserem Alltag – und das, obwohl wir von Ereignissen sprechen, deren Auswirkungen ebenso zerstörerisch und wahrscheinlich sogar noch viel zerstörerischer wären als ein Weltkrieg.

Am 31. März 2013 bin ich als Gast in der Nachrichtensendung von Stéphane Paoli auf *France Inter*. Während der Vorbereitungen auf die Sendung erzähle ich ihm von der Studie und halte mit meiner Betroffenheit nicht hinterm Berg. Seit dem Artikel vom 9. August in *Libération* hat sich von den großen Medien keins ernsthaft mit dem Thema befasst. Während der Sendung bringt er diese mediale Absurdität durchaus überzeugend zur Sprache. Aber bei den 13-Uhr-Nachrichten, die unser Gespräch unterbrechen, fällt die Meldung selbst bei diesem seriösen, linken, öffentlichen Sender, wo seit Jahren eine ganze Reihe qualifizierter Journalisten arbeiten, unter den Tisch. Stattdessen gibt es ein paar gemischte Nachrichten und man berichtet von Streitigkeiten zwischen Politikern. Nichts Weltbewegendes. Obwohl diese Nachricht in die Schlagzeilen sämtlicher Zeitungen und in alle Radio- und TV-Nachrichten an erste Stelle gehört, wurde sie – mit der löblichen Ausnahme von *Libération*, dank der Beharrlichkeit von Laure Nouhalat – in den Blog einer der wichtigsten französischen Tageszeitungen und in die Nische des Online-Magazins *Alternatives économiques* abgeschoben. Abgesehen davon fand sie nur noch

Widerhall in zwei Internet-Artikeln (soweit ich weiß auf den Webseiten von *Échos* und dem *Psychologie magazine*). Wie ist das möglich?

Sechs Jahre lang hatte ich aktiv über dieses Paradox nachgedacht. Denn Ende 2006 übertrug man mir die Aufgabe, eine Bewegung[1] zu gründen, die von dem Umweltschützer, Landwirt und Schriftsteller Pierre Rabhi inspiriert war. Bis August 2013 führte ich sie an. Während dieser Zeit versuchten wir nachzuvollziehen, was Bürger, Unternehmer und Volksvertreter dazu bewegt, etwas zu tun … oder eben nichts zu tun. Die alarmierenden Befunde häuften sich seit Jahrzehnten, ob sie nun, ab dem Jahr 1949, von dem verkannten Autoren Fairfield Osborn, im Jahr 1961 von Rachel Carson, im Jahr 1972 vom weltbekannten *Club of Rome*, ab 1988 vom IPCC[2], 1992 vom ersten Gipfel in Rio (und allen, die darauf folgten) und danach von etlichen Dokumentarfilmen, TV-Sendungen, Nichtregierungsorganisation (NGOs) oder sogar von einigen verantwortungsbewussten Politikern stammten. Trotzdem waren sie offenbar außerstande, wirklich entscheidende Maßnahmen einzuleiten. Die Regierungen planten weiter auf kurze Sicht und ließen sich ihre Prioritäten von den Schwergewichten aus der Wirtschafts- und Finanzwelt diktieren – oder sie starrten auf die nächsten Wahlen. Die Unternehmer schworen sich größtenteils – notgedrungen oder aus freien Stücken – auf die Wachstumslogik des Kapitalismus ein. Die Bevölkerungsmehrheit hielt die Konsummaschinerie am Laufen und hatte mit ihrem Alltag und ihren finanziellen Nöten genug zu tun. Währenddessen wurden die Populationen wilder Tier- und Pflanzenarten halbiert, die Temperatur der Erde stieg weiter, die Müllhalden wuchsen, eine Milliarde Menschen wussten nicht mehr, wovon sie sich ernähren sollten, gleichzeitig litten fast 1,5 Milliarden Menschen an Übergewicht. Und 85 Personen horteten so viel Geld wie die restlichen 3,5 Milliarden … Was musste eigentlich noch passieren, damit wir endlich reagierten?

Während ich mich mit diesen Fragen herumschlug, wurden mir zwei Dinge bewusst.

Erstens leiden wir daran, dass unsere Wirklichkeit zunehmend virtuell wird, d.h. es fällt uns immer schwerer, unsere Handlungen und deren Folgen, die wir ja weder sehen noch fühlen können, miteinander in Verbindung zu bringen: den von unserem wahnwitzigen Energieverbrauch verursachten Klimawandel; das Elend der Sklaven am anderen Ende der Welt, die unsere Handys zusammenbauen und unsere Kleider nähen; die Erschöpfung der Ressourcen

---

[1] Die Bewegung Colibris, www.colibris-lemouvement.org.
[2] Intergovernmental Panel on Climate Change IPCC,
dt. *Zwischenstaatlicher Ausschuss über die Klimaveränderung.*

zur Herstellung unserer Konsumgüter; die Quälerei der Tiere auf den Fließbändern der automatisierten Schlachthöfe, damit wir uns mit Steaks, Hamburgern und Würstchen vollstopfen können; die Ausrottung Tausender wilder Tier- und Pflanzenarten, um Parkhäuser, Hotels und Supermärkte zu bauen oder um Mais und Soja anzupflanzen und unsere Rinder, Hühner, Schweine zu füttern, die wir in gigantische Hallen pressen ...

Immer und immer wieder hatte ich versucht, meinen Kindern zu erklären, warum ich nicht bereit war, mit ihnen ins Fast-Food-Restaurant zu gehen, obwohl all ihre Freunde mit derselben Selbstverständlichkeit dorthin gingen, mit der man auch ins Kino geht oder zum Bäcker, ohne darüber nachzudenken. Aber das, was ich ihnen vorbetete – und was man mir Jahre zuvor ohne die geringste Wirkung vorgebetet hatte –, waren nur Worte, abstrakte Ideen. Die abgeholzten Wälder sind eben nur Zahlen, manchmal auch Bilder, aber die vergessen wir, kaum dass ein neuer Reiz sie aus unseren Köpfen verdrängt. Ich weiß ja selbst, wie viel Mühe es kostet, mich von einmal getroffenen Entscheidungen immer wieder neu zu überzeugen: die Notwendigkeit, kein Fleisch zu essen, nicht im Supermarkt einzukaufen, nicht so oft zu fliegen ... und wie oft ich inkonsequent bin. Denn all die guten Vorsätze scheinen gegen die Massenkultur und die eigenen Gewohnheiten oft machtlos zu sein. Wie sollen sie auch greifen, wenn uns unsere ganze Lebensweise und die Art, wie unsere Welt organisiert ist, mit atemberaubender Geschwindigkeit in die entgegengesetzte Richtung treibt? Aber: Was für Möglichkeiten haben wir eigentlich noch?

Das Zweite, was mir aufging, sind unsere fehlenden Perspektiven. Seit 2007 war ich mir im Klaren darüber, dass uns vor allem eine erstrebenswerte ökologische Vision für eine nachhaltige Welt fehlte. Eigentlich beschränkten wir uns darauf – wie die meisten Kollegen anderer NGOs auch -, die gesellschaftlichen Akteure aufzufordern, ihre Lebensweise zu ändern, ohne dass wir ihnen eine inspirierende globale Alternative zu bieten hatten. Im Grunde rieten wir ihnen zu einem Schritt ins Leere. Und nur wenige haben den Mut oder die Möglichkeit, einen solchen Sprung ins Unbekannte zu wagen. Wir mussten ihnen einen Rettungsring auswerfen, uns allen einen festen, sicheren Halt bieten, während wir die Zukunft bauen. Oder es zumindest versuchen. Unsere Konferenzen und Veranstaltungen waren bevölkert von Leuten, die immer denselben Satz parat hatten: „Was soll man denn machen?" Es genügte eben nicht, kleine Schritte und Einzelaktionen anzuregen. Schon gar nicht, wenn sie uns die Diskrepanz zur Größenordnung der Probleme nur noch krasser vor

Augen führten. Es ist einfach schwer einzuschätzen, ob meine Entscheidung, zu duschen oder ein Vollbad zu nehmen, überhaupt Einfluss auf den Wasserverbrauch hat, wenn ich weiß, dass unser Wasser zu 70 % in die Acker- und Viehwirtschaft[3] fließt. Es klingt unverhältnismäßig, das Ausmaß der Erderwärmung mit dem auszuschaltenden Deckenlicht in Verbindung zu bringen oder mit der vermiedenen Autofahrt. Vor allem, wenn man weiß, wie viel Treibhausgase von chinesischen Kohlekraftwerken freigesetzt werden oder bei der Förderung von Teersand in Alberta. Andererseits verbietet es unsere Menschlichkeit, uns immer wieder auf der Rechtfertigung auszuruhen, dass es schließlich noch viel größere Umweltsünder gibt als einen selbst. Aber diese Ausreden enthalten einen wichtigen Kern: Ein Teil von uns glaubt nämlich, dass es eh nichts nützt. Und niemand will Anstrengungen unternehmen, die sowieso nichts bringen. Solche Maßnahmen sollten also lieber in eine Art Richtlinie einfließen. Das heißt, wenn man die Pläne für ein neues Haus oder für eine neue Gesellschaft entwirft, sollte man gleich zeigen, wie jeder seinen Beitrag leisten und die ersten Schritte in Richtung Umweltschutz tun kann. Womöglich ging es also erst mal darum, einen Sinn zu stiften, die Begeisterung zu schüren und Geschichten von einer neuen Welt zu erzählen, die unseren Verstand genauso ansprechen wie unser Herz.

Im Laufe des Jahres 2008 entdeckte ich dann ein Buch, dessen Lektüre mich tief berührt hat: *L'espèce fabulatrice* von der Schriftstellerin und Essayistin Nancy Huston. Das Buch beginnt so:

> Von allen Erdenbewohnern wissen nur die Menschen, dass sie geboren sind und sterben werden. Dieses Wissen verleiht uns etwas, was nicht einmal unsere nächsten Verwandten, die Schimpansen und Bonobos besitzen: die Vorstellung eines Lebens. Nur wir begreifen unser Erdenleben als eine Wegstrecke voller Sinn (Bedeutung und Richtung), als Bogen, als Kurve von der Geburt bis zum Tod, als Form, die sich mit der Zeit entfaltet und die einen Anfang, verschiedene Wendepunkte und ein Ende hat. Mit anderen Worten: eine Erzählung.
>
> „Am Anfang war das Wort" heißt: Das Wort – also eine sinnerfüllte Handlung – kennzeichnet den Beginn unserer Gattung. Es ist die Erzählung, die unserem Leben die Dimension der Sinnhaftigkeit verleiht, und die bei allen anderen Tieren fehlt [...]. Der Sinn des Menschen unterscheidet sich vom Sinn der Tiere darin, dass er durch Erzählungen, durch Geschichten, durch die Fiktion erschaffen wird.[4]

---

[3] www.wwf.de/themen-projekte/fluesse-seen/wasserverbrauch/wasser-verschwendung
[4] Nancy Huston, *L'espèce fabulatrice*, Actes Sud, 2008, S. 14. Ins Deutsche übersetzt, bedeutet der Titel: Die Gattung der krankhaften Einbildungen.

In diesem Buch legt Nancy Huston dar, dass der Mensch mit seiner Einbildungskraft die Fähigkeit zur Fiktion entwickelt hat, um das eigene Überleben zu sichern. Voller Angst vor dem eigenen Ende hat er das verzweifelte Bedürfnis, einen Sinn zu stiften, der seine Existenz inmitten der ihn umgebenden Mysterien rechtfertigt. Religionen, Staaten, die Geschichte, unentwegt erschafft der Mensch individuelle und kollektive Geschichten, die, wenn sie von einer Mehrheit geteilt werden, zum Sockel von sozialen und kulturellen Gebilden werden. Mündliche und bildliche Überlieferungen und später das Buch waren lange Zeit die bevorzugten Medien zur Verbreitung dieser Erzählungen. Das Aufkommen des Romans hat das Phänomen weiter beschleunigt und ihm den offiziellen Rang einer „Fiktion" eingeräumt. Seit den 1930er und mehr noch seit den 1950er Jahren ist der Film mehr und mehr ein Ausdrucksmittel für diese vom Menschen entwickelte Fähigkeit geworden, Millionen anderen Menschen Geschichten zu erzählen. Und so deren Vorstellungswelten zu gestalten.

Huston nimmt in ihrem Buch einen Blickwinkel auf die Wirklichkeit ein, der mir eine Art Offenbarung war. Ich behaupte nicht, dass ihre Theorie zutrifft, vielmehr hat sie mich als Fiktion angesprochen. Daher schien es mir, als könnten sämtliche Ideologien und alle Gesellschaftsmodelle, gegen die wir uns mit so viel Energie zur Wehr setzen, einzig und allein durch den fiktionalen Blick und mit einer Geschichte wirkungsvoll „bekämpft" werden. In gewisser Hinsicht ist nämlich auch der vielzitierte „Fortschritt" eine Fiktion. Und seine Fähigkeit, einen Großteil der Menschheit ins Schwärmen zu bringen und sie damit so sehr in die Geschichte hineinzuziehen, dass sie an ihr teilnehmen, indem sie sie praktisch umsetzen, hat die ganze Menschheit durcheinander gebracht. Die Menschheit oder einen Teil davon auf einen neuen umweltfreundlicheren, menschlicheren Weg zu führen, konnte also nur gelingen, wenn das Grundgerüst einer neuen kollektiven Fiktion sichtbar würde.

Ende 2010 habe ich angefangen, ein Filmdrehbuch zu schreiben, das in diese Richtung geht. Wie eine Skizze, bei der wir die bereits bekannten Pinselstriche auftragen: Pionierprojekte zur Neuerfindung der Landwirtschaft, der Energieversorgung, des Städtebaus, der Wirtschaft, der Demokratie, der Bildung. Ich wollte wissen, ob durch die Verknüpfung dieser Bereiche eine Erzählung entstehen würde, also die Geschichte der Welt von morgen. Und ob diese Fiktion inspirierend genug war, damit ihr konkrete Schritte folgen und die Kreativität in Gang kommt, so wie es der Fiktion des „Fortschritts" vor 60 Jahren gelungen war. Ende 2011 habe ich die Schauspielerin und Filmemacherin Mélanie Laurent kennengelernt. Im September 2012 sind wir gemeinsam aufgebrochen und haben einen außergewöhnlichen Landwirtschaftsbetrieb besucht, der sich auf die Permakultur verlegt hat (siehe S. 63). Auf dem Rückweg habe ich ihr von meinem Projekt und all den Schwierigkeiten erzählt, es in die Welt zu bringen. Sie war sofort Feuer und Flamme, da begann unsere Freundschaft. Als ich im Februar 2013 ernüchternde Nachrichten von meinen potentiellen Partnern erhielt, schlug ich ihr vor, das Projekt gemeinsam in Angriff zu nehmen. Sie sagte auf der Stelle zu und lehnte andere, lukrativere und für ihre Karriere wichtigere Engagements ab. Ein Jahr später, nach einer Menge Arbeit und einem ersten Testlauf auf der Insel La Réunion, haben wir eine Crowdfunding-Kampagne gestartet. Wir wollten in zwei Monaten 200.000 Euro zusammenbekommen, um mit den Dreharbeiten zu beginnen. Nach zwei Monaten hatten wir 450.000 Euro. Das Abenteuer konnte beginnen. Dank all der Geldgeber und Geldgeberinnen und der vielen anderen Unterstützer konnten wir in zehn verschiedene Länder reisen und fast fünfzig Wissenschaftler, Aktivisten, Unternehmern und Volksvertreter treffen, die bereits angefangen haben, die Grundlagen für eine neue Welt zu schaffen. Dieses Buch und der Film *TOMORROW* berichten darüber.

## AUFBRUCH

Geschafft, wir fahren los. Also zumindest ich fahre los. Der Zug bringt mich von Zu Hause zum Bahnhof Montparnasse, wo ich ein Taxi nehme und zum Flughafen Charles-de-Gaulle fahre. Dort treffe ich das übrige Team: Mélanie, den Bildregisseur Alexandre, der auch ein langjähriger Freund von mir ist, dessen Assistenten Raphaël, den Toningenieur Laurent, unseren Regisseur Antoine und Tiffany, die halb Amerikanerin ist und ihm für diesen ersten zweiwöchigen Einsatz in den USA zur Seite steht.

Schon seit Tagen verkrampfen sich meine Eingeweide, drückt mein Solarplexus, breiten sich Wellen von Angst in meiner Brust aus, die ich seit Jahren kenne und die mein Herz rasen lassen. Das hier ist mein erster Film, und in den letzten Wochen wurden mir jeden Tag aufs Neue meine technischen und teilweise auch künstlerischen Defizite aufgezeigt. Für einen Moment befürchte ich, dass mich die Angst lähmt und mir den Verstand derart benebelt, dass ich nicht mehr in der Lage bin, die richtigen Entscheidungen zu treffen. Wenigstens ist Mélanie dabei, aber es ist auch ihr erster Dokumentarfilm, und wir haben noch nie richtig zusammengearbeitet. Ich habe mir lauter Merkzettel mit Drehplänen gemacht und Spicker, wo die Fragen draufstehen, die ich den Leuten stellen will, aber im Moment scheint das alles nichts zu helfen und mir Sicherheit zu geben. Dann sehe ich die anderen. Kurz darauf reden wir alle durcheinander, um unserer Aufregung Luft zu machen. Mélanie kaspert herum, wodurch sich die Stimmung entspannt. Das Gespräch kommt auf all die tollen Sachen, die wir sehen werden, und allmählich siegt die Abenteuerlust. Beladen mit Taschen und Kästen – wir haben insgesamt fünfzehn Gepäckstücke -, lassen wir uns vom Strom der Passagiere ins Flugzeug schieben. Es soll nicht das Letzte gewesen sein …

Wenige Stunden später fliegen wir über den Atlantik. Damit uns der Morgen nicht weckt, bittet die Stewardess darum, die Fensterluken zu verdunkeln. Wir bewegen uns mit einer Geschwindigkeit von 1000 Stundenkilometern vorwärts und der Boden liegt Tausende von Metern unter uns, aber wir nehmen das so gut wie nicht wahr. Nur die auf dem Monitor abgebildete Strecke vermittelt uns eine vage intellektuelle Vorstellung davon, wie wir uns fortbewegen. Unsere Körper sind in den Sitzreihen eingezwängt, unsere Augen starren gebannt auf die Bildschirme, die unseren Gehirnen eine andere Wirklichkeit vorgaukeln als jene, in der wir uns gerade eigentlich befinden. Wie ein zweites Fenster, in das wir versinken können, um uns abzulenken. Dabei würde ich lieber aus dem ersten Fenster hinausschauen und die Nacht mit

Blicken durchbohren, um nie Gesehenes unter mir zu erahnen: unglaubliche Weiten, Schwertwale, Delfine und später endlose Küsten und die von Autos und menschlichen Körpern wimmelnden Megastädte. Eigentlich macht es keinen Sinn, so zu reisen, denke ich. Aber wie hätten wir es sonst machen sollen? Unser Filmbudget reicht gerade, um drei oder vier Tage an jedem Ort zu bleiben. Jeder weitere Tag bedeutet zusätzliche Kosten, Arbeitslöhne und die Miete für die Ausrüstung, Hotels, Mahlzeiten ... Natürlich hätten wir das Ganze auch als Abenteuerreise mit langsamen Verkehrsmitteln planen können, aber das hätte bedeutet, unsere Familien monatelang allein zu lassen und während der Zeit nichts zu verdienen. Die meisten von uns haben aber laufende Kosten, Kredite, Mieten. Es anders aufzuziehen, hätte bedeutet, aus all dem auszusteigen. Seit Jahren komme ich immer wieder zu dem gleichen Schluss, nämlich dass das Leben irgendwie undurchschaubar ist. Wir schwimmen immer im Hauptstrom mit, außer wir beschließen, gegen den Strom zu schwimmen. Die Leute, die wir filmen werden, so denke ich, haben beschlossen, dem Strom eine andere Richtung zu geben. Diese Vorstellung gefällt mir.

## STANFORD UNIVERSITY – DIE HINTERGRÜNDE DES SCHOCKS

An einem Spätnachmittag auf dem Campus von Stanford anzukommen, der 40 Minuten von San Francisco entfernt liegt, und zu sehen, wie die Sonne alles in ihr orangefarbenes Licht taucht, ist nicht die schlechteste Erfahrung. Auf riesigen Rasenflächen, gesäumt von majestätischen Kiefern, reihen sich Unigebäude mit ockerfarbenen Fassaden und südamerikanischem Flair aneinander. Dazwischen überall Studenten zu Fuß oder auf Fahrrädern. Auch ein paar Autos kurven über die serpentinenartigen schmalen, das Gelände überziehenden Straßen dieser Hochschule, die größer ist als ein französisches Dorf. Wir finden Liz Hadly und Tony Barnosky in ihrem Labor. Sie waren es, die die berühmte Studie geleitet haben – den Auslöser für unsere Reise. Liz ist Biologin, aber diese Berufsbezeichnung ist viel zu begrenzt, um all ihre Kompetenzen zu beschreiben. Sie hat einen Abschluss in Anthropologie und Quartärwissenschaften und einen Doktortitel in Systembiologie von der Universität Berkeley. Jahrelange Feldstudien in den riesigen nordamerikanischen Nationalparks liegen hinter ihr, wo sie die Evolution der verschiedenen Arten erforscht hat. Heute unterrichtet sie in Stanford. Tony ist Paläontologe. Er hat mehrere Abschlüsse in Geologie, darunter einen Doktortitel der geologischen Wissenschaften von der Universität Washington. Er hat an den Unis von Dublin, Pittsburgh, New York und Chile gelehrt. Inzwischen ist er seit mehr als 20 Jahren in Berkeley. Gemeinsam bringen sie eine ansehnliche Liste wissenschaftlicher Publikationen und Auszeichnungen für ihre jeweilige Arbeit zustande. Mit 20 weiteren Biologen, Geografen, Paläontologen, Geologen, Biophysikern, Biochemikern und Umweltwissenschaftlern aus der ganzen Welt haben sie im Juni 2012 den Artikel *Approaching a State Shift in Earth's Biosphere*[5] publiziert. Wir sind zu ihnen gefahren, weil wir eine Antwort auf eine ganz simple Frage suchen: Steht uns die Katastrophe wirklich unmittelbar bevor?

## BEGEGNUNG MIT ELIZABETH HADLY UND ANTHONY BARNOSKY

CYRIL: Ihre Veröffentlichung in der Zeitschrift *Nature* war für uns, gelinde gesagt, ein Schock. Eigentlich können wir es kaum glauben. Gibt es weitere Studien dieser Art?

LIZ: Seit Jahrzehnten untersuchen Wissenschaftler die Fragen, die wir hier behandelt haben: den Klimawandel, die Bevölkerungsexplosion, den Untergang und die Veränderung von Ökosystemen, das Artensterben, die Umweltverschmutzung. Wir haben versucht, eine Synthese aus diesen Arbeiten zu machen und sie miteinander zu verbinden. Und als wir diese Probleme miteinander in Beziehung gesetzt haben, ist uns deutlich geworden, dass sie sich gegenseitig verstärken.

TONY: Wir wollten herausfinden, wie unser natürliches System auf die Summe dieser Erschütterungen reagieren wird. Dabei ist das Konzept des „Umschlagpunkts", des *Tipping Point* herausgekommen.

MÉLANIE: Was bedeutet das genau?

TONY: Wir stellen uns Veränderungen gerne als allmähliche Ereignisse vor, die sich beobachten lassen. Und tatsächlich reagieren natürliche Systeme auch so – bis zu einem bestimmten Punkt. Dann kippen sie und alles verändert sich ganz plötzlich. Man kann das mit einem Wasserkessel vergleichen, der auf dem Herd steht. Viele Minuten lang passiert gar nichts, dann fängt das Wasser von einer Sekunde zur nächsten an zu kochen und verdampft.

---

[5] Nature 486, Juni 2012, S. 52 – 58.

Das Besondere an unserer Studie ist, dass wir von einem Umschlagpunkt gesprochen haben, der den gesamten Planeten betrifft, und nicht nur einzelne Systeme, also unser Leben auf der Erde.

CYRIL: Hat es schon mal solche Umschlagpunkte in der Erdgeschichte gegeben?

TONY: Ja, einige. Der Letzte markiert den Übergang von der Eiszeit – als der ganze Norden der Erdkugel mit Eis bedeckt war – zu unserem Klima, das die Entwicklung der menschlichen Zivilisation erst möglich gemacht hat. Das war vor 12.000 Jahren. Wir haben versucht, die Geschwindigkeit des damaligen Klimawandels mit dem von heute zu vergleichen.

MÉLANIE: Und …?

TONY: Wir Menschen verändern das Klima heute zehnmal so schnell.

LIZ: Die Durchschnittstemperatur der Erde lag zum letzten Mal vor 14 Millionen Jahren auf dem Niveau, auf das wir uns in den kommenden Jahrzehnten zubewegen werden. Das war lange vor dem Erscheinen menschlichen Lebens. Unsere Gattung hat solche Temperaturen noch nie erlebt. Und die meisten Pflanzen- und Tierarten unseres Planeten auch nicht. Die gibt es nämlich erst seit zwei bis fünf Millionen Jahren.

TONY: Und das ist nicht die einzige Veränderung. Wir können genauso das Bevölkerungswachstum nehmen. Wir Menschen vermehren uns auf diesem Planeten in einer solchen Geschwindigkeit, dass sich die Weltbevölkerung seit meiner Geburt verdreifacht hat. Das gab es noch nie in der Geschichte. Oder wir schauen auf das Artensterben. Die Tier- und Pflanzenarten werden heute in einem Umfang und einem Tempo dezimiert wie zu der Zeit, als die Dinosaurier ausstarben.

LIZ: Es würde also wieder Millionen von Jahren dauern, bis eine Artenvielfalt da ist, die Gattungen hervorbringt, wie wir sie heute kennen.

TONY: Die Veränderungen finden schneller statt, als sich die Gesellschaft daran anpassen kann. Deshalb wird es zu Schwierigkeiten kommen.

CYRIL: Und was würde passieren, wenn wir diesen Umschlagpunkt wirklich erreichen?

TONY: Wenn man vom *Tipping Point* spricht, dann denken die Leute: „Mein Gott, dann werden wir alle sterben". Das ist es aber nicht, worauf wir hinaus wollen. Vielmehr wird die Erde zu einem teilweise unbewohnbaren Ort werden. Ein Beispiel: Selbst wenn wir es schaffen, die Erderwärmung auf zwei Grad Celsius zu drosseln, werden die klimatischen Veränderungen viel häufiger Naturkatastrophen (Unwetter, Überschwemmungen, Hurrikane, Taifune, Dürren …) auslösen als bisher. Und der Meeresspiegel wird ansteigen. Das ist in den USA schon jetzt zu erkennen, wo uns die Unwetter in den letzten drei Jahren Milliarden von Dollar gekostet haben und viel öfter auftreten als in den fünfzehn Jahren davor.

CYRIL: Aber in vielen Artikeln, die ich über Ihre Studie gelesen habe, stellen die Journalisten es so dar, dass ein Teil der Menschheit untergehen könnte, weil es zu wenig Nahrungsmittel geben wird oder wir nicht in der Lage sind, uns an die Temperatur- und Klimaveränderungen anzupassen. Stimmt das?

LIZ: Wenn wir das Ausmaß und das Tempo der Klimaerwärmung mit der Geschwindigkeit des Artensterbens und dem gleichzeitigen rasanten Bevölkerungswachstum kombinieren, bekommen wir eine Ahnung davon, was passieren kann. Ein Beispiel: Die Kinder, die wir Menschen überall auf dem Planeten bekommen, müssen ernährt werden. Aber gleichzeitig vernichten wir im großen Maßstab eine Artenvielfalt, die genau das leisten könnte.

MÉLANIE: Was könnte also passieren?

LIZ: Sobald Länder mit wenig natürlichen Ressourcen ihren Einwohnern die lebensnotwendigen Güter und Dienstleistungen nicht mehr selbst verschaffen, aber diese auch nicht importieren können, weil sie zu teuer sind – Wasser, Nahrungsmittel, Energie und infolgedessen Arbeitsplätze u. a. –, wird die Bevölkerung anfangen auszuwandern. Damit werden wiederum andere Länder destabilisiert und es kommt zu Feindseligkeiten zwischen den Völkern. Die ersten Anzeichen dieses Phänomens kennen wir bereits. Wir haben alle die Bilder der Migranten vor Augen, die Absperrzäune hochklettern oder ertrinken beim Versuch, nach Europa oder in die Vereinigten Staaten zu gelangen.

MÉLANIE: Das wird also zu Konflikten führen?

LIZ: Wahrscheinlich. Auf jeden Fall wird es die Spannungen zwischen denen, die wenig haben, und denen, die viel haben, verstärken.

TONY: Wenn wir uns das schlimmste Szenario vorstellen, d. h., dass wir sowohl unsere Wirtschaftssysteme als auch unseren Ausstoß an Treibhausgasen unverändert beibehalten und gleichzeitig nichts unternehmen, um das Bevölkerungswachstum einzudämmen, dann sind die Prognosen erschreckend. Wenn sich die Geburtenrate der Jahre 2005-2010 ein Jahrhundert lang fortsetzen sollte, dann sind wir im Jahr 2100 27 Milliarden, und es wird unmöglich sein, alle zu ernähren. Schon jetzt benötigen wir etwa 40 % der erschlossenen Flächen für den Nahrungsmittelanbau. Dann müssten wir die meisten tropischen Urwälder roden, was uns einen gewissen Aufschub verschaffen würde, aber nicht viel.

LIZ: Und wenn wir die Urwälder roden, würden wir das Massensterben all der Arten in diesen Lebensräumen beschleunigen, wir würden Ökosysteme zerstören, die sauberes Wasser produzieren, wir würden Bäume verlieren, die $CO_2$[6] speichern. Und das hätte weitere klimatische Veränderungen zur Folge. In dem Versuch, das eine Problem zu lösen, würden wir ein anderes verschärfen.

TONY: Wenn wir alle diese Probleme miteinander verknüpfen, stellen wir fest, dass unsere Welt sehr bald ein ziemlich ungastlicher Ort werden kann. Glücklicherweise verlangsamen sich diese Tendenzen gerade etwas, aber es liegen noch riesige Aufgaben vor uns. Wir stehen geschichtlich an einer Schwelle und müssen aufwachen, wir sehen diese Dinge auf uns zukommen und kennen für die meisten eine Lösung. Wir haben ein Fenster von 15 bis 20 Jahren, um zu handeln, das ist unsere Chance, aber die Leute müssen es auch wirklich wollen. Wie sagte doch der Gouverneur des Staates Washington, Jay Inslee: „Wir sind die erste Generation, die die Folgen des Klimawandels zu spüren bekommt, und die letzte, die etwas dagegen unternehmen kann."

MÉLANIE: Wenn wir in den kommenden 20 Jahren aktiv werden, können wir den Klimawandel dann noch stoppen?

LIZ: Es ist so wie beim Autofahren, man tritt auf die Bremse, aber der Wagen braucht noch eine Weile, bis er zum Stehen kommt. Selbst wenn wir überhaupt kein Treibhausgas mehr ausstoßen würden, bräuchte die Atmosphäre noch eine ganze Weile, bis sie wieder im Gleichgewicht ist. Daher wird sich die Erderwärmung erst mal fortsetzen und wir müssen die möglichen Folgen antizipieren und uns an sie anpassen, also überlegen, wie wir genügend anbauen, wie unsere Lebensräume dann aussehen werden …

TONY: Ich will mal ein Beispiel nennen. In San Francisco sind die meisten Leute Baseball-Fans. Aber fast niemandem ist bewusst, dass das Stadion im Jahr 2050 überflutet sein wird. Und das ist sicher, es ist keine Hypothese mehr. Der Meeresspiegel steigt und wird immer mehr Küstengebiete und deren Infrastruktur überschwemmen, in Florida, in New York und auch an vielen anderen Orten der Welt. Und ich spreche jetzt nur von einer globalen Erderwärmung von zwei Grad. Wenn es vier sind oder sechs, dann werden sich die Probleme nicht einfach nur addieren, sie werden sich multiplizieren und uns teuer zu stehen kommen, finanziell und in Form von Menschenleben.

---

[6] Kohlenstoffdioxyd.

LIZ: Es geht ja nicht nur um unsere Versorgung mit Nahrungsmitteln und Wasser. Wir müssen uns vorstellen, in was für einer Welt wir dann leben werden. Wahrscheinlich fehlt es uns dann an allen möglichen Ressourcen, unsere Landschaft wird sich verändern; Arten, die gewöhnlich nicht miteinander in Berührung kommen, werden dann in Kontakt kommen, so wie es in Alaska schon bald der Fall sein wird mit Grizzly- und Polarbären. Darauf müssen wir uns einstellen.

CYRIL: Was glauben Sie, sollten wir jetzt tun? Welche Empfehlungen würden Sie den Staats- und Regierungschefs geben, den Unternehmern, den Bürgern?

TONY: Zunächst das Bevölkerungswachstum bis zum Ende des Jahrhunderts auf zehn Milliarden Menschen einschränken. Was heißt, dass Frauen in Ländern mit hohen Geburtenraten Zugang zu Bildung verschafft wird – und das gilt natürlich genauso für Männer –, zur Empfängnisverhütung und zur Gesundheitsversorgung.

LIZ: Dann geht es darum, den ökologischen Fußabdruck der westlichen Bevölkerung zu reduzieren. Es geht nicht nur um die Zahl der Einwohner auf unserem Planeten, sondern ebenso um unseren horrenden Ressourcenverbrauch. Denn wir, die Bewohner der sogenannten „entwickelten" Länder, konsumieren im Vergleich zu den sogenannten „Entwicklungsländern" riesige Mengen an Rohstoffen.[7]

TONY: Das Ziel muss sein, den Konsum in unseren Ländern zu drosseln, damit er in Indien und China etc. steigen kann, aber dennoch von unseren Ökosystemen zu verkraften ist.

Drittens dürfen wir keine fossilen Brennstoffe mehr verwenden und müssen sobald wie möglich das Ziel einer $CO_2$-neutralen Wirtschaft erreichen. Eine ganze Anzahl von Studien belegt, dass es möglich ist, die fossilen Energien innerhalb von 30 Jahren vollständig durch erneuerbare zu ersetzen. Das größte Hindernis auf diesem Weg ist die Logik des *business as usual*. Als viertes geht es darum, unsere Wirtschaftsmodelle zu verändern.

Fünftens müssen wir uns Gedanken darüber machen, wie wir die Menschen ernähren wollen. Im Moment verleitet uns die Marktwirtschaft dazu, die Umwelt zu schädigen, um Nahrungsmittel zu erzeugen, und anschließend ein Drittel der Erträge wegzuwerfen. Dabei haben wir die Technik, um zehn Milliarden Menschen zu ernähren.

---

[7] Der ökologische Fußabdruck eines US-Amerikaners ist 14-mal größer als der eines Bewohners von Bangladesh.

Und zu guter Letzt müssen wir die aktuelle Krise des Artensterbens beenden. Es gibt eine Menge Möglichkeiten, die Natur in unsere Wirtschaftssysteme zu integrieren und aufzuwerten, was sie für uns leistet.

Wir haben nicht mehr viel Zeit. Wenn es hochkommt, bleiben uns noch 20 Jahre, um die Dinge in die richtige Richtung zu lenken. Die Menschheit steht an einem kritischen Punkt.

LIZ: Jeder denkt, dass sich die anderen schon darum kümmern werden. Aber diese Maßnahmen müssen wir alle gemeinsam in Angriff nehmen.

TONY: Das sind eindeutig riesige Probleme, aber wir sind sieben Milliarden. Wenn jeder von uns einen kleinen Beitrag leistet, dann kommt etwas Großes dabei heraus, und das kann schon ein enormer Teil des Wandels sein.

MÉLANIE: Was haben Sie empfunden, als Sie zu all diesen Schlussfolgerungen gelangt sind?

LIZ: Angst! Natürlich hoffe ich, dass wir das Ruder dann noch herumreißen können, wenn wir uns als menschliche Gemeinschaft zusammenraufen. Aber ich fürchte mich sehr für den Fall, dass wir das nicht schaffen.

Als wir Liz und Tony verließen, waren wir begeistert von ihrer unermüdlichen Energie, von ihrer Aufrichtigkeit, Einfachheit und von ihrer Menschlichkeit. Gleichzeitig waren wir überwältigt von den Perspektiven, die sie uns aufgezeigt hatten. 20 Jahre, um gegenzusteuern. Meine Kinder sind sieben und zehn Jahre alt. Mélanies Sohn ist noch nicht einmal zwei. Alexandre, Laurent und Raphaël haben alle Mädchen und Jungen unter acht Jahren. Sie würden die Krise, von der wir redeten, voll abbekommen. Sie würden lernen müssen, sich anzupassen, wie Tony es empfohlen hatte. Aber am meisten erschreckte uns die Vorstellung, dass diese Krise schon UNS treffen könnte, dass wir sie mit ihnen erleben würden. Jahrelang haben wir von den „nächsten Generationen" geredet. Von der Notwendigkeit zu handeln und unserer Verantwortung, den Kindern eine lebenswerte Welt zu hinterlassen, darum ging es. Und plötzlich geht es gar nicht mehr um unsere Kinder, sondern genauso um uns selbst. Und um all die Menschen, die schon jetzt den Albtraum der Erderwärmung, des Hungers, des Prekariats in all seinen Ausprägungen erleiden. Denn die ökologischen, gesellschaftlichen und wirtschaftlichen Probleme gehen Hand in Hand miteinander. Das belegt eine zunehmende Zahl von Forschungsarbeiten. Eine ganze Reihe davon stellt beispielsweise einen direkten Zusammenhang zwischen Erderwärmung und gesellschaftlichen Konflikten[8] her. Andere Arbeiten stellen eindeutig dar, in welchem Ausmaß die hemmungslose Ausbeutung der Ressourcen, gemeinsam mit der Erderwärmung und der Ultraliberalisierung der Wirtschaft, Tag für Tag Erwachsene und Kinder verhungern lassen[9]. Der Gründer des World Watch Institute und des gemeinnützigen Umweltforschungsinstituts Earth Policy Institute, Lester Brown, hat uns das erklärt. Lester ist studierter Agrarwirt und Wirtschaftswissenschaftler, er wird von der *Washington Post* als „einer der einflussreichsten Denker der Welt" bezeichnet. Er hat sein ganzes Leben der Aufgabe gewidmet, die ökologische Lage der Welt zu untersuchen, und ist mit seinen 81 Jahren ein unangefochtener Experte in diesem Bereich.

## BEGEGNUNG MIT LESTER BROWN

LESTER: Lange können wir nicht mehr so weitermachen – und zwar aus verschiedenen Gründen. Einerseits fällen wir die Bäume schneller als sie nachwachsen können und laugen die Weideflächen so aus, dass sie allmählich zu Wüsten werden und damit in Afrika, dem Mittleren Osten und vielen anderen Gegenden der Welt Sandstürme auslösen. Wir erleben heute ein nie gekanntes Ausmaß an Bodenerosionen. Um ein konkretes Beispiel zu nennen: Die Vereinigten Staaten haben einen Viehbestand von neun Millionen Ziegen und Schafen. In China sind es 282 Millionen und sie zerstören die gesamte Vegetation. Der Westen des Landes wird zur Steppe.

---

[8] „Der Klimawandel wird die Risiken für Gewaltkonflikte wie Bürgerkrieg, Gewalt zwischen Ethnien und gewalttätige Demonstrationen indirekt erhöhen", 5. Sachstandsbericht des IPCC, 2014, http://ipcc-wg2.gov/AR5/ .
Thomas Friedman, einer der bekanntesten Leitartikler der New York Times, hat mehrere Monate lang zu einem typischen Beispiel für diese Behauptung recherchiert. Vier Jahre vor Ausbruch des Syrienkrieges, der bereits Hunderttausende Opfer forderte, wurde das Land von einer schrecklichen Dürre heimgesucht, sodass sich Millionen Syrer auf die Flucht machten und etwa zwei Millionen in bittere Armut fielen. Viele von ihnen zogen vom Land in die Städte Damaskus und Homs, wo sie sich in winzigen, ungesunden Behausungen zusammendrängten. Die ausbleibende Reaktion der Regierung gegenüber der notleidenden Bevölkerung brachte viele Bauern auf und heizte eine allgemeine Stimmung des Aufruhrs an. Nach Jahrzehnten der politischen Instabilität und der religiösen Spannungen, nach Jahren der Diktatur und während der Revolutionen in der arabischen Welt trug diese Dürre das ihrige zu dem heute bekannten Drama bei. Daher kommen verschiedene US-amerikanische Untersuchungen zu dem Schluss, dass ein Zusammenhang zwischen dem Konflikt und dem Klimawandel besteht (www.nature.com/news/climate-change-implicated.in-current-syrian-conflictI.17027?WT.mc_id=TWT_NatureNews).

[9] Zum Beispiel *Das Imperium der Schande. Der Kampf gegen Armut und Unterdrückung*, von Jean Ziegler (Bertelsmann, München 2008).

Andererseits brauchen wir fast überall das Grundwasser auf. Am meisten beunruhigt da die Situation in Indien, wo das Pumpen nicht geregelt ist. Heute hat das Land fast 26 Millionen Bewässerungsbrunnen, die auf vollen Touren laufen und anfangen auszutrocknen. Diese exzessive Wasserförderung hat die Ernteerträge der letzten Jahre in die Höhe getrieben, sodass davon fast 190 Millionen Menschen ernährt werden konnten. In China sind 120 Millionen Einwohner auf das missbräuchliche Abpumpen des Grundwassers angewiesen. Aber eine Übernutzung ist per definitionem nie eine Dauerlösung. In diesen Regionen beobachten wir bereits, dass das Wasser für Landwirtschaft und Ernährung knapp wird.

Zu diesen beiden Problemlagen kommt eine dritte: die Grenzen der Photosynthese. Ich habe auf meinem Schreibtisch ein Dossier liegen, das die Getreideproduktion weltweit dokumentiert. In Japan ist die Reisproduktion seit 17 Jahren nicht mehr gestiegen. In China, dem größten Erzeuger weltweit, wächst sie nur noch um 4 % und wird wahrscheinlich demnächst stagnieren. Die Weizenerträge in Frankreich sind seit 15 Jahren gleich geblieben und ebenso verhält es sich in Deutschland und im Vereinigten Königreich. In den Vereinigten Staaten beobachten wir dieses Phänomen beim Mais.

Eine vierte, viel schlechter einzuschätzende Entwicklung ist der Klimawandel. Wir wissen inzwischen, dass eine Erderwärmung von einem Grad mit höchster Wahrscheinlichkeit zu einem Verlust von 17 % der Getreideproduktion führt. Dies ist das Ergebnis einer umfangreichen Untersuchung unter der Leitung der Universität Stanford, die über einen längeren Zeitraum in 600 amerikanischen Countys durchgeführt wurde. Dabei handelt es sich also nicht um eine Hypothese! Leider werden die sehr optimistischen Erwartungen der internationalen Organisationen an die weltweite Nahrungsmittelerzeugung von Betriebswirten errechnet und nicht von Agrarwissenschaftlern oder Ökologen. Sie begnügen sich damit, die Zahlen der letzten zwanzig Jahre einfach hochzurechnen und berücksichtigen nicht, dass es Grenzen gibt.

Zusammengenommen erschweren all diese Faktoren eine zukünftige Steigerung der Erträge aber enorm, obwohl wir sie dringend bräuchten. Jedes Jahr kommen 80 Millionen neue Erdenbewohner dazu, das bedeutet konkret, dass heute Abend 219.000 Menschen mehr mit uns am Esstisch sitzen. Und morgen kommen mindestens ebenso viele weitere dazu. Gleichzeitig sind drei Milliarden Bewohner unseres Planeten gerade dabei, sich eine Kost anzugewöhnen, die mehr Ressourcen verbraucht als das, was sie vorher auf ihrem Speiseplan hatten. In Indien konsumiert ein Einwohner circa 400 Gramm Getreide am Tag. Hat man nur so wenig zur Verfügung, dann wandelt man das Getreide wahrscheinlich nicht in tierisches Eiweiß um, sondern verzehrt es direkt. In den Vereinigten Staaten verbraucht eine Person das Vierfache: 1,6 kg. 300 Gramm als Brot, Nudeln, Reis o. ä. und fast den gesamten Rest in Form von Fleisch, Eiern oder Milch. Diesen Standard streben auch die Chinesen, die Inder, die Afrikaner … an. Aber das wird nicht möglich sein. Unsere Ressourcen reichen dafür nicht. Ein eindeutiger Indikator ist der Getreidepreis, der sich seit 2007 buchstäblich verdoppelt hat. Und ich vermute, dass er weiter steigen wird. Wir im Westen müssen das Gegenteil tun und die eine Milliarde Menschen, die am meisten Ressourcen verbraucht, davon überzeugen, sich auf eine weniger fleischhaltige Ernährung umzustellen. Außerdem müssen wir den Biotreibstoff abschaffen, der in den USA immerhin 30 % unserer Getreideproduktion beansprucht. Im Augenblick geht uns zu viel Ackerfläche verloren, durch Erosionen, Sandstürme, Industrialisierung und den Städtebau. Rechnen wir das zu den bereits aufgezählten Faktoren hinzu, geraten wir schnell in eine nie dagewesene dramatische Situation.

Erstmals in der Geschichte – jedenfalls soweit ich davon weiß – müssen arme Familien in Nigeria, Indien und Peru jede Woche Tage ohne Essen einplanen. Sie setzen sich Sonntagabends zusammen und beschließen zum Beispiel: „Diese Woche lassen wir am Mittwoch und am Samstag das Essen ausfallen." Weil sie es sich nicht mehr leisten können, sieben Tage die Woche zu essen. Ob sich der Getreidepreis in Frankreich oder in den USA verdoppelt, davon merken wir nicht viel, aber für ärmere Länder hat das direkte und schwerwiegende Folgen. Wir sprechen immerhin von 24 % der Familien in Nigeria, von 22 % der indischen Familien und von 14 % der Familien in Peru … Seit fünfzig Jahren forsche ich zu diesen Themen und weiß deshalb, dass sich Menschen in Mangelzeiten meistens geholfen haben, indem sie eine Mahlzeit ausfallen ließen. Aber ganze Tage – das war mir vollkommen neu!

CYRIL: Wo kann uns das alles hinführen?
LESTER: Diese Situation wird sich sehr wahrscheinlich in politischer Instabilität und verschiedenen Arten von Unruhen äußern.
CYRIL: Sie haben seit beinahe fünfzig Jahren regelmäßig Kontakt zur politischen Elite. Auf den Fotos hier an Ihren Wänden sind eine ganze Reihe dieser Begegnungen dokumentiert. Warum reagiert die Politik nicht?

LESTER: Das Erstaunliche ist, dass sie in den meisten Fällen längst wissen und genau verstehen, was gerade passiert. Nur wissen sie nicht, was sie dagegen unternehmen sollen. Schließlich geht es hier um gesellschaftliche Veränderungen im großen Stil. Und wie soll man Leute davon überzeugen, ihre Lebensweise radikal umzustellen, wenn sie noch nicht einmal ein Bewusstsein für das Problem haben? Mir geht es doch genauso, wenn die Dinge irgendwie in Ordnung kommen, dann mache ich auch einfach so weiter wie immer. Und ich glaube, da bin ich nicht der Einzige. Tatsache ist aber, dass wir etwas ändern müssen, ob wir wollen oder nicht. Die Frage ist nur: Schaffen wir es, bevor das System zusammenbricht? Wissen Sie, wir erforschen auch die alten Zivilisationen und sehen, dass deren Niedergang in den meisten Fällen mit dem Einsturz ihrer Nahrungsmittelversorgung zusammenhing. So hatten beispielsweise die Sumerer vor 6.000 Jahren ein sehr raffiniertes und effektives Bewässerungssystem, das darin bestand, von den Flüssen aus Kanäle zu graben, um das Wasser zu Feldern im Landesinneren zu leiten. Aber im Laufe der Zeit führte das dazu, dass weite Uferflächen überschwemmt waren und oft unter Wasser standen. Wenn es verdampfte, setze sich das darin enthaltene Salz ab und veränderte so die Zusammensetzung der Böden. Dadurch brachen zwangsläufig die Ernteerträge ein, ohne dass die Sumerer je dahinter kamen, woran es lag. Bei den Mayas in Zentralamerika waren offenbar die Entwaldung und die Erosionen dafür verantwortlich, dass die Nahrungsmittelproduktion zurückging. Es ist ihnen nicht gelungen, das Phänomen unter Kontrolle zu bringen, weshalb die Stätten, wo einst ihre Zivilisation blühte, inzwischen vom Dickicht des Urwalds bedeckt sind.

Der Unterschied zu unserer heutigen Situation ist, dass erstmals in der Geschichte die ganze menschliche Zivilisation gefährdet ist. Wir können uns nicht mehr vom Rest der Welt abkoppeln. Die USA und China sitzen in einem Boot und müssen diese Herausforderungen zusammen meistern. Kein Land ist in der Lage, das Klima im Alleingang zu stabilisieren. Ob uns das nun passt oder nicht, ab sofort hängt die Zukunft der Menschheit von unserer Fähigkeit ab zusammenzuarbeiten – und zwar in einem nie gekannten Ausmaß.

CYRIL: Wenn wir doch all diese Katastrophen auf uns zukommen sehen, warum stehen wir dann nicht auf und tun etwas? Das verstehe ich nicht.

LESTER: Es gibt ein kleines Rätsel, mit dem ich diese Frage beantworten möchte. Es wird meistens verwendet, um Kindern zu verdeutlichen, was grenzenloses Wachstum ist. Stellen wir uns eine Seerose auf einem Teich vor, die am ersten Tag ein Blatt hat. Jeden Tag verdoppelt sich die Anzahl ihrer Blätter. Wann ist der Teich halb voll? Die Antwort lautet: am 29. Tag. 29 Tage lang können wir uns in der Sicherheit wiegen, dass alles gut geht, wir noch genug Zeit haben. Aber am 30. Tag kippt das Ganze. Genauso verhält es sich mit unserer Erde. Wir haben unsere Wirtschaft während der letzten Jahrzehnte ungebremst weiterentwickelt, und ein Teil von uns glaubt, dass wir endlos damit weitermachen können. Aber das ist ausgeschlossen.

CYRIL: Glauben Sie, wir schaffen die Kehrtwende noch rechtzeitig, oder haben Sie angesichts dessen, was sich da abzeichnet, schon fast die Hoffnung verloren und sogar Angst?

LESTER: Ich glaube, wir sollten alle ein wenig Angst haben, aber ich glaube auch, dass wir in der Lage sind, uns schnell umzuorientieren. Ich erinnere mich an den Zweiten Weltkrieg. Nach dem Angriff auf Pearl Harbor waren die Vereinigten Staaten von einem Tag auf den anderen eine Kriegsnation, ohne im Geringsten darauf vorbereitet zu sein. Damals erklärte Präsident Roosevelt, wir müssten 60.000 Flugzeuge bauen, 40.000 Panzer … Die Zahlen waren gewaltig. Niemand wusste, wie wir das schaffen sollten. Roosevelt hat einfach neue Prioritäten gesetzt. Er hat über Nacht den Verkauf von Neuwagen in den USA verboten. Punkt. Ende der Diskussion. Da haben die Automobilhersteller begriffen, dass sie ihre Montagebänder für den Bau von Panzern und Flugzeugen umrüsten mussten, wenn sie nicht Pleite gehen wollten. Ich war kürzlich in Detroit bei den alten Fabriken von Ford, da kamen mir die Filme von damals wieder in den Sinn, mit Bildern von Bombern des Typs B-24 und B-29, die die Fabrikhallen verließen. Wir haben keineswegs Jahrzehnte gebraucht, um die Wirtschaft umzustellen, nicht einmal Jahre. Wir haben es in ein paar Monaten geschafft. Und wenn wir das damals geschafft haben, dann sind wir mit vereinten Kräften auch heute in der Lage, das Klima nicht völlig außer Rand und Band geraten zu lassen. Aber wir brauchen ein Pearl Harbor. Vielleicht eine Dürre und den Verlust unserer ganzen Ernte, vielleicht weitere Unwetter, die unsere größten Küstenstädte verwüsten. Ein solches Ereignis lässt sich schwer voraussagen. Das Einzige, was wir mit Sicherheit wissen, ist, dass wir so nicht weitermachen können. Wir müssen sehr bald eine neue Richtung einschlagen.

*Mélanie und Cyril*

# I.
# UNS SO ERNÄHREN, DASS WIR NICHT AUSSTERBEN

**D**ie Ernährung war also das vorrangige Problem. Überbevölkerung, Ausbeutung der natürlichen Ressourcen, Zerstörung der Natur, alles lief darauf hinaus, dass wir Menschen zum Teil vernichtet werden würden. Die Frage musste deshalb lauten: Wie lassen sich mehr als zehn Milliarden Menschen ernähren, während man gleichzeitig die Ökosysteme regeneriert und die Erderwärmung aufhält?

Seit vielen Jahren zerbrechen sich Menschen an allen Enden der Welt den Kopf über diese Frage. Und sie fanden Antworten, die man in zwei Kategorien aufteilen kann: industrielle Antworten mit dem Versuch, die leistungsfähigste Technologie einzusetzen und zu standardisieren, damit sie sich so schnell wie möglich auf der ganzen Erde ausbreitet; und ganzheitliche Antworten, die einerseits danach fragen, welche Dynamiken und was für ein Denken uns in die heutige Lage gebracht haben, und andererseits, welche Zukunftsvision uns helfen könnte, da wieder herauszufinden.

Die industrielle Antwort kommt in der Regel von zentralisierten Organisationen: Staaten, multinationalen Agrarkonzernen etc. Auf der Homepage von Monsanto, dem globalen Verkaufsführer von Saatgut, GVO[10] und Pflanzenschutzmitteln, kann man lesen: „Das Wachstum der Weltbevölkerung und deren Ernährung verlangt von der Landwirtschaft eine Steigerung der Ernteerträge um 70 % bis zum Jahr 2050 […] Um den gestiegenen Nahrungsmittelbedarf zu befriedigen, haben Landwirte auf der ganzen Welt die Aufgabe, das folgende Dilemma zu lösen: Entweder sie erzeugen mehr pro Acker oder sie vergrößern ihre Anbauflächen […] GVO können einerseits die Erträge pro Hektar steigern, andererseits tragen sie dazu bei, dass Gebiete mit einer großen Artenvielfalt geschützt werden und erhalten bleiben."[11]

Wenn man das liest, könnte man meinen, der stark in Verruf geratene multinationale Konzern würde unsere Ernährungslage genauso bewerten wie militante Ökologen und Wissenschaftler. Die gleichen Antworten darauf gibt er allerdings nicht. In der Rubrik „Pflanzenschutzmittel", darunter das bekannte *Roundup*®, das kürzlich von der WHO[12] als „wahrscheinlich krebserregend" eingestuft wurde, steht auch zu lesen: „Angesichts einer wachsenden Weltbevölkerung und dem Verlust von Ackerböden ist es strategisch wichtig, hohe Ernteerträge zu erzielen. Schädlings- und Unkrautbekämpfungsmittel spielen eine entscheidende Rolle in der Landwirtschaft,

---

[10] Genetisch veränderte Organismen.
[11] www.monsanto.com/global/fr/actualites/pages/les-ogm-nuisent-a-la-biodiversite.aspx.
[12] World Health Organisation – Weltgesundheitsorganisation.

denn ohne sie würden die Erträge (je nach Pflanzensorte) um 60 bis 80 % sinken (Bestimmung 2092/91)."[13]

Die Idee dahinter ist diese: Für die Produktion von reichlich preiswerter und angeblich gesunder (wobei dieses Argument angesichts der stark vermuteten Schädlichkeit[14] vieler Pestizide und Herbizide wie *Roundup*® rätselhaft bleibt) Nahrung benötigen wir dringend hochentwickelte Saaten, dazu chemische Produkte, die die Natur in Form von Schädlingen, Pilzen und Unkräutern bekämpfen bzw. unter Kontrolle bringen. Dies ist die gängige Vorstellung von Landwirtschaft, die im Westen nach dem Zweiten Weltkrieg, als eine starke Industrialisierung einsetzte, allgemein verbreitet wurde.

Im Gegensatz dazu behaupten die Vertreter einer ganzheitlichen Lösung, dass genau diese Art der Landwirtschaft nach und nach die Ökosysteme zerstört und genau das Gegenteil bewirkt, nämlich das Risiko erhöht, die Menschheit nicht mehr ernähren zu können.

Also, was stimmt nun? Um Licht ins Dunkel zu bringen, sind wir nach Brüssel gefahren und haben uns mit Olivier De Schutter unterhalten. Er war von 2008 bis 2014 Berichterstatter der Vereinten Nationen für das Recht auf Nahrung. Olivier ist ein besonnener, ernsthafter Gesprächspartner, der darauf Wert legt, das Problem in seiner Gesamtheit zu betrachten und nicht pauschal die eine oder andere Seite dafür verantwortlich zu machen. Bevor er das Amt des Berichterstatters ausübte, lehrte er internationales und europäisches Recht an der Universität Louvain-la-Neuve in Belgien und im Europakolleg in Polen, wo er immer noch Dozent ist. Als Gastprofessor wurde er außerdem an die New York University und die Columbia University in New York eingeladen. Zwischen 2002 und 2006 leitete er das europäische Netz unabhängiger Experten für Grundrechte und war von 2004 bis 2008 Generalsekretär der *Fédération internationale des Ligues des droits de l'homme*[15]. Das klingt jedenfalls nicht gerade nach dem Werdegang eines hitzigen Ökofreaks.

---

[13] www.monsanto.com/global/fr/produits/pages/les-produits-deprotection-des-cultures.aspx

[14] Das nationale Krebsinstitut in Frankreich äußerte sich so: „Die Rolle von Pestiziden ist für die Entwicklung von chronischen Pathologien (Krebs, neurologische Schädigungen, Störungen der Fruchtbarkeit) stark in Verdacht geraten, insbesondere beim berufsbedingten Kontakt, was in Frankreich ein bis zwei Millionen Menschen betrifft."

[15] Dachverband verschiedener Menschenrechtsorganisationen mit Sitz in Paris.

# 1. DIE GESCHICHTE VON GESTERN – BEGEGNUNG MIT OLIVIER DE SCHUTTER

OLIVIER: Seit den 1950er und 1960er Jahren wird uns ständig dieselbe Geschichte über die Landwirtschaft erzählt, und die geht so: Die Landwirtschaft droht die Nachfrage bald nicht mehr decken zu können, weil sie nicht Schritt halten kann mit dem demografischen Wachstum. Deshalb müssen die Erträge um jeden Preis gesteigert werden. Aber diese Geschichte passt für das 21. Jahrhundert nicht mehr. Denn heute können wir mit Zahlen belegen, in welchem Maß dieser wachstumsorientierte Ansatz dazu beigetragen hat, die ländliche Armut zu steigern und die Ressourcen noch intensiver auszubeuten. Wir sehen, dass er die gesundheitlichen Folgen einer schlechten Ernährung verschärft hat, weil man auf Quantität statt auf Qualität gesetzt hat. Es wird höchste Zeit, die Geschichte der Landwirtschaft neu zu erzählen. Denn all die verschiedenen von ihr zu erfüllenden Aufgaben müssen darin genauso vorkommen wie die Forderungen, denen sie zu genügen hat und die sich seit den 1950er und 1960er Jahren grundlegend gewandelt haben.

CYRIL: Was meinen Sie mit einem wachstumsorientierten Ansatz?

OLIVIER: Das bedeutet, dass die Landwirtschaft das Ziel hat, ihre Erträge pro Hektar immer weiter zu steigern, meistens mit Hilfe von Maschinen (Traktoren, Erntemaschinen etc.), unter Verwendung von Pflanzenhilfsmitteln, die fast alle auf Erdöl basieren (chemischer Dünger, Pestizide, verändertes Saatgut) und indem sie umfangreiche Bewässerungsmaßnahmen durchführt. Diese Landwirtschaft ist das vorherrschende Modell in unseren entwickelten Ländern und breitet sich gerade in vielen Entwicklungsländern aus.

CYRIL: Warum sind Sie der Meinung, dass wir nicht so weitermachen können?

OLIVIER: Diese Landwirtschaft ist meiner Ansicht nach aus einer Reihe von Gründen problematisch, vor allem für die Umwelt. Erstens wurde die menschliche Arbeitskraft von Männern und Frauen durch Maschinen ersetzt. Das hat in den Industrieländern in den letzten 50 Jahren zu einer großen Landflucht geführt. Die Menschen ziehen in die Städte und die ländlichen Gebiete werden entvölkert. Das gleiche passiert jetzt, nur noch schneller, in den Entwicklungsländern.

Zweitens produzieren die Landwirte billige Kalorien von schlechter Qualität. Die Produktion konzentriert sich auf Reis, Weizen, Kartoffeln,

Soja ... Für eine ausgewogene und gesunde Ernährung benötigen wir aber eine viel größere Vielfalt.

Und schließlich zerstört diese Art Landwirtschaft unsere Ökosysteme. Indem sie die Biodiversität reduziert, die Erde durch Monokulturen auslaugt, Böden und Grundwasser durch den Einsatz von chemischen Düngemitteln vergiftet.

CYRIL: Was passiert, wenn wir so weitermachen?

OLIVIER: Wir befinden uns in einer paradoxen Lage. Denn die Angst, nicht genug zu erzeugen, um dem wachsenden Bedarf gerecht zu werden, drängt uns zu Lösungen, die in die Sackgasse führen. Man besteht darauf, die Erträge kurzfristig zu steigern, obwohl bekannt ist, dass man dadurch langfristig die Ökosysteme zerstört, von denen wir abhängen. Wenn wir so weitermachen, werden wir die negativen Auswirkungen der Landwirtschaft immer mehr kompensieren müssen.

CYRIL: Indem wir immer mehr chemische Pflanzenschutz- und Düngemittel verwenden, damit die Böden weiter Erträge bringen?

OLIVIER: Ja, je mehr Vitalstoffe man den Böden entzieht, desto mehr Stickstoffdünger muss man einsetzen, und selbst das ist heute keine Garantie mehr, um die Produktivität aufrechtzuerhalten. In vielen Industrieregionen nimmt sie nämlich ab. Wir befinden uns in einem Teufelskreis: Die Abhängigkeit der Landwirtschaft von Erdöl und Gas steigt, während die Böden ohne äußere Hilfsmittel immer weniger Erträge bringen.

CYRIL: Aber das Erdöl wird knapper, teurer und seine Nutzung führt zur Erderwärmung. Das kann also nicht die Lösung sein ...

OLIVIER: Genau aus diesem Grund müssen wir eine Kehrtwende vollziehen. Die größte Schwierigkeit besteht darin, das System zu öffnen, damit ein Wandel in Gang kommt. Was mich wirklich trifft, ist, dass Regierungen und Wissenschaftler sich zwar darüber einig sind, dass das aktuelle System nicht mehr funktioniert, aber Alternativen trotzdem nur sehr schleppend vorankommen.

CYRIL: Woran liegt das?

OLIVIER: Es sind mindestens vier Hindernisse, die eine Wende so unglaublich schwer machen. Erstens sind da die wirtschaftlichen Hürden. Die Preise belügen die Verbraucher, weil die industrielle Landwirtschaft in ihren Preisen nicht die immensen Kosten widerspiegelt, die sie der Gemeinschaft auferlegt, und zwar in Form von entvölkerten Landschaften, verschmutzten Böden, Ausstoß von Treibhausgasen, Wasserverschmutzung, Krankheitskosten ... Wenn diese Kosten mitveranschlagt werden müssten, dann wären unsere Lebensmittel viel teurer. Und die industrielle Landwirtschaft wäre bei Weitem nicht mehr so wettbewerbsfähig.

Die zweite Hürde ist soziotechnischer Natur. Die ganze Infrastruktur für Transport, Lagerung und Weiterverarbeitung von landwirtschaftlichen Roherzeugnissen wurde von den Akteuren der Agrarindustrie aufgebaut und ist auf diese zugeschnitten. Um ihre Erzeugnisse zu vermarkten, müssen kleine Landwirte, obwohl sie beim Anbau sehr viel umweltschonendere Methoden anwenden, diese Infrastruktur nutzen, weil die im System vorherrscht. Aber auf diese Weise werden sie daran gehindert, eine bessere Bezahlung für den von ihnen geschöpften Wert zu bekommen.

CYRIL: Und die dritte Hürde?

OLIVIER: Die ist kultureller Art. Wir haben uns inzwischen an weitgehend veränderte Nahrungsmittel gewöhnt und sind davon abhängig. Die Leute haben weniger Zeit zum Kochen und dafür, Mahlzeiten gemeinsam mit der Familie einzunehmen. Was heißt, dass unsere Essgewohnheiten perfekt zur Ernährung passen, die uns von der Industrie geliefert wird. Das ist eine große Hürde. Denn es bedeutet, dass die Revolutionierung der Landwirtschaft mit einem Wandel unserer Nahrungsmittelaufnahme einhergehen muss und wir diese als kulturelles Element erneuern und dafür unsere Lebensgewohnheiten hinterfragen müssen. Es geht darum, mehr Zeit in der Küche zu verbringen, bei der Verarbeitung frischer Zutaten, deren Erzeuger zu kennen.

Die vierte Hürde ist politisch. Während meiner Amtszeit als Berichterstatter habe ich zwischen 2008 und 2014 schockiert feststellen müssen, dass viele der von den Regierungen getroffenen Entscheidungen nicht im Interesse der Bevölkerung liegen. Sie werden nämlich weitgehend von den Erwartungen der Agrarindustriebranche diktiert. Weil unsere Regierungen ihrem Ehrgeiz erlegen sind, das Pro-Kopf-Einkommen und das Wirtschaftswachstum zu steigern. Genau aus diesem Grund sind die Gewinner die großen Akteure der Agrarindustrie, denn sie haben die technischen Rezepte dazu parat und können den Regierungen ihre Politik vorschreiben, sei es im Bereich des internationalen Handels oder in der Landwirtschaft. Ich sehe eine große demokratische Herausforderung für uns alle darin, diese Zustände zu ändern. Nach meiner Auffassung darf sich die Demokratie nicht darauf beschränken, alle vier bis fünf Jahre wählen zu gehen. Eher sollte sie in unserem Alltag eine Rolle spielen und uns in die Lage versetzen, die Systeme, zu denen wir gehören, neu zu erfinden, statt das den Lobbys zu überlassen, die unsere Politiker beeinflussen.

CYRIL: Wer sind diese Lobbys?

OLIVIER: Das aktuelle System begünstigt eine große Zahl von Akteuren: die Lebensmittelkonzerne, die Getreideriesen, die Düngemittelhersteller, die agrochemischen Unternehmen, die heute mit den großen Saatgutherstellern kooperieren, um den Landwirten Komplettpakete zu liefern. Alle diese Akteure haben kein Interesse daran, dass sich das System ändert, weil sie dann ihre beherrschende Marktposition einbüßen würden. Und sie haben einen unverhältnismäßig großen Einfluss auf die Politiker.

CYRIL: Wie läuft das eigentlich bei internationalen Verhandlungen? Schlagen diese Akteure dann den Staaten vor, welche Maßnahmen sie ergreifen sollen?

OLIVIER: Ja, weil internationale Verhandlungen eine Art blinder Fleck unserer demokratischen Systeme sind. Die Art, wie sie ablaufen, häufig hinter verschlossenen Türen und unter Ausschluss der Öffentlichkeit, nimmt den Bürgern die Möglichkeit, die Entscheidungen zu beeinflussen, und erspart es den Volksvertretern, der Bevölkerung Rechenschaft abzulegen. Wenn dann nach Monaten oder Jahren der Verhandlungen endlich ein Abkommen zustande kommt, haben die Abgeordneten in den Parlamenten im Grunde keine andere Wahl, als ihm zuzustimmen, sonst wären die jahrelangen Bemühungen der Verhandlungspartner ja vergeblich gewesen.

CYRIL: Welche Richtung sollten wir denn nun einschlagen? Wie lauten die Empfehlungen im Abschlussbericht Ihrer Amtszeit?

OLIVIER: Wir müssen die Geschichte der Landwirtschaft neu schreiben. Und das fängt an mit der Rückkehr zu einem System der Versorgung aus regionalem Anbau. Die Politik sollte sich weniger an ihren Ressorts – wie Arbeitsmarkt, Landwirtschaft, Erziehung – orientieren als an den Regionen. Das bedeutet, die Verbindung zwischen Erzeugern und Verbrauchern enger zu knüpfen, die Vielfalt des Anbaus in den einzelnen Regionen zu erhöhen, sodass jede Gegend in der Lage ist, ihren Bedarf weitgehend lokal zu decken. Damit wächst auch die Resilienz gegenüber äußeren Erschütterungen, und die Bevölkerung nimmt die Nahrungsmittelproduktion, von der sie abhängt, wieder selbst stärker in die Hand. Seit 50 Jahren wird die Landwirtschaft nämlich in die entgegengesetzte Richtung gedrängt, was zur Folge hat, dass die Versorgungsketten immer länger werden, die Regierungen nur noch auf die internationalen Märkte starren und die Unternehmen sich immer stärker konzentrieren und immer größer werden. Dabei braucht die Landwirtschaft dringend eine Dezentralisierung und eine Regionalisierung.

CYRIL: Wieso ist es so wichtig, dass Lebensmittel wieder regional erzeugt werden?

OLIVIER: Wenn eine Region für ihre Versorgung auf Importe angewiesen ist oder vom Export als Einnahmequelle abhängt, dann ist sie anfälliger für äußere Erschütterungen, z. B. durch den Klimawandel, durch Schwankungen der Energie- und Rohstoffpreise an den Finanzmärkten oder durch schwer vorhersehbare geopolitische Umwälzungen. Der Begriff Resilienz bedeutet Widerstandskraft, und die setzt die Fähigkeit voraus, für die eigenen Bedürfnisse zu sorgen. Damit ist weder Autarkie gemeint noch Selbstversorgung. Es bedeutet viel mehr, die Abhängigkeit von den internationalen Märkten zu reduzieren, indem man lokalen und regionalen Märkten den Vorrang gibt. Und das ist auch aus ackerbaulichen Gründen wichtig. In Gegenden, wo nur eine einzige Kultur angebaut wird – denken Sie mal an die Entwicklung des Soja in Argentinien oder Brasilien –, werden die Böden völlig ausgelaugt und können sich nicht mehr oder viel schlechter regenerieren als in einem System mit Mischkulturen oder Fruchtwechsel.

CYRIL: Geht es also auch darum, wieder zu natürlicheren Anbauformen zurückzukehren, wie Sie es vorhin erwähnt haben? Jahrelang hat man uns doch weisgemacht, dass uns ohne Unkrautvernichtungsmittel und Kunstdünger eine Hungersnot droht …

OLIVIER: Man muss zwischen Übergangskosten und langfristigen Lösungen unterscheiden. In der heutigen Lage ist die Landwirtschaft auf Pflanzenhilfsmittel angewiesen. Es ist tatsächlich schwierig, diese Abhängigkeit von Erdöl und Erdgas kurzfristig zu beenden. Dafür braucht man einen Übergang von mehreren Jahren. Doch angesichts von *Peak Oil*, wie der Höhepunkt der Erdöl- und der Gasförderung genannt wird, und vom Klimawandel haben wir gar keine andere Wahl. Es gibt Lösungen, aber sie werden den Landwirten nicht richtig beigebracht, und die Öffentlichkeit ist nicht genügend darüber informiert, um sie zu verstehen. Es geht darum, Pestizide durch das Zusammenpflanzen von Kulturen zu ersetzen, die Schädlinge fernhalten; oder die Böden durch den Anbau von Hülsenfrüchten mit Nährstoffen zu versorgen. Sie binden nämlich den Stickstoff aus der Luft und geben ihn wieder an die Erde ab, das Gleiche leistet die Agroforstwirtschaft.

CYRIL: Wenn wir diese Lösungen nutzen würden, wären wir dann in der Lage, die Menschheit zu ernähren?

OLIVIER: Wir sind sehr gut in der Lage, die Menschheit mit agrarökologischen Anbautechniken zu ernähren, die keineswegs – darauf muss ich bestehen – eine Rückkehr zur traditionellen Landwirtschaft bedeuten. Es geht nicht darum, ein hochproduktives System mit einem hohen Einsatz von Pflanzenhilfsmitteln durch ein schwachproduktives System zu ersetzen. Wir sprechen nicht davon, den technischen Fortschritt zu leugnen oder abzulehnen. Die Agrarökologie ist die Landwirtschaft der Zukunft, des 21. Jahrhunderts. Es ist eine Landwirtschaft, die sich darüber bewusst ist, dass ein effizienter Umgang mit unseren Ressourcen – Erde, Wasser, Biomasse – dringend notwendig ist und die sich vor den starken Preisschwankungen für fossile Energien schützen will.

CYRIL: Gibt es dazu Zahlen?

OLIVIER: Es gibt verschiedene Arten, die landwirtschaftliche Produktivität zu berechnen. Sehr häufig betrachten Untersuchungen zur Berechnung der Ertragsfähigkeit lediglich den einzelnen Rohstoff, z.B. die erzeugte Tonne Mais, Getreide oder Reis pro Hektar. Aus dieser Perspektive hat die Agrarökologie häufig schlechter abgeschnitten, weil sie nicht nur Mais oder Reis pro Hektar erzeugt, sondern die Vielfalt der kombinierten Kulturen ins Spiel bringt. Berücksichtigen wir das bei der Berechnung der Produktivität, dann sieht man schnell, dass die agrarökologischen Systeme außerordentlich leistungsstark sein können.

CYRIL: Genau das haben Sie ja während Ihrer Amtszeit als Berichterstatter immer wieder kommuniziert.

OLIVIER: Ja, denn ich habe auf eine sehr einfache Frage eine Antwort gesucht. Und die Frage lautet: Kann die Agrarökologie die Welt ernähren? Ich habe dazu einen Bericht verfasst und ihn im März 2011 dem UN-Menschenrechtsrat vorgelegt. Meine Antwort ist: eindeutig ja. Uns liegt eine große Anzahl von Untersuchungen vor, die in vielen verschiedenen Ländern der Welt durchgeführt wurden. Sie beweisen alle, dass sich dort, wo die Agrarökologie richtig umgesetzt wurde, d.h. wo die Landwirte angemessen geschult wurden und die richtigen Methoden angewendet haben, die Erträge pro Hektar verdoppeln ließen. Natürlich funktioniert das, was in einer Region geht, nicht zwangsläufig auch in einer anderen. Die Agrarökologie ist eine Wissenschaft, die sich auf die örtlichen Gegebenheiten und Ressourcen stützt, und kann deshalb nicht von Technokraten von oben verordnet werden. Sie verbreitet sich von Mensch zu Mensch, sozusagen horizontal. Zahlreiche Studien zeigen, dass kleine Parzellen, wo ein diversifizierter Anbau praktiziert wird, pro Hektar viel höhere Erträge bringen als riesige Anbauflächen mit Monokulturen, die zwar beeindruckend sind, weil sie große Mengen liefern, aber keineswegs der beste Weg, unsere knapper werdenden Ressourcen zu nutzen.

CYRIL: Das heißt, dass die kleinen Landwirte am ehesten in der Lage sind, die Menschheit zu ernähren?

OLIVIER: Heute haben wir auf der einen Seite eine kleine Gruppe von Agrarbetrieben, die riesige Flächen mit mechanisierten und hochentwickelten Produktionsmitteln bewirtschaften. Die sind am sichtbarsten, weil sie die internationalen Märkte und die Lebensmittelindustrie beliefern. Und auf der anderen Seite haben wir eine riesige Masse kleiner Bauern, die z. B. in Westafrika zwei bis drei Hektar bewirtschaften oder in Brasilien 10 bis 20 Hektar. Die beliefern im Wesentlichen die lokalen Märkte, ohne den globalen Schwankungen der Börsenkurse irgendeine Bedeutung beizumessen, weil sie nicht davon abhängen. Diese kleinbäuerliche Landwirtschaft ist wichtig für die Landschaftsentwicklung, für die Senkung der ländlichen Armut, für den Zugang der lokalen Bevölkerung zu einer abwechslungsreichen Ernährung und für den Schutz der Ökosysteme, weil die Anbaumethoden dieser Bauern in der Regel für die Böden wesentlich schonender sind, indem sie beispielsweise auf eine massive, für die Umwelt oft schädigende Bewässerung verzichten können. Diesen Anbau lohnt es zu unterstützen, aber er ist bedroht, da die Großbetriebe wettbewerbsfähiger sind und die Märkte erobern. Dadurch sinken die Preise, was die Kleinbauern in den Ruin treibt, sodass sie massenweise in die Städte abwandern. Das Drama der Landwirtschaft besteht darin, dass diese Pluralität nicht erkannt wurde, weshalb die staatlichen Stellen die industrielle Landwirtschaft großzügig gefördert haben, während die Kleinbauern außen vor blieben.

CYRIL: Von welchem Verhältnis sprechen wir?

OLIVIER: Im Allgemeinen wird geschätzt, dass etwa 10 % der Agrarbetriebe große Flächen von 100 und mehr Hektar bewirtschaften. Die restlichen 90 % bearbeiten sehr viel kleinere Äcker. Diese zweite Gruppe umfasst 1,1 Milliarden Menschen weltweit, aber einige Berechnungen zeigen, dass fast zwei Milliarden Menschen von diesen Familienbetrieben leben.

CYRIL: Kann man also tatsächlich sagen, dass die kleinen Landwirte den Hauptbeitrag zur Ernährung der Weltbevölkerung leisten?

OLIVIER: Ein beträchtlicher Teil der Erzeugnisse von Kleinbauern taucht in den staatlichen Erhebungen ja gar nicht auf, weil es Nahrungsmittel sind, die die Menschen selbst verbrauchen oder für ihre Gemeinde und ihr Dorf produzieren. Aber abgesehen davon erzeugen sie immer noch 70 – 75 % unserer Lebensmittel. Sie liefern den Hauptteil dessen, was verbraucht wird. Denn die riesigen Agrarbetriebe sind zwar in der Lage, riesige Volumen landwirtschaftlicher Rohstoffe zu liefern, aber davon ist nur ein Teil für Nahrungsmittel bestimmt. Der Rest dient häufig als Viehfutter (das betrifft z. B. fast den kompletten Sojaanbau weltweit) oder wird zunehmend zu Energie aus nachwachsenden Rohstoffen, insbesondere Biotreibstoff, verarbeitet.

CYRIL: Das ist wirklich aufschlussreich. Die Landwirte, die am wenigsten Nahrungsmittel erzeugen, bekommen die meisten Subventionen, während diejenigen, die 75 % unserer Lebensmittel produzieren, am allerwenigsten erhalten …?

OLIVIER: Diese Kleinbauern sind sozusagen die armen Verwandten der öffentlichen Hand. Das hängt damit zusammen, dass sie weniger Skalenwirtschaft – also Massenproduktion – betreiben und deshalb ihre Erzeugnisse nicht so billig auf die Märkte werfen können wie die großen Akteure. Und was wollen die Regierungen? Sie wollen natürlich den inneren Frieden wahren, indem sie dafür sorgen, dass die Privathaushalte so wenig wie möglich für Lebensmittel ausgeben müssen. In der EU verwendet ein Haushalt im Schnitt 12 – 13 % seines Budgets für Nahrungsmittel. Wenn man den Menschen morgen den wahren Preis für unsere Lebensmittel in Rechnung stellen würde, dann wären das 25 – 30 % ihres Budgets. Und das ist politisch unzumutbar.

CYRIL: Was kann dann die Lösung sein?

OLIVIER: Nach meiner sechsjährigen Amtszeit mit zahlreichen Reisen rund um den Globus und dem Verfassen von vielen Berichten über das Recht auf Nahrung bin ich zu dem Schluss gekommen, dass der Wandel von unten ausgehen muss. Wir haben lange genug auf staatliche Lösungen gehofft und vergeblich auf die Regierungen gebaut. Wir brauchen gesellschaftliche Neuerungen, die von den Bürgern ausgehen, Initiativen, bei denen sich die Verbraucher mit den Landwirten und der örtlichen Verwaltung zusammentun, um beim Konsum und bei der Produktion neue Wege zu gehen, die einen Wandel einleiten. Die Rolle der Regierungen muss darin bestehen, diesen Übergang zu begleiten, ohne ihn von oben anzuordnen. Dabei sind Regulierungen wichtig, genauso wie angemessene wirtschaftliche Anreize, aber es sind die Bürger, die selbst entscheiden müssen, welcher Nahrungsmittelversorgung sie den Vorrang geben. Ich glaube, dass es hier Hoffnung gibt. Aus diesem Grund habe ich mich auch sehr intensiv mit den Umwelt- und Nachhaltigkeitsbewegungen für einen Wandel beschäftigt. Sie erfordern eine andere Haltung zur Demokratie. Echte Demokratie führt zur Dezentralisierung von Lösungen und belohnt den Einfallsreichtum auf lokaler Ebene. In diese Richtung müssen wir gehen, um die Systeme unserer Nahrungsmittelversorgung umzuorientieren.

## 2. DEN ANBAU REGIONALISIEREN –
## DAS ABENTEUER DER URBANEN LANDWIRTSCHAFT

**DETROIT**

*Fern der motorisierten Landschaften*
*fallen trostlose Schatten*
*auf brennende Bruchbuden.*
*Verfall liegt in der Luft*
*rundum Pfützen, Gips und Fäulnis,*
*hier in Detroit,*
*hier in Detroit.*

Die Stadt Detroit war genauso ausgestorben, wie man sie uns beschrieben hatte. Auf dem Weg ins Zentrum überragten ein paar imposante Hochhäuser Verkehrsadern, die doppelt so breit waren wie ein stattlicher Pariser Boulevard, aber nur von einzelnen Autos befahren wurden. Einige davon, die modernsten, machten noch etwas her. Der Sitz von General Motors erweckte in uns den Eindruck eines Fort Knox mitten in einer trostlosen Landschaft. Als wir in die Innenstadt vordrangen, tauchten andere, schönere Hochhäuser aus den besten Zeiten des amerikanischen Städtebaus auf. Hier und da schienen sie sogar noch die alte Pracht auszustrahlen und jedes orangefarben leuchtende Karree an ihren Fassaden war wie ein Hoffnungsschimmer. Die meisten Fenster waren indes endgültig erloschen. Erst bei näherem Hinsehen bemerkten wir die abbröckelnden Fassaden, schaurig anzusehen im Dämmerlicht. Hunderte von zerbrochenen Scheiben und ebenso viele schwarze Löcher malten ein verstörendes Bild, einen Anblick, der abstoßend wirkte und gleichzeitig den einstigen Glanz erahnen ließ.

Am Fuß der Hochhäuser sah man ein paar Gestalten umherstreifen, hier und da leistete eine Handvoll „Katastrophentouristen" ihnen Gesellschaft, die ihre Rollkoffer hinter sich herzogen. Am Stadtrand waren die einstmals typisch amerikanischen Vorstädte mit ihren weitläufigen Rasenflächen und den dazwischen gestreuten Einfamilienhäusern und hundertjährigen Bäumen in manchen Straßen zu wahren Ruinenfeldern verkommen. Jedes zweite Haus war verlassen, ausgeplündert und manchmal bis zu den Grundmauern abgebrannt. An Halloween hatten sich die Jugendlichen aus dem Viertel regelmäßig einen Spaß daraus gemacht, in den leerstehenden Häusern, die meistens aus Holz waren, ihre Lagerfeuer zu entfachen. Manchmal hatten sie noch nicht einmal den Auszug der Bewohner abgewartet, sondern das Feuer nachts gelegt, als alle schliefen. Damit zwangen sie die Leute, die einst ihre Nachbarn waren, endgültig zum Aufbruch aus diesem unheilvollen Ort, wo sie ohnehin keine Arbeit mehr fanden. Die beluden dann ihre klapprigen, noch aus Detroits goldenem Zeitalter stammenden Autos mit ihren Siebensachen und suchten das Weite. Einige Hausbesitzer nahmen die Sache selbst in die Hand und zündeten ihre Häuser freiwillig an, in der Hoffnung, wenigstens die magere Versicherungssumme einzustreichen. Hier und da stießen wir auf die wenigen öffentlichen Gebäude des Stadtteils, die in einem ähnlichen Zustand waren. Im Innenraum der Kirche schien ein Orkan gewütet zu haben: Die Bänke waren umgestürzt, die Wände zerstört, Messbücher lagen neben VHS-Kassetten im Schutt verstreut. Der Bahnhof, ein großartiges Bauwerk, stand als beeindruckendes Zeugnis aus dem Jahr 1913 mitten in der Absurdität dieses Niemandslands. Das Krankenhaus, die Schule und das Theater mit seinem riesigen, verfallenen, noch von vergangenen Geistern bevölkerten Saal hatte das gleiche Schicksal ereilt. Halb entsetzt, halb fasziniert, liefen wir durch die Stadt und machten immer wieder Halt, um ein leerstehendes Gebäude zu betreten und darin zu filmen. Manchmal versuchten wir, mit Passanten ins Gespräch zu kommen, wenn sie uns nicht aus dem Weg gingen. Auch wir fanden es unangenehm, sie in ihrer Misere zu begaffen wie Tiere im Zoo, während wir eine nagelneue Filmausrüstung vor uns hertrugen und einen fetten, gemieteten Pick-up an der Straßenecke geparkt hatten.

Man hatte uns von Gärten erzählt, von Frauen und Männern, die versuchen, Detroit durch Landwirtschaft neu aufzubauen. Im Moment war davon allerdings nichts zu sehen. Wir hatten Adressen und konnten dorthin fahren, aber im Stillen malten wir uns wohl schon aus, vom spektakulären Anblick dieser Revolution vollkommen überwältigt zu werden. Dass sich unsere wildesten Fantasien bestätigen mögen. Bei jeder Reise war es dasselbe. Aber dieser Hollywood-Effekt stellte sich kein einziges Mal ein. Jedes Mal mussten wir geduldig suchen, forschen, die Zipfel des Schleiers lüften, ehe die Menschen und ihre Orte mit ihrer ganzen Kraft für uns sichtbar wurden.

In Detroit mussten wir Tepfirah Rushdan treffen, die wir lange Tepper nannten, während sie bei ihren Freunden schlicht T heißt. Wir trafen sie in einem kleinen Garten in den Lafayette Greens am Lafayette Boulevard. Tepper leitet das städtische Landwirtschaftsprogramm der Organisation *Greening of Detroit*. Als sie anfing, sich in dem Verein zu engagieren, wollte sie zwar auch lernen, wie man bestimmte Gemüsesorten anbaut, aber sie sah darin vor allem eine Möglichkeit, wieder eine Gemeinschaft zu schaffen und jedem der oft verarmten, zu 83 % afroamerikanischen Einwohner eine Chance zu geben, damit sie wieder stolz sein konnten auf ihrer eigene Hände Arbeit und darauf, etwas zum Wiederaufbau der Stadt beizutragen. Seit 1950 haben über 50 % der Bevölkerung diese einstige Hauptstadt des Automobilbaus verlassen. Von zwei Millionen Einwohnern sind heute noch 700.000 übrig. Es kam einiges zusammen, um Detroits Niedergang zu beschleunigen. Die Rassenunruhen der 1960er Jahre, die einen ersten Exodus zur Folge hatten, aber vor allem der Zusammenbruch dessen, was man eine wirtschaftliche und industrielle Monokultur nennen könnte. Die Arbeitsplätze und der Wohlstand der ganzen Bevölkerung hingen von einem einzigen Industriezweig ab. Als sich der Weltmarkt weiterentwickelte und der Freihandel andere, teils verlässlichere oder günstigere Fahrzeuge auf amerikanischem Boden zuließ, mussten viele Automobilwerke schließen. Die weiße Mittelklasse verließ das Zentrum und zog in die Vorstädte, dann verließ sie die Vorstädte, um woanders ihr Glück zu suchen. Die Steuereinnahmen sanken dramatisch, während die zu erhaltende Stadtgröße dieselbe blieb. Eine Spirale von Verschuldung und schlechter Haushaltsführung trieben die Gemeinde schließlich in die Insolvenz. Und wie uns Trish Hubbell, die Mitarbeiterin für Öffentlichkeitsarbeit von *Greening of Detroit*, später erläuterte, wurde es für die Bevölkerung bald unmöglich, frische Lebensmittel zu bekommen. Die Kombination von geschrumpfter Kaufkraft und der Schließung von Supermarktketten verdammte die Einwohner zum Junkfood.

Während der Hunger eine Milliarde Erdenbürger bedroht, leiden 1,5 Milliarden Menschen unter den Qualen der Fettleibigkeit. In den USA, wo 34 % der Bevölkerung übergewichtig sind, gibt das Gesundheitssystem jährlich 160 Milliarden Dollar für unzählige Folgeerkrankungen der Fettleibigkeit aus, deren Todesopfer inzwischen mit Hunderttausenden[16] beziffert werden. Deshalb haben Trish, Tepper und Dutzende Angestellte von *Greening* ein Programm ins Leben gerufen, das an drei Standorten der Stadt die urbane Landwirtschaft entwickelt, an Dutzenden Schulen Erziehungsmaßnahmen durchführt

---

[16] Weltweit sind es 2,8 Millionen Frauen und Männer laut Weltgesundheitsorganisation (WHO) Merkblatt 311 zu Fettleibigkeit und Übergewicht.

und einen groß angelegten Wiederaufforstungsplan umsetzt. Seit 1998 haben 14.000 Jungen und Mädchen gelernt, Obst und Gemüse anzubauen, sich von frischen, gesunden Lebensmitteln zu ernähren und die Erde zu schützen, auf der ihre Nahrung wächst. Die Jugend von Detroit hat in diesen Projekten 450.000 Stunden gemeinnützige Arbeit geleistet; die Bevölkerung hat 86.000 Bäume gepflanzt; 618 Erwachsene wurden für landwirtschaftliche oder grüne Berufe umgeschult; 1.418 Gärten wurden vor allem in Schulen angelegt oder geplant. Das Ziel besteht darin, eine neue Kultur zu schaffen, in der sich alle daran beteiligen, eine gesunde, widerstandsfähige Lebensmittelversorgung aufzubauen. Im *Detroit Market Garden*, wo uns Trish empfängt, wurden allein im Jahr 2014 zwei Tonnen Gemüse in vier Gewächshäusern gezogen und anschließend auf den örtlichen Märkten und an die Restaurants verkauft. Zusätzlich verteilte die Initiative 667 Kilo Obst und Gemüse an verschiedene soziale Vereinigungen und bildete fünf Erwachsene zu Gemüsegärtnern aus. Gleichzeitig leitet die Initiative seit 2004 die Restaurierung eines 10 Hektar großen Parks, an der weitere Vereine und die Bewohner des Stadtviertels als Partner beteiligt sind und gemeinsam Gemüsegärten, einen städtischen Bauernhof und Obstwiesen mit Äpfeln und Birnen für die Gemeinschaft anlegen bzw. bewirtschaften.[17]

„Nach dem Bankrott und dem wirtschaftlichen Zusammenbruch der Stadt waren wir ganz unten. Heute erstehen wir wieder aus der eigenen Asche, das ist wirklich der Geist von Detroit! Diese Stadt gibt sich nicht so schnell geschlagen", vertraut uns Trish an, ehe wir uns wieder auf den Weg machen.

Wenige Kilometer weiter wartet Shane Bernardo auf uns, einer der Hauptunterstützer von *Earthworks Urban Farm*, einem Projekt des Detroiter Kapuzinerordens. Shane wuchs in Detroit in einer Familie philippinischer Abstammung auf. Seit mehreren Jahren leitet er dieses ausdrücklich sozial ausgerichtete Projekt. Hier wird ein Hektar Land, das 6,5 Tonnen abwirft, äußerst vielseitig mit Obst und Gemüse angebaut – viele Sorten sind den meisten US-Amerikanern unbekannt –, mit Küchen-, Duft- und Arzneikräutern, mit essbaren Blumen etc. Anschließend werden die Erträge von der Kooperative *Grown in Detroit* vermarktet oder landen in der berühmten *Suppe der Kapuziner*, die täglich 2.000 Mahlzeiten an Arbeitslose austeilen – die *Earthworks* übrigens auch zu Gemüsegärtnern ausbildet –, auf kleinen Erzeugermärkten, in Einrichtungen der Kranken- und Altenpflege oder in den Marmeladen, die zur Unterstützung des Projekts verkauft werden.

---

[17] www.greeningofdetroit.com/what-we-do/urban-farming/.

Wie bei *Greening* in Detroit und in den meisten urbanen Gemüsegärten, die wir besichtigt haben, ist auch hier alles bio. Und das ist Shane besonders wichtig: „Mein Ziel ist es auch, den Anteil an gesunder Nahrung für unsere Stadt zu steigern und den jungen Leuten beizubringen, wie sie ihre Lebensmittel selbst anbauen können. 2010 habe ich meinen Vater verloren, weil sein Gesundheitszustand miserabel war: Diabetes, Fettleibigkeit, Herzprobleme. Das war für mich der Auslöser, diese Arbeit zu machen. Wir sind doch inzwischen total abhängig von Nahrungsmitteln aus der Industrie, und die interessiert sich weder für unsere Gesundheit noch für unser Wohlbefinden. Das muss sich ändern. Wir müssen das System aushungern, das uns verhungern lässt, und uns von den ganzen multinationalen Konzernen unabhängig machen.

Wir in Detroit haben beschlossen, uns die Erde zurückzuerobern, das ist unsere Unabhängigkeitserklärung gegenüber der Politik, dass wir für unsere Grundbedürfnisse selbst sorgen. Aber das Problem besteht ja nicht nur darin, Nahrungsmittel bereitzustellen, es geht um viel mehr, nämlich darum, uns die Macht über unsere Ernährung und über unser politisches und soziales System zurückzuholen; es geht darum, widerstandsfähig und autonom zu werden. Detroit ist gewissermaßen ein Ground Zero der globalen Wirtschaftskrise. Die von ihr hinterlassenen Verwüstungen sind vergleichbar mit dem, was der Orkan Katrina in New Orleans angerichtet hat. Wir haben gelitten, jahrelang. Wir haben genug davon, darauf zu warten, dass jemand kommt und sich um uns kümmert. Es reicht eben nicht, sich nur zu wehren und zu protestieren, wir müssen kreativ werden und die Welt aufbauen, in der wir leben wollen. Denn retten müssen wir uns schon selbst, es wird niemand kommen, der das tut …"

Die Mitglieder der Bewegung der urbanen Landwirtschaft geben die Zahl der urbanen Bauernhöfe und Gemüsegärten in der Stadt mit 1.600 an.[18] Davon werden 1.400 von 20.000 Freiwilligen von *Keep Growing Detroit* angelegt und gepflegt. Ashley Atkinson, eine der Leiterinnen der Organisation, beschreibt deren Ziel so: „Wir wollen eine Stadt schaffen, die ihre eigene Ernährungshoheit hat, d. h. in der das meiste von den Einwohnern Detroits verzehrte Obst und Gemüse innerhalb der Stadtgrenzen angebaut wird, und zwar von den Einwohnern für die Einwohner." Genau gesagt haben die Detroiter das ehrgeizige Ziel, innerhalb der nächsten zehn Jahre 51 % ihres Bedarfs an Obst

---

[18] Die Zahl ist schwer zu definieren. Indem man die Einrichtungen der verschiedenen Organisationen addiert, kommt man in Wirklichkeit auf über 3.000 Höfe und Gemüsegärten.

*Die Gemüsebeete von Keep Growing Detroit in der Innenstadt von Detroit*

und Gemüse durch Selbstversorgung zu erzeugen. Das bedeutet, dass die derzeitigen Anstrengungen verzehnfacht werden müssen. Ashley ist da optimistisch: „Das Schwierigste sind die ersten 5-10 %. Uns stehen mehr als 100 Quadratkilometer Brachflächen für den Anbau zur Verfügung. Es gab Untersuchungen, die bestätigt haben, dass unsere Ziele erreichbar sind, und das sind sie!" Um das zu realisieren, baut *Keep Growing Detroit* auf die Bereitschaft aller Einwohner, in Privatgärten, Schulen sowie Parks Gemüsegärten und Stadtfarmen anzulegen. Dafür stellt die Initiative Saatgut, Pflanzen und Kompost zur Verfügung und lernt die Leute im Gartenbau an. Während dieser Schulungen wird Ausschau gehalten nach potenziellen Leitern, die im jeweiligen Stadtviertel die Koordination übernehmen. Außerdem organisiert die Initiative Veranstaltungen, um immer größere Bevölkerungsgruppen einzubeziehen und Partnerschaften mit lokalen Märkten aufzubauen, sodass jeder Zugang zu den Erzeugnissen hat.

Der *Eastern Market* ist der Hauptumschlagplatz, dort treffen Erzeuger und Verbraucher aufeinander. Als größter Markt der Geschichte eines Landes, in dem fast alle Märkte verschwunden sind, versammelt er auf knapp zwei Hektar (20.000 qm) mehr als 150 Anbieter von Lebensmitteln. Denn neben der Bewegung des *urban gardening* gibt es auch eine Bewegung von Betrieben, die die Erzeugnisse aus dem Gartenbau und der urbanen Landwirtschaft weiterverarbeiten und vermarkten. Eins davon ist *Food Lab*, eine Kette mit 147 Läden[19], die mit der Methode der „triple bottom line" arbeiten. Anstatt nur auf den Gewinn zu schauen, richten sie ihre Aktivitäten danach aus, dass sie drei Kriterien erfüllen: profit, people, planet.[20] Da ist z.B. Devita, die verlassene Küchen wieder in Betrieb nimmt und dort Familien die Grundlagen des Kochens beibringt; oder Chloé, eine junge Französin, die Schokotörtchen herstellt und vertreibt; und die *Sisters on a Roll*, die mit ihrem Lieferwagen kreuz und quer durch die Stadt fahren und hochwertige, an Ort und Stelle zubereitete Speisen in benachteiligte Stadtteile bringen; und auch Noam mit seinem *Fresh Corner Café* und Tanya mit ihren Pancakes, Keksen und veganen Lebensmitteln; sie sind alle angetreten, das selbstständige Unternehmertum zu beleben. Denn erstens schafft es Arbeitsplätze und zweitens leistet es den Detroitern nachhaltige und unverzichtbare Dienste. Diese Philosophie, die in den Unternehmen die mächtigsten Instrumente des sozialen und ökologischen Wandels sieht, ist vom Netzwerk BALLE[21] (siehe S. 203) inspiriert. Jess, die Leiterin des *Food Lab*, ist dort Mitglied, ebenso wie Malik Yakini, der Mitgeschäftsführer der *D-Town Farm*, einem 2,8 Hektar großen städtischen Biohof mitten im Rouge Park. Für Malik hat die Bewegung der urbanen Landwirtschaft ein riesiges Potenzial, um die Stadt neu zu beleben, die städtische Gemeinschaft wieder aufzubauen und vor allem um die afroamerikanische Bevölkerung zu emanzipieren, die immer unter dem Joch einer gewissen weißen Wirtschaftselite stand. Doch werde sie nicht in der Lage sein, die vollständige Lebensmittelversorgung von Detroit sicherzustellen: „Die urbane Landwirtschaft liegt im Trend, aber die Vorstellungen, die die Leute damit verbinden, sind häufig weit entfernt von der Plackerei, die in der Landwirtschaft einfach nötig ist. Ich sage dann immer: Die urbane Landwirtschaft sieht super aus auf einer PowerPoint Präsentation. Die rurale Landwirtschaft wird sie jedoch nicht ersetzen können. Die Innenstädte, die Vororte und der ländliche Raum müssen sich zusammenschließen, um unsere Nahrungsmittelversorgung zu gewährleisten. Lebensmittel legen in den Vereinigten Staaten im Schnitt vom Ort ihres Anbaus bis zum Verbraucher 2.400 km zurück. Das ist eine ungeheure Belastung für die Umwelt. Wir müssen den Anbau wieder so nah wie möglich an die Wohnorte der Menschen verlegen. Dazu ist die Rückkehr zu einem älteren Städtekonzept erforderlich, das umfassender ist als einfach nur eine Ansammlung von Gebäuden, Straßen und Shopping Centern."

---

[19] Am 3. Juli 2015. Bei unserem Besuch im Vorjahr waren es erst 84!
[20] Gewinn, Mensch, Erde.
[21] Business, Alliance for Local Living Economies.

Im Fahrwasser von Detroits Aufbruch sind Hunderte von nordamerikanischen Städten dabei, zwischen ihren Hochhäusern die urbane Landwirtschaft einzuführen: New York mit seinen 800 Gemüsegärten und städtischen Bauernhöfen, Los Angeles, San Francisco, Washington, Saint Louis, Chicago, Boston, Seattle, Philadelphia, aber genauso Toronto, Ottawa, Montreal oder Vancouver. Insgesamt wird die Zahl der landwirtschaftlich genutzten Gemeindegrundstücke auf 20.000 geschätzt. Hinzu kommen 43 Millionen Amerikaner, die nach eigener Aussage einen Teil ihrer Nahrung selbst anbauen.[22]

Und wie wir schon bald erfahren sollten, steht Europa dem in nichts nach.

Wir verlassen Detroit. Innerhalb weniger Tage nehmen wir zum dritten Mal das Flugzeug. Seit unserer Abreise habe ich den Eindruck, keinen Schritt außerhalb von Flughäfen und Gangways getan zu haben. Wir haben unser Leben rund um Autos, Busse, U-Bahnen und Flugzeuge organisiert, allesamt angetrieben von körperfremden Kräften. Im Moment fliegen wir über den großen Michigan-See und mir wird bewusst, dass wir so gut wie nichts gesehen haben von den Orten, wo wir waren. Geführt von Smartphones und GPS, haben wir nicht einmal eine Landkarte ausgebreitet, um uns ein wenig weiträumiger zu verorten. Eine große Zahl Amerikaner lebt tagein, tagaus so, und ich frage mich, wie die geringste Information über die Verletzlichkeit unserer Ökosysteme überhaupt zu ihnen vordringen soll? Ich beobachte die Geschäftsleute um mich herum, gebannt starren sie in ihre Computer. Einer zieht schlechtgelaunt die Blende vor der Fensterluke herunter, wo die Sonne hereinscheint. Sie nehmen das Flugzeug, so wie wir den Zug nehmen. Heute ist nichts Außergewöhnliches mehr daran, auf 5.000 Metern Höhe zu fliegen. Trotzdem haben 80 % der Menschen unseres Planeten noch nie den Fuß in ein Flugzeug gesetzt. Und werden es vermutlich auch nie tun. Virtualisierung des Raums, Loslösung aus unserer natürlichen Umgebung, um von einem klimatisierten Kasten zum nächsten zu gehen, am Leben erhalten von einer Flut verpackter, überzuckerter, versalzener, in sauberen Regalen in Reih und Glied gestapelter Nahrung. Unter dem Flugzeug breitet sich ein flauschiger Ozean aus, so weit das Auge reicht. Milliarden zusammengeballter Wassermoleküle bilden eine der poetischsten Formen, die es überhaupt gibt. In Kürze werden wir landen und der Tanz beginnt von vorn: Be- und Entladen, aufgesaugt werden von neuen desinfizierten Gängen in neuen Flughäfen. Ich vermisse

---

[22] Bénédicte Manier, Un million de révolutions tranquilles, LLL, 2012, S. 118.

meine Beine, ich vermisse die Natur. Und ich frage mich, wie lange man wohl braucht, bis dieses Gefühl allmählich abklingt und vielleicht irgendwann ganz verschwindet …

## **TODMORDEN**

Todmorden ist eine Stadt in der englischen Grafschaft West Yorkshire, die mit ihren 15.000 Einwohnern sicher nicht mit Detroit konkurrieren kann, in anderen Punkten aber sehr wohl. Denn genauso wie ihre große Schwester lebte sie lange von einer einzigen Industrie: Textilien. Und die Deindustrialisierung traf sie als Schlag ebenso hart und unvorbereitet wie die große Schwester. Die Arbeitslosigkeit ist in Todmorden fast doppelt so hoch wie im Landesdurchschnitt (das hat sie nicht mit Detroit gemeinsam, wo sie bei 40 % liegt). Ebenso wie in Detroit ist die Ernährung der Auslöser für eine Bewegung, die den Wandel der Stadt voranbringt.

Das Ganze geht auf die Initiative zweier ganz gewöhnlicher Frauen zurück, als die sie sich selbst gerne vorstellen, zwei Einwohnerinnen „wie alle anderen auch": Pam und Mary. Pam Warhurst ist dunkelhaarig, schlank, mit Pagenschnitt und wirkt fast ein wenig streng. Sie trägt Jeans, hat eine modische Brille und kann sehr gut reden – mit ausgeprägt englischem Akzent. Ihre Sprache ist gut artikuliert, man merkt, dass sie eine gewisse Routine darin hat, öffentlich Stellung zu beziehen und dass ihre Ideen nicht von gestern sind. Sie vermittelt den Eindruck, viel gelesen zu haben, wie ein Lehrerkind, das nicht nach dem großen Geld strebt, weil man ihr beigebracht hat, dass Wissen der eigentliche Reichtum ist. So stelle ich mir ihre Eltern vor. Später erfahren wir, dass sie Arbeiter waren und militant für ihre Rechte kämpften. Ihre Tochter Pam wiegten sie mit den Geschichten der großen Kämpfe der Genossenschaftsbewegung Anfang des 20. Jahrhunderts[23] in den Schlaf. Heute führt diese das elterliche Restaurant weiter, das *Bear Café* – als Kooperative wohlgemerkt. Und ist gerade dabei, das Geschäft nach und nach ihrer Tochter zu übergeben. Mary Clear ist das genaue Gegenteil, zumindest wirkt es so. Kräftig gebaut, trägt sie das passende Outfit fürs Gärtnern: Blümchenbluse, eine *Oversized-*Jeans und mehrere abenteuerliche Haarreifen im graumelierten Haar. Ihre Augen sind meerblau und strahlen eine beeindruckende Wärme aus. Pam drückt einem die Hand, während Mary einem um den Hals fällt, ohne einen

---

[23] https://de.wikipedia.org/wiki/Rochdale_Society_of_Equitable_Pioneers. [Anm. d. Übers.]

zu kennen. Pam hält Reden, während Mary begeistert auflacht, zustimmend nickt, einen zu Tränen rührt. Sie wartet, bis die andere, die sie als die Clevere des Duos anzuerkennen scheint, ausgeredet hat, um dann eine Bemerkung zu machen, die genau das Gegenteil aussagt. Sie sind um die fünfzig, lockern unser Gespräch mit viel Gelächter auf, lieben Humor, was sehr angenehm ist. Als wir im *Bear Café* an einem Tisch sitzen, erzählen sie uns, wie das Abenteuer begann.

„Vor sieben Jahren", setzt Pam an, „bin ich zu einem Vortrag gegangen, wo die Leute über unseren Staat sprachen, über die Erde, die Klimaerwärmung, darüber, dass die Ressourcen allmählich knapp werden, und ich dachte: Schon seit Jahren reden wir darüber, aber ich habe noch nie von jemandem gehört, der irgendetwas tut."

Besagter Vortrag findet in London statt und versammelt die Vertreter aller Countys des Landes. Pam ist für die Grafschaft Calderdale dabei, zu der Todmorden gehört. Später erzählt sie, dass zwei Sätze des Professors für Ernährungspolitik an der City University bei ihr den Funken zum Glühen brachten. Der Mann hielt eine Rede über den Klimawandel und sie fühlte sich von den Zahlen und dem ganzen Problem wie erschlagen. Sie konnte den Worten nicht mehr richtig folgen. Es war alles so schrecklich abstrakt, wie immer. Bis Tim davon redet, dass er früher eine Rinderfarm hatte und anfängt, die Zuhörer fast inständig zu bitten, mit dieser Art der Viehzucht aufzuhören. Ein paar Minuten später sagt er dann auch noch: „Hören sie auf, Blumen zu pflanzen, und ziehen Sie stattdessen lieber Gemüse."

Pam kehrt beflügelt nach Hause zurück und ist davon überzeugt, dass sie keine Zeit mehr damit vertun sollte, ihren Hintern von einer Versammlung zur nächsten zu schleppen, um sich mit noch mehr Männern im Anzug auszutauschen. Sie muss etwas tun, und das soll ganz simpel sein, aber eine Wirkung haben und jeden miteinbeziehen. Sie hat eine Idee und läuft zu Mary, der Kulturbeauftragten der Stadt und, wie sie sagt, „der besten Netzwerkerin der Welt", um ihr davon zu erzählen. In wenigen Tagen legen die beiden die Grundlagen für eine internationale Bewegung: *Incredible Edible*.[24]

Die Idee geht so: Sie will die Einwohner dazu ermuntern, überall in der Stadt Obst- und Gemüsebeete anzulegen, sie gemeinsam zu pflegen und die Ernte gratis miteinander zu teilen. Pam führt aus: „Essen ist etwas, was uns alle angeht, wir reden darüber, wir kaufen es ein, wir lieben es oder auch nicht

---

[24] *Übersetzt* ins Deutsche: Unfassbar essbar.

… Essen gehört zu den wenigen Dingen, über die wir uns auch mit einem vollkommen Fremden unterhalten können."

Die zweite Säule, auf die sich die Bewegung *Incredible Edible* stützt, ist der Entschluss anzufangen, ohne auf irgendeine Genehmigung von irgendjemandem zu warten: „Ich war in der Politik gewesen und kannte das Vorgehen zur Genüge. All die Berichte mit den guten Vorschlägen, denen Sitzungen folgten und Abstimmungen und weitere Berichte, dann Strategiepapiere … alles Quatsch. Wenn es uns wirklich um unsere Kinder geht, dann müssen wir die Sache anders aufziehen. Und nicht darauf warten, dass irgendjemand kommt und die Arbeit für uns erledigt."

Also beschließen Pam und Mary, im *Bear Café* eine Versammlung einzuberufen, und laden alle ein, die sich von der Frage „Wollen Sie mitmachen beim Aufbau einer neuen Zukunft für unsere Kinder, die bei der Ernährung ansetzt?" angesprochen fühlen. Sie sagen sich: Wenn fünf kommen, dann wäre das schon mal ein Anfang. Aber am Abend drängen sich 60 Einwohner von Todmorden im Saal des Obergeschosses zusammen.

„Wir haben von unserem Anliegen erzählt", fährt Pam fort, und als wir fertig waren, herrschte zwei Sekunden Stille, dann ist der Saal explodiert und alle haben durcheinander geredet. Die Leute waren mit Bildern gekommen aus dem Krieg, als die Stadt überquoll von Obst- und Gemüsegärten. Wir haben die Idee nicht neu erfunden, es ging uns nicht darum, die ganz Schlauen zu sein. Wir haben die Leute einfach gefragt: Wissen Sie noch, was Sie können? Erinnern Sie sich daran, was wir früher alles geschafft haben und was uns für die Zukunft helfen kann? Das haben diese 60 Leute sich gegenseitig und auch allen anderen erzählt. Denn das können wir doch immer noch am besten: Geschichten erzählen. Die gehen uns ans Herz und das macht den Unterschied."

Ein paar Tage später findet ein erstes Experiment in Marys Vorgarten statt, der am Fuß eines Hangs von einer kleinen Straße gesäumt ist. Das Team reißt die Mauer ein und erklärt den Garten zum öffentlichen Raum. Mary und ihr Mann graben die Rosenstöcke aus und pflanzen an ihre Stelle Grünkohl, Pfefferminze, Beerensträucher, Salat, Fenchel. Und sie stellen das inzwischen legendäre Schild auf: „Essen zum Teilen". Passanten bleiben verwundert stehen, bis sich ein paar Monate später hier und da einer dazu durchringt, ein oder zwei Himbeeren zu pflücken, als sie reif sind.

„Interessant wurde es, als wir uns den Straßenrand einer kaum begangenen und nicht gerade beliebten Straße vorgenommen und ihn umgestaltet haben, ohne irgendeine Behörde um Erlaubnis zu bitten. Mary hatte mehr Saatgut, als man für ein ganzes Leben braucht, und das haben wir mit den freiwilligen Helfern ausgebracht. Ein Jahr später stellte die Gemeinde eine Bank dort auf, damit die Leute den Gemüsegarten genießen können. Übrigens ohne, dass wir sie darum gebeten hätten. Es ist nämlich oft die bessere Idee, gar nicht erst eine Erlaubnis zu beantragen, weil die Sachbearbeiter dann denken, sie müssten nein sagen. Es geht ihnen viel besser, wenn sie die Initiativen, die sie toll finden, aus freien Stücken unterstützen können", lächelt Pam.

Von Monat zu Monat wächst das Team und nimmt die Stadt ein. „Ein paar Beete haben wir mitten auf den Grünstreifen der Straßen eingerichtet, damit man uns sehen kann", wirft Mary ein. Denn es ist ihre Strategie, ‚Werbebeete' anzulegen, damit sie ins Gespräch kommen. Diese kleinen Pflanzzellen verwandeln sich nach und nach zu wahren Gemüsebeetstraßen, in denen einige Abschnitte zu „essbaren Landschaften" werden. Nick Green, promovierter Biochemiker, ehemaliger Unternehmer und jetzt Bauer, ist einer von den Meistern dieses Erfolgs. Er ist klein, rundlich, das Gesicht überwuchert von einem zotteligen Bart, auf dem Kopf sitzt ein praktischer Hut. Seine Stimme ist sanft und näselnd zugleich. Er wirkt wie die Figur aus einem Roman von Tolkien. Aber am meisten beeindruckt uns, wie glücklich er ist. Man sieht ihm an, wie befriedigend es für ihn ist, da zu sein, wo er sein muss, und das zu tun, was er machen muss.

„Anfangs bin ich nicht zu den Treffen gegangen. Aber irgendjemand hat gesagt, ich sei der beste Gärtner überhaupt, weil ich kleine Obstbäume im Supermarkt kaufte und die Leute fragte: Wo soll ich die hinpflanzen? Bis einer zu mir gesagt hat: Wenn Sie damit weitermachen, unterstützen wir Sie. Also habe ich weiter gemacht. Später habe ich gehört, dass die Gruppe jemanden für das Fundraising brauchte. Daraufhin war ich vier Jahre lang Schatzmeister und habe Geldgeber gesucht, sodass das Projekt wuchs. Wie sich herausstellte, taten wir das Richtige zum richtigen Zeitpunkt, eine Sache, für die sich der Einsatz lohnte. Diese Erfahrung hat etwas in meinem Kopf verändert. Heute mache ich mir keine Sorgen mehr über den Zustand der Welt, er belastet mich nicht mehr, auch nicht die Jugend, die nichts mehr kann, oder die ganze Verschwendung. Weil ich etwas Positives tue und meine Gedanken einzig darauf ausrichte, was ich als nächstes Positives tun kann."

Unter Nicks Anleitung legen die Einwohner überall Beete an: in Schulhöfen und Rathausgärten, vor dem Bahnhof und am Krankenhaus; dort entsteht ein Arzneikräuterbeet neben einer Passage aus Johannisbeersträuchern, die wiederum auf einen von Kirschbäumen umgebenen Parkplatz führt. Vor dem Kommissariat gedeihen Mais, Gurken und andere Kürbisgewächse, und am Arbeitsamt können sich die Arbeitslosen mit Tomaten, Gurken, Rüben, Kartoffeln oder Zwiebeln versorgen. Innerhalb von sieben Jahren wurden alle Ecken und Enden der Gemeinde mit mehr als 1.000 Obstbäumen bepflanzt.

„Heute nutzen wir diese Bäume, um daraus neue zu ziehen. Jedes Jahr ziehen wir 500 bis 600 neue Sträucher aus Ablegern. Einige verschenken wir und andere verkaufen wir. Insgesamt haben wir auf diese Weise 3.000 bis 4.000 Bäume gezogen und 1.000 gepflanzt. Wenn das keine Investition in die Zukunft ist! Und jetzt, da die Bäume groß sind, können sich alle umsonst am Obst bedienen. Dieses Jahr habe ich auf dem ganzen Weg vom Krankenhaus bis zum Polizeikommissariat Kirschen gefuttert."

Lachend setzt Nick hinzu: „Als wir angefangen haben, überall in der Stadt Beete anzulegen, wussten wir nicht, wo das Ganze hinführen würde, aber drei oder vier Jahre später war uns klar, dass es im nächsten Schritt darum ging,

*Nick Green in seiner Incredible Farm*

der Jugend beizubringen, wie sie ausreichend Obst und Gemüse für den Eigenbedarf anbauen kann – und darum, die Leute wieder auf dem Land zu beschäftigen."

Das kleine Team geht auf die Suche nach einem passenden Ackergrund und wird schließlich fündig: Zehn Minuten vom Stadtzentrum entfernt kann es ein sumpfiges Grundstück auftreiben. Nick begeistert sich für das Schulungsprojekt und zieht *Incredible Farm* auf, ein soziales Unternehmen, das Schüler und junge Erwachsene im Gemüseanbau anleitet, landwirtschaftliche Lehrlinge zu echten Landwirten ausbildet, außerdem Baumschule und Pflanzenzuchtbetrieb ist und obendrein mit seinen Erträgen die städtische Gastronomie beliefert.

In wenigen Jahren erlernt Nick die Grundlagen der Permakultur, verzehnfacht die Erträge und bildet Hunderte von Interessierten aus. Wie Malik in Detroit, so sind auch die Begründer von *Incredible Edible* überzeugt, dass wir den ländlichen und den städtischen Raum heute wieder viel enger aneinander binden müssen.

„In unserer heutigen Landwirtschaft wird die menschliche Arbeitskraft auf ein Minimum reduziert und der Einsatz von Maschinen maximal ausgebaut. Aber wir wollen genau das Gegenteil: mehr Arbeitsplätze, mehr Landwirtschaftsbetriebe. Im globalen Maßstab wird die Erdbevölkerung hauptsächlich von kleinen, familiär geführten Bauernhöfen versorgt, die oft sehr viel bessere Erträge bringen als die Großbetriebe. Auf eines, das muss man ihr lassen, versteht sich die Agrarindustrie gut: Geldscheffeln. Aber Geld macht uns nicht satt, für die Zukunft brauchen wir eine tragfähige Nahrungsmittelversorgung für alle. Und dafür müssen die Menschen das Land selbst besitzen und bewirtschaften dürfen …", grummelt Nick.

*Incredible Farm* erzeugt umgerechnet 14 Tonnen Nahrung pro Hektar, und Nick glaubt, dass er damit vom Optimum noch weit entfernt ist. Dennoch haben er und sein Team schon bewiesen, dass man auch unter widrigen Umständen hohe Qualität erzeugen kann, indem man in Gegenden, die für den Gemüseanbau als ungünstig gelten, die den topographischen und klimatischen Gegebenheiten entsprechenden Methoden anwendet. Rund um Todmorden sind die meisten Böden beispielsweise ziemlich feucht. Als wir an einem Julitag nach zwei Sonnentagen durch die Gassen der Stadt schlenderten, zupfte ich Mary am Ärmel und zeigte ihr ein paar Beete mit hängenden Blättern und bemerkte: „Die sollte man vielleicht mal gießen." Dabei hatte ich natürlich unsere Dreharbeiten im Kopf und den Eindruck, den dieses Gemüse machen würde. Sie wandte sich zu mir um, als verstünde sie nicht. Ich stutzte und überlegte einen Moment, ob meine Frage wirklich so doof war oder ob sie mein holpriges Englisch nicht verstanden hatte. Dann versuchte ich es mit: „Ihr gießt überhaupt nicht?" Diesmal erhellte ein breites Lächeln ihr Gesicht: „Nein. Es regnet ja jeden Tag."

Innerhalb weniger Jahre bildet Nick bei *Incredible Farm* Hunderte Interessierter aus, mit der Folge, dass ganze Branchen neu belebt werden und heute wieder Fleischer, Bäcker und Gemüsegärtner auf Marktplatz und -halle ihre lokalen Erzeugnisse anbieten oder diese an die städtische Gastronomie liefern, damit sie ihre Speisekarten aufwerten kann. Dank der ‚Werbebeete' und des Engagements von Pam und Mary beginnt die ganze Stadt, eine neue Geschichte zu erzählen: die eines Marktflecken in West Yorkshire, der seine Lebensmittelversorgung wieder selbst in die Hand nimmt. Die Gemüsebeete decken nicht den ganzen Bedarf des Ortes, weit gefehlt, aber sie sind der Startschuss für eine tiefgreifende Erneuerung. So erklären inzwischen 83 % der Einheimischen, dass sie einen Teil ihrer Lebensmittel aus lokalem Anbau einkaufen, und das in einem Land, das weniger als 50 % seines Nahrungsmittelbedarfs selbst produziert. Aber das Erstaunlichste kommt noch.

Während die kleine Aktionsgruppe beschließt, die örtlichen Behörden zu übergehen, kommt diese auf ihre Einwohner zu, genauso wie Pam es prophezeit hatte. Nach dem ersten Schrecken, erzählt sie, suchten die Beamten das Gespräch mit den Spinnern, die die Grünstreifen bepflanzen. „Wir haben zu ihnen gesagt: Wir wollen kein Geld von euch, aber wenn wir mal in der Klemme sind und euch brauchen, können wir euch dann um Hilfe bitten? Damit waren sie einverstanden. Ein paar Jahre später stellte sich heraus, dass wir unsere Anbauflächen vergrößern mussten. Wir hatten bisher nur hier und da kleine Grundstücke und Grünstreifen bepflanzt, jetzt brauchten wir mehr. Wir wollten unseren 15.000 Einwohnern zeigen, wie sie sich selbst versorgen können." Da springt der Funke auf die lokale Regierung über und Robin Tuddenham, Bezirksverwalter der Gemeinde Calderdale, zu der Todmorden gehört, macht das Anliegen zur Chefsache, indem er sich leidenschaftlich dafür einsetzt. In wenigen Wochen sind sämtliche Brachflächen seiner 200.000 Einwohner starken Verwaltungseinheit, die sich nicht als Baugrundstücke eignen, in einer Datenbank erfasst und werden ins Internet gestellt. Ab sofort braucht jeder Einwohner, der eine dieser Flächen bewirtschaften möchte, lediglich ein Foto davon aufzunehmen, einen Antrag zu stellen und einen symbolischen

Betrag zu zahlen, damit er das Recht erwirbt, den gewünschten Boden zu bewirtschaften. Die Grafschaft Calderdale ist so stolz auf dieses Programm, dass sie jetzt versucht, es in andere englische Amtsbezirke zu exportieren. „Das Land gehört nicht der Regierung, es gehört den Einwohnern", betont Robin. „Wir müssen als Verwaltung dafür sorgen, dass die Bevölkerung es sich wieder aneignet. Aber wenn die Behörden sie nicht dabei unterstützen, dann ist es immer das gleiche: Aktivisten und Vereine reiben sich auf und müssen alle möglichen Stellen abklappern. Die örtlichen Regierungen sollten über diese Dinge miteinander ins Gespräch kommen und die Zentralregierung überzeugen, dass dies der Weg ist, den wir unserer Zukunft zuliebe einschlagen müssen. Um unsere Herangehensweise im ganzen Land bekannt zu machen, arbeiten wir hier mit einer Organisation namens *Locality* zusammen. Die öffentliche Verwaltung kann ihren Führungsstil der vergangenen 40 Jahre, bei dem sie Experten befragt und den Leuten dann sagt, was für sie das Beste sei, nicht so beibehalten. Dafür fehlen uns inzwischen sowohl die Ressourcen als auch die Zeit, außerdem hat sich die Bevölkerung verändert, die Leute werden älter, haben höhere Ansprüche, wollen über ihr Leben selbst bestimmen. Und sie können das! Also, warum sehen wir in einer stärkeren Bürgerbeteiligung nicht die Lösung, anstatt sie immer nur als Problem zu betrachten?"

Von Pam wissen wir, dass das Abenteuer von *Incredible Edible* „eine Geschichte ist, die die Leute zu lieben scheinen. Weil sie ihr Herz genauso anspricht wie ihren Verstand." Sie lieben diese Geschichte so sehr, dass sie begonnen haben, sie an ihrem eigenen Wohnort nachzuahmen. Zunächst in England, wo über 80 Städte dem Beispiel von Todmorden folgten. Dann in Frankreich, wo François Rouillay und Jean-Michel Herbillon den Stein ins Rollen brachten und inzwischen in mehr als 400 Städten und Dörfern Initiativen dieser Art entstanden sind. Außerdem machen Niger, Australien, Russland, Deutschland, Argentinien, Mexiko, Südafrika und Manila mit. Bisher lassen sich insgesamt mehr als 800 Orte weltweit von der Mode der Lebensmittel zum Teilen anstecken. Manche Projekte stecken noch in den Kinderschuhen, aber die Saat ist ausgebracht und die Geschichte breitet sich unaufhaltsam aus. Einige dieser Initiativen nennen sich *Incredible Edible*, andere nicht: „Darauf kommt es überhaupt nicht an", sagt Mary, „wir wollen mit dem Konzept weder Geld verdienen noch ein Imperium aufbauen. Hier stehen ganz gewöhnliche Leute auf, um etwas zu tun, sie schließen sich zusammen, erhöhen ihre Kompetenzen – allein das zählt. Wir haben weder die Macht noch das Geld einer Regierung, aber der gute Wille und die gute Tat sind auf unserer Seite!", sagt sie voller Eifer.

*Estelle und Greg, der Polizist, vor den Plantagen des Kommissariats*

Woche für Woche empfängt Estelle Brown, die unermüdliche und bewundernswerte Stadtführerin von Todmorden, neue Delegationen aus aller Welt: Indien, Südkorea, USA, Marokko, Argentinien etc. In diesem Jahr waren die Japaner schon dreimal da, denn sie haben nach dem Vorbild der *„Edible green routes"* in Yorkshire in ihrem Land „essbare Kanäle" angelegt. Estelle findet, dass es „im Grunde nicht darum geht, Obst und Gemüse anzubauen. Das kann schließlich jeder, das ist nicht schwer. Es geht um Gemeinschaftsbildung. Denn, wenn wir in Schwierigkeiten geraten, dann brauchen wir die Fähigkeit zusammenzuarbeiten, zu teilen und füreinander da zu sein – das macht den Unterschied."

Genau das ist in Todmorden passiert, wo ein System zur Versorgung mit Frischkost aus örtlichem Anbau entstanden ist, wo der Gartentourismus förmlich explodiert ist und wo unsoziales Verhalten und jede Art von Vandalismus seit der Einrichtung der Beete um 18 % gesunken sind. Das erfüllt Pam mit Hoffnung und mit Stolz: „Oftmals glauben wir einfach nicht mehr daran, dass wir etwas verändern können. Manchmal kommt es mir vor, als würden wir gar nicht sehen, dass wir ja das herrschende System selbst errichtet haben, die Wirtschaft, die Finanzen, das Sozialsystem, so wie sie jetzt sind. All das haben wir erschaffen, in der Überzeugung, das Beste zu tun, was wir tun konnten. Inzwischen gibt es aber keinen Zweifel mehr daran, dass unser System nicht mehr funktioniert. Also gut, dann müssen wir ein neues System aufbauen! So schwer ist das gar nicht. Denn wenn wir darüber nachdenken und es genau betrachten, stellen wir schnell fest, dass wir die nötigen Kräfte und Fähigkeiten dafür längst haben. Aber das haben wir vergessen.

Wir haben eine Generation von Opfern großgezogen, von Leuten, die das Gefühl haben, zu kurz zu kommen. Die nicht mehr wissen, wie sie es anpacken können, ihre Welt zu einem besseren Ort zu machen. Und wenn sie dann mit einer ganz einfachen Sache anfangen, nämlich beim Essen, dann ist die Angst schnell weg. Dann nehmen sie ihren Lebensraum allmählich anders wahr, sehen ihn in einem neuen Licht. Wenn die Leute etwas anpflanzen, im Garten hinter ihrem Haus oder mitten auf der Straße, und sich diese harmlose Handlung wiederholt und auf eine ganze Gemeinde ausdehnt, die sich zusammentut und teilt, dann wächst neues Vertrauen. Dann fängt jeder wieder an, an sich zu glauben und festzustellen, dass sie oder er in der Lage ist, alles zu tun."

Als wir zum ersten Mal in die Kleinstadt kamen, hielten wir die Erfahrung von Todmorden für etwas Anekdotisches. Damals hatten wir noch kein Vertrauen in die Macht der Erzählung – über die uns Nancy Huston aufgeklärt hatte – und genauso wenig in die Macht des Essens. Dabei hat sich diese in der Vergangenheit schon einmal eindrucksvoll bewiesen, als 1943 die von über 20 Millionen Amerikanern bewirtschafteten „Victory Gardens" 30 bis 40 % des gesamten Frischkostbedarfs der USA lieferten. In Frankreich wird in Zeiten des Friedens und Wohlstands der Anteil an selbstgezogenem Obst und Gemüse auf 7 % geschätzt. Uns dämmerte allmählich, dass die von Olivier erwähnte Geschichte des 21. Jahrhunderts, nämlich die einer schonenden, die Ökosysteme regenerierenden Nahrungsmittelproduktion, einhergehen muss mit der Wiederaneignung der Erde durch eine große Anzahl von Bürgern. Jetzt wollten wir noch die im UNO-Bericht und von Nick prognostizierten Ertragssteigerungen mit der Wirklichkeit abgleichen. Dazu fuhren wir in die Normandie und besichtigten eine Gemüsegärtnerei, die weltweit zu den vielversprechendsten Modellen gehört.

## 3. ANDERS PRODUZIEREN – DAS WUNDER DER PERMAKULTUR

Wenn Sie sich schon mal gefragt haben, wie ein Landwirtschaftsbetrieb der Zukunft aussehen könnte, dann sollten Sie zu Charles und Perrine Hervé-Gruyer[25] fahren. Und ich verspreche Ihnen, dass für alle, die den herkömmlichen Gemüseanbau kennen, ein Besuch auf diesem Hof zum unvergesslichen Erlebnis wird. Im September 2012 hatte ich Mélanie dorthin mitgenommen, als sie wissen wollte, wie die Gesellschaft von morgen gestaltet sein könnte. Und Bec-Hellouin gehört definitiv zu den Orten, die uns dazu inspiriert haben, unseren Film zu drehen. Auf den ersten Blick sieht dieser Bauernhof wie ein Garten und nicht wie ein Landwirtschaftsbetrieb aus. Die vielen Beete sind in lauter verschiedenen Formen und Farben angelegt, einige in Reihen, andere kreisförmig. Kleine Teiche grenzen an Weideland oder an mandalaartige Gemüsebeete, außerdem gibt es ein Gewächshaus und ein Waldstück. Nichts scheint so rationell eingerichtet zu sein, wie die konventionelle Landwirtschaft es verlangt. Dennoch ist jeder Millimeter der Anlage sorgsam durchdacht.

Wie Nick und auch Rob Hopkins, von dem später noch die Rede sein wird, praktizieren auch Charles und Perrine die Permakultur. Das Wort Permakultur kommt von „permanent" und „Agrikultur", es bedeutet also dauerhafte Landwirtschaft. Dahinter verbirgt sich das Konzept „einer vom

---

[25] Angaben zu Besichtigungszeiten, Veranstaltungen und Ausbildungen auf www.fermedubec.com.

Menschen entworfenen, aber bei der Natur abgeschauten Anlage", wie Charles uns erläutert. Die Permakultur versucht, die große Vielfalt und die gegenseitigen Abhängigkeiten, die in einem Ökosystem existieren, nachzubilden. Sie arbeitet mit Kreisläufen, sodass keine Abfälle anfallen.

Für die Permakultur gibt es viele Anwendungsgebiete: Städte – besonders die als *Transition Towns* bezeichneten Städte im Wandel[26], Unternehmen, Wirtschaft, Energieversorgung etc. Auf die Landwirtschaft bezogen, werden die Prinzipien der Permakultur einerseits mit den besten Methoden des Landbaus kombiniert, die Bauern seit Jahrhunderten überall auf der Welt entwickelt haben – dazu gehören Hügel- und Terrassenbeete, Kompostierung, Baumstandorte, Mischkulturen und Zugtiere –, andererseits werden alle Erkenntnisse genutzt, die wir in den letzten 50 Jahren aus den Lebenswissenschaften gewonnen haben. Ziel ist es, die Funktionsweise der Natur nachzubilden, denn die hat sich schließlich seit Millionen von Jahren ohne Erdöl, ohne Bodenbearbeitung, ohne Mechanisierung immer weiter entwickelt und dabei eine Fülle von Leben hervorgebracht – übrigens oft in einer kargen Umgebung. Indem sie die natürlicherweise enge Beziehung zwischen Biotop, Pflanzen, Insekten und Tieren wiederherstellt, bringt die Permakultur eine Überfülle hervor, wo zuvor Mangel herrschte. Dazu sagt Charles: „Der Erfolg der Permakultur eröffnet uns die Möglichkeit, uns die Zukunft der menschlichen Gesellschaften als Fülle an lebenswichtigen Gütern vorzustellen, ohne all den Schnickschnack, denn Verschwendung hat da keinen Platz."

Im Laufe der Jahre haben einige Landwirte, die nach den Prinzipien der Permakultur arbeiten, versucht, deren Nachahmung der Natur theoretisch darzustellen. Dazu haben sie ihre allgemeinen Grundsätze formuliert, obwohl sie diese unentwegt weiter erproben und verfeinern. „Zu den obersten Prinzipien eines gut funktionierenden Ökosystems gehört die Vielfalt", erläutert uns Charles. „In der Natur gibt es keine Monokultur, immer sind verschiedene Pflanzen miteinander verbunden." Deshalb wachsen auf seinem Hof an den Stellen mit der höchsten Pflanzendichte beinahe 1.000 verschiedene Arten auf etwas mehr als einem Hektar und die Gesamtfläche des Betriebs beträgt nicht mehr als 4,2 Hektar. Das ist das genaue Gegenteil der industriellen Logik, denn für sie ist die Vielfalt ein Hindernis beim Optimierungsprozess. Außerdem wird die Erde bei der Permakultur nie nackt gelassen, damit sie nicht von der Sonne austrocknet oder vom Regen ausgewaschen wird. Die Kulturen stehen deshalb

---

[26] http://www.transition-initiativen.de/.

dicht an dicht auf den Ackerflächen und werden systematisch mit Stroh, Rindenmulch oder kleingeschnittenem Schilf bedeckt, um die Feuchtigkeit zu halten, die Scholle zu schützen und sie aus der verrottenden Abdeckung mit Nährstoffen zu versorgen.

Die Permakulturbauern haben auch beobachtet, dass die Böden in bestimmten natürlichen Umgebungen eine ungeheure Fruchtbarkeit besitzen. Um diese nachzuahmen, wenden sie verschiedene Strategien an. Zunächst helfen sie dem Boden, wieder ein intensives mikrobiologisches Leben zu entfalten, indem sie seine Besiedlung mit Regenwürmern, Bakterien, Insekten und Pilzen fördern, denn diese belüften den Boden und verleihen ihm Vitalität – das Gleiche, was sich in unserem Darm abspielt. Dafür versetzen sie ihn mit Kompost und organischen Stoffen – etwa durch die Strohabdeckung –, verwenden aber auch Gründünger, zum Beispiel von Bäumen, oder Pflanzen wie Leguminosen, die dazu beitragen, den Stickstoff im Boden zu binden. „Denn", wie Charles uns weiter aufklärt, „praktisch alle Ackerböden unseres Planeten wurden von Wäldern geschaffen. Die Baumwurzeln tragen die organischen Stoffe in den Unterboden, dort siedeln sich Populationen von Mykorrhizen, also winzige Pilze, an den Feinwurzeln an und wirken als die wichtigsten Akteure für die Fruchtbarkeit." Aus diesem Grund legt die Permakultur Wert darauf, die Beet- und Ackerränder mit Obstbäumen zu bepflanzen, die zudem so angeordnet sind, dass sie den darunter liegenden Pflanzungen Schatten und Frische spenden oder auch nicht.

Des Weiteren lassen Charles und Perrine diesem Boden, der für sie „die Grundlage jeder Landwirtschaft" ist, eine besondere Fürsorge angedeihen. Was die Agrarindustrie gerne vernachlässigt, indem sie den Boden allzu häufig als Substrat betrachtet, in das man synthetische Produkte abkippen kann. Eine der häufigsten Anbaumethoden in Bec-Hellouin ist das Hügelbeet. Die gewölbten Hügel sind einen knappen Meter breit und manchmal mehrere Dutzend Meter lang. In Bec-Hellouin sind die meisten Hügelbeete gewunden und erfreuen das Auge mit Kreisen und Bögen wie wahre Mandala-Gärten – einfach großartig!

„Hügelbeete sind so alt wie die Welt und wurden schon vor Tausenden von Jahren in China, Griechenland, bei den Inkas und Mayas angelegt", erzählt uns Charles. „Auch hier geht es darum, die Natur nachzuahmen, die den Boden nie umpflügt und auch nie nackt liegen lässt. Man häuft einen Hügel aus Ackerboden auf und vermeidet in Zukunft, ihn zu bearbeiten. Das Hügelbeet wird einmal und dauerhaft angelegt. Auf diese Weise entsteht eine sehr fruchtbare, sehr lockere, tiefgründige Erde, ohne dass die Mikroorganismen gestört

*Charles und Perrine mit der Ernte der Flachbeete*

werden. Man setzt die Kulturen auf den Hügel und schützt sie mit Stroh, das Schicht für Schicht verrottet und den Boden fortwährend mit Nährstoffen versorgt." Auf diese Weise entfällt die Bodenbearbeitung und dank der Strohdecke im Wesentlichen auch das Unkrautjäten, weil ja beim Umgraben nicht mehr die unterirdischen Keime der ‚Unkräuter' an die Oberfläche geholt werden. Außerdem kommt es nicht zur Erosion; man braucht weniger Bewässerung, weil die Erde das Wasser besser hält; die Erde heizt sich schneller auf und man hat eine Oberfläche, die nie zertreten wird und viel enger bepflanzt werden kann.

Alle diese Faktoren führen zur Verzehnfachung der Erträge. „In den USA hat insbesondere John Jeavons die Produktivität von Hügelbeeten eingehend erforscht. Die Zahlen sprechen für sich: Die höhere Pflanzdichte und der verbesserte Boden erlaubten auf der gleichen Fläche sechs-, sieben- oder achtfache Erträge. Bei bestimmten Kulturen sogar das Dreißigfache. Mit dem in Bec-Hellouin entwickelten Ansatz, der verschiedene bewährte Methoden kombiniert, haben wir im Schnitt und wenn wir alle Kulturen zusammennehmen, die zehnfachen Erträge."

Für all diese Methoden braucht man vor allen Dingen manuelle Geräte, die sehr einfach und geradezu genial sind. Eins davon ist die Präzisions-Sämaschine, entwickelt von einem Meister der Permakultur: Eliot Coleman. Sie wird auf 80 cm breiten Flachbeeten verwendet und ermöglicht die Aussaat von bis zu 26 Reihen Gemüse und deren Mischung, wo ein Traktor nur drei Reihen der gleichen Sorte hinbekommt. „Wir bearbeiten unser Land so, wie es die alten Gemüsegärtner im Paris des 19. Jahrhunderts taten. Da wurden auch zwei, drei oder vier Gemüsesorten miteinander kombiniert. Das ermöglicht uns in der Regel bis zu acht Fruchtfolgen, also acht Kulturen im Jahr auf ein- und demselben Beet. Während der Durchschnitt beim Biolandbau bei ungefähr 1,2 Fruchtfolgen liegt. Wir versuchen eine ganz kleine Fläche so gut wie möglich zu nutzen. Wenn wir auf einem Quadratmeter acht Kulturen anbauen, dann entspricht das acht Quadratmetern in der konventionellen Landwirtschaft. Damit haben wir gleichzeitig die Pflege verdichtet: kompostieren, bewässern, jäten. Letzten Endes ist das sehr viel effektiver!"

Dank ihrer umfassenden Kenntnisse konnten die Pariser Gemüsegärtner die Stadt mit ihren damals rund 1,8 Millionen Einwohnern während der ganzen zweiten Hälfte des 19. Jahrhunderts autark mit Obst und Gemüse versorgen und sich sogar den Luxus leisten, ihre Erzeugnisse nach England zu exportieren. Ihre Parzellen waren im Schnitt 4.000 Quadratmeter groß, eine

Arbeitskraft kam auf 1.000 Quadratmeter und sie erzielten beim Gemüse bis zu acht Fruchtfolgen im Jahr. Demgegenüber kommt heute eine Arbeitskraft auf mehrere Hektar und die Fruchtfolgen sind wesentlich geringer. Für ihre beeindruckenden Erträge benötigten die Pariser Gemüsegärtner ganze 600 Hektar. Um das ganze Jahr liefern zu können, oder fast, wandten sie noch einen Trick an, den Charles und Perrine natürlich auch kopiert haben: Warmbeete. Diese alte Technik besteht darin, die Gärhitze des Misthaufens zu nutzen, während er sich zersetzt. Man nimmt einen hübschen Haufen Mist, den man schön quadratisch zu 50-60 cm Höhe aufschichtet und hat ab Januar auf natürliche Weise eine 25 bis 28 Grad warme Pflanzerde. Die Wärme hält etwa eineinhalb Monate und lässt die Kulturen noch besser angehen. Wenn man die Wärmeschicht Anfang Januar einbringt, kann man ab Ende Januar auf der Schicht darüber ernten. So ziehen wir jährlich unsere fünfte oder sechste Kultur. Und was von der Schicht übrig bleibt, wird zum Kompost für die nächste Saison."

Natürlich werden alle diese Methoden miteinander kombiniert, um sie zu optimieren, auch im Gewächshaus, wohin uns Perrine führt. „Hier haben wir ein Warmbeet, aber mitten im Sommer. Es ist sehr feucht, dicht, nährstoffreich, voller Regenwürmer. Meine ganz frühen Kulturen, die ich mitten im Winter ansetze, profitieren von der Hitze der gärenden Mistschicht, und im Frühjahr habe ich dann ein reichhaltiges organisches Material zur Verfügung, das die Feuchtigkeit hält. Auf diese Weise benötigen die Kulturen so gut wie keine Bewässerung. Diese Technik ist hervorragend. Auf dieser Schicht hier sehen Sie ein Beispiel für eine Mischkultur, die sich für den Sommer eignet: Man setzt das Basilikum unten hin, darüber pflanzt man die Tomaten und lässt den Wein das Ganze überranken. Da die Tomate eine Liane ist, holt sie sich ihr Licht von oben, das Basilikum verträgt dagegen gut Halbschatten, und alle beide kommen mit wenig Wasser aus. Das Basilikum verströmt einen starken Geruch und vertreibt somit mögliche Schädlinge, die sich gerne über die Tomaten hermachen. Wenn man das Basilikum nicht verbraucht und es Samen entwickelt, kann man es als Mulch verwenden, d.h. man bedeckt den Boden damit, sodass die Feuchtigkeit gehalten wird und die allmähliche Verrottung des organischen Materials den Boden stetig mit Nährstoffen versorgt. Über den Tomaten bildet der Wein eine Art Schutzdach und gibt Feuchtigkeit ab, was für die Pflanzen darunter nicht uninteressant ist, vor allem in unseren Sommern der letzten Jahre, in denen es sehr heiß geworden ist. Und als Sahnehäubchen obenauf gibt es auch noch Weintrauben. Wir haben hier also verschiedene Erträge, aber das Ziel einer Pflanze besteht nicht nur darin, Erträge zu bringen, vielmehr muss sie auch ihre Rolle im Ökosystem wahrnehmen. Das finde ich so genial an der berühmten Permakultur: Jedes Element erfüllt mehrere Funktionen."

Einige Dutzend Meter von den Gewächshäusern entfernt besichtigen wir mit Charles den Forstgarten, „die Nachbildung des natürlichen Waldes, mit dem Unterschied, dass hier alle Pflanzen genießbar sind." Die Vegetation gedeiht wie in einem Urwald auf mehreren Etagen. Obstbäume ragen hoch auf und darunter stehen Beerensträucher und näher am Boden Pflanzen mit kleinen Früchten. „Diese Umwelt braucht null Arbeit, kein Erdöl, keine Bewässerung, keinen Dünger. Das ist äußerst ökonomisch! Der Wald bringt eine Überfülle an guten Früchten hervor und ist zudem eine kleine, völlig autonome Oase der Biodiversität, die $CO_2$ speichert und ihren eigenen Mutterboden erschafft. Hier blüht es jedes Jahr, ganz egal, ob das Wetter gut ist oder schlecht, trocken oder regnerisch."

Der Standort eines Baumes ist in Bec-Hellouin aus den oben erwähnten Gründen wichtig, aber er spielt auch eine Rolle für die Nahrungsmittelversorgung. „Zurzeit ernährt sich die Menschheit von etwa 20 Pflanzen, und 60 % unserer Nahrung beruht auf Weizen, Mais und Reis, allesamt einjährige Getreidesorten. Dabei haben wir uns während unserer langen Evolution, in der wir als prähistorischer Mensch durch die Natur sprangen, im Wesentlichen von Früchten, Beeren, Blättern und Wurzeln ernährt: von ausdauernden Pflanzen. Unser Organismus ist auf diese Art Nahrung eingestellt. Unsere heutige Ernährung, die auf Getreide, Fleisch und Milchprodukten basiert, ist weder gut für die Gesundheit noch für unsere Erde. Unser Speiseplan ist sehr reduziert und die Einbußen der Vielfalt in unserer Ernährung fügen uns und der Natur großen Schaden zu. Eine nachhaltige Zivilisation kann man nur aufbauen, wenn man Früchte stärker nutzt als einjährige Pflanzen. Bäume sind ausdauernd: ein Pflaumenbaum, ein Apfelbaum, eine Birne kann 50, 60, manchmal sogar 100 Jahre alt werden. Einmal gepflanzt wird er Jahr für Jahr tragen."

Indem er all diese Methoden und Techniken kombiniert, bringt der kleine Hof Bec-Hellouin absolut außergewöhnliche Erträge, ohne einen einzigen Tropfen Erdöl oder den geringsten Krümel Pflanzenschutz- oder Düngemittel zu verwenden.

Damit die Richtigkeit ihrer Vorgehensweise bestätigt wird, haben sich Charles und Perrine um eine dreijährige Studie bemüht, die das INRA[27] und

---

[27] Institut national de la recherche agronomique, dt. Nationales Institut für Agronomieforschung.

AgroParisTech[28] bei ihnen durchgeführt haben. Die abschließenden Ergebnisse wurden im Frühjahr 2015 veröffentlicht und belegen, dass es möglich ist, auf 1.000 Quadratmetern Land eine nachhaltige und angemessen bezahlte landwirtschaftliche Tätigkeit aufzubauen. Im dritten Jahr der Untersuchung konnte für diese Fläche ein Jahresumsatz von 56.000 Euro und ein monatliches Nettogehalt von rund 2.000 Euro erzielt werden – und bei den höheren Gewinnmargen sogar 2.500 Euro. „Diese Umsätze sind vergleichbar mit denen, die unsere Kollegen aus der konventionellen Landwirtschaft mit einem Hektar, manchmal sogar mehr erwirtschaften. Das beweist, dass man auf einer ganz kleinen Fläche und indem man alles mit der Hand macht, genauso viel erzeugen kann wie mit einem Traktor auf einem zehnmal so großen Acker."

Diese Leistung ist das Fundament für eine grundlegende Erneuerung der Landwirtschaft, die sich für Charles, Perrine und zahlreiche weitere Permakulturbauern in der ganzen Welt abzuzeichnen beginnt. Dazu malt sich Charles aus: „Man kann sich eine Gesellschaft mit lauter Minihöfen oder Gemüsegärtnereien überall vorstellen, in der Stadt, an den Stadträndern, sodass die Versorgung der Bevölkerung durch den lokalen Anbau für die jeweilige Ortsgemeinde sichergestellt ist und die Landschaft verschönert wird. Leute mit einem Garten von einigen hundert Quadratmetern können Teilzeitlandwirte werden, zu Hause, fast ohne Investitionen. Diese Form der Landwirtschaft hat viele Vorzüge: Sie ist wirtschaftlich rentabel; sie steigert die Lebensqualität der Gemüsegärtner, weil sie mitten in einem großen Garten arbeiten; sie bringt sehr schmackhafte natürliche Erzeugnisse hervor, für die sowohl Verbraucher als auch Sterneköche Schlange stehen; und sie leistet ihren Beitrag zur Regeneration der Erde, indem sie neuen Mutterboden schafft, die Biodiversität schützt und $CO_2$ bindet.

Und ich möchte betonen, dass es hier nicht darum geht, alles im kleinen Maßstab nachzubilden, weil es so niedlich ist. Vielmehr geht es um eine Neugestaltung des Landes, weil man feststellt, dass sich die Gemüsezucht auf eine recht kleine Fläche begrenzen lässt. Wenn man auf 1.000 Quadratmetern produziert, wofür sonst ein Hektar mit Maschinen bearbeitet werden muss, bleiben 9.000 Quadratmeter übrig. Da kann man zum Beispiel Hunderte von Bäumen pflanzen, Tiere halten, einen Forstgarten anlegen, Bienenkästen aufstellen, einen Teich ausheben oder ein Haus bauen. Es eröffnet uns die Möglichkeit, auf einem Hektar Land einen vielseitigen Mini-Bauernhof einzurichten, einen

---

[28] Das Institut des Sciences et Industries du Vivant et de l'Environnement ist ein französisches Institut für Bildung und wissenschaftliche Forschung [Quelle: Wikipedia][Anm.d.Übers.].

wahren Mikrokosmos, wo es sich gut inmitten einer unglaublichen Biodiversität leben lässt. Der Hof bringt seinen eigenen Dünger hervor, denn Biomasse gibt es überall, in Bäumen, Hecken, Teichen, Tierdung.

Dieses System ist tatsächlich autonom und widerstandsfähig. Derzeit verbrauchen wir Menschen für eine Nahrungskalorie, die auf unserem Teller landet, 10 bis 12 Kalorien fossile Energie. Das ist total absurd! Zumal wir genau wissen, dass das Erdöl morgen oder übermorgen knapper und damit viel teurer wird. Dann können wir nicht mehr die Lebensmittel wie heute auf die Reise schicken, und das Klima wird uns immer größere Schwierigkeiten bereiten. Trotzdem müssen wir ja alle weiter etwas zu essen haben. Deshalb müssen wir uns etwas einfallen lassen, damit wir auch ohne Erdöl überleben. Die Landwirtschaft vollständig manuell zu verrichten, ist keineswegs eine Marotte von Nostalgikern des Landlebens. Es ist eine existenzielle Notwendigkeit, damit die Menschheit von morgen noch etwas zu essen hat. Wenn man sich im Übrigen unsere Erde anschaut, dann kommt das Gros der Bauern ohne Maschinen aus, sie produzieren mit ihrer eigenen Hände Arbeit. Eine landwirtschaftliche Permakultur, die sich die Quintessenz der von unseren Ökosystemen geleisteten Dienste zunutze macht, macht großen Sinn für die Versorgung der lokalen Bevölkerung."

## 4. DIE GESCHICHTE DER LANDWIRTSCHAFT NEU SCHREIBEN

Abgesehen von der Permakultur-Erfahrung in Bec-Hellouin und Olivier De Schutters Bericht gibt es zahlreiche Studien über die Produktivität der sogenannten „ökologischen Landwirtschaft" und deren Fähigkeit, die Weltbevölkerung zu ernähren.

Wie der Agrarwissenschaftler und Forscher Jacques Caplat schreibt, sind „sämtliche internationalen Forschungen, die sich mit den realen Erträgen von realen Landwirtschaftsbetrieben auf vielen Millionen Hektar befassen (und nicht mit experimentellen Erträgen von reduktionistischen Agrarwissenschaftlern) allesamt zu dem gleichen unangefochtenen Ergebnis gekommen: In Ländern nicht gemäßigter Klimazonen – wozu Dreiviertel der Erdfläche gehören, auf denen nahezu die gesamte Menschheit angesiedelt ist – liegen die Erträge der ökologischen Landwirtschaft[29] heute über denen des konventionellen Anbaus.

---

[29] Dieser Begriff schließt Methoden wie die Agrarökologie und die Permakultur ein.

Die einzigen Regionen weltweit, wo die Öko-Erträge niedriger sind als die der konventionellen Landwirtschaft, sind Kanada und Europa. Das erstaunt Sie? Bauern in Europa und Nordamerika verfügen nicht über die Saaten, die ihrer Umwelt entsprechen, das verhindert eine strenge Saatgutregulierung; sie haben nicht das erforderliche Wissen über Mischkulturen und Agroforstwirtschaft – in dem Bereich sind zwar aktuell ein paar Pioniere aktiv, aber es bleibt noch viel zu tun; sie können keine arbeitskraftintensiven Systeme entwickeln, weil das ganze Steuersystem darauf aufbaut, die menschliche Arbeitskraft gegenüber der Maschine zu benachteiligen, was eine erschreckende Wettbewerbsschieflage für Betriebe mit einem höheren Bedarf an Arbeitskräften schafft."[30]

Selbst diese letzte Behauptung kann nur eingeschränkt Gültigkeit beanspruchen angesichts der Erträge von Bec-Hellouin, die mehr oder weniger den von Jacques Caplat als notwendig beschriebenen Voraussetzungen entsprechen.

Nunmehr wissen wir also, dass es sehr gut möglich ist, zehn Milliarden Menschen zu ernähren und dabei die Ökosysteme zu regenerieren, $CO_2$ in Böden und Bäumen zu binden, Millionen Arbeitsplätze im Westen zu schaffen, sofern das Bild der Landwirtschaft verändert wird und die Gesetzgebung einen Richtungswechsel vornimmt, damit der Aufbau von agrarökologischen und mit Permakultur arbeitenden Landwirtschaftsbetrieben erleichtert wird. Und sofern wir erheblich weniger Fleisch konsumieren!

Aber wie uns Olivier De Schutter erläuterte, geben wir zurzeit dem Streben nach kurzfristigem Wirtschaftswachstum und dem prächtigen Gedeihen einiger weniger multinationaler Agrarlebensmittel- und Chemiekonzerne den Vorzug. Ihnen erlauben wir, riesige zentralisierte Systeme unserer Lebensmittelversorgung zu dominieren, obwohl der gesunde Menschenverstand und die Ethik von uns verlangen, in jeder Gegend autonome Biosysteme aufzubauen. Tatsächlich muss unser ganzes Gesellschaftsmodell hinterfragt und neu erfunden werden, damit wir dahin kommen. Und dieses neue Gesellschaftsmodell muss an allererster Stelle in der Lage sein, auf fossile Energien zu verzichten, ehe es zu spät ist.

---

[30] http://www.changeonsdagriculture.fr/la-bio-peut-elle-vraiment-nourrir-le-monde-a113788336. Siehe auch: Jacques Caplat L'agriculture biologique pour nourrir l'humanité, Actes Sud, 2012.

# II.
# SO GELINGT DIE ENERGIEWENDE

Die Energiewende ist Gegenstand zahlreicher Arbeiten und hitziger Debatten. Klimaskeptiker und Lobbyisten der amerikanischen Erdölindustrie scheuen nicht vor der Behauptung zurück, dass „die fossilen Energien unentbehrlich seien, um aus diesem Planeten einen Ort zu machen, an dem es sich gut leben lässt." In Frankreich erklärt Claude Allègre, es gebe „keine Klimaflüchtlinge, dieses Problem existiert nicht"[31] und meint damit, dass die Dringlichkeit eines Umstiegs auf erneuerbare Energien überschätzt wird. Und dann gibt es noch diejenigen, die versichern, dass „die konventionellen Erdöl- und Erdgasvorkommen bis zum Ende des Jahrhunderts ausreichen werden."[32]

Zwischen all diesen Positionen kann man leicht die Orientierung verlieren. Wir haben sie ausgiebig mit Thierry Salomon diskutiert. Er ist Energieingenieur, hat als „Experte" an der 2013 von der französischen Regierung veranstalteten, öffentlichen Debatte über die Energiewende teilgenommen und ist Präsident des Vereins *négaWatt*. Thierry ist ein umgänglicher Mann mit dem trockenen Humor eines Briten. Er ist davon überzeugt, dass der Wandel nur über klar umrissene und in der Praxis erfolgreich erprobte Wege gelingen kann. Deswegen arbeitet er seit über zehn Jahren mit einer Initiative von gut 30 Ingenieuren an einem nahezu stundengenauen Energiewendeszenario für Frankreich bis zum Jahr 2050. In riesigen Exceltabellen mit mehr als einer Million Zellen berechnen sie so exakt wie möglich, was sich auf welche Weise umsetzen lässt. Im Vertrauen erzählt Thierry uns, wie sehr ihn die rudimentären Modelle schockiert haben, die den Ministerien als Entscheidungsgrundlage dienen, während unabhängige Wissenschaftler hundertmal gründlicher arbeiten müssen, bevor man sich dazu herablässt, ihnen Gehör zu schenken. Aber inzwischen hören immer mehr Menschen ihm und seinen Kollegen zu: Während ich das hier schreibe, geht es zum Beispiel auf der letzten Seite der großen französischen Tageszeitung *Libération*[33] um ihn.

---

[31] www.dailymotion.com/video/xbeml4_claude-allegre-climatosceptique-07_news, obwohl laut Zahlen der Vereinten Nationen von 2012 jede Sekunde ein Mensch aus Klimagründen umzieht. Dies entspricht 32 Millionen Klimaflüchtlingen pro Jahr in 82 Ländern. Ihre Zahl dürfte bis 2050 auf 200 Millionen jährlich ansteigen.

[32] Gennadij Schmal, Präsident des russischen Öl- und Gasindustrieverbandes, http://fr.sputniknews.com/french.ruvr.ru/2013_10_21/Fin-de-l-epoque-du-petrolebon-marche-0366/.

[33] 12. August 2015, www.liberation.fr/terre/2015/08/12/chaud-effroi_1362529.

# 1. DIE GESCHICHTE VON GESTERN – BEGEGNUNG MIT THIERRY SALOMON

CYRIL: Wir haben uns während unserer Reise intensiv mit der Frage beschäftigt, wie man die Landwirtschaft erneuern kann. Dabei sind wir unweigerlich beim Erdöl gelandet, das in unserem Leben scheinbar allgegenwärtig ist.

THIERRY: Unsere heutige Welt baut auf den sogenannten fossilen Energien auf. Zunächst natürlich Erdöl, aber genauso Kohle und Gas. Sie sind aus dem täglichen Konsum und aus der Geopolitik nicht wegzudenken. So funktioniert beispielsweise unsere Mobilität zu 98 % mit Erdöl, und die Agrarindustrie ist in der Tat komplett davon abhängig.

CYRIL: Wenn man die größten Probleme zusammenfassen sollte, die durch die fossilen Energien entstehen, was wäre das?

THIERRY: Im Wesentlichen sind es vier Probleme. Natürlich die Umweltverschmutzung und die Klimaerwärmung durch ihre Gewinnung sowie die Emissionen von Partikeln und Treibhausgasen, deren dramatische Auswirkungen heute mehr als bekannt sind. Dann das Problem der Erschöpfung der Ressourcen, die zum Anstieg der Preise führen wird. Und dieser Anstieg kann beträchtlich sein, insbesondere im Fall von Erdöl, einem Rohstoff, der hauptsächlich Spekulationen dient. Drittens schaffen die fossilen Brennstoffe geopolitische Spannungen. Da sie nur in wenigen Ländern vorkommen, erfordert es einen hohen Einsatz, sie sich anzueignen. An den fossilen Energien, vor allem am Erdöl, lässt sich alles ablesen, was in der Ukraine, im Irak, in Syrien passiert. Und schließlich sorgt ihr trügerischer Reichtum für die Verdrängung von erneuerbaren Energien. Die herkömmlichen Energievorkommen sind konzentriert, effizient, leicht zu nutzen, verfügbar und können die herrschenden Klassen bereichern. Dagegen anzugehen ist extrem schwer.

CYRIL: Könnten wir komplett auf sie verzichten?

THIERRY: Wir arbeiten seit Beginn der 2000er Jahre an dieser Fragestellung. Je weiter wir mit unseren Forschungen voranschreiten, desto mehr kommen wir zu dem Schluss, dass es tatsächlich geht. Und wir legen auch den enormen Gesamtnutzen einer Umstellung auf frei verfügbare Energien in die Waagschale. Diese betrachten wir nicht nur als Brenn- und Treibstoffe, sondern sehen in ihnen auch eine Chance für einen gesellschaftlichen Wandel insgesamt, für einen Wandel in der Politik und für eine Welt, in der wir morgen leben wollen.

Für Frankreich haben wir das Szenario einer kompletten Umstellung auf erneuerbare Energien bis 2050 erarbeitet: das négaWatt-Szenario. Es berücksichtigt den vollständigen Bedarf an Wärme, Elektrizität und Mobilität. Es ist eine umfassende Arbeit über zehn Jahre von rund 20 Experten.

CYRIL: Zu welchen Schlussfolgerungen kommen Sie?

THIERRY: In ein oder zwei Generationen können wir die Umstellung schaffen, sofern wir eifrig daran arbeiten, unseren Energieverbrauch zu reduzieren. Hierin liegt die Bedeutung des Wortes „Negawatt": Das Negawatt ist die Energie, die wir gar nicht verbrauchen müssten und somit nicht zu erzeugen brauchen, während wir gleichzeitig einen akzeptablen Lebensstandard halten. Wir können nicht ständig in Megawattdimensionen und an ein „Immer mehr" denken. Die größte Energiereserve der Zukunft ist das, was wir einsparen.

CYRIL: Wie groß ist diese Reserve?

THIERRY: Wir können zwischen 50 und 60 % des weltweiten Energieverbrauchs einsparen. Sämtliche seriöse Studien zu dieser Frage kommen zum gleichen Ergebnis. Und unsere Arbeit für Frankreich bestätigt es: Die Hälfte der erzeugten Energie wird verschwendet. Das Problem ist, dass diese Negawatts eins gemeinsam haben mit unseren Meeren voller Plastikmüll: Man sieht sie nicht. Dennoch sind sie überall vorhanden. Macht es zum Beispiel Sinn, mit einem 1.300 bis 1.500 kg schweren Auto durch die Stadt zu fahren, nur um einen 70 kg schweren Menschen zu befördern? Ist es vernünftig, wenn in unseren U-Bahnen Videobildschirme hängen, deren Energieverbrauch – pro Bildschirm – so hoch ist wie der von zwei Familien zusammen? Trotzdem will man uns mit einer Million Exemplare beglücken. Vor ein paar Jahren hat eine Berechnung gezeigt, dass in Europa sechs oder sieben Atomkraftwerke, zwei davon in Frankreich, ausschließlich Strom für Geräte im Standby-Betrieb produzieren. Wir können die Liste weiter fortführen. Irgendetwas stimmt nicht, aber wir haben uns daran gewöhnt, nicht hinzuschauen.

CYRIL: Wie lässt sich all diese Energie einsparen?

THIERRY: Wir müssen über unseren Bedarf nachdenken. Das ist die Grundlage des négaWatt-Ansatzes. Dieser Bedarf wird in einer Prioritätenliste eingestuft von unentbehrlich über notwendig und überflüssig bis hin zu schädlich. Und anhand dieser Liste müssen dann entsprechende Gesetze erlassen werden.

CYRIL: Genügt es nicht, wenn jeder Einzelne etwas tut?

THIERRY: Nein. Selbst wenn alle Menschen Energie einsparen, reicht das nicht. Sie müssen es dringend tun, aber entscheidend ist das verfügbare Angebot. Wenn man die Möglichkeit hat, mit ein paar Klicks mit dem Flugzeug bis ans Ende der Welt zu reisen und das Ganze weniger kostet als das Taxi zum Flughafen, dann stimmt doch irgendwas nicht. Dabei bläst man zwei bis drei Tonnen $CO_2$ in die Atmosphäre, ohne irgendwelche Folgen für unser Portemonnaie. Natürlich kann man sagen „Ich fahre nicht ans andere Ende der Welt", aber das funktioniert so nicht. Es gibt familiäre Bindungen und Bedürfnisse. Wir müssen bei all unseren Handlungen die äußeren Wirkungen und Folgen bedenken. Außerdem brauchen wir eine weltweite Regelung für diese Angelegenheiten. Ein Staat alleine kann sie nicht anordnen. Das ist der einzige Weg, unseren Verbrauch wirklich zu reduzieren.

Wir benötigen unsere kollektive Intelligenz, genau wie bei anderen gesellschaftlichen Themen. In die Straßenverkehrsordnung haben wir beispielsweise eine Anzahl an Verboten, Regelungen und Vorschlägen hineingeschrieben, welche uns sagen, was man tun darf und was nicht. Es gibt Spielregeln. Wenn ich mit dem Auto fahre, habe ich somit die Gewissheit, dass ich lebend hier wieder rauskomme, weil auf der Straße nicht das Gesetz des Dschungels herrscht. Wir von négaWatt glauben, dass dringend kollektive Spielregeln für Energie ausgearbeitet werden müssen. In Frankreich hat man zum Beispiel sehr weitgehende Vorschriften für den Straßenverkehr akzeptiert und die hatten eine durchschlagende Wirkung: Innerhalb eines Jahres konnte die Zahl der Verkehrstoten von 20.000 auf 4.000 gesenkt werden – das ist schon was! Das Gleiche gilt für den Tabak. Die Gesellschaft hat die Reglementierungen verkraftet, obwohl am Anfang alle das Gegenteil dachten. Und zusätzlich müssen wir den Energieverbrauch aus Extravaganz beenden oder extrem hoch besteuern.

CYRIL: Wo müssen wir hauptsächlich sparen?

THIERRY: In Frankreich setzen wir Energie häufig mit Strom gleich, obwohl Strom – Haushaltsgeräte, Kühlschränke, Computer und Licht – nur 20 % unseres Bedarfs ausmacht. Die zwei größten Posten sind im weitesten Sinne Wärme und Klimatisierung, also Heißwasser, Heizung in Privathaushalten und in der Industrie, Klimaanlagen, Kühlketten sowie unsere Mobilität, sprich der Personen- und Güterverkehr. Beide Bereiche zusammen machen 80 % des Energieverbrauchs aus. Trotzdem beherrscht der Strom in Frankreich zu 99 % den öffentlichen Diskurs, vor allem die Atomkraft, die uns angeblich von Energieeinfuhren unabhängig macht. Die Wirklichkeit sieht brutal anders aus[34]: 2011 haben wir Erdöl und Erdgas für 71 Milliarden

---

[34] Laut des Vereins *Global Chance* ist Frankreich, wenn man das von Areva importierte Uran mit einbezieht, nur zu 9 % energieunabhängig. Siehe www.lemonde.fr/les-decodeurs/article/2014/10/02/transition-energetique-10-chiffrespour-comprendre-le-debat_4498694_4355770.html#EgZMtC2x0WetgH9z.99.

importiert. Das ist mehr als die Budgets der Ministerien für Gesundheit, Erziehung, Jugend und Kultur zusammen.

CYRIL: Was muss also als Erstes getan werden?

THIERRY: Wir müssen uns zunächst um die Gebäude kümmern. Man kann heutzutage Nullenergiehäuser bauen, die – dank Photovoltaikmodulen – genauso viel Energie erzeugen, wie sie verbrauchen. Solche Häuser müssen überall entstehen. Das reicht aber nicht, denn Neubauten machen nur 1 % aller Gebäude aus. Wenn wir uns nur auf Neubauten konzentrieren, brauchen wir 100 bis 200 Jahre, um unsere Energielandschaft zu verändern. Deshalb müssen wir bei den bestehenden Gebäuden ansetzen, denn momentan haben wir die absonderliche Situation, dass einige Menschen bei sonst gleichen Lebensumständen vier Mal soviel Energie zum Heizen verbrauchen wie andere. Auf unseren Straßen würden wir nicht akzeptieren, dass manche Fahrzeuge fünf Liter auf 100 Kilometer brauchen und andere 20. Das erschiene uns absurd. Aber bei Gebäuden ist genau das der Fall. Wir benötigen dringend sehr wirksame, breit angelegte Sanierungskonzepte.

Auch wenn es sich zunächst schwierig anhört, versprechen sie einen dreifachen Gewinn: für Portemonnaie und Gesundheit der Hausbewohner, für Wirtschaft und Arbeitsmarkt – denn Sanierungen werden durch lokale Arbeitskräfte erledigt und nicht in anderen Ländern, und das über 30 Jahre lang – und schließlich dank des drei- bis viermal niedrigeren Energieverbrauchs und des Wechsels von fossilen auf erneuerbare Energieträger für den Planeten. Ökonomisch ist das alles andere als Wunschdenken. Eine Studie der Deutschen Investitionsbank von 2011 hat gezeigt, dass ein 2008 gestartetes Programm zur Gebäudesanierung zwar 4,7 Milliarden Euro gekostet, aber 8,8 Milliarden an Steuereinnahmen durch neu entstandene Beschäftigung eingebracht hat. Außerdem konnten durch die vielen Tausend neu geschaffenen Jobs vier Milliarden Euro Sozialausgaben, etwa für Arbeitslosengeld, eingespart werden. Die Einnahmen sind also drei Mal höher als die Investitionen.

CYRIL: Und bei der Mobilität? Ich nehme an, dass eine Umstellung der Kraftstoffe nicht reicht, sondern die ganze Infrastruktur neu organisiert werden muss.

THIERRY: Beides ist notwendig. Es ist wichtiger, einen Bedarf in Frage zu stellen, als nur über das Objekt Auto an sich nachzudenken: Muss ich diese Strecke wirklich zurücklegen? Welche Fahrten dienen Freizeitzwecken, welche sind unvermeidlich? Und dann muss man sich energieschonende

Strategien überlegen. Es gibt ja schon vieles, von öffentlichen Verkehrsmitteln bis hin zum privaten Carsharing.

CYRIL: Wenn erst mal genug eingespart wird, können wir dann ausreichend Energie mit erneuerbaren Quellen erzeugen?

THIERRY: Ja, und genau in diese Richtung geht unsere Methode. Als erstes müssen Maßnahmen für einen reduzierten Energieverbrauch und für Energieeffizienz umgesetzt werden, wodurch der Energiebedarf in Frankreich schon um 60 % gesenkt würde. Danach schauen wir, wie viel noch erzeugt werden muss. Und dafür gibt es ein einzigartiges Atomkraftwerk in 150 Millionen Kilometern Entfernung. Es versorgt uns mit aller Energie, die wir auf der Erde benötigen und außerdem dank Photosynthese mit organischen Stoffen für sämtliche Ökosysteme: unsere gute alte Sonne. Sie schickt jedes Jahr 10.000 Mal mehr Energie zur Erde, als die Menschheit braucht. Das Problem besteht darin, diese einzufangen und umzuwandeln.

CYRIL: Wie würde in einem Land wie Frankreich die Energiegewinnung aus erneuerbaren Quellen aussehen?

THIERRY: Frankreich ist mit Überfluss gesegnet. Wir verfügen über sämtliche erneuerbaren Energien, auch wenn wir sie nicht nutzen: Wir haben das zweitgrößte Windaufkommen in Europa, eine von Norden nach Süden zunehmende Sonneneinstrahlung, Erdwärme in der Tiefe, Biomasse – das ist nicht nur Holz, sondern auch alle seine Nebenerzeugnisse –, zahlreiche Wasserressourcen, Meeresenergie … Wenn erst mal 60 % eingespart sind, können wir die fehlenden 40 % mit einem Mix aus all diesen Energiequellen erzeugen, wobei der Schwerpunkt die Biomasse wäre.

Interessant wird es, wenn wir die Energie mit der Ernährung verknüpfen, sprich mit der Landwirtschaft. Dazu verfolgen wir eine Zusammenarbeit an einem Szenario namens „Afterres", das von Solagro[35] entwickelt wurde, um das ganze Territorium in den Blick zu nehmen und folgende Fragen zu beantworten: Was soll morgen auf unseren Tellern liegen? Welche Anbaumethoden brauchen wir? Welche Auswirkungen haben diese auf die Landschaft? Welche erneuerbaren Energien nutzen wir? Dabei streben wir nach einem Gleichgewicht zwischen Produktion und Verbrauch. Sicher ist, dass der Fleischkonsum reduziert werden muss, da die Fleischproduktion sehr viel Energie und Fläche benötigt.

CYRIL: In welchen Ländern ist der Energiewandel schon im Gange?

---

[35] Eine Gruppe französischer Agraringenieure.

THIERRY: Deutschland, Dänemark und Österreich sind schon sehr weit. In Schweden liegt der Anteil an erneuerbaren Energien dank einer extrem hohen $CO_2$-Steuer von 100 Euro pro Tonne bereits bei 51% gegenüber 11% in Frankreich. Trotzdem bleibt Schweden ein hoch entwickeltes Land. Allgemein hat man den Eindruck, dass es den Ländern, die den Energiewandel durchziehen, wirtschaftlich besser geht als den anderen. In den 1980er Jahren hat Deutschland sehr wichtige Überlegungen zu diesem Thema angestellt, und es wurden viele verschiedene Szenarien erdacht. Das hat über die Parteigrenzen hinweg zu einem breiten Konsens in der Bevölkerung geführt und die Industrie mobilisiert. Es wurden sozusagen gleichzeitig zwei Hochgeschwindigkeitszüge gestartet: der Zug der erneuerbaren Energien – mit beträchtlichen Fortschritten – und der Zug der Energieeffizienz mit dem großen Engagement der Industrie, welche die Märkte von morgen vorbereitet. Zu manchen Tageszeiten wird in Deutschland bereits mehr als die Hälfte des Stromverbrauchs durch erneuerbare Energien abgedeckt.

CYRIL: Worin unterscheiden sich diese Länder von Frankreich?

THIERRY: Vielleicht ist der Zentralismus dort in den Köpfen nicht so ausgeprägt. Wir in Frankreich leben in einem stark zentralisierten Land, in dem immer an den Chef verwiesen wird, einen allwissenden und allmächtigen Präsidenten. Man hat den Eindruck, dass sich alles auf der Ebene der Minister und hohen Beamten abspielt. Dem ganzen Land werden gerne Dinge auferlegt, die noch nicht wirklich erprobt sind. Das hat bisweilen katastrophale Folgen. Ich glaube, dass ein Wandel gelingen kann, wenn wir einen anderen Blickwinkel einnehmen. Das Wort „Wandel" ist deshalb interessant, weil es eine Bewegung beinhaltet und nicht ein starres Modell. Sie beginnt mit ein paar lokalen Initiativen, für die es Gesetzeslücken gibt. Wenn sie funktionieren, werden sie weiter verbreitet. Und wenn sie sich bewährt haben, dann kann man die dazu passende Regelung erlassen, um in diese Richtung zu gehen. Diese Bewegung ist interessant, weil sie sozusagen von unten ausgeht und dann die Lokomotive vor die Wagen gekoppelt wird.

CYRIL: Einige Umweltgruppen behaupten, wir könnten zur Reduzierung der $CO_2$-Emissionen nicht ohne Atomkraft auskommen, weil uns zu wenig Zeit dafür bliebe.[36] Was halten Sie von négaWatt davon?

THIERRY: Wir haben eine ganz einfache Meinung zur Atomkraft: Wenn man die gesamte Industrie von Anfang bis Ende betrachtet, das heißt vom

---

[36] Siehe die Stellungnahmen von James Lovelock zu diesem Thema.

Uranabbau im Niger bis zum Atommüll-Endlager quasi für alle Ewigkeit – welch eine Überheblichkeit, sich auf diese Weise zu verewigen! – dann werden die immensen Schwächen dieser Kette deutlich, die dramatische Ereignisse zur Folge haben können. Ein Bericht des IRSN, des französischen Instituts für Strahlenschutz und atomare Sicherheit, beziffert die Kosten im Falle eines einfachen atomaren Unfalls auf eine Größenordnung von 300 bis 1.500 Milliarden Euro, ohne die menschlichen, ökologischen und psychologischen Kosten einzubeziehen. Diese Zahlen kommen nicht von Atomkraftgegnern, sondern vom Institut selber. Indem wir die Atomindustrie aufrechterhalten, gehen wir ein absolut irrsinniges Risiko ein und nehmen nicht weniger als den ökonomischen Zusammenbruch unseres Landes in Kauf. Wir argumentieren mit den statistisch geringen Risiken. Die Statistiken trüben aber unser Urteilsvermögen. Für einen Truthahn, der an Weihnachten gegessen wird, ist das statistische Risiko zu sterben bis zu dem Ereignis auch verschwindend gering. Vom 1. Januar bis 23. Dezember läuft alles gut, er wird wunderbar gefüttert, aber wehe der 24. Dezember naht, dann hat er ein großes Problem. Das hat der Truthahn leider nicht kommen sehen, denn die meiste Zeit seines Lebens lief ja statistisch gesehen alles bestens für ihn. Wenn bisher nichts passiert ist, wird auch morgen nichts passieren: Genau das ist Atomkraft. Die 58 französischen Reaktoren altern zunehmend, womit sich die Wahrscheinlichkeit eines schweren Unfalls erhöht. Angesichts der aktuellen Technologien heißt das für uns, dass wir da raus müssen. Dieser Weg führt in eine äußerst gefährliche Sackgasse. Und das ist sehr gut möglich. So können wir in den nächsten 20 Jahren die Gelegenheit ergreifen, wenn die großen Investitionen für Modernisierung und Instandsetzung der alten Reaktoren fällig werden und wir diese erheblichen Geldbeträge in den Ausbau erneuerbarer Energien stecken. Das gleiche gilt für die Beschäftigten. Man würde die Arbeitsplätze von Mitarbeitern, die in Rente gehen, nicht neu besetzen, sondern stattdessen neue Jobs bei den Erneuerbaren schaffen, dabei aber das Personal für die Stilllegung und die Reaktorsicherheit behalten.

CYRIL: Welche Auswirkung hätte das négaWatt-Szenario auf den französischen Arbeitsmarkt?

THIERRY: Wenn wir Schaffung und Abbau von Arbeitsplätzen gegeneinander aufrechnen, kommen wir über einen Zeitraum von 15 Jahren netto etwa auf 600.000 bis 700.000 zusätzliche Arbeitsplätze. Die meisten würden in den Bereichen Gebäudesanierung, Entwicklung erneuerbarer

Energien und durch die Relokalisierung[37] unseres Energiesektors entstehen. Die meisten würden in der Nuklear- und Automobilbranche wegfallen.

CYRIL: Woher kommen diese Zahlen?

THIERRY: Aus einer Studie des CIRED[38], das zum französischen Zentrum für wissenschaftliche Forschung CNRS gehört. Es wurden noch andere makroökonomische Studien über das négaWatt-Szenario durchgeführt. Frankreich wird nicht nur nicht zusammenbrechen, sondern das BIP wird aller Voraussicht nach sogar steigen!

CYRIL: Die Energiewende schafft also Arbeitsplätze, sie ist gut für den Planeten und für die Gesundheit, aber dennoch treiben wir sie nicht stärker voran – das ist doch seltsam!

THIERRY: Ich habe den Eindruck, dass der Mensch auf sichtbare Katastrophen wie Erdbeben oder Kriege schnell und wirksam reagieren kann. Aber an das Ende des Erdöls und an den Klimawandel glauben wir nicht. Vielleicht würden wir reagieren, wenn die $CO_2$-Moleküle die Farbe der Atmosphäre verändern würden. Nichtsdestotrotz sollten die Vorhersagen uns Angst einjagen. Der Weltklimarat stellt katastrophale Prognosen für 2050 oder 2100 auf, aber das ist nicht alles. Die Temperatur wird weiter bis zu einer Erwärmung von acht oder 15 Grad ansteigen. Das menschliche Leben steht auf dem Spiel. Es ist dringend erforderlich, dass Psychologen, Künstler und Marketingprofis über die Gründe für diese kollektive Verleugnung nachdenken und dafür Lösungen finden.

CYRIL: Und die Politiker? Viele von ihnen haben Sie bei Gesprächen mit der Regierung zu einer Energiewende in Frankreich kennengelernt. Was hindert die Politiker daran, eine Kehrtwende einzuleiten?

THIERRY: Ich habe bei ihnen eine sehr große Angst vor Veränderung festgestellt, was komisch ist, denn ich fürchte mich vor Stagnation! In den meisten Wahlkampfreden geht es um die Idee des Wandels, aber wenn es an die Umsetzung geht, funktioniert nichts mehr. Häufig aus institutionellen Gründen, die sich mit den Anliegen von bestimmten Leuten, Unternehmen oder Lobbys decken. Daraus entsteht eine Koalition des konservativen Denkens und von Menschen, die kein Interesse daran haben, dass sich etwas bewegt, und die nur wenige Jahre nach vorn schauen. Die Zeitachse ist hier aber ganz entscheidend. Im Szenario négaWatt blicken wir auf die kommenden 35 Jahre. Das ist einerseits sehr lang, gemessen am

---

[37] Kommunalisierung und Regionalisierung der Wirtschaftsaktivität, einschließlich der Energieerzeugung. [Anm. d. Übers.]

[38] Internationales Forschungszentrum für Umwelt und Entwicklung.

Maßstab der Menschheit jedoch extrem kurz. Die Planungen der Politiker betragen aber leider meistens nur fünf oder sechs Jahre, die der Unternehmer zwei und die der Bankiers eine Nanosekunde[39]. Wir müssen darüber nachdenken, welche Hebel wir betätigen können, um wieder zur richtigen Zeiteinschätzung zurückzufinden und uns nicht damit zufrieden geben, nur auf die Ereignisse von morgen früh zu schauen. Viele Familien denken an ihre Kinder und wollen Besitz oder Kultur von einer Generation an die nächste weitergeben. Dieser Gedanke des Weitervererbens mag manchen Öko-Gruppen konservativ erscheinen, es bietet aber eine sehr gute Basis zur Entwicklung von Handlungen und Grundsätzen.

CYRIL: Wir sind gerade dabei, einen anderen, sehr mächtigen Hebel zu erforschen: die Erzählung. Wie würden Sie die Welt der Energie von morgen schildern?

THIERRY: Eine Zukunftsvorstellung ohne Science-Fiction – denn die verbietet unsere Arbeit – könnte so aussehen: 2050 lebt eine normale Familie in einem Mehrfamilienhaus mit vielen, gemeinsam genutzten Elementen wie Räumen, Geräten, Garten. Das Gebäude ist saniert oder neu, benötigt aber in beiden Fällen praktisch keine Energie zum Heizen, und nur wenig für Heißwasser. Die Elektrogeräte verbrauchen kaum noch Strom. Dank seiner Photovoltaikmodule produziert das Gebäude genauso viel Energie, wie es verbraucht. Die Familie verfügt über sämtliche Möglichkeiten, um mithilfe von intelligenten Zählern den Energieverbrauch jedes Gerätes in Echtzeit zu verfolgen. Sie nutzt öffentliche Transportmittel, allerdings nicht ausschließlich, weil es zu teuer wäre, sie für alles zu nehmen. Für Stadtfahrten verfügt die Familie über ein kleines 200 kg schweres Elektroauto in geteilter Nutzung, vielleicht sogar als Miteigentümerin. Um die alte Tante in Hintertupfingen zu besuchen, mietet sie eine Hybridlimousine, die im Stadtverkehr überwiegend mit Strom fährt und die übrige Zeit mit Methangas aus erneuerbaren Quellen. Nach dem Vorbild der bekannten Benzintankstellen wird dieses Gas an ein Netz von Versorgungsstationen geliefert. Die Familie verbraucht viel weniger Strom, bleibt aber genauso mobil, wie wir es heute sind, und kann im Jahr gleich viele Kilometer zurücklegen. Mit dem Unterschied, dass ihre Mobilität wesentlich sozialer und nicht so eingeschränkt ist durch berufliche Zwänge.

Diese Familie lebt in einem Land, in dem nahezu die komplette Elektrizität durch eine Mischung aus Photovoltaik, Wind und Biomasse erzeugt wird. Das Speicherproblem wird insbesondere mit Hilfe von Gas zur

---

[39] Anspielung auf den Hochfrequenz-Wertpapierhandel.

Molekülspeicherung[40] gelöst. Diese Art der Energieerzeugung ist dezentraler und wird gemeinschaftlich, durch Unternehmen oder Verbraucherverbände nach dem Vorbild von Kooperativen organisiert und gesteuert. All diese Akteure besitzen gemeinsam Windparks, und die erwirtschafteten Erlöse dienen zur Sanierung der restlichen Gebäude, die dies noch benötigen. Letztlich wird die Gemeinschaft weniger Geld dafür ausgegeben, dem charmanten Herrn Putin oder den Golfstaaten Energie abzukaufen. Die 70 Milliarden Euro pro Jahr, die nicht ins Ausland gehen, werden wieder in die heimische Wirtschaft fließen, um nützliche Unternehmen zu gründen und Beschäftigung zu schaffen.

CYRIL: Gibt es dann noch große Energieunternehmen oder wird die komplette Produktion dezentralisiert sein?

THIERRY: Wir werden noch einige Energiesaurier für die ganz großen Anlagen haben, zum Beispiel für die Erzeugung von dringend benötigtem Windstrom im Meer. Diese Technologie ist der sehr aufwendigen Offshore-Förderung von Erdöl und Erdgas ähnlich. Übrigens wäre dies eine gute Nachfolgenutzung einerseits für die Ölindustrie und andererseits für die Schiffsindustrie. Aber es wird auch viele lokal angesiedelte Unternehmen geben. Der Witz besteht darin, dass beide nebeneinander existieren, sodass die kleinen und mittelständischen Unternehmen nicht von den Großen gefressen werden. Auch hier ist Deutschland als Beispiel interessant, weil dort die großen Konzerne wichtige Partnerschaften mit den lokal stärker verwurzelten kleinen und mittleren Unternehmen eingehen.

## 2. ERNEUERBARE INSELN

Wir verließen die kleinen Pariser Büros von négaWatt mit neuem Mut. Studien und Szenarien zeigen, dass man heutzutage ohne fossile Energien auskommen kann, und so haben wir uns auf die Suche nach Städten und Ländern gemacht, in denen dies bereits der Fall ist. Wir wollten uns, wie bei all unseren Themen, mit eigenen Augen davon überzeugen, ob sie funktionieren. Und wir fanden an jedem Reiseziel die von Thierry Salomon erwähnten Aspekte vor: eine

---

[40] Unter „*Power-to-Gas*" oder P2G versteht man die Umwandlung von Strom in Methan. Die Energie wird mittels Wasserelektrolyse in Wasserstoff verwandelt. Der Wasserstoff kann anschließend in der so genannten Sabatier-Reaktion mit Kohlenstoffdioxid in Methan umgewandelt werden. Dieses lässt sich einfach lagern oder direkt in das Erdgasnetz einspeisen (https://de.wikipedia.org/wiki/Power-to-Gas).

Vielfalt erneuerbarer Energiequellen, die zu einem „Mix" kombiniert werden, damit einhergehend Energieeinsparung und eine Erzeugung aus erneuerbaren Quellen sowie das dringende Gefühl, etwas tun zu müssen. Dieses Bild wurde zudem im Laufe unserer Reise durch ein paar Schlüsselkonzepte wie Vielfalt, Autonomie, Widerstandsfähigkeit und Kooperation ergänzt.

Wir haben festgestellt, dass die Vorreiter der Energiewende häufig Inseln sind – wie Island, die Kapverden und La Réunion -, Halbinseln – wie Dänemark – oder Teile von Halbinseln – wie Schweden. Natürlich hat eine Insel als begrenzte verletzliche Umwelt eine größere Notwendigkeit als andere Regionen, ihre Autonomie auszubauen. Durch diese Begrenzungen werden jedoch viele Inseln zu geeigneten Versuchsstätten dessen, was auch die Kontinente in Zukunft tun müssen.

## ISLAND: ERDWÄRME UND WASSERKRAFT

Im Juni geht die Sonne in Island nicht länger als für eine Stunde unter. Ganz überwältigt von der Mondlandschaft, durch die wir gerade gefahren sind, versuche ich in meinem Hotelzimmer vergeblich, die Fenster mit den Vorhängen zu verdunkeln. Um 23 Uhr ist noch immer heller Tag, und als ich um 4 Uhr wieder aufwache, scheint sich das Licht überhaupt nicht verändert zu haben. Die Zeit vergeht hier anders, sie scheint sich zu verlängern, zu vervielfachen. Die Natur ist allgegenwärtig. Obwohl Reykjavík eine weltbekannte Hauptstadt ist, hat sie mit 120.000 Einwohnern nur eine mittlere Größe und liegt am Rande der Wildnis. Hier mussten erst die Bedingungen zum Überleben gesichert werden, dann konnte der Wohlstand aufgebaut werden. Auch die Energiegewinnung des Landes spiegelt unseren Eindruck wider, sich auf einer Insel mitten im Nichts zu befinden. Aus diesem Grund hat die isländische Regierung, als 1973 die Ölkrise ausbrach, beschlossen, die nötigen Schritte für eine Energieautonomie einzuleiten. Das Erdöl drohte sich zu verteuern und erheblich schwieriger zu beschaffen zu sein, weswegen man sich davon unabhängig machen wollte. Auch wenn die Vorhersagen in den folgenden beiden Jahrzehnten nicht ganz eintrafen – nach dem Preisanstieg von 1979 war Erdöl in den 1980er und 1990er Jahren wieder relativ günstig –, haben die Isländer schon 35 Jahre vor allen anderen gespürt, woher der Wind wehte. Heute teilen die Befürworter der Energiewende auf der ganzen Welt die damaligen Sorgen der Isländer.

*Erdwärme-Kraftwerk in der Nähe von Reykjavík*

Um ihr Ziel zu erreichen, nutzte die Regierung die natürlichen Ressourcen der Insel, von denen zwei ganz besonders hervorzuheben sind: Island ist vulkanisch (es gibt dort mehr als 200 Vulkane), und an seinen heißen Quellen erfreuen sich Einheimische und Besucher aus aller Welt. Es muss doch möglich sein, diese Hitze zu nutzen. Island hat außerdem beeindruckende Wasserfälle und die größten Gletscher Europas, die ein Zehntel seiner Fläche bedecken. Diese liegen in mehreren hundert Metern Höhe, und zahlreiche Gletscherflüsse stürzen von dort in die Tiefe. Mit ihrer reißenden Strömung und dem starken Gefälle bieten sie ein außergewöhnliches Energiepotenzial. Innerhalb weniger Jahrzehnte wurde für diese beiden Ressourcen eine Infrastruktur entwickelt, mit der das kleine Land mit seinen 330.000 Einwohnern den sagenhaften Anteil von 87 % erneuerbarer Energien erreicht.[41] Insgesamt besteht der Energiemix aus 69 % Erdwärme, 18 % Wasserkraft, 11 % Erdöl und 2 % Kohle. Im Einzelnen stellt die Erdwärme 90 % der Fernwärmeversorgung der Insel sicher, indem die Städte über riesige Rohrleitungen, deren längste 63 km misst, von den Zentralen versorgt werden; 27 % des Stroms stammt ebenfalls aus Erdwärme. Die Wasserkraft liefert die übrigen 10 % Heizwärme und 73 % des Stroms. Der Anteil von 13 % Erdöl und Kohle wird vor allem für Autos und Fischerboote benötigt. Damit ist die Mobilität der Knackpunkt der isländischen Energiewende, wie uns Guðni Jóhannesson, Leiter der staatlichen Energiebehörde Orkustofnun, erklärt: „Die Mobilität ist die nächste Baustelle. Wir wollen Kraftstoffe aus unseren erneuerbaren Energien gewinnen. Es gibt hier schon Elektroautos und Autos, die mit Methangas fahren, das aus Abfällen gewonnen wird. Wir haben eine Fabrik gebaut, die das $CO_2$ aus der Luft auffängt und mit Wasserstoff daraus Methanol produziert, das wir mit dem Erdöl kombinieren können. In Reykjavík gibt es außerdem eine Flotte von Wasserstoffautos und -bussen. Diese Technologien funktionieren alle schon, sind aber noch relativ teuer. Sie müssen verbessert und weiter verbreitet werden. Wir gehen davon aus, dass wir sie in zehn oder zwanzig Jahren überall einsetzen können, um eine Zukunft ohne fossile Energien zu gestalten."

In Wirklichkeit produziert Island viel mehr Energie als es verbraucht. Das zieht zahlreiche Firmen an, die den Energiereichtum als Chance für ihre Unternehmensentwicklung sehen. Eine Branche profitiert besonders davon: 73 % der Elektrizität wird heute von der Aluminiumindustrie verbraucht, die extrem energieintensiv und nicht besonders umweltfreundlich ist. Und durch technologische Verbesserungen will das Land seine Energieproduktion sogar noch steigern. Island ist mittlerweile zu einer Art weltweitem Berater für andere Regionen geworden, die fossile Energien durch Geothermie ersetzen wollen.

„Es gibt ein riesiges Potenzial in den Entwicklungsländern", sagt Guðni. „Im Rift Valley in Afrika könnten wir beispielsweise für Länder wie Kenia oder Äthiopien 15 Gigawatt Strom erzeugen, so viel wie etwa 20 kleinere Atomkraftwerke. 40 % des Erdöls wird heute auf der ganzen Welt für Grund-

---

[41] www.statice.is/Statistics/Manufacturing-and-energy/Energy.

bedürfnisse wie Heißwasserbereitung und Heizung genutzt. In Ländern mit geothermischen Ressourcen wie der Schweiz, Deutschland, Frankreich und Italien lässt sich das Erdöl problemlos ersetzen. Und Erdwärme ist nicht die einzige Lösung: Indem wir sie mit anderen erneuerbaren Energien kombinieren, können wir die Nutzung fossiler Brennstoffe auf ein Niveau senken, das keine Gefahr fürs Klima darstellt."

## LA RÉUNION: SONNE UND *AGRINERGIE*

Auf der Insel La Réunion ist die Problemlage ziemlich ähnlich, die Lösungen sind aber weitaus weniger fortgeschritten. Der Energiemix der Insel besteht momentan aus 35% erneuerbaren und 65% fossilen Energien, wobei die Abhängigkeit vom Erdöl noch immer groß ist: Die Hälfte des Energiebedarfs wird durch Diesel gedeckt. Bei einem Streik oder einem Versorgungsengpass kann die komplette Wirtschaft der Insel in wenigen Tagen in die Knie gehen. „Heute besitzt eine einzige Firma das Versorgungsmonopol und hat dadurch erhebliche Macht. Unsere Aufgabe ist die Zerschlagung dieses Monopols, indem wir mehr unterschiedliche Energiequellen nutzen", erklärt der Präsident des Regionalrats, Didier Robert. „Bis 2025 oder 2030 wollen wir mithilfe der Erneuerbaren unsere Energieautonomie erreichen." Dafür sind auf La Réunion aber erhebliche Hürden zu nehmen. Während die Bevölkerungsdichte in Island drei Einwohner pro Quadratkilometer beträgt, explodiert sie auf der kleinen tropischen Insel förmlich. Durch den Vulkan und die Naturschutzgebiete lassen sich nur die Küstenbereiche problemlos besiedeln, sodass sich dort bereits an die 900.000 Menschen zusammendrängen. Im Jahr 2030 dürften es an die eine Million sein. Es müssen also auf einer kleiner werdenden Fläche Wohnungen gebaut, Nahrungsmittel erzeugt und erneuerbare Energien genutzt werden. Daher ist es unumgänglich, das Problem mit den Versorgungsunterbrechungen zu lösen. Denn durch die schwankende Verfügbarkeit von Sonne und Wind können diese nicht durchgehend zur Energieproduktion verwendet werden und machen derzeit im Energiemix nur 35% aus.

Da kommt 2007 das kleine französische Unternehmen Akuo auf die Insel und bringt einen Lösungsansatz zur Nutzung der erneuerbaren Energien mit, den es fast überall auf der Welt einsetzt und *Agrinergie* nennt. Die Idee ist einfach: Weil es absurd ist, sich zwischen der Produktion von Nahrungsmitteln und Energie zu entscheiden, sollen beide am selben Standort erzeugt werden. Das erste Experiment besteht darin, eine Photovoltaik-Freiflächenanlage mit

Kulturen – in diesem Fall Duftkräutern – zu unterpflanzen, die im Schatten des Solarkraftwerks wuchsen. Der Versuch klingt zwar vielversprechend, doch reicht der Platz für eine landwirtschaftliche Nutzung und zur Nahrungsmittelproduktion nicht aus. Ein zweiter Versuch mit Gewächshäusern für den Gemüseanbau überzeugt da schon mehr. Hier kann der Boden landwirtschaftlich genutzt werden, während die Dächer der Gewächshäuser zur Hälfte mit Solarmodulen für die Stromerzeugung bedeckt sind. Die andere Dachhälfte bleibt frei, damit die Pflanzen genug Licht bekommen. Zuerst haben die Landwirte Vorbehalte und sehen vor allem die Einschränkungen dieses Systems, weil sie ihre Anbaumethoden anpassen müssen. Aber sobald dafür Lösungen gefunden sind, erkennen sie ihre vielen Vorteile bei diesem Ansatz: Die Gewächshäuser schützen die Pflanzenkulturen vor den relativ häufigen, tropischen Wirbelstürmen und extremen Wetterlagen; sie bieten die Möglichkeit, das Regenwasser für ihre Kulturen aufzufangen und sich so von anderen Wasserressourcen unabhängig zu machen, ohne einen Cent zu zahlen. Die Firma Akuo vermietet die Ackerflächen für den symbolischen Preis von einem Euro

an die Bauern und nutzt im Gegenzug die Dächer. Die zwölf Treibhäuser von Jean-Bernard Gonthier, Biolandwirt und Vorsitzender der Landwirtschaftskammer, versorgen auf diese Weise 600 Haushalte mit mehr als 2.000 Menschen auf der Insel mit Strom.

Als der Zyklon Bejisa 2014 zahlreiche Höfe verwüstete und ihre Ernte zerstörte, haben seine Treibhäuser sich nicht um einen Zentimeter bewegt. Dank dieses Systems können sich auch Landwirte selbstständig machen, die nicht genügend Geld haben, um Land zu kaufen. Sie mieten für den symbolischen Euro Land von Akuo und können es 20 bis 40 Jahre bewirtschaften. „Wir stellen die Finanzkraft der Unternehmen in den Dienst der Landwirte", betont

*Diese Gewächshäuser in der Nähe von Tampon versorgen 515 Haushalte*

Éric Scotto, Gründer und Firmenchef von Akuo. „In den nächsten beiden Jahrzehnten kommen zwei enorme Herausforderungen auf uns zu: die Regionen in Bezug auf Nahrungsmittel und Energie unabhängig machen. In beiden Fällen ist der Preis von Grund und Boden eins der größten Hindernisse. Wir können unser Ziel aber erreichen, wenn beide Seiten, Unternehmen und Landwirtschaft, miteinander kooperieren."

Das Prinzip ist mittlerweile so zukunftsfähig, dass Akuo daran arbeitet, es auf den meisten ungenutzten Flächen einzusetzen. Wie beim Gefängnis von Le Port, der größten Haftanstalt der Insel. Durch die enge Partnerschaft zwischen Präfektur und Gefängnisverwaltung hat das Unternehmen die Industriebrache rund um das Gefängnis in eine Produktionsfläche verwandelt, die der Wiedereingliederung der Gefangenen dient. Neben Gewächshäusern für den Gemüseanbau befinden sich dort heute eine Baumschule, vierzehn Bienenstöcke und ein Solarkraftwerk.

Die neue Anbaufläche erweitert nicht nur die Welt der Gefangenen, sondern verbessert auch deren Existenz. Viele von ihnen arbeiten regelmäßig dort und absolvieren Ausbildungen in Berufsfeldern, die ihnen in Zukunft nützen können, wie biologischer Gemüseanbau, Bienenzucht oder die Produktion von Solarmodulen. „Es tut gut, den Fuß einmal auf die andere Seite des Gefängniszauns zu setzen", meint Patrick, der seit drei Jahren in Haft ist und in den letzten 20 Jahren mehrfach die Seiten der Mauer gewechselt hat. „Wenn man ins Gefängnis kommt, hat man eine Familie, vielleicht auch einen Job und ein Haus. Wenn man raus kommt, hat man meistens nichts mehr. Deswegen ist ein Beruf wichtig." Derzeit sind die Plätze den Häftlingen vorbehalten, die am meisten motiviert sind und die größte Chance haben, sich nach ihrer Entlassung erfolgreich wiedereinzugliedern. Patricks Sohn, der im selben Gefängnis einsitzt, konnte noch nicht an dem Programm teilnehmen. 37 Häftlinge sind seit 2009 ausgebildet worden, acht von ihnen haben nach dem Absitzen ihrer Haftstrafe Arbeitsplätze in diesen Branchen gefunden. Das Ziel der Maßnahme ist die Wiedereingliederung von 240 Häftlingen in den kommenden 20 Jahren.

Die neue Versuchsfläche wollte Akuo auch nutzen, um das für die Energiewende entscheidende Speicherproblem anzugehen. Die 9 Megawatt Solarmodule wurden daher mit 9 Megawatt-Akkumulatoren verbunden. Neun an Baustellenhütten erinnernde Wellblechwürfel rund um die Solarmodule beherbergen Gestelle für aufladbare Batterien und bringen dauerhaft ein Drittel der in der Hafenstadt mit 36.000 Einwohnern benötigten Elektrizität auf. Die Anlage war zum Zeitpunkt ihrer Montage die größte ihrer Art weltweit. Projektleiterin Anne Lemonier erklärt uns: „Viele Inseln haben mittlerweile einen hohen Anteil an erneuerbaren Energien in ihrem Mix. Diese Energien stehen aber, wie Wind und Sonne, nicht ununterbrochen zur Verfügung. Der Energieversorger EDF nimmt einen Teil unserer Solarkraftwerke auf La Réunion vom Netz, sobald der Anteil der Stromproduktion durch erneuerbare

Energien über 30% liegt. Wenn wir diesen Anteil erhöhen wollen, müssen wir die Energie speichern können." Während Speicher im Regelfall ans Netz angeschlossen sind, hat Akuo einen ganz neuen Versuch gestartet und Solarkraftwerk und Akkus direkt vor Ort aneinander geschlossen. Das Speichersystem springt somit an wolkigen Tagen ein und stellt eine stabile und konstante Produktion sicher. „Wenn wir auf 100% erneuerbare Energien kommen wollen, brauchen wir 50% konstante Energien wie Biomasse, Wasserkraft, Erdwärme, Meeresenergie und 50% Energien mit schwankender Verfügbarkeit wie Sonne und Wind, die mit einem Speichersystem verbunden sind", erklärt Anne weiter. Wie Thierry Salomon erwähnt hat, gibt es verschiedene Speicherlösungen. Akuo hat sich für Lithium-Ionen-Akkus entschieden, die im Allgemeinen für Elektroautos genutzt werden. „In diesen Batterien befinden sich recycelbare Kohlenstoff-, Nickel-, Magnesium- und Manganelektroden sowie sehr wenige Lithium-Ionen. Bei unserer Art von Solarkraftwerk werden die Akkus ausgetauscht, wenn sie nur noch 80% der ursprünglichen Leistung erreichen. Danach werden sie in anderen Bereichen weiterverwendet, wo weniger Leistung notwendig ist, zum Beispiel für Elektroautos. Am Ende nehmen die Hersteller sie zurück, zerlegen und recyceln sie." Das Konzept erregte die Aufmerksamkeit der französischen Regierung, die inzwischen bereit ist, es auf anderen Inseln und auf dem Festland zu unterstützen. Auch andere tropische Regionen mit der gleichen Problematik sind interessiert.

Natürlich kann man argumentieren, dass Island und La Réunion relativ bevölkerungsarme Länder sind. Das trifft aber nicht auf Dänemark und Schweden zu mit ihren 5,6 bzw. 10 Millionen Einwohnern. Diese beiden skandinavischen Länder haben sich offiziell das Ziel gesetzt, bis 2050 zu 100% erneuerbare Energien zu nutzen. 2013 hatte Schweden bereits einen Anteil von 51% und Dänemark 36% erreicht. Noch viel beeindruckender sind jedoch die Ziele einiger Städte in diesen beiden Ländern. Nur wenige Kilometer voneinander entfernt, arbeiten Kopenhagen und Malmö ehrgeizig daran, bis zum Jahr 2025 bzw. 2030 völlig $CO_2$-neutral zu werden.

Noch vier Stunden Flug. Ich denke an unsere achtzehn Drehtage zurück und überlege, was ich aus ihnen mitnehme. Es ging alles so schnell. Wir haben das Leben all der Menschen, denen wir begegnet sind, nur ganz oberflächlich berührt. Und trotzdem hat es mich traurig gestimmt, sie wieder zu verlassen, als hätte die Intensität des Erlebten die Zeit verlängert. Wenn wir aus La Réunion zurück sind, legen wir eine Woche Pause ein, um Luft zu holen, bevor ich erst mal allein nach Kopenhagen aufbreche. Das Team wird einen Tag nach mir eintreffen. Eingeklemmt in meinen Flugzeugsitz, beobachte ich die Menschen um mich herum. Alle starren auf ihre Bildschirme, entweder an den Rückenlehnen vor ihnen oder auf ihren Tablets, Handys und Computern. In der Pariser U-Bahn erwartet mich der gleiche Anblick: Reihen von gesenkten Köpfen, gebeugten Rücken, vertieften Menschen, die ihre Sitznachbarn ignorieren. Dieser Hunger nach dem Bildschirm, den scheinbar nichts zu stillen vermag. Der permanente Bildschirm. Pausenlos könnten unsere Augen und Finger darauf umherwandern und jeden freien Augenblick unseres Lebens verdrängen, jede Träumerei, jede Beobachtung, alle Langeweile zunichte machen. Bis zum Wahnsinn. Ohne Raum und Zeit und ohne Begrenzung kann man stundenlang abtauchen in ein Meer aus Interaktionen, Bekanntschaften und ungebremsten Redefluten. Auch ich musste mich jeden Tag ganzen Wagenladungen von E-Mails, SMS und AB-Nachrichten stellen, die auf das kleine Gerät aus Metall und Glas abgekippt werden. Das hat meine Zeit beschleunigt und raubt mir die Momente des Atemholens zwischen Terminen, Treffen und Arbeitsphasen. Für einen Workaholic wie mich ist dieses Gerät ein allzeit geöffnetes Büro zum Arbeiten und Kommunizieren rund um die Uhr. Das Smartphone hat die Stille verdrängt. Die Anziehungskraft der Bildschirme ist fast übermächtig groß für mich. Sie ziehen mich magisch an, entreißen mich den Menschen, den Dingen, den Gerüchen und Geräuschen, sie trüben mein Urteilsvermögen und überreizen gleichzeitig meine Nerven. Vor dem Bildschirm scheine ich nicht mehr in dieser Welt zu sein, vergesse ich alle Sorgen. Die Bilder benebeln mich und zerstreuen meine Gedanken, ohne sie in eine bestimmte Richtung zu lenken. Meine Willenskraft schwindet, ich will nichts anderes mehr, als Inhalte an mir vorbeirauschen zu lassen und von einer Internetseite zur nächsten zu springen. Ich werde zum Resonanzboden für Symbole, Ideen, Trends. Manchmal kommt es mir so vor, als könnte ich mein ganzes Leben in dieser Parallelwelt zubringen und mich von Filmen, Artikeln und Videos berieseln lassen. Meine wirkliche Existenz würde nur noch aus Bildschirmwechseln bestehen. Wenn ich genauso süchtig wäre nach Online-Spielen mit der verführerischen Möglichkeit, ein anderes Leben zu leben, dann würde ich mich vermutlich komplett verirren. Manchmal entsetzt mich der Gedanke, meine Tage in der virtuellen Welt zu verlieren. Ich suche dann nach Möglichkeiten, wieder etwas Konkretes zu tun, zu kochen, den Garten zu bestellen oder etwas zu reparieren. In diesen Augenblicken des Abstands und der Klarheit erschreckt mich noch etwas: Wenn ich derart fasziniert und abhängig von Bildschirmen bin, dann sind es die Anderen sehr wahrscheinlich auch. Die Statistiken bestätigen das übrigens: Die Franzosen verbringen im Durchschnitt drei Stunden und 50 Minuten ihrer Freizeit vor Smartphone, Tablet, Computer oder Fernseher – was mir angesichts der Verbreitung des Smartphones sogar wenig vorkommt! –, und zusätzlich mehrere Stunden ihrer Arbeitszeit. Vor ein paar Jahren habe ich aus Spaß einmal folgende Rechnung aufgestellt: Wenn ein Mensch seinen Bildschirm sieben Stunden täglich zum Arbeiten und ungefähr vier Stunden für Freizeitzwecke nutzt, dann verbringt er mehr als 20 komplette Jahre seines Lebens vor einer dünnen, von hinten beleuchteten Mattscheibe. Weitere 25 Jahre verbringt der Mensch mit Schlafen, wenn man von einem achtstündigen Nachtschlaf ausgeht. Zusammen sind das 45 Jahre im Bett oder vor dem Bildschirm, sodass ihm nur knapp 40 Jahre für alles andere bleiben, wie einkaufen, waschen, staubsaugen, Essen machen, in öffentlichen Verkehrsmitteln fahren, seine Rechnungen bezahlen, sein Auto zur Werkstatt bringen …

Und wie viel Zeit bleibt ihm dann noch zum Träumen, um in der Natur spazieren zu gehen, Gedichte zu lesen, den Wind zu spüren, zu lieben, etwas zu erschaffen, eine ungewöhnliche Beziehung zu leben …? Werden wir so nicht immer mehr von politischen, erzieherischen und ökologischen Problemen abgelenkt und sollen es uns nur noch in der bunten Unterhaltungswelt der Bildschirme gemütlich machen? Vielleicht sollten wir darüber nachdenken.

## 3. KOPENHAGEN: ERSTE $CO_2$-NEUTRALE HAUPTSTADT

Die Stadt Kopenhagen zählt mit der dazugehörigen Region zusammen zwei Millionen Einwohner – davon 570.000 in der Gemeinde Kopenhagen - und hat fast eine Milliarde Euro in die Installation von 100 Windrädern investiert. Sie arbeitet mit voller Kraft daran, sämtliche Spuren von Erdöl und Kohle aus ihren Heiz- und Klimatisierungsanlagen sowie aus der Energieerzeugung zu tilgen. Um die Akzeptanz der Windräder bei der Bevölkerung zu erhöhen und das so genannte „Nicht-hinter-meinem-Haus"-Syndrom[42] zu überwinden, hat die Stadt einen typisch dänischen Ansatz gewählt: eine Windrad-Genossenschaft.

Ende der 1980er-Jahre beschließt eine kleine Bürgerinitiative, die Bevölkerung für die Notwendigkeit der Energieerzeugung aus erneuerbaren Quellen zu

---

[42] Auf Englisch wird diese Haltung „not in my backyard" oder NIMBY genannt.

sensibilisieren. Sie veranstaltet öffentliche Versammlungen und setzt sich mit dem staatlichen Energieunternehmen *DONG Energy* in Verbindung. 1996 entsteht die Idee eines genossenschaftlichen Windparks namens Middelgrunden im Meer vor Kopenhagen. Er wird im Jahr 2000 mit 20 Windrädern fertiggestellt, davon sind 10 in Gemeinschaftsbesitz von 8.700 Privatpersonen und 10 im Besitz des Unternehmens *DONG*. Die damals größte Offshore-Windfarm der Welt produzierte 4 % der Elektrizität der Stadt. Hans Sørensen war Mitglied der Bürgerinitiative und ist heute Manager des Windparks. „Damit Windräder von der Bevölkerung akzeptiert werden, müssen die Bürger von Anfang an in das Projekt einbezogen und an den von der Stromerzeugung generierten Gewinnen beteiligt werden. Profite und Betreibung müssen lokal bleiben."

Im Klartext heißt das: Wenn die Mitglieder der Kooperative ihr Geld im Kauf von Windrädern anlegen, bringt ihnen das im Jahr eine Dividende von 6 bis 7 % ein, also mehr, als ein Sparbuch in Frankreich abwirft. Inzwischen schreibt das Gesetz in Dänemark einen Mindestanteil von 20 % lokaler Bürgeraktien für jedes neue Projekt vor – eine Erfolgsgarantie für Unternehmer und Behörden einerseits und mehr Demokratie für die Einwohner andererseits. Mit den 100 neuen Windrädern soll bis 2025 so gut wie der gesamte Strom der Stadt erzeugt werden. Bald wird es auch möglich sein, diesen in Form von Gas und in den Akkumulatoren von Elektroautos zu speichern. Schon jetzt produziert Dänemark in sehr windigen Phasen mehr Energie als es verbraucht, wie etwa an mehreren Tagen im Juli 2015, als 140 % des landesweiten Bedarfs durch Windparks erzeugt wurde.[43] Derzeit werden die Überschüsse nach Deutschland, Schweden und Norwegen exportiert, Länder, die in der Lage sind, sie in Speicherkraftwerken zu speichern, sodass Dänemark in windarmen Zeiten Strom aus Wasserkraft importieren kann. Für Hans ist diese Zusammenarbeit zwischen Regionen auf Grundlage der unterschiedlichen erneuerbaren Energieträger jedes Landes ein Schlüssel für die Zukunft.

   Gleichzeitig setzt die Stadt Kopenhagen die Energieversorger unter Druck, damit ihre mit Kohle oder Diesel betriebenen Heizkraftwerke die „grüne" Wende vollziehen. Davon erzählt uns Jørgen Abildgaard, der Koordinator des Plans Kopenhagen 2025: „Wir haben uns entschieden, auf erneuerbare Energien umzustellen. Die Energieversorger haben also keine Wahl, sie müssen liefern, was wir verlangen. Die meisten ersetzen Kohle durch Biomasse. Eins der größten

---

[43] www.theguardian.com/environment/2015/jul/10/denmark-wind-windfarm-powerexceed-electricity-demand?CMP=share_btn_fb.

*Die kooperative Windfarm Middelgrunden*

Heizkraftwerke der Stadt hat bereits komplett umgerüstet, und das zweitgrößte wird das in vier bis fünf Jahren geschafft haben." Und wenn Jørgen von „großen Kraftwerken" spricht, ist das nicht nur so dahergesagt. Wir haben die von Avedøre direkt gegenüber von Middelgrunden besichtigt und waren verblüfft von den Zahlen. Durch die Verbrennung von importierten Forstabfällen aus den europäischen Nachbarländern sowie von alten Paletten und Stroh, das die Bauern aus der Umgebung nach der Ernte liefern, produziert das Werk Strom für 1,3 Millionen Haushalte und Wärme für 200.000 Familien. Das Heizkraftwerk ist zudem eins der effizientesten der Welt: 94 % des zugeführten Materials wird in Energie umgewandelt, im Normalfall sind es um die 50 %.

Alles in allem wird das gesamte Heizsystem der Stadt nach und nach umgestellt, um ohne fossile Energieträger auszukommen. Im ersten Schritt wurde durch ein hybrides System aus Biomasse und der Verbrennung von Abfällen ohne Plastikanteile die Nutzung der fossilen Brennstoffe bereits um 58 % reduziert. Mittel- und langfristig wird man Kohle und Diesel durch Erdwärme ersetzen können. Doch Thierry Salomon betonte, dass das Energiesparen dennoch unausweichlich ist, vor allem beim Heizen, das in einem kalten Land wie Dänemark viel Energie verbraucht.

Für Morten Kabell, als Beigeordneter des Bürgermeisters zuständig für Ökologie und Stadtplanung, handelt es sich um teure, aber unumgängliche Investitionen. „Hier in Kopenhagen haben wir einen Großteil unserer Gebäude wärmegedämmt und eine zentrale Wärmeversorgung eingerichtet. Als Bewohner dieser Stadt hat mir das eine erhebliche Senkung meiner Heizkostenrechnung gebracht. Für eine 100 qm Wohnung in der Innenstadt zahle ich 60 Euro Heizung im Monat[44]. Letzten Monat kam einer meiner deutschen Kollegen zu Besuch und konnte es nicht fassen. Ich habe ihm erzählt, dass die Investition zwar eine Menge Geld gekostet habe, sich aber lohne, wie er sieht! Die Kosten-Nutzen-Analyse fällt eindeutig zu unserem Vorteil aus." Diese Umrüstungen sind allerdings unerlässlich, wenn Kopenhagen seine Klimaziele erreichen will, denn in Dänemark werden 40 % der Treibhausgas-Emissionen durch Gebäude verursacht.

Gleichzeitig wurden und werden zahlreiche Öko-Stadtviertel gebaut, beispielsweise am alten Hafen. Dort wird an alles gedacht, um so ökologisch wie möglich zu sein: eine maximale Wärmedämmung, begrünte Dächer, Solarmodule, Abfallmanagement etc.

---

[44] Ein Franzose zahlt für die gleiche Wohnfläche im Durchschnitt 175 Euro Heizkosten im Monat.

Der zweite Hauptverursacher von Emissionen ist der Verkehr, und auch da hat Kopenhagen einen Plan. Schon heute ist die Stadt ein Radfahrparadies mit 43 Kilometern Radwegen, Fahrradautobahnen und autofreien Brücken. Else Kloppenburg, Mitarbeiterin im Programm „Smart City" der Stadt, erklärt uns, dass vier von fünf Personen ein Zweirad besitzen, während nur ein Bewohner unter fünf Autobesitzer ist – und 41 % der Stadtbewohner es als tägliches Fortbewegungsmittel nutzen, was fast der Hälfte der Kopenhagener Bevölkerung entspricht – Zahlen, die uns Parisern zu denken geben sollten. Ob für die Fahrt zur Arbeit, zum Einkaufen oder um die Kinder zur Schule zu bringen, die Kopenhagener steigen auch bei Regen, Wind und Schnee aufs Rad und lassen sich durch nichts entmutigen. Lastenfahrräder mit Kisten vorne ermöglichen den Transport von größeren Gegenständen, dagegen werden in kleinen mit Planen abgedeckten Anhängern die Einkäufe verstaut. Und in Kinderanhängern oder auf Tandems reisen die Kleinsten mit, ehe sie mit sechs Jahren auf das eigene Fahrrad umsteigen.

Als wir Else fragen, ob bei Unwetter weniger Radfahrer unterwegs sind, lacht sie nur. Die Einwohner haben für plötzliche Schauer immer eine Regenjacke im Rucksack dabei, und wenn es kalt ist, „zieht man halt einen Mantel an", hält sie uns nicht ohne einen gewissen Spott entgegen. Bei Schneefall lässt die Stadtverwaltung seit einigen Jahren zuerst die Fahrradwege räumen, sodass der Fahrradverkehr ungehindert weiter fließen kann, wie auf Fotos im Internet nachzuprüfen ist. Für Else und für alle anderen, mit denen wir in Kopenhagen über das Radfahren sprechen, ist es das Normalste der Welt. Mit dem Rad ist man meistens schneller, weil man nicht im Stau feststeckt und auch nicht stundenlang nach einem Parkplatz suchen muss, außerdem lebt man gesünder, billiger und geselliger. Die von der Stadtverwaltung durchgeführten Wirtschaftsstudien bestätigen diesen individuellen Eindruck: Pro Jahr werden durch das Radfahren 230 Millionen Euro an Gesundheitskosten eingespart und jeder gefahrene Radkilometer bringt, verglichen mit einem Autokilometer, einen Nettogewinn von 16 Cent für die Gesellschaft. Was die Fahrtzeit angeht, zeigen sämtliche Untersuchungen aus verschiedenen Städten und Ländern, dass man auf Strecken unter fünf Kilometern mit dem Fahrrad durchschnittlich genauso schnell oder sogar schneller ist als mit dem Auto.[45]

Die Stadt hat aber ihr gesamtes Transportwesen auf „grün" umgestellt und die Netze von Zug, U-Bahn, Bus, Schiff und Fahrrad so miteinander verknüpft,

---

[45] Siehe: Olivier Razemon, *Le Pouvoir de la pédale*, Rue de l'Échiquier, 2014.

*Else unterwegs auf einer der Fahrradspuren der Königin-Luise-Brücke*

dass sich die Bürger in einem Umkreis von 80 Kilometern ohne Auto fortbewegen können. Wir testen das mit Else zusammen und stellen fest, dass das Fahrrad das entscheidende Bindeglied zwischen den motorisierten Transportmitteln ist. Mit Schienen oder Rampen ausgestattete Treppen erleichtern das Mitnehmen der Räder in die Bahnhöfe oder auf die Schiffsanleger. In den Zügen gibt es eigene Fahrradabteile, in den U-Bahnen reservierte Radbereiche. Wer am städtischen Strand ins Wasser springen will, nimmt das Fahrrad in die U-Bahn mit, fährt sieben oder acht Stationen und radelt noch gute fünf Minuten bis zum Kopenhagener Badestrand. „Mit diesem System können wir die Abstände zwischen den Bahnhöfen vergrößern und brauchen keine aufwendigen und teuren Infrastrukturen zu bauen. Auf diese Weise optimieren wir jedes Transportmittel", erklärt Else uns. Mit dem Ergebnis, dass die Bürger nur noch 33 % der Stadtfahrten mit dem Auto zurücklegen.

Die Stadtverwaltung will aber noch mehr und strebt an, diesen Anteil bis zum Jahr 2025 auf 25 % zu senken. Auf dieses Ziel steuert sie mit aller Kraft zu, wie uns Morten erklärt: „Es gibt hier natürlich viele Lobbyisten, die uns sagen, dass wir nicht ohne Autos auskommen können. Aber wir können es und werden es schaffen, einfach weil es sein muss. Nicht nur für die Umwelt, sondern auch wegen der Verkehrsbelastung. Wenn alle mit dem Auto fahren würden, wäre in Kopenhagen einfach kein Fortkommen mehr möglich." Die Stadtverwaltung hat berechnet, dass ein Auto genauso viel Platz und Zeit in Anspruch nimmt, um häufig nur eine Person zu befördern, wie ein Bus für vier oder fünf Fahrgäste benötigt und das Fahrrad für sechs Menschen. Auch heute noch verbringen die Leute in dem Ballungsraum insgesamt 190.000 Stunden täglich im Stau, und diese Zahl wäre ohne das aktuelle System zweifellos wesentlich höher. Aber auch wenn die Stadt ihr Ziel erreicht und nur noch 25 % der Strecken mit dem Auto zurückgelegt werden, sollen diese umweltfreundlich angetrieben werden.

Die Stadt besitzt bereits mehr als 40 Elektroautos und 15 Hybridfahrzeuge, die zeigen, wie effizient diese Technologie ist, und sie drängt die Autobauer, sie allen verfügbar und kostengünstiger zu machen. Gleichzeitig baut sie ein Tankstellennetz auf, das zwar noch in den Kinderschuhen steckt, aber die Möglichkeit bieten soll, im ganzen Land unterwegs zu sein. Für Jørgen kann all das nur im Rahmen einer „globalen Agenda" gelingen, in die alle Akteure eingebunden sind: „Diese Maßnahmen sind extrem teuer und wir können sie nicht alleine durchführen. Deswegen haben wir einen Investitionsplan aufgestellt, mit dem wir Unternehmer, Investoren und Privatpersonen dafür gewinnen. Für jeden Euro, den die Stadt investiert, werden 100 Euro an privaten Investitionen aufgewendet." Als wir ihn fragen, wie es gelungen ist, so viele Geldgeber zu finden, gibt Jørgen eine für einen Umweltschützer erstaunliche Antwort: „Wir haben gute und attraktive Wirtschaftsmodelle erarbeitet und erzählen den Investoren gute *business stories*. Wenn es um Umweltfragen geht, muss man den Finanzabteilungen, Banken und Investoren immer einen überzeugenden Businessplan vorlegen. Wir haben sehr intensiv an dem Nachweis gearbeitet, dass unsere Modelle wirtschaftlich fundiert sind, und das sind sie. Dafür haben wir die besten Köpfe des Landes ins Boot geholt und sind Partnerschaften mit Universitäten und Wirtschaftshochschulen eingegangen." Mit dem Ergebnis, dass Kopenhagen heute laut einer amerikanischen Studie[46] als die Stadt eingestuft wird, die dem Klimawandel am besten begegnen kann.

Morten ist der Ansicht, dass diese Verwandlung der Stadt durch das traumatische Scheitern der Klimaverhandlungen beim Kopenhagener Gipfel beschleunigt wurde. „Der Gipfel von 2009 war ein echtes Desaster für Klima und Umwelt. Er hat gezeigt, dass die Politiker keine Macht hatten, weil ihnen der Wille fehlte. Sie wollten gar nicht auf einen Wandel in der Gesellschaft hinarbeiten. Für mich ist das Ganze vor allem eine Frage des politischen Mutes und der Zusammenarbeit. Wir hier in Kopenhagen wollen in diese Richtung gehen, und die Einwohner drängen uns zur Umsetzung. Viele der jüngsten Veränderungen, wie der Umstieg vom Auto aufs Rad, kamen nämlich nicht von der Stadt, sondern von den Bürgern. Sie haben demonstriert, mit uns diskutiert, sich selber in Projekten engagiert, und wir sind mitgegangen. In anderen Fällen kam der Anstoß von uns. Man darf nicht darauf warten, dass alles von den Volksvertretern kommt. Wenn wir den Wandel wollen, dann müssen wir ihn gemeinsam angehen." Für Morten, wie auch für andere Akteure, die wir getroffen haben, bieten sich die kommunale und die regionale Ebene besonders gut an, um den Wandel zu starten. „In vielen Ländern tut die Regierung nicht viel in Sachen Klimawandel, aber die Städte engagieren sich sehr stark. So ist es zum Beispiel in den USA oder in Kanada. Ich sehe die Städte als die neuen Anführer in der Welt: Wo die Staaten versagt haben, müssen die Kommunen übernehmen. Wir haben keine andere Wahl. Wenn ich gefragt werde, wie wir uns all diese Investitionen in die Klimaneutralität leisten können, antworte ich: Wie könnten wir es uns leisten, all das nicht zu tun? Schaut Euch die Welt an, es gibt keine Alternative!"

---

[46] www.triplepundit.com/2011/06/top-10-globally-resilient-cities/.

## 4. MALMÖ: ÖKO-STADT DER ZUKUNFT

Die gleiche Feststellung wie die Kopenhagener haben auch die Menschen gegenüber, im schwedischen Malmö, gemacht. Auf der anderen Seite der großen Brücke, die als Verbindung zwischen den beiden Städten dient, besuchen wir das Ökoviertel Bo01, sehr populär bei Architekten, Abgeordneten und Umweltschützern aus der ganzen Welt. Im Jahr 2001 hatte die Stadtverwaltung beschlossen, auf dem Gelände des ehemaligen Hafens Vastra Hamnen[47] Tausende von Wohnungen in Niedrigenergiebauweise mit viel Komfort zu errichten. Schon im Entwurf lautete das Ziel: 100% Energieautonomie durch die Erneuerbaren. Die ersten tausend Mehrfamilienhäuser wurden im Jahr 2001 entworfen und haben einen jährlichen Energieverbrauch von 100 Kilowattstunden pro Quadratmeter, was 40% unter dem Durchschnittswert von schwedischen Häusern liegt. Die zuletzt gebauten Häuser – das Stadtviertel wächst weiter – verbrauchen nur noch 50 Kilowattstunden. Die Dächer sind begrünt und mit Solaranlagen für Warmwasser ausgestattet. Der Strom kommt von einer Windkraftanlage, die tausend Wohnungen versorgt, und die Heizung funktioniert über eine zentrale Wärmeversorgung, bei der warmes Wasser aus den Kalksteinschichten in 90 Metern Tiefe geholt wird. Es gibt Ein- und Mehrfamilienhäuser, aber alle sehen unterschiedlich aus. Und im Gegensatz zu anderen modernen Stadtvierteln wird Bo01 von kleinen Gässchen durchzogen.

Daniel Skog, Öffentlichkeitsreferent der Kommune, hat seit mehr als 15 Jahren mit dem Ökoviertel zu tun und erklärt: „Der Architekt Klas Tham hat sich von den mittelalterlichen Städten in Europa inspirieren lassen. Er hat sich die Frage gestellt, warum sie so schön sind, und seine eigene Theorie dazu gefunden. In einem Netz aus kleinen Gässchen weiß man nie, wen man trifft und ob nicht gleich ein alter Freund um die Straßenecke biegt. In so einer Stadt kommt es zu lauter unerwarteten Begegnungen. Dieses Gefühl wollte er hier auch erzeugen." Das ganze Stadtviertel strahlt Vielfalt und Funktionalität aus. Alles ist so erdacht, dass die Bewohner ohne Auto auskommen. Die Innenstadt ist in 15 Minuten zu Fuß und in fünf Minuten mit dem Fahrrad zu erreichen, denn durch die Öko-Stadt führen acht Kilometer Radwege. Außerdem fahren mit Biogas angetriebene Busse alle zehn Minuten dorthin. In den unteren Etagen der Wohngebäude gibt es Geschäfte, Cafés, Restaurants, Fitnessstudios, Friseure und einen kleinen Bio-Supermarkt – der schönste, den wir je gesehen

---

[47] Der Westhafen.

haben! Am Rand der Öko-Stadt befinden sich mehrere Parkplätze mit Ladestationen für Elektroautos, die von Solarmodulen versorgt werden.

Die Wohnhäuser sind umgeben von zahlreichen Grünflächen und Kanälen, die mit Regenwasser gespeist werden. „Die Jahreszeiten erleben, Bäume und Wasser sehen, das wird in der Stadt von morgen unverzichtbar sein", sagt Daniel. „Studien in schwedischen Krankenhäusern haben gezeigt, dass die Patienten sehr viel schneller genesen, wenn sie in Kontakt mit der Natur sind."

In den Häusern können die Bewohner an digitalen Zählern ihren Wasser- und Stromverbrauch ablesen und sich Einsparmöglichkeiten vorschlagen lassen. Hinzu kommen Wassersparer in Armaturen und Toilettenspülungen sowie Steckdosen, die den Stromverbrauch senken. Sämtliche Abfälle werden gesammelt und nach recycelbaren Materialien getrennt, die Lebensmittelreste werden zur Produktion von Biogas verwendet.

Cord Siegel und Maria Larsson sind Architekten. Sie wohnen seit elf Jahren in der Öko-Stadt und haben drei Gebäude für sie entworfen, unter anderem ihr eigenes Wohnhaus. Für seinen ersten Entwurf hat Cord den begehrten Kasper-Salin-Preis der schwedischen Architekturgesellschaft erhalten. „Als wir das Projekt begonnen haben, waren wir beide um die dreißig. In dem Alter zieht man normalerweise in ein Einfamilienhaus am Rand der Stadt. Wir wollten unser Haus aber mitten in die Stadt holen." Tatsächlich wohnt das Paar mit seiner kleinen Tochter in der obersten Etage eines fünfstöckigen Wohnhauses. Ein kleiner Aufzug bringt die Familie direkt in ihre Wohnung. Der Boden ist aus geschliffenem Estrich, durch die großen Fensterscheiben sieht man das Meer. Die sparsame Einrichtung unterstreicht das Raumgefühl. Vom Balkon aus führt eine Eisentreppe im New Yorker Stil auf einen kleinen Dachgarten. Von dort filmen wir den unverbauten Blick über ganz Vastra Hamnen. „Wir verbrauchen hier weniger Energie als in einem Einfamilienhaus und es ist einfacher, nachhaltig zu leben. Wir haben selbst kein Auto, sondern teilen uns eins mit den Nachbarn, wenn es nötig ist. Wir fahren oft mit der Bahn und nehmen unsere Fahrräder mit. Wenn man mit dem Rad unterwegs ist, bekommt man ein besseres Gefühl für Entfernungen, und es ist gut für die Fitness!" Als wollte er das Gesagte veranschaulichen, holt Cord sein Faltrad hervor, klappt es mit einem Griff auf und radelt in der Wohnung herum. Dann stellt er es in den Aufzug und lädt uns ein, das zweite von ihm gebaute Haus zu besichtigen, in dem Nicolaï und Ova mit ihren beiden Kindern wohnen.

*Der Architekt Cord und sein Faltrad im Herzen von Bo01*

Vor diesem Haus wirkt das Flussufer ein wenig trist, außerdem sind die Gebäude hier nicht so schön wie im Herzen von Bo01. In diesem Teil der Öko-Stadt sehen die Häuser alle ähnlich aus und erinnern uns ein wenig an die modernen Städte, die wir aus Frankreich kennen. Wohnraum ist hier günstiger, sodass die Öko-Stadt ganz unterschiedliche Bewohner anzieht. Cord erklärt uns, dass es etwa gleich viele Eigentümer wie Mieter gibt. Die Monatsmieten liegen um die 900 Euro für eine Dreizimmerwohnung mit 65 Quadratmetern: nicht überteuert, aber auch nicht geschenkt, eher das obere schwedische Mittelmaß. Zwischen den kastenförmigen Wohnblocks ist das kleine Haus von Ova und Nicolaï nicht zu verfehlen, einerseits, weil es niedriger ist, aber vor allem wegen seines durchsichtigen Turms, in dem obskure Röhren verlaufen, gekrönt wird er von einem kleinen Windrad. Cord nennt ihn „den pädagogischen Turm". „Wir zeigen die Energie, anstatt sie zu verstecken. In den Mauern, auf den Dächern, an den Stromzählern. Auf diese Weise wird die Energie greifbarer, und die Bewohner leben bewusster." Der Strom kommt vom Windrad und von ein paar Solarzellen auf dem Dach, geheizt wird über das oben erwähnte Zentralheizungssystem, und alle organischen Abfälle aus dem kleinen Garten hinter dem Haus sowie Essensreste kommen in einen Mixer, der Biogas daraus macht. So können die Bewohner mit einer kleinen blauen Pumpe an der Hausecke ihr Auto betanken und später vielleicht auch ihr Elektrofahrrad. Das ist zumindest Cords Traum. In der Garage steht ein brav geparktes Elektroauto, das an die Wandsteckdose angeschlossen ist. Neben dem Akku für das Auto sind in den Wänden noch weitere Batterien eingebaut, in denen die überschüssige Energie von der Solaranlage und dem Mini-Windrad gespeichert wird.

Nicolaï erzählt uns von seinem lang gehegten Traum – den er, all den Zeitschriften und Fernsehberichten in Frankreich zu diesem Thema nach zu urteilen, nicht alleine träumt: ein eigenes zu hundert Prozent energieautarkes Haus zu bauen. Ohne zu zögern führt er uns überall herum. „Wenn man von umweltbewusstem Leben spricht, stellt man sich ein feuchtes Loch mit einer Temperatur von 15 Grad Celsius vor, in dem alle ihre Strickpullis anbehalten. An so etwas glaube ich nicht. Wir haben hier riesengroße Fensterscheiben, die noch besser isolieren als Wände. Unser Schwimmbecken wird mit einer thermischen Solaranlage beheizt, und wir können mehr als die Hälfte des Jahres darin schwimmen. Ein Thermostat sorgt für die gleich bleibende Temperatur, sodass wir so wenig Energie wie möglich verbrauchen." Ova ist ganz auf seiner Wellenlänge. „Warum sollen wir Energie verschwenden, wenn es auch anders geht? Viele unserer Freunde sind aus der Stadt nach draußen gezogen, als sie

Kinder bekamen, aber dazu war ich nicht bereit. Hier sind wir direkt am Meer, es gibt Grünflächen, wir können zu Fuß in die Innenstadt gehen, wir haben alles, was wir brauchen und das auf nachhaltige Weise." Als wir Cord die Frage stellen, ob ein Schwimmbecken für einen umweltbewussten Architekten das Richtige ist, fühlt er sich keineswegs auf den Schlips getreten, sondern erklärt uns, was er sich dabei gedacht hat: „Die Leute sollten sich zu Hause so wohl fühlen, dass sie keine Lust mehr haben, für den Urlaub ans andere Ende der Welt zu fahren. Wir sind nicht sicher, ob das immer so klappt, finden aber, dass es den Versuch wert ist!"

Während unserer Reise nach Kopenhagen und Malmö dachte ich an alle Umweltschützer, die ich kenne, wie meinen Freund Yvan[48] oder auch an Pierre Rabhi. Für sie ist die (Groß-)Stadt ein Frevel, eine Krake, ein Monster, das unentwegt künstlich die Landschaft verändert, Arbeitskräfte und Ressourcen verschlingt, während es den ländlichen Raum entvölkert, in der die Menschen von Gleichgültigkeit, Anonymität und Genusssucht geprägt sind und sich immer weiter von der Natur entfernen, die sie zwar zum Überleben brauchen, aber dennoch nicht verstehen. Ich hörte ihre Stimmen, nahm ihre Kritik über den Film vorweg. Sie haben bewiesen, dass sich leichte autarke Wohnhäuser in der Nähe von Erde, Bäumen und Feldern bauen lassen. In den 22 Häusern des Dörfchens Le Hameau des Buis[49], mit ihrem Fachwerk aus heimischem Holz und den Lehmziegeln aus Rohstoffen der Umgebung, wird es im rauen Winter der Cevennen nicht kälter als 16 Grad, und das ohne jegliche Heizung. Für zusätzliche Wärme wird Holz aus den umliegenden Wäldern verfeuert; der Strom kommt von Solarmodulen. Ein Gemüsebauer produziert Gemüse für die 80 Anwohner, ein herkömmlicher Bäcker sorgt für Brot, und eine Schule für die Kinder gibt es auch. Pierre und Yvan sind davon überzeugt, dass solche Siedlungen weniger anfällig sind als die von dichten, komplexen Netzwerken abhängigen Großstädte, die täglich von Lastwagen beliefert werden. Sie finden, dass Dörfer daher, angesichts der zukünftig zu erwartenden Krisen, die bessere Alternative darstellen. Ihr ökologischer Fußabdruck ist minimal. Die Gebäude bestehen komplett aus Materialien ihres natürlichen Lebensraumes, die eines Tages wieder in diesen zurückkehren werden, ohne große Spuren zu hinterlassen.

---

[48] Yvan Saint-Jours und ich haben gemeinsam die Zeitschrift *Kaizen* gegründet. Außerdem hat er das unter Anhängern des ökologischen Bauens bekannte Magazin *La Maison écologique* ins Leben gerufen.

[49] Dieses Ökodorf wurde von Pierres Tochter Sophie und ihrem Partner Laurent Boquet gegründet.

In Kopenhagen konnten wir diese und viele andere Themen mit Jan Gehl diskutieren. Er ist Architekt, Urbanist und Vater des mittlerweile als „Kopenhagenisierung" bezeichneten Trends, Städte wieder Fußgängern und Radfahrern zu überlassen. Jan ist Autor des Buches *Städte für Menschen*[50] und hat an der Einrichtung der Fußgängerzone am Times Square und in einem Moskauer Stadtviertel mitgearbeitet, außerdem ist er Ideengeber bei der Kopenhagener Stadtentwicklung. Wie jeder Architekt, der etwas auf sich hält, kleidet er sich ausschließlich in Schwarz. Am Tag vor unserem Dreh geht er zum Friseur, „um schöner zu sein", wie er uns mit einem Augenzwinkern und dem Humor geistreicher Leute verrät. Wir hatten ein anregendes Gespräch mit ihm, auf einer Brücke am kürzlich neu gestalteten und gesäuberten Kanal, wo die Menschen heute baden, rudern, picknicken, Fahrrad oder Skateboard fahren – eben einfach leben.

## 5. BEGEGNUNG MIT JAN GEHL

CYRIL: Es gibt eine Denkweise, vor allem in der ökologischen Bewegung, derzufolge wir lieber nicht in Städten leben sollten, weil sie nicht nachhaltig seien. Wir sollen zur Erde zurückkehren und auf dem Land leben. Was denken Sie darüber?

JAN: Ich persönlich denke, dass wir nicht die Wahl haben. Die Weltbevölkerung nimmt rasch zu. Heute sind wir schon sieben Milliarden und bald werden wir neun Milliarden sein. Am vernünftigsten und wirtschaftlichsten ist es, all diese Menschen auf nachhaltige Weise in gut geplanten Städten unterzubringen, statt verstreut auf dem Land oder in den Vorstädten. Aber wir müssen die aus dem 20. Jahrhundert geerbten Schweinereien im Städtebau umgestalten und besser machen.

CYRIL: Aber sollte man da nicht die Einwohnerzahl begrenzen? Wenn 20 Millionen Menschen auf einem Haufen leben ...

JAN: Manchmal sogar 30 Millionen ...

CYRIL: ... dann schafft das doch große Probleme in puncto Versorgung, Umweltverschmutzung, Anonymität und Entfremdung von der Natur.

JAN: Ja, das sehen wir in Ländern wie China, Indien und Brasilien, wo die Städte sehr schnell wachsen. Für mich liegt der Schlüssel in der städtischen Struktur. Wir brauchen eigenständige Wohnviertel, wo die Bewohner

---

[50] Jovis Verlag Berlin.

Zugang haben zu allen Dienstleitungen, zu Kultur, Bildung und medizinischer Versorgung und sich überwiegend zu Fuß oder mit dem Fahrrad fortbewegen können. Dort lassen sich Heizung, Wasser und Strom rationalisieren, anstatt jedes Haus einzeln zu heizen. Autos, Elektrogeräte und andere Gebrauchsgegenstände können gemeinsam genutzt werden. In solche Stadtviertel müssen wir die Natur und die Landwirtschaft integrieren und Orte der Begegnung, des Austausches und der Erholung schaffen.

CYRIL: Warum wohnen wir eigentlich in Städten? Ist das nicht einfach aus Vernunftgründen?

JAN: Die Menschen haben sich zusammengeschlossen und Städte gebaut, um sich zu begegnen und gemeinsam die Kultur zu entwickeln. Städte haben bei der Entwicklung der Zivilisationen eine entscheidende Rolle gespielt und werden dies meiner Meinung nach auch in Zukunft tun. Die Stadt ist ein Ort, an dem es gärt, an dem Ideen und Unterschiede aufeinander treffen. Man könnte natürlich einwenden, dass wir heute mit digitalen Mitteln kommunizieren können, ohne uns zu sehen. Aber der physische und zwischenmenschliche Kontakt ist grundlegend für die Entwicklung unserer Gesellschaften. Die indirekte Kommunikation wird niemals das Gespräch von Angesicht zu Angesicht ersetzen können.

CYRIL: Sie meinen, man muss den Menschen die Städte wiedergeben, wie es der Titel Ihres Buches besagt?

JAN: Absolut. In der zweiten Hälfte des 20. Jahrhunderts gab es zwei wichtige Tendenzen, die das Stadtleben zerstört haben. Erstens die massenhafte Nutzung des Autos, das sämtliche Lücken gefüllt und die Einwohner auf die Bürgersteige verbannt hat. Und zweitens die architektonische und städtebauliche Modernisierung in großem Stil, bei der wir, anstelle von Straßen und Plätzen, Vorstädte voller Einfamilienhäuser nach amerikanischem Vorbild gebaut haben. Dort ist alles auf das Auto ausgerichtet. Vor 20 Jahren begann sich eine Gegenbewegung zu formieren mit dem Ziel, sich die Städte wieder anzueignen. Städte werden nicht gebaut, damit sie Autofahrer und Stadtplaner glücklich machen, sie sollen den Bürgern erlauben, dort ein glückliches Leben zu führen.

CYRIL: Und wie?

JAN: Zunächst mal muss der öffentliche Raum den Bewohnern zurückgegeben werden. Mein Architekturbüro hat für zahlreiche Städte in Australien und Neuseeland, aber auch für Moskau, London und Malmö gearbeitet. Sie wollten alle attraktiver werden, mehr Lebensqualität und Nachhaltigkeit haben. Viele Jahre lang haben wir in Zusammenarbeit mit der Universität

Kopenhagen zahlreiche Forschungsarbeiten durchgeführt, um die besten Strategien dafür herauszuarbeiten, heute verbreiten wir sie. In New York haben wir einen Teil des Times Square, auf der Höhe des Broadway, zur Fußgängerzone umgestaltet. An dem Tag, als der Verkehr dort unterbrochen wurde, hat sich der Times Square sofort mit Menschen gefüllt! Mittlerweile gibt es in New York ungefähr 50 Plätze, die den Autos entzogen und den Einwohnern zurückgegeben wurden. Sie sind alle sehr beliebt, weil wir diese Orte der Begegnung in der modernen Gesellschaft brauchen.

CYRIL: Wie konzipiert man als Stadtplaner und Architekt eine Stadt für die Menschen?

JAN: Ich will Ihnen etwas verraten: Nach 50 Jahren Forschung wissen wir heute, dass der Verkehr zunimmt, wenn mehr Straßen gebaut werden. Unglaublich, oder? Wenn wir hingegen mehr Radwege bauen und eine Infrastruktur für Radfahrer schaffen, mit Stellplätzen, Fahrradrampen an Treppen und Fahrradabteilen in Zügen, dann gibt es zehn Jahre später sehr viel mehr Radfahrer. Und wenn, wie in New York, Straßen, Plätze und Flussufer so gestaltet werden, dass sie zum Leben im öffentlichen Raum einladen, dann erobern sich die Menschen die Straße wieder zurück. Wir haben bei der Städteplanung die Wahl: Wollen wir mehr Autos oder mehr Leute auf den Straßen?

CYRIL: Das ist wirklich eine Entdeckung! *(Lachen)*

JAN: Und das ist nicht alles! Wir merken auch langsam, dass unser moderner Städtebau der Gesundheit alles andere als zuträglich ist. Wenn man das ganze Leben mit dem Hintern auf dem Bürostuhl vor dem Computer, dem Fernseher oder im Autositz klebt, führt das zu einer ganzen Reihe von Krankheiten. Daher empfehlen sogar die großen Gesundheitsverbände den Städten, dafür zu sorgen, dass die Leute so viel wie möglich zu Fuß gehen oder mit dem Fahrrad fahren.

CYRIL: Schließlich kostet es ja auch weniger, die Leute zum Laufen oder Radfahren anzuhalten, als die Behandlung ihrer Krankheiten zu bezahlen …

JAN: Und nichts ist für eine Stadt kostengünstiger, als Infrastrukturen für Fußgänger und Radfahrer einzurichten. Denn eine Infrastruktur für U-Bahn, Straßenbahn, Bus und Auto ist weitaus kostspieliger. Je mehr Fahrräder und Fußgänger es gibt, desto niedriger sind die Kosten.

Darüber hinaus wissen wir, wie wichtig es für die soziale Integration und unser Sicherheitsgefühl ist, wenn wir uns gegenseitig kennenlernen und miteinander in Kontakt kommen, anstatt uns in unseren Häusern zu verschanzen und Angst voreinander zu haben. Daheim Fernsehfilme anzuschauen und am Telefon zu hängen, reicht eben nicht. In der Stadt können wir Vielfalt erleben, unsere Sinne benutzen, die Dinge aus der Nähe mitbekommen und voneinander lernen.

Die positiven Nebeneffekte einer solchen Umgestaltung sind erheblich. Die Stadt wird lebendiger, nachhaltiger, sicherer, gesünder – worauf warten wir also noch?

CYRIL: Ist Kopenhagen ein gutes Beispiel für eine Stadt, die an ihre Bewohnern zurückgegeben wurde?

JAN: Ja, ganz sicher. Erstaunlich ist, wie früh das begonnen hat. Kopenhagen hat schon 1962 damit angefangen, die Autos von den Hauptstraßen zu verbannen. Alle haben gesagt, das würde nie im Leben klappen, schließlich wären wir keine Italiener und würden niemals den öffentlichen Raum in Beschlag nehmen. Trotzdem hat die Stadt das Ganze durchgezogen und ein Jahr später waren wir alle Italiener, wir saßen auf den Caféterrassen und spazierten über die Promenaden. Danach wollten bald auch andere Straßen zu Fußgängerzonen werden, und Kopenhagen hat sich nach und nach gewandelt. Immer mehr Anwohner haben gemerkt, dass sie dadurch eine hohe Lebensqualität haben, und unsere Stadt gefiel uns immer besser. Wir hatten Ruhe vor Verkehr, Lärm und Abgasen.

CYRIL: Glauben Sie, dass das überall auf der Welt und in jeder Kultur ginge?

JAN: Ich würde sagen, je weniger eine Kultur entwickelt ist, desto mehr muss man sich um die Menschen in der Stadt kümmern, müssen politische Strategien erdacht werden, um die Armen mobiler zu machen. Vielleicht können sie keine Autos haben, dafür muss man ihnen ein gutes, öffentliches Verkehrsnetz bieten und ordentliche Bürgersteige und Radwege, um zu den Bahnhöfen zu gelangen.

CYRIL: Aber wie soll das in einem Land wie China vor sich gehen, wo die Anzahl an Autos explosionsartig zunimmt?

JAN: Auch in China passieren interessante Dinge. Im Zuge des Wirtschaftswachstums der letzten Jahrzehnte waren in Shanghai und Peking die Fahrräder verboten worden, weil sie als Fortschrittsbremse betrachtet wurden. Die Städte wurden von Autos überrollt – mit den uns bekannten Folgen. Inzwischen verläuft die Bewegung umgekehrt, und die Fahrräder kehren in die Stadt zurück. Mein Büro ist an der Neugestaltung von Shanghais Zentrum beteiligt, wo die Stadtverwaltung schöne öffentliche Plätze, kleine Sträßchen und gute Radwege bauen will.

CYRIL: Verändert sich unsere Vorstellung von Fortschritt?

*Ein Teil von Bo01 mit seinen unterschiedlichen Häusern*

JAN: Gestern war Fortschritt gleichbedeutend mit Autos und Hochhäusern. Heute sehen wir ihn mehr unter dem Gesichtspunkt von Glück und Gesundheit … Qualität ersetzt Quantität. Wenn erst mal die kurzfristigen Bedürfnisse erfüllt sind, fragen die Menschen sich, was es heißt, ein „gutes Leben" zu führen. Und wenn wir uns anschauen, was uns das Modell von gestern zum Beispiel in Miami oder Los Angeles mit ihrem dichten Autoverkehr anbietet, dann muss man sich schon fragen: „Ist das wirklich das Beste, was die Menschheit für uns tun kann?"

CYRIL: Auf der Rangliste der Städte, in denen die Menschen sich als glücklich bezeichnen, stehen Kopenhagen und Vancouver auf dem ersten Platz. Man könnte also sagen, dass Ihre Strategie funktioniert.

JAN: Das stimmt, und es ist ein wunderbares Gefühl, seit 50 Jahren morgens mit dem Gedanken aufzustehen, dass die Stadt jeden Tag besser wird und meine Kinder in einer schöneren Stadt leben werden als ich früher. Es gibt so viele Städte, wo das Gegenteil der Fall ist.

CYRIL: Haben Sie sich deswegen so engagiert? Für die Zukunft Ihrer Kinder und der Menschen, die hier leben?

JAN: Natürlich. Ich bin Architekt. Für mich ist es ganz normal, dass Architekten daran arbeiten, die Welt zu verbessern. Wir formen Gebäude und Städte, die am Ende uns formen. Was wir bauen, hat einen Einfluss auf unser tägliches Leben, das ist eine große Verantwortung. Schauen Sie sich die Folgen der Betonklötze an, die wir in den 1960er, 70er und 80er Jahren in die Vorstädte gesetzt haben. Wenn man solche Städte baut, wie es vielerorts in Amerika geschehen ist, kann man natürlich nicht ohne Auto auskommen. Alle müssen immer fahren, weil es nicht anders geht. Aber wenn die Städte überfüllt sind mit Autos, Lärm und Dreck, dann werden die Menschen aggressiver. Wenn Sie dagegen an jeder Straßenecke eine Oper bauen, werden mehr Menschen hingehen und zuhören. Baut man Parks, werden alle dort hinströmen, und immer so weiter. Wir müssen uns fragen, in welcher Umwelt wir unsere Kinder und Enkelkinder aufwachsen sehen wollen.

Es ist ein Uhr morgens. Ich komme von unserem prall gefüllten Drehtag und dem ausgedehnten Abendessen zurück. Wieder einmal konnten wir – zumindest einige von uns – der Versuchung nicht widerstehen, die Welt zu verbessern und uns dabei ein paar Gläser Bier zu genehmigen. Morgen früh wird sich das rächen. Ich begebe mich in mein Einheitszimmer mit dem Einheitsbett, schiebe die kleine Magnetkarte in den vorgesehenen Schlitz, sodass sechs oder sieben Lampen auf einmal aufleuchten: das Deckenlicht, die Nachttischlampe, die Badezimmerbeleuchtung, die Schreibtischlampe ... Ich werfe mich aufs Bett, schleudere meine Schuhe in die Ecke und klappe den Computer auf, um meine E-Mails zu lesen. Wir hatten beinahe Hals über Kopf beschlossen, im April 2014 loszufahren, als feststand, dass unser Crowdfunding funktionieren würde und wir in einigen Ländern nur im Sommer 2014 drehen konnten. Wir wollten den Film Ende 2015 zum Weltklimagipfel in Paris herausbringen, und in der Landwirtschaft lässt sich im November nun mal nicht viel filmen.

Während der ganzen Reise habe ich deswegen einen Großteil meiner Abende damit zugebracht, die kommenden Etappen zu planen: Orte auswählen, Termine vereinbaren, Routen festlegen, Tagesprogramme mit unseren Kontaktpersonen vor Ort ausarbeiten. Gleichzeitig habe ich die Fotoaufnahmen des Tages auf die Facebook-Seite des Films gestellt, um unsere Unterstützer über die Reise auf dem Laufenden zu halten. Als ich heute Abend den Newsfeed überfliege, sehe ich einen Artikel aus dem *Guardian* von 2008 über James Lovelock – einen der Öko-Päpste, Prophet der Klimaerwärmung und Vater der Gaia-Hypothese, der zufolge die Erde ein Lebewesen ist mit einem Immunsystem wie dem unsrigen. Gepostet hat ihn ein Freund aus San Francisco.

Ich lese den Artikel erst quer und vertiefe mich dann ganz hinein. Der alte Löwe – mittlerweile 96 und zum Zeitpunkt des Artikels 90 Jahre alt – hat aufgegeben und das Handtuch geworfen. Will man ihm Glauben schenken, haben wir den kritischen Punkt der Klimaerwärmung bereits überschritten, es ist zu spät, man kann nichts mehr tun. Im Jahr 2020 werden sich die extremen klimatischen Phänomene ausgebreitet haben. Im Jahr 2040 wird Europas Klima völlig durcheinander sein. Teile von England werden überschwemmt sein, und im Süden soll es noch schlimmer kommen. Wir werden Millionen Klimaflüchtlinge aufnehmen müssen. Windräder bauen nützt gar nichts, es geht ums Überleben. Der Kontrast zu dem Tag, der gerade hinter uns liegt, ist abgrundtief. Einfache Männer und Frauen krempeln die Ärmel hoch, um das Schicksal des Planeten zu verbessern, und wissen vielleicht gar nicht, dass alle ihre Bemühungen umsonst sind. Natürlich ist Lovelock kein Orakel.
Manchmal hat er sogar für meinen Geschmack Dummheiten von sich gegeben, als er beispielsweise die Atomkraft verteidigte, weil sie notwendig sei, um die Klimaerwärmung zu stoppen. Aber wenn man seine Vorhersagen von 1970 anschaut – die sich zum größten Teil erfüllt haben – kommt man nicht drum herum, ihm zuzuhören und in einigen Punkten Recht zu geben. Allem guten Willen zum Trotz sind wir Gefangene unseres Komforts und unserer Automatismen.

Das sehe ich an Leuten, die als die engagiertesten gelten, wie die Vorsitzenden von Umweltschutzorganisationen, die dann aber zur Tauch- oder Angeltour nach Neuseeland fliegen. Oder an militanten, sehr konsequent wirkenden Aktivisten, die regelmäßig ein ordentliches Kotelett verdrücken, oder einen Burger, wie wir immer wieder während unseres Filmdrehs, ehe ich definitiv zum Vegetarier wurde. Oder an Freunden, die sich fast dafür entschuldigen, sich das neueste iPhone zu kaufen, sobald es auf den Markt kommt, weil sie denken, dass man sich als Öko dafür entschuldigen muss.

Mir geht es ja selbst so: Oft genug kaufe ich Jeans von Levi's oder einen Apple-Computer und kritisiere gleichzeitig den Imperialismus der Großkonzerne. Auch finde ich gute Gründe, um Geld für überflüssige Kleidung auszugeben, die am anderen Ende der Welt hergestellt wird. Ich nehme mein Auto für ein paar Kilometer, obwohl es das Fahrrad auch täte. In dieser Welt ist alles zu einfach und zu verlockend. Der Flitterkram verdreht uns den Kopf. Vor ein paar Jahren hat mir das Buch *La Politique de l'oxymore*[51] von Bertrand Méheust sehr gut gefallen. Es kommt genau zu diesem Ergebnis: Unser größtes Hindernis, das wir vielleicht niemals überwinden werden, ist unser *Komfortdruck*. Ich beschließe, den Computer für heute auszuschalten, kuschele mich tiefer in das definitiv sehr komfortable Doppelbett in diesem absolut leblosen Zimmer und will diese Überlegungen erst bei Tageslicht fortsetzen, das unsere nächsten Protagonisten noch heller wird scheinen lassen.

## 6. EINE STADT OHNE MÜLL:
## DIE GESCHICHTE VON SAN FRANCISCO

Für die meisten aus unserem Team war San Francisco ein Kindheitstraum. Unser dortiger Aufenthalt erweckte ganz persönliche Mythen zum Leben: Meisterwerke der Filmkunst wie *Vertigo*, *Bullitt* oder *Die Lady von Schanghai*, die Beat-Generation in der Buchhandlung *City Lights*, das Coppola Building, das Castro-Viertel und die politischen Kämpfe von Harvey Milk, die Musik von Sly and the Family Stone und von Jefferson Airplane …

Heute ist San Francisco noch für etwas anderes berühmt. Innerhalb weniger Jahre ist die Stadt zu einem der wenigen, weltweiten Vorreiter des *„Zero Waste"*

---

[51] Ins Deutsche übersetzt, bedeutet der Titel: Die Politik des Oxymorons.

geworden. Wie uns Julie Bryant, die Koordinatorin der Stadtverwaltung, erklärt, besteht das Programm aus Müllvermeidung, sowie Weiterverwendung und Recycling sämtlicher im Ballungsgebiet anfallender Abfälle. Es ist überflüssig, die Wichtigkeit dieser Maßnahmen in einer Welt zu betonen, in der jeden Tag 10 Millionen Tonnen Müll produziert werden.[52] Deponien, Flüsse, Wälder und Meere ersticken unter den Abfällen der westlichen Gesellschaften. In Afrika werden ganze Dörfer mit unseren alten Computern, Fernsehern und Autos vollgestopft, sodass Gewässer und Erde verschmutzt und die Kinder vergiftet werden. Gleichzeitig landet ein Drittel unserer Nahrungsproduktion im Müll. Mit ihr könnte man nicht nur Menschen ernähren, die sie dringend benötigen, vielmehr lässt sie auch die Deponien weiter anwachsen, sofern sie nicht einfach verbrannt wird. Mit einem der ehrgeizigsten Programme der Welt versucht San Francisco, dieses Problem zu lösen. Ziel ist es, bis zum Jahr 2020 die Abfälle zu 100 % zu kompostieren oder zu recyceln. Im Jahr 2014 erreichte die Stadt bereits sensationelle 80 %! Darunter fällt Müll aus Haushalten, öffentlichem Baugewerbe und Unternehmen.[53]

Die Strategie ist ganz simpel: Mülltrennung wird einfach gestaltet und ist Vorschrift. Einfach wird sie durch drei verschiedene Mülltonnen, grün für Kompost, blau für Recyclingabfälle und schwarz für Restmüll. Jeder Haushalt bekommt die entsprechenden Eimer und kann den Müll vor dem Haus in große Tonnen der gleichen Farbe entleeren. Für Restaurants, Tankstellen und überall im öffentlichen Raum gilt dasselbe Prinzip. Wenn Sie sich auf der Toilette die Hände waschen, landet das Papier in der grünen Tonne, ebenso wie eine Bananenschale, und so weiter. Das Ganze ist vorgeschrieben, sodass „die Leute theoretisch ein Bußgeld von 100 Dollar zahlen müssen, wenn sie falsch recyceln oder kompostieren", erklärt uns Julie. Recyceln und Kompostieren ist hier Gesetz! Im praktischen Leben setzt die Stadt allerdings eher auf finanzielle Anreize, denn die Müllgebühren richten sich nach dem Abfallgewicht. Je mehr die schwarze Restmülltonne enthält, desto teurer wird es. Somit rentiert es sich für die Einwohner rein finanziell, zu recyceln und zu kompostieren. Und siehe da, das städtische Hotel Hilton konnte durch das richtige Abfallmanagement jährlich über 250.000 Dollar einsparen.

---

[52] www.planetoscope.com/dechets/363-production-de-dechets-dans-le-monde.html
[53] Eine Studie der französischen Verbraucherorganisation *UFC Que choisir* von 2015 brachte den Nachweis, dass in Frankreich 75 % der Abfälle nicht recycelt werden: www.lefigaro.fr/societes/2015/04/23/20005-20150423ARTFIG00086-les-trois-quarts-des-dechets-ne-sont-pas-recycles.php.

*Robert (der größte) umgeben von seinen Kollegen von Recology*

Die Behörden, mit denen Julie zusammenarbeitet, haben für ihren Teil seit Beginn des Programms die nette Summe von drei Millionen Dollar eingespart. Das Ziel ist die Müllvermeidung von Anfang an, insbesondere von Plastik, das die Strände verschmutzt und über das Meer bis in die Antarktis treibt.[54] San Francisco hat schon 2007 den Verkauf von Plastiktüten verboten und verlangt von den Einzelhändlern, dass sie stattdessen umweltfreundliche Tüten aus Papier oder biologisch abbaubarer Pflanzenstärke verkaufen. Ein Rundgang durch eine der städtischen *Malls* zeigt, dass in der Praxis zwar die meisten, aber längst nicht alle Läden diese Spielregeln einhalten. Julie bedauert das, findet es aber problematisch, ihnen mit der Forderung andauernd im Nacken zu sitzen. Das nächste Ziel war das Verbot, in der Öffentlichkeit Plastikflaschen zu verkaufen – es ist im Februar 2015 in Kraft getreten. „Wir brauchen keine Plastikflaschen", betont Julie. „Das Wasser aus dem Hahn ist gesund und schmeckt gut. Es genügt eine Trinkflasche zum Auffüllen zu Hause oder an einem der öffentlichen Trinkwasserbrunnen in der Stadt."

Wenn trotz alledem Plastik benutzt wird und anschließend in der entsprechenden Tonne landet, kommt es in die Fabrik von Recology, der städtischen Kooperative für die Müllverwertung. Dort sortieren Dutzende von Mitarbeitern die Abfälle per Hand, bevor eine zweite Sortierung durch Maschinen erfolgt. Ayanna Banks ist eine der Angestellten. Genau wie ihre Kollegen erhält sie pro Stunde 22 Dollar, während der durchschnittliche Stundenlohn in den Vereinigten Staaten bei 7,25 Dollar liegt. Ayannas Traumjob ist das Müllsortieren nicht, wenn sie auch einen gewissen Sinn darin sieht: „Die Einstellung meiner Familie hat sich dadurch verändert. Uns ist bewusst geworden, wie wichtig die Umwelt ist. Ich habe vorher nie darüber nachgedacht, dass alles, was wir wegwerfen, den Boden verschmutzt, auf dem wir unsere Nahrungsmittel anbauen, genauso wie unser Trinkwasser. Dabei ist das ganz logisch." Als wir ihr erzählen, dass außer Flaschen in Frankreich gar kein Plastik recycelt wird[55], reißt sie die Augen auf und lässt ein dröhnendes „What?!" vernehmen,

---

[54] Mikroskopische Plastikpartikel, auch als Mikroplastik bekannt, mit einem Durchmesser von weniger als 5 Millimetern, breiten sich an der Meeresoberfläche und bis in 30 Meter Tiefe im Nordpazifik aus und werden auch Great Pacific Ocean Garbage Patch genannt. Ihr Ausmaß entspricht etwa einem Drittel der Fläche der USA oder sechsmal der Fläche Frankreichs.

[55] Eigentlich werden in Frankreich drei von sieben Plastiksorten recycelt: PET (1), PE-HD (2) und PP (5). In den Sortierhinweisen des vom Staat mit der Mülltrennung beauftragten Unternehmens Eco Emballages findet man jedoch folgende Ansage: „Sofern für Sie keine weitergehenden Sortiermaßnahmen gelten, werden nur Plastikflaschen recycelt. Werfen Sie im Zweifelsfall das übrige Plastik in den Hausmüll (Becher, Tüten, Verpackungen, Folien u.a.)."

um dann schallend zu lachen. Zum Glück nehmen wir das nicht persönlich. „Wir recyceln hier alles Hartplastik. Folien und Tüten können nicht wiederverwertet werden", erklärt uns Robert, der Sprecher von Recology. „Für die Müllsortierung nutzen wir einen optischen Scanner. Schauen Sie mal, wo der hergestellt wurde." Wir nähern uns der Maschine, und Robert präsentiert uns amüsiert das Herkunftsland des Scanners: Er kommt aus den Niederlanden. In der Praxis funktioniert die Müllsortierung so, dass die Abfälle auf einem Fließband vorbeifahren und aufgrund ihrer Farbe bzw. Transparenz und ihrer Dichte vom Scanner mit kleinen Luftströmen in zwei verschiedene Trennbereiche geblasen werden. Eigentlich ganz simpel, aber man muss erst mal darauf kommen. Und Robert setzt noch einen drauf: „Recycling und Kompostierung schaffen zehn Mal mehr Arbeitsplätze als Deponien oder Müllverbrennungsanlagen. Das ist eine ganze Menge. Für Länder wie Spanien und Griechenland mit einer hohen Arbeitslosigkeit gibt es im Umweltbereich ein riesiges Potenzial an lokalen Arbeitsplätzen. Wenn jede Stadt in den USA nur 75 % ihrer Abfälle recyceln würde, also einen geringeren Prozentsatz als wir hier in San Francisco, dann könnten 1,5 Millionen neue Jobs geschaffen werden. In Kalifornien wären das 125.000 neue feste Stellen in der lokalen Wirtschaft." Rasch überschlage ich im Kopf – und auf meinem Handy – die neuen Arbeitsplätze durch Relokalisierung der Nahrungsmittelproduktion, von denen Charles gesprochen hat, durch den Umstieg auf Erneuerbare im Energiesektor, die Thierry berechnet hat, und zähle die neuen Beschäftigungsmöglichkeiten im Recycling dazu. Ich komme auf fast 1,5 Millionen[56] neue Arbeitsplätze, und das für ein Land mit mehr als 3,5 Millionen Arbeitslosen. Wenn man bedenkt, dass in Frankreich bei den Wahlen die Beschäftigungssituation offiziell für alle Kandidaten, genauso wie laut sämtlicher Umfragen für die Franzosen, oberste Priorität hat, scheinen gewisse Aspekte hier unter den Tisch zu fallen. „Eine Stadt versucht natürlich immer, neue Wirtschaftsaktivitäten anzulocken", fährt Robert fort, „aber Recycling und Kompostierung bieten die Möglichkeit, neue Arbeitsplätze mit den eigenen Ressourcen zu schaffen. Das ist ein radikaler Perspektivenwechsel. Wenn wir hier unsere Abfälle anschauen, sehen wir nämlich keinen Müll, sondern Pappe, Glas, Plastik, Kompost. Wir sehen Ressourcen."

---

[56] In einer Studie des Vereins *Terre des liens Normandie* wird die Zahl neu entstehender Arbeitsplätze durch die Relokalisierung der Landwirtschaft auf 600.000 geschätzt (www.reporterre.net/Chomage-On-peut-creer-600-000), während die für négaWatt erstellte CNRS-Studie auf 684.000 neue Arbeitsplätze durch die Energiewende kommt. Und wenn man die in Kalifornien im Recyclingsektor geschaffenen Jobs auf Frankreich umrechnet, würden 215.000 neue Arbeitsplätze entstehen(gegenüber derzeit knapp 30.000, www.actu-environnement.com/ae/news/soutien-emploi-recyclage-france-rapport-cgeiet-cgedd-20332.php4).

Die lokalen Landwirte haben das schnell begriffen, denn während die blauen Tonnen in der Fabrik am Hafen von San Francisco landen, reisen die grünen Tonnen aus der Stadt heraus, wo Lebensmittelreste und Grünabfälle, etwa Rasen und Astschnitt, zu Kompost verarbeitet werden – Roberts Lieblingsmaterial. In elf Arbeitsschritten wird das gesammelte Material zunächst sortiert, sodass anorganische Stoffe herausgeholt werden, dann wird es zerkleinert, gehäckselt und gesiebt, bis daraus hochwertiger Kompost entsteht.

Während der ersten Etappen werden Nahrungsreste und Gartenabfälle getrennt behandelt. Ein Bagger lädt sie auf Förderbänder, von wo aus sie in eine Zentrifuge gelangen, um sie in kleine und große Stücke zu sortieren. Die kleinen Stücke fallen in Haufen durch große Löcher, während die großen Stücke ihre Reise auf einem anderen Förderband fortsetzen. Von diesem sortieren die Mitarbeiter von Recology Plastiktüten, Dosen und andere Dinge aus, die nicht hineingehören. Große Pflanzenteile, wie Äste, kommen in eine ohrenbetäubende blaue Häckselmaschine, die den Häcksel neben den Haufen mit den kleinen Stücken spuckt. In der nächsten Arbeitsphase werden alle organischen Abfälle vermischt, angefeuchtet und zu einem Haufen aufgetürmt, der sich über 50 Meter Länge erstreckt. Maschinen belüften und wenden die matschige Masse. Danach folgen noch weitere Etappen. Nach der halben Reifungszeit wird das inzwischen kompostartige Material ausgebreitet, sodass die entstehenden Gase durch die Holzunterlage gefiltert werden. Diese nimmt das $CO_2$ auf, das ansonsten in die Atmosphäre entweichen würde. Das Holz wird dann ebenfalls kompostiert. Nun muss das Material gesiebt und immer feiner zerkleinert werden. „Das ist es, was die Pflanzen brauchen", erklärt uns Robert, „die Partikel müssen so fein sein, dass sie mit ihren Wurzeln die Nährstoffe aufnehmen können." Dann wird der Kompost ein weiteres Mal in Reihen über mehrere Wochen gewendet und befeuchtet. In diesem Stadium erreicht der Kompost eine Temperatur von etwa 70 Grad Celsius. Während der Gärung werden die schlechten Bakterien getötet, während die guten sich weiter entwickeln können.

Robert kniet sich in den Kompost, streicht darüber, verbrennt sich die Finger, fährt noch einmal mit der Hand darüber, um die oberste Schicht abzutragen und seine Hände in die schwarze Masse zu graben, die nun fein wie Sand ist. Er hebt eine Handvoll an die Nase. „Das riecht nach Bauernhof. Auf einer kleinen Fläche, nicht größer als das hier", er umreißt vor seinen Knien ein Viereck von etwa 50 Quadratzentimetern, „tummeln sich mehr Mikroben, als es Menschen auf der Erde gibt. Das ist es, was dem Boden Leben einhaucht."

Am Ende des Prozesses erhält Robert Kompost von hoher Qualität, der wieder an die lokalen Landwirte verkauft wird. Auf Anfrage wird er mit Mineralien gemischt und ist dadurch als Bodendünger noch wirksamer. Landwirte und Weinbauern können Bodenanalysen durchführen lassen, um zu bestimmen, was ihrer Erde fehlt. Recology hat dann eine Spezialmischung mit neun Zusätzen parat, darunter Gips, lehmiger Feinsand, Reishülsen und Sägemehl des Mammutbaums Sequoia. „Die Aktivität der Mikroorganismen im Kompost setzt Mineralstoffe frei und macht sie für die Pflanzenwurzeln verfügbar", erklärt uns Robert.

Die Einnahmen aus dem Verkauf tragen zur Finanzierung des ganzen Verfahrens bei. „Wir verkaufen einen Kubikyard[57] für neun Dollar und haben nie genug Kompost, um die Nachfrage zu befriedigen. Das hier ist das Beste, was man mit seinen Abfällen machen kann. Der Kompost bringt die Nährstoffe in den Boden zurück, spart Wasser – denn ein humusreicher Boden hält das Doppelte seines Eigengewichtes an Wasser, benötigt somit wenig Bewässerung – und speichert den Kohlenstoff aus der Atmosphäre." Robert zeigt uns eine Studie, laut der die kalifornischen Viehweiden drei Viertel der $CO_2$-Emissionen des Bundesstaates absorbieren könnten, wenn sie mit Kompost gedüngt würden.[58] „Wir verbinden etwas sehr Altes, nämlich die Kompostierung, mit einer ganz neuen Sache, also der Abfallwirtschaft. So müssen wir die Zukunft aufbauen. Man muss damit aufhören, Nahrung zu verbrennen oder zu vergraben, denn das ist absurd. Man muss sie kompostieren."

Genauso sieht es auch Dave Vella, Kellermeister des Weinguts Montevella im Napa Valley. Wir sind Robert und seinem Kompostlaster bis in die Weinberge gefolgt, wo Dave die städtische Kompostieranlage in den höchsten Tönen lobt: „Der Boden ist wie eine Bank. Bei jeder Ernte heben wir sozusagen Mineralstoffe, organisches Material und Mikroorganismen ab. Aber man kann nicht immer nur abheben, ohne einzuzahlen. Es genügt nicht, der Erde Stickstoff, Phosphat und Kalium zuzufügen[59], das habe ich vor 30 Jahren getan, und meine Erträge wurden schlechter. Es musste immer mehr Dünger her. Vor 15 Jahren habe ich angefangen, Kompost einzusetzen und seit zehn Jahren kaufe ich ihn bei Recology. Durch Kompost entsteht wieder Humus, das Blut des Bodens. Die Erde wird ausgewogener, die Pflanzen sind gesünder, sie haben weniger Krankheiten, und die Erträge sind konstant. Man muss aus seinen Fehlern lernen, um sich zu verbessern." Als wir ihn fragen, ob das Modell

---

[57] Etwas weniger als ein Kubikmeter. [Anm. d. Übers.]
[58] Siehe hierzu insbesondere die Studien des Rodale Institute.
[59] Die berühmten NPK in synthetischen Mineraldüngern.

übertragbar sei, erklärt er energisch: „Alle großen Städte müssten kompostieren. Es ist völlig falsch, all diese Abfälle wegzuwerfen und Deponien damit anzulegen, denn die Bauern brauchen sie. Ich bin Landwirt und ich will Kompost!"

Es geht darum, aus einem System auszusteigen, in dem wir fürs Wegwerfen produzieren. Ein System, das Robert wütend macht: „Es ist vollkommen verrückt, dass wir Geld und Energie dafür aufwenden, Erdöl aus dem Boden zu holen – das Millionen Jahre benötigt hat, um zu entstehen –, um daraus Plastikprodukte zu fabrizieren, die wir nach ein- oder zweimaliger Benutzung wegwerfen, in Deponien vergraben oder durch Verbrennen ganz vernichten. Durch die Weiterverwendung und das Recycling machen wir uns unabhängiger vom Erdöl, senken Kosten und verkleinern unseren ökologischen Fußabdruck. Das Gleiche gilt für andere Materialien. Eine Aluminiumdose kann fast unendlich oft recycelt werden, während die Gewinnung von Aluminium aus den Bergen die Natur zerstört und unglaublich viel Energie verbraucht. Wir müssen auch Alternativen zu den Plastikfolien einer Verpackung finden, unsere Macht als Verbraucher nutzen und aufhören, sie zu kaufen. Dann muss sich die Industrie nachhaltige Lösungen einfallen lassen."

Die Prognose von Morten, der den Städten eine neue Vorreiterrolle in der Welt zuschreibt, scheint sich in San Francisco zu bestätigen. Das Vorgehen der Stadt wirkt nämlich durchaus ansteckend: Über 1.000 Universitäten und 300 Städte in den USA haben ihr Konzept der Abfallwirtschaft nachgeahmt. Das Verbot von Plastiktüten wurde in Kalifornien 118 Mal rechtlich bestätigt. Täglich erreichen die Stadt Anrufe aus der ganzen Welt, wie etwa aus Europa oder Südamerika. Robert ist kürzlich nach Frankreich gereist und hat Lyon und Nantes besucht. „In Nantes hat man mir erzählt, wie ökologisch man wäre und mir die Müllverbrennungsanlagen vorgeführt. Danach habe ich mit sechs Verantwortungsträgern zu Mittag gegessen. Am Nebentisch aßen zwei Gäste Krabben. Ich habe gefragt, wo die Schalen hinkommen, wenn sie weggeworfen werden: natürlich in die Müllverbrennung. Da habe ich ihnen ein Bild aus einem meiner früheren Schulbücher beschrieben. Darauf war ein Indianer zu sehen, der Fischgräten in einem Loch in der Erde vergräbt, es zuschüttet und dann Mais darauf pflanzt. Er wusste, dass Fischgräten dem Mais beim Wachsen helfen. In San Francisco erfinden wir nichts neu, sondern versuchen nur, uns an die Lektionen von früher zu erinnern."

Ein Gelingen der Energiewende würde also bedeuten, dass wir einerseits Energie und Rohstoffe sparen und andererseits durch Recycling und mit einem Mix aus erneuerbaren Energien nur produzieren, was wir wirklich benötigen. Wie schon beim Thema Landwirtschaft sind unsere Gesprächspartner auch hier der Meinung, dass Produktionsmittel und Verteilnetze dezentralisiert werden müssen, um die Regionen unabhängiger zu machen.

Langsam zeichnet sich vor uns eine Welt ab, in der das lokale Erzeugen und Konsumieren eines Großteils unserer Nahrung und von unserer Energie ein Schlüssel zur Bewältigung der in den nächsten Jahrzehnten auf uns zukommenden Erschütterungen sein wird.

Aber im Zuge unserer Erkundungen taucht ebenso häufig ein weiteres Thema auf: Wirtschaft und Finanzen. Sie waren in unseren Gesprächen allgegenwärtig. Ob Morten in Kopenhagen, Eric auf La Réunion oder Julie in San Francisco, für alle waren sie die unumgänglichen Stellschrauben und wurden als die Hauptbremsen eines gesellschaftlichen Wandels durch andere Akteure angesehen. Einerseits kostet die Energiewende eine Menge Geld und eine ganze Reihe von Ländern erklären, dass sie nicht die Mittel dazu hätten. Andererseits hatten Thierry und Olivier uns deutlich gemacht, dass der Einfluss von Großkonzernen und Interessengruppen immer noch entscheidend dazu beiträgt, ein – jedenfalls für die paar Leute, die es kontrollieren – extrem gewinnträchtiges System aufrechtzuerhalten.

Das Beispiel Kanada hat traurige Berühmtheit erlangt. Durch die Entdeckung von Erdöl im so genannten Ölsand Albertas, einer Mischung aus Ton, Wasser und Bitumen, winken dem Land 1.800 Milliarden Barrel Öl, von denen 170 Milliarden mit der heutigen Technologie gefördert werden können. Damit verfügt Alberta über die drittgrößte Erdölreserve der Welt und einen potenziellen Geldsegen von mehreren Hundert Milliarden Dollar für den Staat, der von den an der Förderung beteiligten Erdölfirmen bereits eine Investitionssumme von fast 400 Milliarden Dollar forderte. Der Abbau des Ölsands ist nicht nur ein riesiges ökologisches Desaster, sondern auch nahezu hundertprozentig verantwortlich für den Anstieg von Kanadas Treibhausgasemissionen um 18 % seit 1990.[60] Und es kommt noch schlimmer, denn zahlreiche Szenarien gehen davon aus, dass die Hoffnung, die Klimaerwärmung auf zwei Grad zu drosseln, zum Hirngespinst wird, wenn Kanada das Erdölvorkommen vollständig abbaut. Aus diesem Grund ist Kanada aus dem Kyoto-Protokoll ausgestiegen und stellt sich regelmäßig den auf den Weltklimakonferenzen beschlossenen Maßnahmen in den Weg. Egal, ob der ganze Planet durch die dramatischen Folgen des Klimawandels in Mitleidenschaft gezogen wird, egal, ob die Natur zerstört wird – 150.000 Arbeitsplätze sind dabei herausgesprungen und es lockt ein Haufen Geld.

---

[60] www.ec.gc.ca/indicateurs-indicators/default.asp?lang=fr&n=FBF8455E-1.

# III.
# DIE WIRTSCHAFT VON MORGEN

Wenn es um die Rechtfertigung von politischen und unternehmerischen Entscheidungen geht, wird heute vor allem eine Disziplin herangezogen: die Wirtschaft. Als hätte sie allen anderen etwas voraus. Daher ist es heute wichtiger als in jeder anderen Zeit, dass wir die Wirtschaft durchschauen. Denn merkwürdigerweise kennt sich niemand in der Ökonomie wirklich aus – bis auf die Fachleute natürlich. Nach der Handelsbilanz, nach Geldschöpfungsmechanismen, nach der Inflation, nach Wachstumsmotoren können Sie fragen, wen Sie wollen, bestenfalls riskieren Sie eine Migräne und schlimmstenfalls wird sich Ihr Gesprächspartner höflich abwenden, weil er nämlich viel lieber über Literatur und Kino reden würde, über die Wissenschaft, die Gesundheit, über Sport, Gartenbau und Kochrezepte oder sogar über das Wetter. Aber leider hat keines dieser Themen einen so maßgeblichen Einfluss auf die zukünftige Entwicklung der Menschheit wie die Wirtschaft. Das ganze Team stöhnte, als wir dieses Kapitel aufschlugen, und ging davon aus, dass dies der nervigste und am wenigsten filmtaugliche Teil unseres Projektes werden würde, bis ich alle mitnahm zu meinem Verbündeten Pierre Rabhi[61], einem unglaublich liebenswerten, bezaubernden Mann, der immun ist gegen nebulöse Theorien und unschlagbar darin, alle Dinge auf das Wesentliche zurückzuführen. Unsere kleine Truppe war entzückt, denn es ist ungeheuer spannend, diesem knapp einssechzig großen Bauern algerischer Herkunft mit den nicht wegzudenkenden Hosenträgern und den stets nackten Füßen in den Sandalen zu begegnen und sich mit ihm über die Weltwirtschaft zu unterhalten.

## 1. DIE GESCHICHTE VON GESTERN – BEGEGNUNG MIT PIERRE RABHI

CYRIL: Was glaubst du, warum gelingt es uns nicht, die Veränderungen umzusetzen, die wir brauchen, damit die Menschheit auf die ihr bevorstehenden Herausforderungen vorbereitet ist?
PIERRE: Ich glaube, dass wir uns von unseren eigenen Fähigkeiten in die Irre führen lassen. Schließlich eröffnet uns der Verstand großartige Mög-

---

[61] Pierre Rabhi ist Landwirt, Schriftsteller und französischer Denker algerischer Herkunft. Als Pionier der Agrarökologie hat er große Beiträge zur Ernährungssicherheit der Sahelzone geleistet. Er hat um die fünfzehn Bücher geschrieben, die unter Aktivisten wie Nicolas Hulot und Fabrice Nicolino, Unternehmern wie Francois Lemarchand und Tristan Lecomte, Künstlern wie Juliette Binoche und Marion Cotillard u.v.a. ein großes Echo fanden und diese stark beeinflussten.

lichkeiten. Das menschliche Gehirn ist sehr weit entwickelt, es ist in der Lage, wunderbare Maschinen zu erfinden, wie diese Kamera dort, mit der ihr gerade filmt. Aber all diese Wunderwerke zusammen ergeben kein intelligentes System, denn wir sind gerade dabei, die Grundlagen für das menschliche Überleben zu zerstören: das Wasser, die Erde, die Bäume ... Ich habe schon oft gesagt: Wenn uns Außerirdische beobachten könnten, dann würden sie sich die Haare raufen und nichts mehr verstehen. „Wie kann es sein", würden sie sagen, „dass sie imstande sind, so viele Dinge zu erfinden – und gleichzeitig so strohdumm sind? Warum haben sie aus diesem wunderbaren Planeten ein Schlachtfeld gemacht, voller Tod und Zerstörung?"

CYRIL: Das ist eine gute Frage. Warum tun wir das?

PIERRE: Eine der Widersinnigkeiten des globalen Systems ist für mich das berühmte Wirtschaftswachstum ins Unendliche, das als Lösung für all unsere Probleme wie Arbeitslosigkeit, Armut etc. beschworen wird. Die Vorstellung eines unendlichen Wachstums ebnet den Weg für eine unersättliche Menschheit. Sie betrachtet den Planeten nicht mehr als Wunder, als großartige Oase inmitten einer gigantischen Sternenwüste, wo es sich herrlich leben lässt, sondern als Lagerstätte von Ressourcen, die es um jeden Preis, bis zum letzten Fisch und bis zum letzten Baum, auszubeuten gilt. Wenn wir die Erdgeschichte herunterrechnen auf einen 24-Stunden-Tag, dann existiert der Mensch gerade mal zwei Minuten. Und wenn wir uns dann klar machen, was für Auswirkungen dieses winzige Zeitintervall auf die Erde hatte, dann können wir die Absurdität unseres Verhaltens ermessen und erkennen, welche Verantwortung sich die Menschheit aufgebürdet hat. Denn diese scheint mir momentan völlig aus dem Blick geraten zu sein.

CYRIL: Ausgangspunkt für unsere Reise war die Feststellung, wie stark wir Menschen uns von Geschichten beeinflussen lassen. Ist das unendliche Wachstum nicht auch eine Geschichte? Eine Art Mythos, dem wir uns verschrieben haben und der uns in diese Richtung drängt?

PIERRE: Klar ist jedenfalls eins: Dieser Mythos beruht auf einem Irrtum. Denn wenn man ein Wachstumssystem bis in die Unendlichkeit in einer endlichen Wirklichkeit etabliert, dann muss das schief gehen. Hätten wir noch weitere Planeten zur Verfügung, dann könnten wir uns sagen, dass wir einfach umziehen werden, wenn die Erde erschöpft ist. Aber das ist nicht der Fall.

CYRIL: Aber was ist das eigentlich für ein Mythos?

PIERRE: Es ist der Mythos des Prometheus, des schöpferischen Menschen, der Gott gleich werden will. Der Mensch hat sich mit seiner Technologie und seiner Wissenschaft an die Spitze der Schöpfung gestellt. Er nimmt für sich in Anspruch, sich über die Natur hinwegzusetzen, sie sich Untertan und dienstbar zu machen. Dieser Bruch mit unserer natürlichen Welt ist meines Erachtens entscheidend und hat uns in die Situation gebracht, in der wir heute stecken. Aber wir haben dabei eine Kleinigkeit übersehen: Braucht der Mensch die Natur? Ja. Braucht die Natur den Menschen? Nein. Diese Tatsache muss Ausgangspunkt unserer Überlegungen sein.

Vor ein paar Tagen war eine Journalistin hier und wollte mit mir über die Problematik des Wassers sprechen. Ich sagte zu ihr: „Madame, Sie sind Wasser und ich auch, deshalb geht es in Ihrer Befragung nicht um etwas, das sich außerhalb von uns befindet, es geht um einen wesentlichen Bestandteil unseres eigenen Seins." Zu oft betrachten wir die Natur als etwas Äußeres, wir nennen sie „Umwelt", aber wir sind Natur! Wir sind Säugetiere, ob uns das passt oder nicht. Sicher, der Mensch ist insofern besonders, als er denken kann. Das wiederum befähigt ihn dazu, Zeit und Raum zu begreifen und sich bewusst zu machen, dass er sterben wird, dass er nur vorübergehend auf der Erde ist. Diese Tatsache ist schwer zu akzeptieren und die Ursache für unser ganzes Leiden. Sie schickt uns auf die verzweifelte Suche nach Sicherheit in den Religionen, in der Unterdrückung von Frauen und Kindern, im Wettrüsten, in der Landesverteidigung, in Kriegen, aber auch im Sammeln und Anhäufen.

CYRIL: Im Konsumismus?

PIERRE: Ja, wir sind unentwegt dabei zu produzieren und zu konsumieren. Das ist ein rein menschliches Tun. Der Unterschied im Verhalten von Tieren und Menschen besteht darin, dass der Löwe die Antilope nur reißt, wenn er hungrig ist, er tut das weder aus Zerstörungswut noch, um sie zu horten und seinen Kumpeln zu verkaufen. Er hat keine Lagerhaltung und könnte sagen: „Ich werde euch die Jagd ersparen, ich habe Antilopenfleisch für euch." Während der Mensch seine Beute anhäuft. Mit einem einzigen Ziel: Geld zu verdienen. Das Geld hat sich in den sogenannten entwickelten Gesellschaften als allgemeingültiger Maßstab durchgesetzt, als eine Art Energie, die alles aufrechterhält. Geld zu erwerben, steigert unsere Sicherheit und unsere Macht. Geld ist heute das mächtigste Herrschaftsinstrument.

CYRIL: Was hat das für Folgen?

PIERRE: Das Beutemachen und Horten hat sich als Lebensstil derart ausgebreitet, dass es nicht nur die Natur zerstört, sondern auch riesige Ungleichheiten schafft. Von den Volkswirten stammt die Einschätzung, dass ein Fünftel der Menschheit vier Fünftel der Ressourcen unseres Planeten verbraucht. Wir haben auf der einen Seite Bevölkerungsgruppen, die über viel Geld verfügen, aber auch sehr viele Beruhigungsmittel einnehmen, um ihr Unbehagen zum Schweigen zu bringen, und auf der anderen Seite eine Menschheit der Ausgestoßenen. Außerdem hat die zügellose Profitjagd dazu geführt, unsere Welt in Standards zu pressen. Dieses Paradigma hat seinen Ursprung in Europa und Europa war auch sein erstes Opfer. Im 16. und 17. Jahrhundert bestand der europäische Kontinent noch aus einzelnen Volksgruppen, aus Leuten, die ihre spezifische Art hatten, sich zu kleiden und zu ernähren, die ihre Legenden und Traditionen hatten sowie viele verschiedene Sprachen. Dieser Vielfalt an verschiedenartigen Kulturen haben wir die Monokultur verordnet, die sich später über die Kolonisation weiter ausgebreitet hat. Denn eins ist klar: Europa hätte niemals überlebt, wenn es nur sein Territorium zur Verfügung gehabt hätte. Dieses Modell benötigt solche Unmengen an Ressourcen, dass man die Länder, Rohstoffe und Arbeitskräfte der ganzen Welt an sich reißen musste. Diese Maßlosigkeit kann aber unmöglich überall Einzug halten. Wie heißt es doch so treffend? Wenn alle wie die Amerikaner leben würden, dann bräuchten wir sieben Planeten[62], aber wir haben nur einen.

CYRIL: Dann geht es also nicht nur um ein demographisches Problem?

PIERRE: Keineswegs. Wenn ich höre, der Hunger in der Welt soll auf das Wachstum der Weltbevölkerung zurückzuführen sein, dann macht mich das wütend. Man kann doch nicht diejenigen, die nichts zu essen haben, auch noch für ihre Hungersnot verantwortlich machen! Es ist allseits bekannt, dass ein Drittel aller weltweit erzeugten Nahrungsmittel im Müll landet, und dass zahlreiche Ackerflächen dazu genutzt werden, Biotreibstoffe anzubauen. Ich bin zwar auch nicht dafür, dass sich die Menschen allzu stark vermehren, aber man muss ehrlich bleiben und mit diesen Mythen aufräumen. Die werden jedoch so perfekt inszeniert, dass es für viele Leute Fakten sind.

CYRIL: Und was denkst du darüber, dass wir im Westen so viele Reichtümer angehäuft haben, aber trotzdem nicht glücklich sind?

PIERRE: Wie könnten wir das sein? Unter dem berühmten Motto *Time is money* ist Geld im Westen zum alleinigen Maßstab unserer Lebenszeit geworden. Deshalb finde ich diesen Spruch besonders schlimm. Denn wenn man akzeptiert, dass Zeit Geld ist, hat man sein Schicksal schon ent-

---

[62] Nach den Berechnungen des ökologischen Fußabdrucks vom WWF.

schieden. Dann darf man nie mehr „Zeit verlieren", man muss sie „sparen", und schon geht die Hetzerei los, die durch die Mittel zur Steigerung der Produktivität wie die Digitaltechnik noch größer wird.

CYRIL: Also, was tun?

PIERRE: Zurückkehren zu den unwandelbaren natürlichen Rhythmen. Deshalb bin ich ein großer Fan des Gemüsegartens. Dort finde ich zurück zur Echtzeit. Ich kann meine Tomaten anschreien, soviel ich will, sie werden trotzdem erst reif, wenn die Zeit gekommen ist. Ein winziger Tomatensamen enthält das Potenzial von mehreren Tonnen Früchten. Ein einziges Weizenkorn kann vermehrt werden und die Menschheit ernähren. Das ist die reinste Magie! Die Kraft des Lebens ist konzentriert in einem einzigen Samenkorn, aber sie ist an die Zeit gebunden. Sie muss erst reifen. Unsere hyperaktive Gesellschaft erschafft Werkzeuge, um die Hektik noch zu steigern, anstatt sie in Frage zu stellen. Was unser Verhältnis zu den Gesetzen des Lebens angeht, sind wir völlig dekadent. Vor allem in den Städten, wo die Menschen keinen Bezug mehr zur Natur haben, die uns diese Geduld vermittelt, diese Ruhe, die ewigen Rhythmen vom Werden und Vergehen. In dieser Beschleunigung zu leben, das hat seinen Preis. Den zahlen wir nicht nur in Form von Materie und Ressourcen, vielmehr opfern wir auch unsere Fähigkeit, uns mit der Schönheit der Natur zu freuen, mit ihr zu jubeln. Wir schaden nicht nur unserer Umwelt, wir nehmen uns auch den Gegenstand unseres Entzückens.

Ich will euch eine kleine Geschichte erzählen, die diese Hetzerei und das Immer-mehr auf den Punkt bringt. Es geht um einen Fischer, der gerade mit der Arbeit fertig ist. Er hat das Boot neben sich auf den Strand gezogen und sein Netz darüber gebreitet, dann setzt er sich hin und ruht sich aus. Da kommt ein Herr des Weges und wirft einen Blick auf das Boot: „Guter Mann", spricht er den Fischer an, „um diese Stunde sollten Sie auf See sein!" „Warum?", fragt dieser. „Nun ja, um ihren Unterhalt zu verdienen. Wenn Sie nur dasitzen und sich ausruhen, werden Sie nie etwas erreichen. Ist das Ihr eigenes Boot?" „Ja." „Sie könnten ein größeres haben." „Und dann?" „Dann würden Sie soviel Geld verdienen, dass Sie sich ein noch größeres Boot kaufen könnten." „Und dann?" „Dann würden Sie Leute einstellen, die die Arbeit für Sie erledigen." „Und dann?" „Dann könnten Sie sich ausruhen." „Aber das tue ich doch gerade …"

Die Unersättlichkeit, von der hier die Rede ist, wird durch den Einfluss der Werbung auf die menschliche Psyche ungeheuer gefördert. Denn die Werbung spricht uns unterschwellig an, nicht auf der Ebene der materiellen Realität. In Wirklichkeit haben wir ja alles, was wir brauchen, wenn in unserem Leben für Essen, Kleidung und ein Dach über dem Kopf gesorgt ist. Alles andere gehört schon in den Bereich des Überflüssigen. Aber was zerstört unseren Planeten denn? Bestimmt nicht die Befriedigung unserer Grundbedürfnisse – die ja keineswegs für alle gesichert sind. Es ist das Vorgaukeln immer neuer Wünsche, denen wir keine Grenze setzen. Sie sind es, welche die pseudowirtschaftliche Maschinerie am Laufen halten. Wenn wir ehrlich sind, hat das mit Ökonomie nichts mehr zu tun.

CYRIL: Wieso hat das nichts mit Ökonomie zu tun?

PIERRE: Etymologisch hat das Wort Ökonomie nichts mit diesem System der Verschwendung zu tun. *Oïkos nomos* ist die Kunst, ein Haus gut zu verwalten[63]. Verschwendung steht in einem antinomischen, also widersprüchlichen Verhältnis zur Ökonomie, sogar vom Wortstamm her. Wenn ich verschwende, bin ich nicht ökonomisch. Wenn man sich mal klar macht, dass die Kreativität in den reichen Ländern hauptsächlich dafür genutzt wird, Abfall zu produzieren, dann verstehe ich nicht, wie man das als Ökonomie bezeichnen kann. Der Grundsatz der Ökonomie sollte die Thermodynamik von Lavoisier sein: „Nichts wird erschaffen, nichts geht verloren, alles wird transformiert." Alles bleibt erhalten und erneuert sich. Die Energie des Alten wird ins System eingespeist, nicht verschwendet, wie in einem Wald, wo die abgestorbene Materie in einem fast endlosen Kreislauf anderen Organismen als Nahrung dient.

CYRIL: Das hieße, weniger, dafür aber Besseres konsumieren?

PIERRE: Ja, und die Kraft der Mäßigung wiederentdecken, der Autonomie, der Intelligenz. Ich habe ein Buch geschrieben mit dem Titel *Glückliche Genügsamkeit*[64], darin beschreibe ich die Erfahrung von meiner Frau und mir mit diesen Eigenschaften. In der Genügsamkeit steckt etwas Befreiendes. Mein Zeitgewinn über die Existenzsicherung hinaus, den kann ich der Entwicklung meines Inneren widmen. Ivan Illich hat einmal folgendes ausgerechnet: Wenn man nicht nur die Zeit, die man mit Autofahren verbringt, sondern auch die durchschnittliche Zeit, um das Geld für ein Auto zu verdienen und sämtliche Wartungs- und Reparaturkosten zu zahlen, hinzuzieht und mit der Geschwindigkeit in Beziehung setzt, dann kommt man auf sechs Kilometer pro Stunde, also fast das Tempo eines Fußgängers.

---

[63] Lt. Duden bedeutet Ökonomie Haushaltung, Verwaltung und kommt vom Griechischen *oikonomía*, zusammengesetzt aus *oikos* „Haus" und *nomos* „verwalten".

[64] frz.: *Vers la sobriété heureuse*.

Ab einem bestimmten Punkt sind es nämlich unsere Besitztümer, die uns besitzen. Und wir sind ihre Sklaven.

CYRIL: Oder wie die Geschichte von Thoreau, der drei Kieselsteine aus dem Fluss mitnahm, um sie zu Hause auf seinen Schreibtisch zu legen, weil er sie so schön fand, bis ihm klar wurde, dass er sie jetzt jeden Tag abstauben musste, worauf er sie wieder in den Fluss warf.

PIERRE: Aus meiner Sicht sind wir verrückt. Bei meinen Vorträgen bringe ich regelmäßig die Leute zum Lachen, wenn ich sage: Wissen Sie, der moderne Mensch verbringt die Zeit vom Kindergarten bis zur Universität damit, in irgendeinem Kasten zu sitzen, mit der Hoffnung, später in irgendeinem großen oder kleinen Kasten zu arbeiten und Geld zu verdienen, damit er sich abends vergnügen kann, indem er in seine Kiste steigt und in einer weiteren Kiste fährt, um tanzen zu gehen, bis er irgendwann in dem Kasten landet, wo die alten Leute hineingesteckt werden, und schließlich in einer Kiste endet! Wenn das ein freies Leben sein soll, dann habe ich von der Freiheit nichts kapiert. Genügsamkeit und Autonomie lassen dagegen überall menschliche Gemeinschaften entstehen, die dafür sorgen, ihre Bedürfnisse zu befriedigen und in Freiheit zu leben. Aus diesem Grunde bin ich der Meinung, dass ein eigener Gemüsegarten das reinste Dissidententum ist. Entweder ich nehme die Haltung ein: „Ich werde ernährt" und mache mich abhängig von einem Agrarsystem, das macht, was es will; oder ich versuche, mich davon unabhängig zu machen. In Frankreich entstammen 80 % der Erzeugnisse dem Joch von fünf Einkaufszentralen, darunter Carrefour, Leclerc und Auchan. Diese legen fest, wie viel Geld die Erzeuger bekommen und was die Verbraucher zahlen müssen. Sie bestimmen direkt oder indirekt die Art des Anbaus, die Form und Größe von Obst und Gemüse, die Verarbeitung ihrer Produkte, die Art, wie die Leute in den landwirtschaftlichen und weiterverarbeitenden Betrieben arbeiten, wie sie bezahlt und behandelt werden. Sie haben die ganze Macht. Weltweit kontrolliert eine Handvoll multinationaler Konzerne (Monsanto, Bayer, Syngenta etc.) fast das gesamte Saatgut, von dem unsere Ernährung abhängt. Natürlich kann ich nicht selbst für alle meine Bedürfnisse sorgen, aber alles, was ich kann, mache ich selbst. Damit befinde ich mich sozusagen in der Position eines Aufständischen gegenüber einem totalitären System, das die Menschen abhängig macht. Wir müssen damit aufhören, unser Schicksal zu beklagen, Sündenböcke zu suchen und uns aus der Verantwortung zu ziehen. Wir können nicht vom Staat erwarten, dass er uns eine ideale Gesellschaft bietet, und auch nicht, dass sich die Multinationalen von innen reformieren. Wir müssen unseren eigenen Teil beitragen, wie es in der Legende des Kolibris heißt. Wir wollen keine multinationalen Konzerne mehr? Gut, dann müssen wir woanders einkaufen. Wir wollen keine chemische Landwirtschaft mehr? Dann müssen wir unseren Garten bestellen oder uns der SoLaWi[65] anschließen. Solche Schritte mögen uns klein erscheinen, aber sie haben eine riesige Wirkung. Wenn viele sich diesem Dissidententum anschließen, können wir eine ganze Menge verändern und die Gesellschaft in eine positivere Richtung lenken.

Seit etwa zehn Jahren ist in der Gesellschaft das Bewusstsein angekommen, dass die gesamte Wirtschaft von der Finanzwelt beherrscht wird. Zu dem Thema kamen zahlreiche Dokumentationen im Fernsehen[66], wurden viele Bücher[67] und Artikel geschrieben, und ein inzwischen gewählter Präsident zeigte im Wahlkampf mit dem Finger auf die Finanzwelt und nannte sie „den Feind", den man bekämpfen müsse[68]. Viele Journalisten, Wirtschaftsexperten und Aktivisten prangern an, dass die Finanzialisierung der Wirtschaft die Logik des sofortigen Profits auf Kosten von Arbeitnehmern und Ökosystemen immer weiter vorantreibt.

Der bengalische Wirtschaftswissenschaftler und Unternehmer Muhammad Yunus war 2006 Nobelpreisträger, er warnt uns: „Ein deutliches und sehr beunruhigendes Zeichen für den Irrweg, den unsere Wirtschaft eingeschlagen hat, sind die in diesem Jahr veröffentlichten Zahlen über die soziale Ungleichheit. Die 85 reichsten Menschen der Welt besitzen inzwischen soviel wie die ärmsten 3,5 Milliarden. Das ist abscheulich. Und es zeigt uns, in welchem Maße unser kapitalistisches System eine Blutsaugermaschine ist. Sie saugt die ganze Vitalität von der Basis unserer Gesellschaften ab und konzentriert sie ganz oben an der Spitze. Das ist auf Dauer alles andere als nachhaltig. Und ganz nebenbei zerstören wir damit auch noch unseren Planeten, was unsere Lage keineswegs einfacher macht …".

---

[65] Solidarische Landwirtschaft(SoLaWi, auch: Gemeinschaftshof, Landwirtschaftsgemeinschaft, Versorgungsgemeinschaft, insbesondere in der Schweiz regionale Vertragslandwirtschaft) ist ein Konzept zur Aufrechterhaltung der bäuerlichen Landwirtschaft zwischen Erzeugern und Verbrauchern, bei dem der Erzeuger wöchentlich Obst- und Gemüsekörbe der Saison aus regionalem, oft ökologischem Anbau liefert. [Anm. d. Übers. Quelle: Wikipedia]

[66] Darunter insbesondere *Goldman Sachs, eine Bank lenkt die Welt* auf Arte (2012).

[67] Darunter ganz besonders *Die Schock-Strategie von Naomi Klein*, S. Fischer, Frankfurt 2007.

[68] „Mein wahrer Feind hat keinen Namen und weder ein Gesicht noch eine Partei, er wird nie für ein Amt kandidieren und nie gewählt werden und trotzdem regiert er. Dieser Feind, das ist die Finanzwelt", sagte François Hollande als Präsidentschaftskandidat am 22. Januar 2012 in seiner Rede von Bourget.

Die von Muhammad Yunus angeführten Zahlen stammen aus einem Bericht der Nichtregierungsorganisation Oxfam vom 20. Januar 2014, dem Vorabend des Gipfeltreffens in Davos[69]. Darin werden weitere Berichte über das Ausmaß der weltweit klaffenden und sich vergrößernden Kluft sozialer Ungleichheiten erwähnt, bei deren Lektüre einem schwindelt. Florilège: „Fast die Hälfte des globalen Reichtums hat heute nur 1 % der Weltbevölkerung in der Hand. Sieben von zehn Menschen leben in einem Land, in dem sich die ökonomischen Ungleichheiten in den letzten dreißig Jahren vertieft haben. Das eine Prozent der globalen Superreichen hat seine Einnahmen zwischen 1980 und 2012 in 24 von 26 Ländern, deren Zahlen uns vorliegen, noch gesteigert. In den USA hat das eine Prozent Superreiche nach der Finanzkrise von 2009 95 % des Wachstums für sich beansprucht, während die 90 % weniger Reichen ärmer geworden sind."

Während eine kleiner werdende Gruppe von Menschen einen sagenhaften Reichtum anhäuft, grassieren immer noch Armut und Hungersnöte. Alle sieben Sekunden verhungert ein Kind; zwei Milliarden Menschen müssen mit weniger als zwei Dollar am Tag auskommen[70] – was in Gesellschaften, wo das Geld keine große Rolle spielt, nicht unbedingt ein Problem ist, aber schwierig wird in Gesellschaften, denen unser globalisierter Finanz- und Wirtschaftsbetrieb aufgezwungen wurde; die Arbeitslosigkeit steigt in zahlreichen Ländern bedrohlich, auch in Europa: In Frankreich liegt sie über 10 %, in Italien um die 12 % und in Spanien und Griechenland bei fast 25 %.

Die Tatsache, dass in den Steuerparadiesen um die 20.000 Milliarden Euro den Umverteilungsmechanismen über Steuern komplett entzogen werden, obwohl nur 1 % dieses Betrags ausreichen würde, um den Hunger in der Welt zu besiegen und sowohl die medizinische Versorgung als auch die Schulbildung für die ganze Erde sicherzustellen, ist Grund genug aufzubegehren.[71] Denn es stimmt, was der ehemalige Richter am Obersten Gerichtshof der Vereinigten Staaten Louis Brandeis sagte: „Entweder wir haben eine Demokratie

---

[69] Siehe www.oxfam.org/fr/rapports/en-finir-avec-les-inegalites-extremes.

[70] Observatoire des inégalités, www.inegalites.fr/spip.php?article381.

[71] Die Untersuchung des Tax Justice Network wurde 2012 von einem ehemaligen Chefökonomen der Unternehmensberatung McKinsey geleitet und schätzte die in den Steuerparadiesen versteckten Gelder auf ca. 20.000 Milliarden Euro. Den Berechnungen von Lester Brown und vom Earth Policy Institute zufolge bräuchte man nur 200 Milliarden Euro im Jahr, um die Bevölkerung zu stabilisieren, die Armut zu besiegen und die Ökosysteme wiederherzustellen. Also genau den Betrag, den diese Unsummen an Steuern abwerfen würden bzw. ein Achtel der globalen Militärausgaben eines Jahres. Vgl. Lester R. Brown: World on the Edge: *How to Prevent Environmental and Economic Collapse* und www.lefigaro.fr/impots/2012/07/23/05003-20120723ARTFIG00259-une-manne-de-25000-milliards-caches-dans-les-paradis-fiscaux.php.

oder wir haben große Reichtümer in den Händen weniger, beides gleichzeitig geht nicht."[72]

Das Weltwirtschaftsforum hat sich im November 2013 nicht geirrt, als es in seinem Bericht *Outlook on the Global Agenda 2014* der wachsenden Einkommensungleichheit den zweiten Rang unter den Gefahren einräumte, die in den nächsten Jahren auf uns zukommen. Der Bericht betont, dass die Einkommensunterschiede den sozialen Frieden in den einzelnen Ländern gefährden und die Weltsicherheit bedrohen. Einer Studie zufolge, die im Jahr 2014 von einem NASA-Labor mitfinanziert und vom *Guardian*[73] veröffentlicht wurde, können zwei entscheidende Faktoren, wenn sie auf dramatische Weise aufeinander treffen, den Zusammenbruch einer Gesellschaft beschleunigen: „Die Erschöpfung der Ressourcen in einem Ausmaß, dass sich die Ökosysteme nicht mehr regenerieren können" und „die Spaltung der Gesellschaft in eine reiche Elite und eine arme Volksmasse." Die an der Studie beteiligten Experten waren sich darüber einig, dass die Kombination dieser beiden Phänomene „in den letzten 5.000 Jahren eine entscheidende Rolle bei Prozessen des gesellschaftlichen Zerfalls gespielt hat". Wenn man genau hinschaut, könnte man den Eindruck gewinnen, dass wir uns genau in dieser Konstellation befinden.

Tatsächlich werden alle immer ärmer. Und man muss kämpfen, um nicht unterzugehen. Wenn ich mir unsere persönliche Situation anschaue, dann besteht daran kein Zweifel. Familie mit zwei Kindern, Mittelklasse, Einfamilienhaus in einer der ärmsten Kommunen Frankreichs, 80 km von Paris entfernt. Monatliche Ausgaben: Lebensmittel 800 Euro; Kranken-, Renten- und andere Versicherungen 400 Euro; Hauskredit 250 Euro; Schulessen und andere Schulkosten 300 Euro; Strom, Gas und Wasser 200 Euro; Ausgaben für Mobilität 250 Euro; Musik-, Tanz-, Basketball- und Tennisunterricht 150 Euro; hinzu kommen kulturelle Veranstaltungen, Kleidung, Bücher etc. Um in der heutigen Konsumgesellschaft mithalten zu können, bräuchten wir die Wenigkeit von 4.500 Euro im Monat. Und jeder auch noch so kleine Alltagsposten wird Jahr um Jahr teurer.

Im Würgegriff immer höherer Kosten blähen die kleinen und mittleren Betriebe ihre Preise auf, um zu überleben, und erdrücken damit die unteren Schichten, die mit ihren Einnahmen die höllischen, von den Märkten vorgegebenen Steigerungsraten nicht aufbringen können. Gleichzeitig nimmt das Konsumdiktat Fahrt auf. Werbeagenturen stützen mit ihrer überbezahlten

---

[72] Siehe www.oxfam.org/fr/rapports/en-finir-avec-les-inegalites-extremes.
[73] www.theguardian.com/environnement/earth-insight/2014/mar/14/nasa-civilisation-irreversible-collapse-study-scientists.

Tätigkeit die nationalen Bemühungen, „den Verbrauch zu beleben" und „das Wachstum anzukurbeln", indem sie uns mit Bildern und Botschaften überschwemmen, die unseren unbegründeten Appetit auf alle möglichen Güter, Kleider, Geräte etc. zu nähren imstande sind. Unser Haus beispielsweise platzt aus allen Nähten. Ohne dass wir zu den eifrigsten Konsumenten gehören, leisten wir zu diesen Bemühungen unseres Landes doch einen ansehnlichen Beitrag. Unsere Schränke quellen über von tausenderlei Dingen, die uns beim Kauf absolut unerlässlich erschienen und jetzt in dunklen Fächern schlummern. Jeden Umzug machen sie in nie geöffneten Kisten mit oder landen gleich im Müll, ohne dass wir uns auch nur die Frage stellen würden, ob wir sie brauchen. Die Spielsachen unserer Kinder sammeln stillschweigend Staub an und die Zimmer der Kleinen sind voller batteriebetriebener Geschenke und unnützer Spontaneinkäufe, inspiriert vom Habenwollen, das wir ihnen gegen unsere Überzeugungen weitervererbt haben. Wann hören wir damit auf? Wir, wohlgemerkt, die wir die Folgen dieser ungehemmten Sammelei aus dem Effeff kennen. Wie gehen dann erst die anderen damit um? Leute, die all diese Überlegungen gar nicht anstellen oder sich nichts daraus machen. Keine Ahnung. Und ich glaube, ich will das im Moment auch gar nicht wissen. Jetzt schließe ich lieber meine Excel-Tabelle und packe meine Tasche fertig. Morgen brechen wir nämlich nach Nordfrankreich auf, danach geht es weiter nach Belgien und in die Schweiz. Wir werden Einblick nehmen in die Welt der Unternehmen, der Banken und Währungen. Werde ich bei ihnen eine Antwort finden, die mir für mein Leben tatsächlich nützt?

## 2. POCHECO – ÖKOLOGISCH PRODUZIEREN IST PREISWERTER

Das unangefochtene Ziel des Wirtschaftswachstums, über das Pierre mit uns gesprochen hat und das droht, mich in Kürze arm zu machen, hindert uns also daran, mit unseren Ressourcen so sparsam umzugehen, wie Thierry, Robert und anderen Akteure des Energiewandels dies fordern. Die Ansprüche sind entgegengesetzt: Damit wir mit erneuerbaren Energien auskommen, sollen wir weniger konsumieren, aber damit wir die Wirtschaft am Laufen halten, sollen wir mehr konsumieren. Was denn jetzt?!

Unsere Fragestellung war also folgende: Gab es ein Wirtschaftssystem, in dem die Unternehmen dazu beitragen, den Wohlstand zu mehren, Arbeitsplätze zu schaffen und unsere Bedürfnisse zu befriedigen, ohne die Erde zu zer-

*Ein Teil der Belegschaft von Pocheco – der Betrieb läuft rund um die Uhr*

stören und ins Unendliche zu wachsen? Gab es vielleicht sogar schon Betriebe, in denen die Grundsätze der von Pierre erwähnten Thermodynamik angewendet wurden und die eine gewisse Genügsamkeit an den Tag legten?

Die Antwort war zum Greifen nahe oder fast. Genauer gesagt lag sie 228 km von Paris entfernt. Pocheco ist ein Unternehmen mit 114 Angestellten und Sitz in Forest-sur-Marque, in der Nähe von Lille. Es stellt im Jahr zwei Milliarden Briefumschläge her. Ich hatte Gelegenheit, den Betrieb mehrmals zu besuchen und baute zum Leiter Emmanuel Druon ein freundschaftliches Verhältnis auf. Ich wusste, dass Pocheco eine Reihe unserer Fragen würde beantworten können. Aber als ich unserem Team den nächsten Drehort vorstellte, eine Fabrik für Briefumschläge in Nordfrankreich, tat es sich erneut schwer. Die Anziehungskraft von Lilles Banlieue unterbietet sogar die von Detroit oder San Francisco. Doch als unser Kleintransporter das Fabrikgelände wieder verließ, waren wir fast sicher, dass dies die wichtigsten Dreharbeiten unserer ganzen Reise gewesen waren.

Als Emmanuel Druon vor beinahe zwanzig Jahren die Leitung von Pocheco übernimmt, ist die Situation völlig desolat: sexuelle und moralische Übergriffe, vergrabener Giftmüll im Hof, Unterschlagungen und eine Bilanz kurz vor dem Konkurs. Die Stimmung in der Belegschaft ist auf dem Tiefpunkt und die Spannungen zwischen Geschäftsleitung und Gewerkschaften scheinen unüberwindlich. Die ersten Gespräche finden mit geballten Fäusten statt und Emmanuel verlässt während der ersten Monate nur mit Herzklopfen sein Büro. Dann freundet er sich allmählich mit Yazid Bousselaoui an, der bald seine rechte Hand wird, die Angestellten kennt und ihr Vertrauen genießt. Er macht Emmanuel auf Mitarbeiter aufmerksam, die wieder gesprächsbereit sind, worauf sich bald ein innerer Kreis bildet. Eine Keimzelle. Die verzweifelte Lage des Unternehmens löst den Mitarbeitern die Zunge und gibt ihnen den Mut, sich auszumalen, wie ihre Traumfirma aussähe. Wohl wissend, dass es alles andere als leicht sein wird, diese zu verwirklichen. Denn, wie Emmanuel gerne schmunzelnd betont: „Wir sind hier in Frankreichs Norden, in der Gegend mit der höchsten Arbeitslosigkeit und der größten Krebsrate, da, wo der Front National alle Rekorde bricht ..."

Emmanuel kennt die Welt der „herkömmlichen" Unternehmen, denn er war zehn Jahre lang in leitender Stellung bei L'Oréal, wo er, wie er sich ausdrückt: „die Brutalität eines Terror-Managements" miterleben musste: Marktanteile gewinnen, Aktionäre bezahlen ... Eine Welt, die er hasste. Bei Pocheco soll alles besser werden. Dass er nun, im besten Sinne des Wortes, die Macht hat, etwas Neues zu erschaffen, begeistert und ängstigt ihn zugleich. Aber die Leidenschaft für seine Vision trägt ihn und sorgt dafür, dass die Belegschaft im Laufe von Monaten und Jahren wieder Vertrauen in ihren Arbeitgeber fasst. Nach und nach verändert er die Spielregeln. Das kleine Leitungsteam erstellt ein Organigramm mit sehr flachen Hierarchien, sodass jeder Mitarbeiter möglichst viel selbst entscheiden und gestalten kann. Aber diese Freiheit braucht Regeln: Das Vertrauen der Kollegen darf nicht missbraucht werden, die Abläufe müssen transparent sein, die Belegschaft muss zusammenarbeiten und sich nach Kräften dafür einsetzen, dass das Unternehmen überlebt. Im Gegenzug werden zwei radikale Maßnahmen ergriffen: Das Lohngefälle beträgt 1:4 gegenüber den durchschnittlichen 1:100 in französischen Betrieben, und die Gewinne werden systematisch in den Betrieb rückinvestiert. Keine Dividenden für Aktionäre – also im Wesentlichen für Emmanuel.

Er beschreibt es selber so: „In den letzten Jahrzehnten wurde die Wirtschaft regelrecht auf Profit getrimmt, der einer immer kleineren Personengruppe zugute kam. Das Problem ist, wenn man 10 bis 15% des erwirtschafteten Gewinns für die Aktionäre freisetzt, dann fehlt einem dieses Geld für die Modernisierung des Unternehmens. Man hat viel weniger oder kein Geld zum Investieren übrig. Deshalb fängt man an, auf kurze Sicht zu planen und die günstigsten Anbieter zu suchen, selbst wenn die benötigten Rohstoffe dreimal um die Welt geschippert werden, ehe sie bei einem ankommen; selbst wenn die Umwelt zerstört wird oder Leute zu miserablen Bedingungen arbeiten müssen, um diese Rohstoffe zu gewinnen."

Während der ersten Monate bleibt kein Geld für Neuinvestitionen übrig. Der volle Einsatz konzentriert sich auf das Ziel, die Konten zu bereinigen. Aber allmählich, in dem Maße, in dem sich die Belegschaft entspannt und wieder Freude an der Arbeit hat, verbessert sich die Lage. Allmählich sammeln sich auch Einnahmen auf den Konten, sodass der Betrieb umgestellt werden kann. Zunächst betrifft das den Einkauf. „Damals kamen wir zu dem Schluss, dass wir zu arm waren, um Scheiße einzukaufen", plaudert Emmanuel aus und schaut in die Runde seiner Kollegen. „Also haben wir nur noch Material von sehr guter Qualität eingekauft." Für einen Hersteller von Briefumschlägen ist das Papier der wichtigste Rohstoff. Nachdem der Betriebsdirektor und -vorstand durch einen Lenkungsausschuss ersetzt worden sind, bestehend aus drei Frauen – Aline, Liz und Élodie – und drei Männern – Yazid, Franck und Emmanuel -, begibt sich dieser auf die Suche nach einem Lieferanten, der sich darauf versteht, Qualität und Ethik miteinander zu verbinden. Sie finden UPM, eine besonders umweltfreundliche und nachhaltige finnische Firma.

„Wenn sie einen Baum fällen, pflanzen sie vier neue und beachten dabei die Biodiversität der Arten. Da Bäume in den ersten zehn Wachstumsjahren am meisten $CO_2$ speichern, ist der ökologische Fußabdruck ihrer Firmenaktivität sogar positiv! Außerdem stammt das für unsere Zwecke verwendete Holz hauptsächlich von Durchforstungen[74] oder sogar aus Abfällen von Sägewerken[75], wie bei unserem kürzlich kreierten Modell Oxymore. Auf diese Weise wird der Wald optimal genutzt. Es werden so wenig Bäume gefällt wie möglich und nichts wird verschwendet, denn die dicken Stämme gehen in die Schreinereien, während die Äste bzw. Abfälle zur Papierherstellung genutzt werden. Außerdem wird mehr gepflanzt als verbraucht."

Bevor er UPM den Zuschlag als Lieferfirma gab, ist Emmanuel nach Finnland gefahren, um das alles mit eigenen Augen zu sehen. Er kann sich vor Ort davon überzeugen, dass die Firma den Wald mit Geräten bewirtschaftet, die Beine haben, keine Raupen, sodass sie die jungen Triebe nicht beschädigen; dass sie diese Geräte mit Biokraftstoffen betreibt, hergestellt aus Papierbrei und fast ohne $CO_2$-Ausstoß; dass die Fabrik ihr ganzes Wasser wiederaufbereitet, um es gereinigt wieder in der Umwelt auszubringen; dass sie ihren Wasserverbrauch in den letzten 15 Jahren um 50 % senken konnte und ihre Erzeugnisse mit Schiff und Bahn transportiert, weil sie die Umwelt weniger schädigen als der Straßenverkehr – auch wenn das inzwischen für die Schiffe angezweifelt wird.

Aber Emmanuel beschreibt es so: „Wir wählen die besten Lösungen nach dem aktuellen Kenntnisstand und danach, was der Fortschritt uns zu bieten hat. Sobald etwas besser geht, wechseln wir." Pocheco forscht auch selbst, um das Gewicht seiner Umschläge weiter zu reduzieren: „Wenn wir das Gewicht um nur wenige Gramm verringern, schonen wir große Mengen an Ressourcen", erläutert Yazid. Die Papier- oder Pappabfälle werden gesammelt, verkauft und recycelt, sodass daraus neue Kartons entstehen. Dies ist das Recycling mit dem geringsten Energiebedarf, wie wir von Yazid und Emmanuel erfahren, weil dabei die Chlorbleiche für den Papierbrei entfällt. Pocheco verbessert seine Produkte stets weiter, indem es beispielsweise wasserlösliche Klebstoffe erprobt und bei Fensterumschlägen statt Plastik transparentes Papier verwendet, damit die Umschläge anschließend einfacher recycelt werden können.

Anschließend wird der Farbdruck der Umschläge unter die Lupe genommen. Dabei legt die Belegschaft ihr Augenmerk auf die verwendete Tinte. Die Ent-

---

[74] Begriff aus der Forstwirtschaft, der besagt, dass Baumbestände planmäßig ausgeholzt und von minderwertigen Stämmen befreit werden.[Quelle: Duden. Anm.d.Übers.].

[75] Sägemehl oder Hobelspäne aus Schreinerwerkstätten.

scheidung für wasserlösliche Farben mit natürlichen Pigmenten ist rasch getroffen. Aber die sind gar nicht so leicht zu bekommen. Sie stecken mehr als ein Jahr Arbeit in die Erforschung der richtigen Zusammensetzung und finden im Jahr 1998 Farben, die sowohl die gewünschte Qualität haben als auch die Umweltfreundlichkeit, die Pocheco wichtig ist. Bis es soweit ist, muss die Belegschaft mehrmals Fehlschläge hinnehmen, einmal beispielsweise quillt ein seltsamer Farbschaum aus den vollen Tintentanks. „Als wir noch giftige Tinte auf der Basis von Lösungsmitteln und Alkohol verwendet haben, mussten wir in der Werkstatt einen Mundschutz tragen und Handschuhe, die bis über die Ellbogen gingen. Man durfte das Zeug auf keinen Fall einatmen. Aber jetzt, wo wir sie durch wasserlösliche Farben ersetzt haben, brauchen wir das alles nicht mehr und es riecht absolut nach gar nichts", sagt Mélodie aus der Herstellung und lächelt. Seit sich die Firma für wasserlösliche Tinte entschieden hat, kommt sie mit den Grundfarben aus, das bedeutet weniger Behälter, denn vorher brauchte sie für jede Farbe einen eigenen Bottich, während sie heute die Farben selbst mischt. Weniger Behälter heißt weniger Transport, weniger Abfall und die Restfarben werden zu dem grauen Grundton zusammengemischt, mit dem die Umschläge bedruckt sind. „Das klingt nach wenig, aber Tatsache ist: Seit wir die Reste verwerten, hat sich unser Tintenverbrauch um 25 % reduziert. Denn auch wenn sie nicht giftig ist, muss man sie ja nicht verschwenden", findet Emmanuel.

Inzwischen reinigt Pocheco seine Werkzeuge und Maschinen mit Regenwasser, das vom Dach gesammelt wird, und der bekannten französischen Kernseife *Savon de Marseille*. „Das schmutzige, aber ungiftige Wasser wird anschließend zur Bewässerung in den Bambushain geleitet, dessen Wurzelsystem von Bakterien besiedelt ist, die den Schmutz zersetzen und daraus Nährstoffe gewinnen. Die einzige von uns erzeugte Biomasse sind die Bambusstängel, wir schneiden und trocknen sie, um sie als Brennstoff zu verwenden", fährt Emmanuel fort. Wie das Pocheco-Team herausgefunden hat, besitzt Bambus nämlich eine größere Heizkraft als Eichenholz. Dennoch stellt er nicht den einzigen Brennstoff für den Holzbrenner dar, den die Firma kürzlich angeschafft hat, denn es werden darin auch zerkleinerte Paletten verfeuert. Dieser Ofen liefert nicht die gesamte Heizwärme, sondern wird ergänzend eingesetzt, während die Hauptheizkraft woanders herkommt. Um den Papierstaub aus der Fabrikluft zu filtern, weil er die Maschinen verunreinigt und die Lungen der Mitarbeiter reizt, laufen bei Pocheco überall sehr leistungsstarke Ventilatoren. Sie saugen die Luft an, filtern sie und befördern sie nach draußen.

Eines Tages wird den Mitarbeitern klar, dass diese Apparate nicht nur einen Höllenlärm verursachen, sondern auch sehr viel Wärme produzieren.

Sie beschließen also, die Anlage in einen einzigen Raum zu verbannen und diesen zu isolieren. Damit schlagen sie zwei Fliegen mit einer Klappe: Sie verringern die Lärmbelastung und nutzen die Wärme für die Heizung des gesamten Gebäudes. Dadurch konnte Pocheco Gas und Öl ganz abstellen. Das senkt einerseits die Kosten, andererseits ist es auch sicherer, weil sich jetzt keine entzündlichen und explosiven Materialien mehr in den Werkstätten befinden. Die findigen Mitarbeiter von Pocheco tüfteln jetzt noch aus, wie sie mit der Warmluft der Ventilatoren im Sommer, wenn sie nicht zum Heizen gebraucht wird, Turbinen betreiben und Strom erzeugen können. Denn Emmanuel findet: „Es ist doch schade, sie zu vergeuden …"

Mit all diesen Umstellungen hob sich Pocheco allmählich durch Effizienz, aber auch durch Einfallsreichtum und originelle Produkte, die das Unternehmen seiner Kundschaft anzubieten hat, von den Konkurrenten ab. Dazu gehören die Gebinde. Um Hunderttausende von Umschlägen an Banken, Telefonanbieter und Krankenversicherungen zu versenden, damit diese ihren Kunden die Rechnungen schicken können, verwendete Pocheco Tausende von Kartons, die als Verpackungsmaterial nach dem Transport weggeworfen wurden. Bis sich Emmanuel und seine Kollegen ein weltweit einzigartiges System ausdenken: eine große Spule, auf der 38.000 Umschläge vorsichtig von einer Maschine aufgerollt werden. Nach Erhalt benutzt der Auftraggeber einen Abroller, um seine Ware in Empfang zu nehmen, und schickt die Spule an Pocheco zurück. Dadurch wird nicht nur Verpackungsmaterial gespart, die Umschläge sind auch einfacher zu befördern, das Ein- und Auspacken ist für Mitarbeiter und Kunden komfortabler zu handhaben und es geht schneller. „Auf diese Weise haben wir unseren Bedarf an Pappkisten um ein Drittel gesenkt und ein Stück Produktivität gewonnen", sagt Emmanuel schmunzelnd. Durch die Erfindung dieses Systems bekam Pocheco außerdem den Zuschlag für weitere 500 Millionen Umschläge, was ja nicht gerade wenig ist!

Als das Unternehmen aus den roten Zahlen herauskommt, seine Konten ausgleichen kann und langsam anfängt, Gewinne zu machen, stellt sich die Frage, wie sie verwendet werden sollen. Dazu hat uns Emmanuel eine hübsche Geschichte zu erzählen: „Unsere Fabrik stammt aus dem Jahr 1848. Es war ein klassisches Werkgebäude mit den Dachziegeln von damals. Das Dach war noch nie neu gedeckt worden und seit vielen Jahren undicht. Wir waren es gewohnt, an bestimmten Stellen in den Werkhallen Eimer aufzustellen, um das Regenwasser aufzufangen, niemand beschwerte sich darüber.

Und dann hatten wir eines Tages Rücklagen und wollten das durch die Betriebstätigkeit eingenommene Geld in das Unternehmen zurückinvestieren.

Da kamen wir auf die Idee: ‚Wie wäre es, wenn wir das Dach isolieren? Dann bräuchten wir nicht soviel zu heizen und würden im Trockenen sitzen.' Wir ließen uns Kostenvoranschläge zu verschiedenen Optionen erstellen. Zunächst dachten wir ans Abdichten und Dämmen, das hätte uns für 2.000 Quadratmeter 800.000 Euro gekostet. Wir besprachen die Sache mit Élodie, der Mitarbeiterversammlung und der inzwischen gegründeten Entwicklungsabteilung von Pocheco, die haarklein sämtliche Bewegungen im Unternehmen berechnet. Gemeinsam überlegten wir, ob es nicht sinnvoller wäre, etwas Neues zu machen, anstatt einfach das alte Gebäude instand zu setzen. Ein Fabrikdach könnte man schließlich produktiv nutzen. Wir könnten Sonnenkollektoren auf die Dächer montieren und Strom erzeugen oder die Dächer begrünen, um Regenwasser zu sammeln und es zur späteren Verwendung zu speichern[76]. Zum Beispiel für eine adiabatische Klimaanlage, welche die Warmluft im Sommer in den Werkhallen sammelt und über feuchte Kartons leitet, wodurch sie Wärme verlieren und die Raumtemperatur um ca. 4 Grad herunterkühlen – das ist im Sommer herrlich! Wir könnten das Gebäude besser isolieren, größere Fenster einbauen, damit im Sommer mehr Tageslicht einfiel – womit wir übrigens unseren Stromverbrauch reduziert haben. Auch für diese Pläne holten wir einen Kostenvoranschlag ein, der für eine Dachfläche von 2.000 Quadratmetern zwei Millionen Euro betrug. Die Differenz betrug also 1,2 Millionen Euro.

Wir waren nicht reich, eine Investition dieser Größenordnung war für uns beträchtlich. Aber wenn wir die Sache langfristig betrachteten, sah es so aus, dass wir für die Abschreibung der Option für 800.000 Euro durch die Einsparung von 40.000 Euro bei der Gasrechnung 20 Jahre brauchen würden, während uns die Lösung für zwei Millionen Euro Einnahmen von jährlich 200.000 Euro für den selbsterzeugten Strom versprach. Da wir in beiden Fällen an der Gasrechnung sparen würden, wäre diese Option schon nach acht Jahren rentabel. Unser Dach wurde also produktiv. So funktioniert Ökolonomie – die Verbindung von ökonomischem Wirtschaften und ökologischem Handeln!" Und unsere Belegschaft trieb es sogar noch weiter: Sie zerkleinerte die alten Dachziegel, um daraus das Substrat für das begrünte Dach herzustellen und schaffte 13 Bienenhäuser an, die 200 kg Honig im Jahr abwerfen. „Wir wissen, dass die Bienen durch den massiven Einsatz von Unkrautvernichtungsmitteln vom Aussterben

---

[76] Diese Pflanzen heißen Sedum. Sie gehören zu den in der Region heimischen Dickblattgewächsen und wurden in Zusammenarbeit mit dem Botanischen Garten von Bailleul ausgewählt. Zu ihren Vorzügen gehört, dass sie sich von sehr feinen Abgaspartikeln von Dieselmotoren ernähren und so der Luftverschmutzung entgegenwirken.

bedroht sind. Deshalb muss man, wo man nur kann, Bienenkörbe aufstellen und pflegen", schlussfolgert Emmanuel. Heutzutage träumt die Belegschaft von Pocheco von einer Industrie, die die Umwelt nicht zerstört, sondern dazu beiträgt, sie zu regenerieren.

2011 verwüstete ein Brand einen Teil der Gebäude und zerstörte fast 30 % der Fabriklager. Damals stand der Betrieb kurz vor dem Aus. Aber statt die Arme sinken zu lassen, setzte sich die ganze Belegschaft in Bewegung. Das Feuer war kaum ausgebrochen, da rückten schon die meisten Firmenmitarbeiter an, um der Feuerwehr bei den Löscharbeiten zu helfen. Diese staunte nicht schlecht über Angestellte, die so besorgt waren um ihre Firma und nichts lieber taten, als ihre Produktionsstätte wieder herzustellen. So etwas hatten sie noch nie erlebt, erzählten die Feuerwehrleute Emmanuel später. Es entstand ein Neubau, der von außen mit Holz verkleidet wurde, um den Nachbarn seinen Anblick zu verschönern, umgeben von Obstplantagen mit seltenen Sorten. „Ein Pflückgarten ist auch dabei", erzählt Emmanuel, „damit die Kinder aus dem Dorf kommen und sich mal ein Stück Obst pflücken können." Apfelbäume, Birnbäume, Himbeersträucher, eine Feige und Weinstöcke sind ebenfalls angelegt. Das neue Werkgebäude wurde mit großen Fenstern ausgestattet, sodass die Angestellten beim Arbeiten in die Natur schauen können, den Himmel und die Bäume sehen. „Im Sommer kann man in der Pause direkt vor der Tür Obst essen, die Blumen wachsen sehen und beobachten, wie die Bienen überall herumschwirren." Die Feuerversicherung machte Pocheco die Auflage, einen Löschteich anzulegen, um zukünftige Brände schneller unter Kontrolle zu bringen. Es dauerte nicht lange, da fiel der Entschluss, es zu begrünen. „Der erste sprießende Löschteich der Welt!", begeistert sich Emmanuel. Weil sie dort Futter finden, werden auf diese Weise noch mehr Vögel und Insekten angelockt. Denn das Firmengelände von Pocheco wurde mit Dutzenden Nistkästen, die überall angebracht sind, auch als erstes Artenschutzgebiet vom Vogelschutzbund der Region Nord-Pas-de-Calais ausgewiesen. Dank des neuen Daches sammelt die Firma inzwischen auch ihr eigenes Brauchwasser zum Reinigen, für die Toiletten etc.

Gleichzeitig haben die zurückinvestierten Gewinne dazu beigetragen, die Maschinen und den Produktionsapparat regelmäßig nachzurüsten und zu modernisieren. Heute ist er Emmanuel zufolge in seiner Branche der modernste der Welt. „Dadurch können wir in unserem Betrieb immer höhere Qualitätsstandards erfüllen und immer effizienter werden, was uns in die Lage versetzt, uns in dem Konkurrenzkampf zu behaupten, der in ganz Europa tobt." Die Verbesserungen dienen aber genauso dazu, die Betriebssicherheit zu steigern und die körperliche Belastung der Mitarbeiter zu reduzieren. Oberste Priorität ist hier, dass die Angestellten unter den bestmöglichen Bedingungen arbeiten und unversehrt bleiben. Das steht für Emmanuel außer Frage. Aber es geht ebenso darum, dass die Mitarbeiter sich an ihrem Arbeitsplatz wohlfühlen, schließlich sind sie dann ja auch einsatzfreudiger. Er pflegt zu sagen: „Ein Drittel des Lebens verbringt man mit Schlafen und ein weiteres Drittel mit Arbeit. Man braucht also ein gutes Bett und einen guten Job."

„Diesen Gesamtprozess bezeichne man heute als Kreislaufwirtschaft", erfahren wir von Emmanuel. Für das Pocheco-Team sei sie die Basis für die Industrie des 21. Jahrhunderts. Und er fährt fort: „Die Industrie von gestern bestand darin, Rohstoffe zu fördern und sie so umzuwandeln, dass daraus Dinge hergestellt werden konnten. Die wurden nach einer gewissen Zeit zu Müll und man warf sie weg. Das ist das Prinzip des Kapitalismus: Die schöpferische Zerstörung. Das Ergebnis kennen wir zur Genüge: Mülldeponien so weit das Auge reicht. Abfall überall, nicht nur auf den Halden, sondern Meere, Flüsse, alles ist verseucht, und die Rohstoffe erschöpfen sich allmählich. Deshalb muss die Industrie von morgen eine radikale Kehrtwende vollziehen und Wege einschlagen, die wir mit unserem Betrieb seit fast 20 Jahren gehen. Das heißt, Rohstoffe nicht mehr zu fördern, sondern aus den Abfällen des 21. Jahrhunderts zu gewinnen. Sie zu verwerten und mit Sonnenenergie so aufzubereiten, dass sie zur Herstellung haltbarer Dinge dienen, die man reparieren und, wenn sie verbraucht sind, erneut recyceln kann, sodass sie wieder in den Kreislauf eingespeist werden."

Das Pocheco-Team legt Wert darauf, sich bei der Ökobilanz seiner Betriebstätigkeit nichts vorzumachen, zumal in Zeiten des elektronischen Datenverkehrs die Verwendung von Papier fragwürdig scheint. Deshalb hat Pocheco das französische Zentrum für die wissenschaftliche Forschung CNRS mit einer Studie beauftragt, um den Lebenszyklus einer Briefsendung mit dem einer E-Mail zu vergleichen. Daraus ergab sich, dass eine E-Mail 15 bis 23 Mal umweltschädlicher sein kann als ein Brief, weil die benötigten Server, die ganze EDV-Infrastruktur und ein möglicher Ausdruck durch den Nutzer sehr viel Energie verbrauchen. Dieses Ergebnis war für Emmanuel und seine Kollegen eine große Erleichterung, weil sie die Kostbarkeit unserer Ressourcen stets vor Augen haben. Aus demselben Grund haben sie seit 1997 nicht nur jährlich 200.000 Bäume gepflanzt, indem sie mit ihrem finnischen Papierhersteller zusammenarbeiten, sondern auch in ihrem Departement Nord-Pas-de-Calais, das stark von Waldrodungen betroffen ist, einen Verein zur

Aufforstung gegründet. Fast 30.000 Bäume wurden auf diesem Weg bereits gepflanzt. Darüber hinaus haben sie mit zwei ortsansässigen Landwirten vertraglich die wöchentliche Lieferung einer Gemüsekiste an ihre Angestellten und einige Dorfbewohner vereinbart. Durch diese festen Abnehmer konnten die Bauern ihre Einnahmen von 500 auf 1.200 Euro im Monat steigern.

All das mag einem recht idealistisch vorkommen, aber es geht hier bestimmt nicht nur um Nächstenliebe. Was Emmanuel als Ökonomie bezeichnet, hat seinem Betrieb nämlich innerhalb von 17 Jahren Einsparungen in Höhe von 20 Millionen Euro ermöglicht, davon wurden 15 Millionen zurückinvestiert. Es bleibt also ein Nettogewinn von fünf Millionen Euro übrig, ohne den sozialen und den Umweltnutzen mit zu veranschlagen, nämlich Tausende gespeicherte oder gar nicht erst ausgestoßene Tonnen $CO_2$, die Ausweitung der Biodiversität, die Bewahrung natürlicher Ressourcen etc. Dank der systematischen Rückinvestition stehen Pocheco mehrere Millionen Euro als Eigenkapital zur Verfügung, um schlechte Zeiten zu überbrücken, ohne sich dem Wachstumsdiktat unterwerfen zu müssen. Das Firmenwachstum schwankt derzeit zwischen 0 und 2 %, aber die Arbeitsplätze sind seit 15 Jahren zu 100 % erhalten geblieben.

## 3. GELD – VON DER MONOKULTUR ZUR VIELFALT

### BEGEGNUNG MIT BERNARD LIETAER

Obwohl Emmanuel und seine Kollegen schon den Beweis angetreten hatten, dass es möglich war, sich der exponentiellen Logik zu entziehen, von der Pierre gesprochen hatte, haben wir unsere Recherchen noch weiter vertieft. Wir wollten nämlich verstehen, wieso unsere ganze Wirtschaft automatisch zum Wachstum gedrängt wird und damit soviel Ungleichheiten schafft. Wir wollten wissen, ob es neben Ausnahmeunternehmern mit viel gutem Willen und hohen menschlichen Qualitäten wie Emmanuel auch strukturelle Lösungen gab, die auch alle anderen motivieren könnten.

Es gab tatsächlich eine Erklärung – und wir haben gar nicht lange gebraucht, um dahinter zu kommen ...

„Ich wohne hier wegen der schönen Aussicht", sagt Bernard Lietaer, während wir in sein Wohnzimmer vordringen. Vor uns öffnet sich eine große Fensterfront mit Blick auf Brüssel. Afrikanische Kunstgegenstände stehen überall im Raum verteilt. An den Wänden biegen sich die Regalbretter einer riesigen Bücherwand unter Hunderten von kreuz und quer einsortierten Bänden. Ich habe ihn im Internet entdeckt, diesen untersetzten Mann mit dem verschmitzten Gesicht und der theatralischen Mimik, bei einem von TEDx gefilmten Vortrag, den er in Berlin gehalten hat. Von den Inhalten, die er dort vortrug, hatte ich noch nie etwas gehört. Seine Ausführungen kamen mir derart verrückt vor, dass ich über diesen Mann genauere Erkundigungen eingezogen habe. Aber es handelt sich weder um einen militanten Anhänger von Verschwörungstheorien noch um einen bühnentauglichen Spinner. Bernard Lietaer ist nämlich Wirtschaftswissenschaftler und Autor einer am MIT[77] veröffentlichten Doktorarbeit[78], wo er mit dem Nobelpreisträger für Wirtschaftswissenschaften Paul Krugman zusammengearbeitet hat. Er hat an mehreren belgischen und nordamerikanischen Universitäten gelehrt und geforscht, darunter Berkeley, war Berater großer Unternehmen und hoher Beamter in der belgischen Zentralbank, wo er in führender Position zuständig war für die technische Seite der Einführung des ECU, also des Vorläufers vom Euro. Seit 40 Jahren setzt er sich intensiv für die Schaffung von Komplementärwährungen ein als Mittel, die Resilienz und die wirtschaftliche Entwicklung verschiedener Länder zu steigern. Ein zumindest origineller und sicherlich revolutionärer Ansatz. Als wir ihn fragten, wo unsere aktuellen wirtschaftlichen Probleme herrühren, gaben wir ihm eine Steilvorlage für unser Gespräch.

BERNARD: Für mich sind die meisten Schwierigkeiten auf die Mechanismen unserer Geldschöpfung zurückzuführen. Solange wir dieses Problem nicht gelöst haben, werden wir vermutlich auch die anderen nicht in den Griff bekommen.
CYRIL: Inwiefern ist unser Geldschöpfungssystem problematisch?
BERNARD: Henry Ford, der Gründer der Dynastie, hat einmal gesagt, wenn die Amerikaner verstehen würden, wie das Geld und das Bankensystem funktionieren, dann gäbe es am nächsten Tag eine Revolution. Ich glaube, er hatte Recht. Das wahre Problem ist nämlich, dass das niemand versteht,

---

[77] Das Massachusetts Institute of Technology gilt als eine der weltweit führenden Universitäten für Technik und Wissenschaften.
[78] http://lccn.loc.gov/74130275.

die Europäer genauso wenig wie die Chinesen oder die Brasilianer. Oder wer von euch weiß, wie Geld geschaffen wird?

CYRIL (lacht): Ich weiß es, weil ich unser Gespräch vorbereitet habe, aber die anderen wahrscheinlich nicht!

BERNARD: Das meiste von uns benutzte Geld wird von Privatbanken geschaffen, wenn sie Kredite vergeben.

CYRIL: Und das heißt?

BERNARD: Nehmen wir einmal an, dass Sie zu Ihrer Bank gehen, weil sie eine Wohnung kaufen wollen und dafür 100.000 Euro brauchen. Sie beantragen ein Darlehen und, wenn Ihr Antrag positiv entschieden wird, dann stellt Ihnen die Bank diese 100.000 Euro zur Verfügung, das heißt, dass sie diese Zahl digital Ihrem Konto gutschreibt.

CYRIL: Wie das? Aus dem Nichts heraus?

BERNARD: Ja. Das nennt man Giralgeld oder „Fiat"-Geld, bezogen auf das erste Wort Gottes in der Schöpfungsgeschichte der Bibel: *Fiat lux*, „Es werde Licht". Diese Fähigkeit, etwas aus dem Nichts heraus zu erschaffen, also diese göttliche Fähigkeit, wurde auch dem Bankensystem im Bereich des Geldes zugestanden. Dazu braucht die Bank lediglich über eine bestimmte Summe in ihren Tresoren zu verfügen. Theoretisch muss sie einen Teil besitzen, um 0,8 zu schaffen. Sagen wir eins zu eins, um es zu vereinfachen. Der Multiplikatoreffekt eines Kredits erlaubt es ihr aber, mit einem realen Euro mehr als sechs „virtuelle" Euro[79] zu erschaffen.

CYRIL: Was ist ein Multiplikatoreffekt?

BERNARD: Sobald die Bank die 100.000 Euro erschaffen hat, geben Sie diesen Betrag dem Verkäufer der Wohnung und der bringt das Geld auf seine Bank. Die Bank kann mit diesen 100.000 Euro, die dann in ihren Tresoren landen, obwohl sie nicht existiert haben, bevor Sie Ihren Kredit bekamen, wiederum 100.000 Euro erschaffen, indem sie einer weiteren Person einen Kredit erteilt. Dieser Dritte wird mit diesem Geld seinerseits eine vierte Person bezahlen, die es wiederum auf die Bank bringt und so weiter. Berechnungen haben ergeben, dass mit den anfänglichen 100.000 Euro im Schnitt 600.000 Euro geschaffen werden.

CYRIL: Und wo kamen denn die anfänglichen 100.000 Euro her?

BERNARD: Von den Zentralbanken in Münzen und Scheinen. In der Eurozone werden circa 15% des Geldes in dieser Form erzeugt. Die übrigen 85% werden von den Privatbanken durch Kreditvergabe mit Zinsen geschaffen. Das ist das Erste.

---

[79] http://de.wikipedia.org/wiki/Geldschöpfungsmultiplikator.

CYRIL: Soweit geht es ja noch.

BERNARD: Wenn die Bank für Sie die 100.000 Euro geschaffen hat, dann verlangt Sie von Ihnen die Rückzahlung dieses Betrags plus Zinsen. Nehmen wir an, Sie hätten eine Laufzeit von 20 Jahren zu einem relativ hohen Zins vereinbart, dann müssten Sie 200.000 Euro an die Bank zurückzahlen. Das Problem ist, dass es diese zweiten 100.000 Euro gar nicht gibt.

CYRIL: Wie meinen Sie das?

BERNARD: Wenn sie Geld schöpfen, dann schaffen die Banken die Kreditbeträge, aber sie erzeugen nicht die Zinsbeträge.

CYRIL: Das bedeutet also, dass fast das ganze Geld, das weltweit im Umlauf ist, durch Kredite geschaffen wird, die an Zinsen gebunden sind, aber dass das Geld, das wir benötigen, um diese Zinsen zurückzuzahlen, nicht da ist?

BERNARD: Genau. Um Ihre Zinsen zurückzuzahlen, muss jemand anderer irgendwo Geld aufnehmen, damit die nötige Geldmenge geschaffen wird. Dazu müssen neue Wirtschaftsaktivitäten erzeugt werden.

CYRIL: Also Wachstum.

BERNARD: Ohne geht es nicht. Wer denkt, dass ein Null-Wachstum bei uns möglich ist, hat unser Geldsystem nicht verstanden. Mit einem Null-Wachstum würden wir Bankrott gehen, soviel steht fest! Zumal Ihre 100.000 Euro, sobald Sie sie zurückbezahlt haben, aus dem EDV-System getilgt werden. Man bräuchte also weitere Darlehen, um eine ausreichende Geldmenge vorzuhalten. Also immer mehr Wachstum.

CYRIL: Aber wir können doch nicht ins Unendliche wachsen.

BERNARD: Richtig. Das wissen wir seit 1972, als der Club of Rome seinen Bericht über die Grenzen des Wachstums vorgelegt hat.

CYRIL: Alles in allem heißt das also, dass uns dieses System in einen wirtschaftlichen Konkurrenzkampf versetzt, um uns bei anderen das Geld zu holen, das wir für die Tilgung unserer Zinsen brauchen; dass es uns zum Wachstum zwingt. Zwei Ausgangslagen, die nicht nachhaltig sein können.

BERNARD: Das aktuelle Währungssystem ist mit Nachhaltigkeit unvereinbar und das aus verschiedenen Gründen. Der erste ist die Verpflichtung zum Wachstum, von der wir gerade gesprochen haben. Der zweite ist das kurzfristige Denken. Wenn das von einem erzeugte Geld Zinsen abwerfen soll, dann zählt die Zukunft nicht. Sie wird sozusagen diskontiert, also abgezogen. In hundert Jahren eine Million Euro erstattet zu bekommen, das will niemand. Genau deshalb sind die Unternehmen darauf programmiert, kurzfristig zu denken. Neulich habe ich mich mit einem deutschen Geschäftsführer unterhalten. Ich habe ihn gefragt, in was für Zeiträumen er denkt, wenn es um seine Kinder geht. Seine Antwort lautete: „Fünfundzwanzig Jahre". „Und wenn Sie morgens ins Büro kommen?" „Dann zählen zwei, maximal drei Halbjahre. Und wenn ich nicht so plane, dann sitze ich morgen auf der Straße und werde durch jemanden ersetzt, der es tut." Das ist die traurige Wirklichkeit.

Das dritte Problem besteht darin, dass Geld die Eigenschaft hat, soziale Gefüge zu zerstören. Vordergründig ist Geld ja bloß ein passives, neutrales Instrument und dient dazu, den Warenaustausch zu vereinfachen. Aber das stimmt einfach nicht. Denn Geld bestimmt viele unserer Werte, unter anderem in Beziehungen. Wenn Sie etwas kaufen und es bezahlen, dann entsteht keine Beziehung.

CYRIL: Sie meinen, dass uns die Tatsache, dass wir Geld tauschen, daran hindert, miteinander in Beziehung zu treten.

BERNARD: Ganz genau. Geld hat die Eigenschaft, Beziehungen zu ersetzen, sie sozusagen auszuhöhlen. Wenn Sie Ihrer Frau zum Geburtstag einen 100-Euro-Schein geben, statt ihr ein Geschenk zu machen, wird das nicht funktionieren. Denn soziale Beziehungen entstehen durch unbezahlte Gaben. Wenn ich etwas für Sie umsonst mache, um Ihnen einen Gefallen zu tun, dann bauen wir eine Beziehung auf. Wenn Sie mich für die gleiche Dienstleistung bezahlen, dann müssen wir nicht unbedingt etwas miteinander zu tun haben, dann sind wir quitt. Gemeinschaftsbildung findet statt, wenn Gaben angenommen und honoriert werden. Je stärker der kommerzielle Austausch wird, desto unpersönlicher werden die Beziehungen, bis sie sich irgendwann auflösen.

CYRIL: Hat das in den westlichen Ländern dazu beigetragen, die Gemeinschaft zu zerstören?

BERNARD: Es sind immer die „fortschrittlichsten" Gesellschaften, die den kommerziellen Austausch am weitesten entwickelt haben, einfach weil wir Entwicklung so definieren, über das Wachstum der ausgetauschten Menge an herkömmlichem Geld oder Buchgeld. Es gab in den USA eine Studie zu diesem Phänomen. Sie hat ergeben, dass Ghettos, wo Geld eine nur untergeordnete Rolle spielt, die Orte mit einem funktionierenden Gemeinschaftsgefüge sind. Das Gleiche lässt sich auf familiärem Niveau beobachten. In Süditalien besteht eine *famiglia* aus siebzig, achtzig Personen. Das ist ein Clan aus mehreren Generationen. In einer ganzen Reihe sogenannter „entwickelter" Länder sind unsere Familien dagegen auf die sogenannte Kernfamilie geschrumpft. In den USA lebt über die Hälfte aller Kinder in Haushalten mit nur einem Elternteil. In dem Moment, wo der Großvater

Miete bezahlen muss, wenn er bei seinen Kindern wohnt, hat die Familie ausgedient.

CYRIL: Das heißt, wir sollten uns lieber von unseren Euros oder Dollars verabschieden?

BERNARD: Auf keinen Fall! Ich habe überhaupt nichts gegen das Geld, so wie es ist, ich habe aber sehr wohl etwas gegen das Geldmonopol. Es gibt für unsere Währung, wie sie ist, ein sehr passendes Anwendungsfeld, nämlich den Handel und die weltweit agierenden Großunternehmen. Da funktioniert sie am besten, da fördert sie Innovation, schafft Arbeitsplätze und hat den Bewohnern der sogenannten entwickelten Welt einen Lebensstandard ermöglicht, von dem vor wenigen Jahrhunderten nur Königsfamilien träumen konnten. Wir hätten den Wirtschaftsboom des Industriezeitalters niemals schaffen und finanzieren können, wenn wir nicht das Geld der Bankschulden gehabt hätten. Aber heute sind wir am Ende des Industriezeitalters angelangt und trotzdem setzen wir noch auf die gleichen Instrumentarien, obwohl unsere Probleme inzwischen ganz anders gelagert sind. Denn solange alle Welt verpflichtet ist, allein diese Einheitswährung zu benutzen, werden wir die Probleme nicht loswerden.

CYRIL: Was meinen Sie damit? Welche Probleme kann dieser Währungstyp nicht lösen?

BERNARD: Die alternde Bevölkerung, die Arbeitslosigkeit, die Währungsschwankungen, die Schere zwischen Arm und Reich, die Schuldenexplosion etc. Und was noch schlimmer ist: der Klimawandel und das Artensterben, denn die werden weitreichende Folgen in allen Bereichen für uns haben. Die Menschheit ist nämlich zum ersten Mal dabei, die gesamte Biosphäre zu gefährden. Ich behaupte aber, dass es für all diese Probleme Lösungen gibt, die wir bereits kennen und die sich schon bewährt haben, nur sind die entsprechenden Projekte mit dem herkömmlichen Geldsystem nicht finanzierbar. Sie können nicht im nötigen Umfang und mit der nötigen Geschwindigkeit realisiert werden, weil wir dazu angeblich nicht die Mittel haben. Nehmen wir mal die Energiefrage. Wir wissen, wie wir erneuerbare Energien entwickeln können, aber wer will das finanzieren? Der Privatsektor bestimmt nicht, weil er von den fossilen und nuklearen Energien weiter hohe Zinsen abschöpft; die Regierungen auch nicht, deren Kassen ja genau wegen ihrer Schuldenlast leer sind. Also bleibt alles beim Alten und man wartet ab.

CYRIL: Genau das bekommt man regelmäßig zu hören, die hohe Staatsverschuldung und dass die Länder eine strenge Austeritätspolitik einhalten müssen. Dabei ist bei einem Blick auf die Weltwirtschaft zu erkennen, welche Unmengen an Geld im Umlauf sind; was für sagenhafte Gewinne manche Unternehmen einstreichen und dass es ungeheure Vermögen gibt. Wie kann es sein, dass dieses Geld nie für die Finanzierung so wichtiger Vorhaben zur Verfügung steht?

BERNARD: Eine Folge des herkömmlichen Währungssystems, das das Geld, wie vorhin beschrieben, aus verzinsten Schulden schöpft, ist die Konzentration des Geldes. Wer Geld hat, kann es sehr leicht vermehren. Wer keins hat, bekommt inzwischen immer größere Schwierigkeiten, welches zu erwerben. Wie das läuft? Es ist der Geldtransfer von jemandem, der nicht genug hat und sich etwas borgen muss, zu einem, der schon mehr als genug hat, weil er dir was borgen kann. Dieser Mechanismus saugt automatisch die Ressourcen von der Basis an die Spitze einer Gesellschaft. Für die Elite ist das eine probate Methode, um ihre Vermögen zu sichern. Und genau zu diesem Zweck wurde das System ja vor 3.000 Jahren im einstigen Sumer, beim Anbruch des Patriarchats auch erfunden. Allerdings erkannten damals andere Gesellschaften die darin verborgenen Gefahren schnell. So wurde das, was einst die „Sünde des Zinswuchers" genannt wurde, im Westen erst vor vierhundert Jahren legalisiert. Vorher waren Zinsen, sowohl im Christentum als auch im Islam und sogar in Asien, gesetzlich verboten.

CYRIL: Unser Geldsystem hat für Sie also etwas mit dem Patriarchat zu tun?

BERNARD: Ja. Man kann das anhand sämtlicher patriarchaler Gesellschaften in der Geschichte studieren, denn sie haben alle das erschaffen, was wir heute immer noch haben: ein Geldmonopol mit Zinsen. Matrifokale Gesellschaften, also solche, die eher weibliche Werte wertschätzen, neigten dagegen eher zu einem Ökosystem des Geldes, das heißt, es gab mehrere Währungen parallel. Es gab einen Währungstyp wie den patriarchalen, den man anhäufen und für den man Zinsen verlangen konnte, und eine andere Währung, deren Anhäufung unter Strafe stand, eine reine Tauschwährung, für jeden zugänglich.

CYRIL: Woran erkennt man eine matrifokale Gesellschaft? Und wann hat es diese Art von Gesellschaften gegeben?

BERNARD: Man kann sich am Gottesbild orientieren. Handelt es sich um einen Mann mit Bart, der ohne Partnerin alles alleine erschaffen hat, dann hat man es vermutlich mit einer patriarchalen Gesellschaft zu tun (lacht). Aber Scherz beiseite. Drei Epochen sind dabei besonders interessant: Das Ägypten des ersten Jahrtausends vor unserer Zeitrechnung, das von der Figur der Isis beherrscht wurde; das hohe Mittelalter in Frankreich, auch

„das Zeitalter der Kathedralen" genannt, das von der Figur der Jungfrau Maria beherrscht war; und die Tang-Periode im China des 8. bis 10. Jahrhunderts nach Christus, in der eine Frau als Kaiserin an die Macht kam. Dies waren Zeiten mit großer Gestaltungskraft und einem höheren Lebensstandard der Bevölkerung als es ihn in den Epochen davor oder danach gab. Beispielsweise verfügten in Ägypten sogar die Sklaven über Geld und jeder hatte das Recht zu kaufen und Waren oder Dienstleistungen zu tauschen.

CYRIL: Aber davon hört man nie etwas. Ich habe mehrere Jahre Wirtschaft studiert und das hat nie irgendjemand erwähnt.

BERNARD: Die Einheitswährung ist die Grundlage unserer gesamten Wirtschaftstheorien. Und ich würde sogar soweit gehen zu behaupten, dass das Wirtschaftsstudium eine Gehirnwäsche ist, um einem weiszumachen, dass alles und jedes mit einer einzigen Währung gemacht werden muss, weil das angeblich effektiver wäre. Und dass es effektiver ist, will ich auch gar nicht bestreiten. Ich sage nur, dass dieses System gleichzeitig sehr viel anfälliger ist. Es mangelt ihm an der nötigen Widerstandskraft, also Resilienz.

CYRIL: Dieser Resilienzgedanke ist ein großes Thema für viele, mit denen wir gesprochen haben. Heißt das, dass eine Vielzahl paralleler Währungen einem Wirtschaftssystem mehr Resilienz verleihen würde, genauso wie die Artenvielfalt im biologischen Ökosystem für Resilienz sorgt?

BERNARD: Ganz genau. Die Parallele zwischen dem erfolgreichen Funktionieren von biologischen und wirtschaftlichen Ökosystemen ist eins der Forschungsthemen, an denen ich in den USA intensiv mit meinem Kollegen Bob Ulanowicz, einem der Begründer der quantitativen Ökologie, gearbeitet habe. Er hat sein ganzes Leben damit zugebracht zu messen, was Ökosysteme, die so verschieden sind wie der Amazonas, die Serengeti-Wüste und die Pfütze in einem Hinterhof, in Gramm pro Quadratmeter und Jahr produzieren – also all die Plätze, wo sich das Leben manifestiert. Die Frage, der wir damals nachgingen, lautete: Was haben all diese extrem unterschiedlichen Systeme gemeinsam? Und wir entdeckten, dass keins von ihnen eine Monokultur toleriert. Sie brauchen alle Vielfalt. So kann man auf der systemischen Ebene lernen, wie ein Ökosystem in der Natur funktioniert, und die Erkenntnisse direkt auf die Wirtschaft übertragen, auch wenn es sich dabei um ein ganz anders Gebiet handelt. Aber wir haben weltweit eine Währungsmonokultur geschaffen. Selbst das sowjetische und das chinesische System beruhen auf ein und demselben Konzept: Man schafft für die ganze Nation eine Einheitswährung, die auf verzinsten Bankschulden aufbaut. Sämtliche Währungen weltweit funktionieren nach diesem einen Muster. Wir haben also bildlich gesprochen auf der ganzen Welt einen Tannenwald, wo die Tannen etwas breiter oder kleiner sein können, aber es sind und bleiben immer Tannen. Was heißt das für die Praxis? Man sollte sich hüten, einen Zigarettenstummel wegzuwerfen. Der kleinste Funken lässt nämlich alles in Flammen aufgehen. Genau das ist unsere Realität, das ist keine Metapher.

CYRIL: Und was passiert genau, wenn wir in diesem Währungstannenwald eine Zigarette wegwerfen?

BERNARD: Das, was wir beinahe in den Jahren 2007/2008 erlebt hätten. Damals sind wir haarscharf einem Zusammenbruch des Systems entkommen. Und heute sind viele davon überzeugt, dass wir wieder auf eine ähnliche Situation zusteuern. Deshalb wird jetzt soviel von der damaligen Krise geredet, denn sie hat uns schwer getroffen, aber es war und bleibt nicht die einzige. Solange wir ein Währungsmonopol und eine Geldmonokultur haben, wird das System regelmäßig einbrechen. Zwischen 1970 und 2010 hat es nach Angaben des IWF weltweit 425 Wirtschaftskrisen und 208 Finanzkrisen gegeben. Fragen Sie mal die Lateinamerikaner, die Russen oder die Asiaten. Das kommt sehr viel häufiger vor, als man denkt. Jedes System ist auf Vielfalt und Vernetzung angewiesen, um stabil und dauerhaft zu sein. Dieses Gesetz gilt für sämtliche Systeme komplexer Ströme, also auch für die Ökonomie und das Währungssystem. Denn dort greift es genauso.

CYRIL: Was man immer wieder hört, ist, dass das globale Finanzsystem mehr Macht hat als die politischen Parteien oder die Regierungen. Liegt das an diesem Mechanismus der Geldschöpfung?

BERNARD: Beim Blick zurück in die Geschichte sehen wir, dass die Geldschöpfungsmechanismen von den Banken eingeführt wurden, um den Staaten entgegenzukommen, die nicht wussten, wie sie ihre Kriege finanzieren sollten. Die Bank of England, also die Zentralbank des Vereinigten Königreichs Großbritannien und Nordirlands, ist übrigens aus einem Krieg zwischen England und Frankreich im Jahr 1694 hervorgegangen. Jedes Mal wurden die Bedingungen mitten in einer Krise ausgehandelt, das heißt zu einem Zeitpunkt, als die Regierungen geschwächt waren. Das fing mit England an, und es hat dem Land ermöglicht, einen Krieg gegen Napoleon zu gewinnen, die Industrialisierung in Gang zu setzen und sein Empire zu errichten. Das Gleiche ist während des Zweiten Weltkriegs passiert. Da haben die Amerikaner die Rolle Englands übernommen, indem sie eine neue Währungsordnung mit der Bezeichnung „Bretton-Woods-

Abkommen" aufstellten. Wieder wurden diese Gesetze in einer Situation ausgehandelt, in der die Regierungen ohnmächtig waren. Es war eine Frage des Überlebens, die nötigen Gelder aufzutreiben, um den Krieg zu führen und den Wiederaufbau zu finanzieren. Seit damals sind dieselben Regeln immer noch in Kraft. Wir haben sie offiziell anerkannt. Der Vertrag, der das Monopol des Euro in der Eurozone regelt, ist eine modernere Variante der gleichen Sache. Und das hat uns in die Situation gebracht, die wir derzeit vorfinden: Die Regierungen haben nicht mehr das Recht, sich bei den Zentralbanken zu finanzieren, sondern müssen Geld bei Privatbanken zu einem erhöhten Zinssatz aufnehmen.[80] Seitdem müssen sie Zinsen zahlen, die vorher gar nicht oder in sehr geringem Umfang anfielen. Da ist es nur logisch, dass ihre Schulden explodieren.[81]

CYRIL: Aber wie kann man eine Währungsvielfalt schaffen, sodass die Staaten wieder handlungsfähig werden?

BERNARD: Man müsste zunächst eine Reihe von Bestimmungen abschaffen, weil sie die Leute daran hindern, etwas zu tun. Ganz einfach. Ich sehe nicht ein, warum eine Stadt nicht ihre eigene Währung ausgeben kann, die sie auch für ihre Steuereinnahmen ansetzt und die ihr erlaubt, ihre lokalen Probleme zu lösen. Ich sehe nicht ein, warum Unternehmen nicht eine eigene Währung schaffen können, die es ihnen ermöglicht, ihre Unternehmenstätigkeit aufrechtzuerhalten. Im Übrigen gibt es ja durchaus funktionierende Beispiele dafür. Das Problem der Arbeitslosigkeit muss man genau auf diesem Weg anpacken. Das Gleiche gilt für die nationale Ebene.

Nehmen wir als Beispiel Griechenland. Wieso sollten die Griechen nicht mit ihrer Tourismusbranche und ihrer Exportwirtschaft in der Eurozone bleiben, aber eine nationale oder lokale Währung verwenden, um ein Kilo Oliven zu kaufen? Und wenn ein Grieche ein deutsches Auto kaufen will, na dann soll er das mit Euros machen. Man behält beide Währungen gleichzeitig. Wenn man mir jetzt entgegenhält, dass das unmöglich sei oder

---

[80] Artikel 123 des Lissabon-Vertrags besagt Folgendes: „(1) Überziehungs- oder andere Kreditfazilitäten bei der Europäischen Zentralbank oder den Zentralbanken der Mitgliedstaaten (im Folgenden als „nationale Zentralbanken" bezeichnet) für Organe, Einrichtungen oder sonstige Stellen der Union, Zentralregierungen, regionale oder lokale Gebietskörperschaften oder andere öffentlich-rechtliche Körperschaften, sonstige Einrichtungen des öffentlichen Rechts oder öffentliche Unternehmen der Mitgliedstaaten sind ebenso verboten wie der unmittelbare Erwerb von Schuldtiteln von diesen durch die Europäische Zentralbank oder die nationalen Zentralbanken." Artikel 123 greift den Artikel 104 des Vertrags von Maastricht auf, der Artikel 181 des Europäischen Verfassungsvertrags entspricht.

[81] In Frankreich betrugen die Staatsschulden im Jahr 2015 über 2.000 Milliarden Euro. Das entspricht mehr als 95 % des Bruttoinlandsprodukts. Die gesamte vom Staat eingenommene Einkommensteuer würde nicht genügen, um die Zinsen dieser Schulden zu tilgen. Jede Sekunde verschuldet sich Frankreich um weitere 2.665 Euro.

zu kompliziert, dann muss ich leider darauf hinweisen, dass die Engländer genau das seit der Einführung des Euro machen. Eine englische Firma, deren Kunden und Lieferanten allein in der Eurozone angesiedelt sind, hat keine Probleme mit ihrer Buchführung und kann ihre Steuern in Euro zahlen. Denn die Bank of England gibt jedes Quartal den Umrechnungskurs zwischen dem englischen Pfund und dem Euro aus. Ein Währungsmonopol zu haben, überhaupt irgendeine Monokultur zu haben, das ist eine Ideologie, weil sie denen die Kontrolle gibt, die die Macht behalten wollen. Aber eine sachliche Notwendigkeit gibt es dafür nicht.

CYRIL: Das heißt also, verschiedene Währungen sollten gleichzeitig im Umlauf sein?

BERNARD: Wenn Sie mich fragen, dann brauchen wir den Euro und wir brauchen eine Weltwährung, die nicht die nationale Währung eines bestimmten Landes ist, und dazu brauchen wir noch eine Währung für unser Stadtviertel. So baut sich ein Ökosystem auf. Niemand sagt, dass man in einem Ökosystem keine Tannen braucht, aber man braucht eben auch andere Baumarten. Sonst geht der ganze Wald ein, sobald eine Krankheit ausbricht. Hat man aber einen Mischwald mit Eichen, Buchen, Hainbuchen, Birken etc., dann sind manche Arten widerstandsfähiger als andere und das Ökosystem ist insgesamt resilienter.

CYRIL: Was wäre der erste Schritt, um das zu realisieren? Oder anders gefragt, welches Verbot müsste dazu als erstes fallen?

BERNARD: Ich glaube, man müsste zunächst ein Gesetz erlassen, das eine Frist von fünf Jahren ansetzt, um mit neuen Modellen zu experimentieren. Natürlich sollte es weiterhin Kontrollen und Steuerregeln für den Umtausch verschiedener Währungen geben. Aber sämtliche Verbote von Parallelwährungen müssten aufgehoben werden. Die deutsche Gesetzgebung sieht so etwas vor: den Sonderstatus für eine Probezeit. Sie stellt nur die Bedingung, dass die Ergebnisse veröffentlicht werden. Während dieser Sonderstatus in Kraft ist, sind die Regeln, die aufgestellt wurden, um das alte System aufrechtzuerhalten, ausgesetzt.

CYRIL: Und was hindert uns daran, das zu machen?

BERNARD: Ehrlich gesagt wird genau das im Geschäftsleben längst praktiziert. Es gibt sehr effektive Netze von Komplementärwährungen, nur eben in Bereichen, die nicht die wichtigsten Probleme unserer heutigen Gesellschaft angehen. Die *miles* der Fluglinien beispielsweise sind sicher keine zu vernachlässigende Größe mehr, denn inzwischen sind 15.000 Milliarden *miles* im Umlauf. Die Erfahrung damit zeigt zweierlei: Erstens, dass es möglich ist, Dinge in sehr großem Maßstab zu einem sehr günstigen Preis zu machen; und zweitens, dass so tatsächlich eine Kundenbindung möglich ist, denn die Leute buchen immer wieder bei den gleichen Fluggesellschaften, um ihre *miles* zu bekommen. Das ist für die betreffenden Unternehmen sehr gut, aber wir können das gleiche Instrument nutzen, um unsere ökologischen, sozialen, Beschäftigungs- und Überalterungsprobleme zu lösen. All das ist machbar. In der Beschäftigung müsste es z. B. eine Beschäftigungswährung geben, die den kleinen und mittleren Unternehmen hilft, also denen, die in der Wirtschaft am meisten Beschäftigung schaffen. Wir leben in einer Epoche, in der die menschliche Arbeit in der Produktion immer mehr von der Technologie verdrängt wird. China hat diesen Prozess jetzt beschleunigt, ist aber nicht die Ursache dafür. Dieses Problem lässt sich nicht lösen, indem wir das Rad der Zeit zurückdrehen.

Eine Entindustrialisierung Europas mag eine hübsche Utopie sein, aber ich fürchte, auch sie würde keine Arbeit für alle schaffen. Zumal der technische Fortschritt umgekehrt verläuft, denn die Schwerindustrie könnte von 3D-Druckern in Privathaushalten oder kleinen Werkstätten ersetzt werden. Wir brauchen nicht nur Beschäftigungswährungen, wir sollten uns auch zu einer Gesellschaft entwickeln, in der die Talente und Neigungen des Einzelnen ihm oder ihr ein Auskommen sichern. Die Menschen wollen unendlich vieles gerne tun, was für die Gesellschaft nützlich ist, können aber nicht davon leben, weil niemand sie dafür in Euro bezahlt. Wenn ich auf meiner Terrasse Salat ziehe, dann wird mein Erzeugnis im Wettbewerb mit dem Bauern, der die großen Maschinen und 10-Hektar-Felder hat, nie bestehen. Es könnte aber eine Wirtschaftsform geben, in der diese Tätigkeit wertgeschätzt und honoriert wird, nur geht das eben nicht mit einem Währungsmonopol, weil dies meinen Salatkopf mit dem des Großbauern gleichsetzt.

CYRIL: Das heißt, die Regierungen müssten den ersten Schritt machen?

BERNARD: Ich glaube nicht, dass die Regierungen die Dinge von sich aus ändern sollten, aber wenn die Menschen bereit sind, solche Veränderungen anzustoßen, sollten sie ihnen das erlauben. Ich glaube nicht an Revolutionen. Die Menschheitsgeschichte hat bewiesen, dass die Revolutionäre von einst die neuen Unterdrücker werden. Ich glaube eher, dass wir unsere Kreativität nutzen und ihr mehr Möglichkeiten geben sollten, sich auszudrücken. Es ist einfach absurd, dass wir im Informationszeitalter immer noch nach Maßstäben wirtschaften, die vor fünftausend Jahren gesetzt wurden. Und Geld ist vor allem Information.

CYRIL: Es muss also zirkulieren.

BERNARD: Und seine Funktion erfüllen! Stellen Sie sich vor, ein Marsmensch landet auf unserem Planeten und sieht, wie es bei uns zugeht. Er würde Leute treffen, die in der Lage sind, unsere brennenden Probleme zu lösen. Da würde er fragen: „Warum tun Sie es nicht?!" Die Antwort wäre: „Na ja, wir haben kein Geld dafür." „Was ist das, Geld? So etwas gibt es auf dem Mars nicht. Wie funktioniert Geld?" Die reale Definition von Geld ist, dass sich eine Gemeinschaft auf dieses Instrument als Standardtauschmittel geeinigt hat. Und dann das!? Er würde den Planeten auf der Stelle verlassen und sich sagen: „Hier gibt es kein intelligentes Leben."

CYRIL: Wenn wir nichts tun und eine Wirtschaftskrise eintritt, was könnte dann passieren?

BERNARD: In den letzten drei Jahrhunderten gab es jedes Mal, als wir uns in einer Lage wie der jetzigen befunden haben, einen Krieg. In der Krise von 1929 war es der Zweite Weltkrieg. Roosevelt hat es selbst gesagt: Es waren nicht die New Deals, sondern die Kriegsvorbereitungen, die die Welt aus der Krise herausgeführt haben. Ich hoffe ganz naiv, dass wir es nicht so weit kommen lassen!

### WIR: 60.000 MITTELSTÄNDLER GRÜNDEN IHRE EIGENE BANK

Ich kann mich noch gut an die Blicke von Laurent, Antoine und Alexandre erinnern, als wir aus der elften Etage nach unten fuhren; an die Anspannung in ihren Gesichtern, verstärkt vom weißen Neonlicht. Ich beobachtete sie im Spiegel des Fahrstuhls, wie sie eingequetscht zwischen den Kästen mit unserer Ausrüstung dastanden. Wir gingen wortlos und ziemlich geschafft zu unserem Kleintransporter. Als wir dann das Schweigen brachen, sprudelte es nur so aus uns heraus. Als würde alles, was wir bisher gesehen hatten, mit einem Mal einen tieferen Sinn ergeben. Vom Mechanismus der Geldschöpfung ließ sich der Einfluss der Finanzwelt herleiten; er war der Grund für die fehlenden Mittel, um eine echte ökologische Wende herbeizuführen; er öffnete die Schere zwischen Arm und Reich immer weiter.

Bernard Lietaers Worte unterfütterten sämtliche Feststellungen und Beobachtungen, die wir auf weiten Strecken unserer Reise gemacht hatten, mit einer theoretischen Erklärung: Jedes System benötigt Vielfalt, um widerstandsfähig und ausdauernd zu sein, ganz gleich, ob es biologisch gewachsen oder vom Menschen geschaffen ist. Das zeigte die Permakultur von Bec-Hellouin, davon erzählte der Niedergang von Detroit, das belegte der Energie-Mix aus vielen verschiedenen Quellen. All das machte plötzlich einen Sinn, zunächst intellektuell. Aber wir hatten unseren Experten für Komplementärwährungen nach Initiativen gefragt, die den praktischen Beweis dafür lieferten, dass eine Währungsvielfalt effizienter ist als die Geldmonokultur. Das erfolgreichste Beispiel befindet sich aus seiner Sicht in der Schweiz, dem Land des Bankgeheimnisses, genauer in dem ruhigen Basel, fast vis-à-vis mit der Bank für Internationalen Zahlungsausgleich BIZ, also der Bank für die Zentralbanken, die für den gesamten internationalen Zahlungsausgleich zuständig ist.

Dort angelangt standen wir vor einem schwarzen Bürogebäude mit der goldenen Aufschrift „WIR Bank". Hinter der Glasfassade sahen wir im Erdgeschoss zwei konzentriert arbeitende Angestellte hinter einer Empfangstheke sitzen, er mit Krawatte, sie im Kostüm. Äußerlich war das weltweit stabilste Bankhaus für eine Komplementärwährung in nichts von einer beliebigen Bank zu unterscheiden. Bernard Lietaer hatte uns als Gesprächspartner Hervé Dubois empfohlen, zwanzig Jahre Leiter der Unternehmenskommunikation. Vor wenigen Monaten hatte er seinen Ruhestand angetreten und war für uns im Morgengrauen aufgestanden, um Hunderte von Kilometern von seinem Wohnort in den Bergen zu seiner einstigen Wirkungsstätte zu fahren. Er kam in Lederjacke, darunter trug er ein bis zum dritten Knopf geöffnetes Hemd und ein kleines, eng am Hals anliegendes Goldkettchen mit Kreuz. Mit seiner getönten Brille, dem dicken Schnurrbart und der Lockenfrisur sah er eher aus wie ein Mitglied der New Yorker Mafia in den 1970er Jahren als wie ein Schweizer Banker, aber das machte ihn uns sogar sympathischer. Und als wir ihm dann zuhörten, kam kein Zweifel auf, dass er genau der richtige Mann gewesen war, um die WIR-Idee in den letzten zwanzig Jahren voranzubringen: Dubois war brillant, freundlich, präzise und sehr bescheiden.

Wie eine Reihe weiterer Initiativen wird auch WIR aus der Krise geboren, genauer aus der von 1929. In der Schweiz trifft der wirtschaftliche Zusammenbruch, wie anderswo auch, besonders die Unternehmer hart. Es sind keine Investitionen mehr möglich, es gibt so gut wie keine Bankkredite, die Betriebe gehen langsam zugrunde. In dieser Situation beschließt der Wirtschaftswissenschaftler und deutsch-argentinische Kaufmann Silvio Gesell, der sich in den 1920er Jahren im Kanton Neuchâtel niederließ, einen Versuch zu starten, um seine Ende des 19. Jahrhunderts entwickelte Freiwirtschaftslehre in die Praxis umzusetzen. Gesell hatte darin stets betont, dass Zinsen Gift für eine Gesellschaft sind, weil sie die Reichen immer reicher und die Armen immer ärmer machen. Er kann einen gewissen Werner Zimmermann für seine Ideen gewinnen, der 14 weitere Geschäftsfreunde von dem Abenteuer überzeugt. Gemeinsam erfinden sie die zinsfreie Komplementärwährung WIR, welche die beteiligten Unternehmer untereinander nutzten, um damit ihre jeweiligen Geschäfte zu fördern. Hervé erzählt: „Das waren Idealisten, Menschen, die eine bessere Welt schaffen wollten, in der auch die kleinen Leute eine Chance haben, angenehm zu leben. Eine Welt, wo man nicht ein Vermögen braucht, um etwas zu werden oder ein erfolgreiches Leben zu führen. Und dies war übrigens nur eins von vielen Projekten, in die sie sich mit dieser Haltung einbrachten. Die gleichen Initiatoren haben nämlich auch die Wohnbaugenossenschaften in der Schweiz eingeführt."

Während alle Welt die beiden Pioniere für harmlose Spinner hält, schlägt die Idee unter Geschäftsleuten wie eine Bombe ein und lockt Tausende weiterer Mittelstandsunternehmen an. Nach dem ersten Jahr ihres Bestehens haben sich bereits 3.000 Betriebe der Komplementärwährung WIR angeschlossen. Die Arbeitslosigkeit und die wirtschaftliche Not drücken hart genug, dass sich eine beträchtliche Anzahl von Kaufleuten auf diesen unorthodoxen Weg einlässt. Die Parallelwährung ist so erfolgreich, dass es Probleme gibt, die Kredite abzusichern und die Schweizer Behörden sich dem Projekt nun ernsthaft zuwenden. Doch anstatt die Initiative auszubremsen oder gar zu verbieten, genehmigen sie diese ein Jahr später, indem sie WIR eine Banklizenz erteilen. „Aber", so räumt Hervé Dubois ein, „sie taten das nicht, weil sie die Leute so nett fanden, sondern weil WIR mit einer Banklizenz dem Gesetz für Geldinstitute unterstellt wurde und damit der Kontrolle der Bundesbehörden." Eine Kontrolle, die auch ausgeübt wurde und die Gründerväter dazu motivierte, ihr System grundlegend zu reformieren, um ihm mehr Stabilität und Dauer zu verleihen. Heute, also achtzig Jahre später, haben sich 60.000 mittelständische Betriebe der WIR-Bank angeschlossen, also mehr als 20 % aller Unternehmen des Landes mit einem Währungsvolumen von einer knappen Milliarde Schweizer Franken.

Das System ist einfach: Es handelt sich um eine Kaufkraft[82], die nur im Netzwerk seiner Teilnehmer zirkuliert. Hervé drückt es so aus: „Der Motor des Systems besteht darin, sich gegenseitig zu berücksichtigen." Um das zu illustrieren, nennt er uns ein praktisches Beispiel: „Stellen Sie sich einen Schreiner vor, der ein paar Spezialsägen braucht. Er gehört zum WIR-Netzwerk und wird daher versuchen, einen Hersteller zu finden, der auch mit dieser Währung

---

[82] Ein WIR-Franken entspricht einem Schweizer Franken.

arbeitet, denn er muss sein WIR-Geld ja ausgeben. Er bestellt die benötigten Sägen vielleicht bei einer 300 km entfernten Firma, die er zwar nicht kennt, aber wo er zu 50% mit WIR-Franken bezahlen kann. Es ist vielleicht gerade Januar, also beschließt der Sägenhersteller, Ski fahren zu gehen. Er fährt in sein gewohntes Skigebiet und hält Ausschau nach einem Hotel, wo er Zimmer und Verpflegung mit WIR-Geld bezahlen kann. Das findet er problemlos, weil es viele Unterkünfte gibt, wo man seine Rechnung zu 50, 80 oder sogar 100% mit WIR-Franken bezahlen kann. Wenn die Saison vorbei ist, sucht sich der Hotelbesitzer dann für die Renovierung seiner Zimmer einen Weißbinder, der für WIR-Geld arbeitet, und dieser kauft seine Farbe eher in den Fachbetrieben des Netzwerks als im Heimwerkermarkt, weil der niemals WIR annehmen würde, die kann er in seinem System nämlich überhaupt nicht gebrauchen.

Einige setzen WIR-Franken auch zu Marketingzwecken ein. Der Hotelier hat wahrscheinlich in der Zwischensaison kaum Gäste und kann in diesen schwachen Monaten damit werben, dass die Rechnungen zu 100% in WIR bezahlt werden können. Auf diese Weise wird er unter den 60.000 Teilnehmern des Netzwerks leicht Kundschaft finden, weil sie bei ihm ihr WIR-Geld loswerden, ohne ihre Schweizer Franken anzutasten, die sie ja für Transaktionen im Ausland oder außerhalb des Netzwerks brauchen. Diese Unternehmen machen alle Geschäfte miteinander, wären aber ohne WIR niemals in Kontakt gekommen, das ist das Prinzip der gegenseitigen Berücksichtigung. Und jeder will sein WIR-Geld schnell ausgeben, weil Einlagen keine Zinsen bringen. Geldanlagen machen also keinen Sinn. Das Geld verliert durch die Inflation sogar noch an Wert. Das ist einer der Hauptmotoren. Man will das Geld so schnell wie möglich in Umlauf bringen, es wieder ausgeben. Die Geschwindigkeit dieser Zirkulation gibt dem System seine Dynamik."

WIR funktioniert also umgekehrt wie die herkömmliche Wirtschaft, wo das Geld die Tendenz hat, sich zu konzentrieren und die Wirtschaft durch Geldanlagen, Steuerparadiese etc. auszuhöhlen, wie Bernard Lietaer uns erläutert hat. Das WIR-System unterstützt die Betriebe schon in normalen Zeiten bei ihrer Firmentätigkeit und ermöglicht ihnen, diese auszubauen, aber in Krisenzeiten ist es noch stabiler. Drei Studien wurden erstellt, eine von Bernard Lietaer und zwei weitere von James Stodder, mit denen sich nachweisen ließ, dass die Widerstandskraft der Unternehmen gegen wirtschaftliche und finanzielle Schocks durch eine Komplementärwährung um ein Vielfaches gesteigert wird. Für Hervé ist es „ein antizyklisches System: Je größer die Rezession, desto mehr nimmt die Dynamik zu. Andererseits gilt, je günstiger die Konjunktur, desto geringer die Dynamik. Hunderte von Mittelständler haben zahlreiche

Krisen dank WIR überlebt." Außer in den Jahren 2008-2009, in denen ein leichter Anstieg an WIR-Genossen zu verzeichnen war, blieb die Zahl der Unternehmer im WIR-Netzwerk während der letzten 20 Jahre ziemlich konstant, denn der Schweizer Wirtschaft geht es gut. Wie Bernard Lietaer ist auch Hervé Dubois überzeugt, dass das System in Krisen eine hohe Resilienz aufweist, was für Ökonomien, die er als „schwach" bezeichnet, besonders wichtig ist. „Ich denke an Griechenland, an Portugal, Spanien, sogar an Italien. Wir hätten damit eine Möglichkeit, ganze Regionen zu stabilisieren. Aus Sardinien kennen wir ein interessantes Beispiel, das durch den WIR-Franken inspiriert wurde. Vor einigen Jahren kamen ein paar junge Leute und haben sich nach unserer Währung erkundigt. 2010 haben sie dann den Sardex herausgebracht und heute leben rund 15.000 kleine und mittlere Betriebe in Sardinien von diesem System. Im Prinzip eine arme Gegend, an der Rom kein großes Interesse hat. Der Sardex ist für sie ein Trick, sonst würden sie nicht überleben. Seit es den Sardex gibt, geht es vielen kleinen und mittleren Unternehmen besser und die Wirtschaft der ganzen Insel ist stärker geworden."

Was Griechenland angeht, ist Hervé Dubois ebenso wie Bernard Lietaer überzeugt, dass ein Vorstoß wie die WIR-Währung das Land aus dem Schlamassel befreien könnte. „Es wäre beispielsweise möglich, ein vom WIR-Geld leicht abgewandeltes Komplementärsystem einzuführen. Wir legen den Fokus ja auf den Mittelstand, aber dort könnte er auf eine Region gelegt werden, indem es eine Währung für alle gibt, die dort niedergelassen sind: Bürger, Firmen, Verbände etc. Nehmen wir beispielsweise Griechenland. Wenn man dort einen griechischen WIR einführen würde, dann käme die Wirtschaft wieder in Gang, weil diese Währung in der Schweiz, in Amerika, in London und vor allem an den Börsen nichts taugt. Denn es bringt doch gar nichts, den Griechen Milliarden von Euros zu schicken, die innerhalb von 48 Stunden aus dem Land verschwinden und bei den Spekulanten der großen europäischen und amerikanischen Börsen landen! In dieser schwachen Ökonomie braucht man eine Währung, die immer wieder in Umlauf gebracht wird und es dem erwirtschafteten Reichtum ermöglicht, im Land zu bleiben. Das ist der erste Vorteil. Der zweite ist, dass es sich um kostenloses Geld handelt, das nicht auf die internationalen Geldmärkte geworfen wird. Was bedeutet, dass der Staat nicht noch mehr Schulden anhäufen muss, um darüber zu verfügen, und am Ende nicht mehr Herr wird über den Schuldenberg. Die Griechen haben die Freiheit, ihre Verhältnisse so einzurichten, dass auf diesem Weg eine für ihre Ökonomie ideale Geldmenge im Land bleibt. Anfangs könnten sie das über

*Bürotür der Aktionsgruppe für den Bristol Pound*

einen Regierungs- oder Parlamentserlass regeln, d. h. es würde beispielsweise angeordnet, dass 50% der Beamtengehälter und 50% der Pensionen für ehemalige Beamte – und davon gibt es in Griechenland eine ganze Menge – in griechischen WIR ausgezahlt werden. Über einen weiteren Erlass könnten dann alle griechischen Unternehmen dazu verpflichtet werden, griechische WIR als Zahlungsmittel anzunehmen. Auf diese Weise würde man relativ schnell ein Wirtschaftssystem zum Laufen bringen, von dem das ganze Land profitieren würde." Und der Euro könnte, wie Bernard Lietaer erläutert hat, weiter für den internationalen Zahlungsverkehr, vor allem für den Tourismus, eingesetzt werden.

Der WIR ist insofern einzigartig, als die WIR-Bank, im Gegensatz zu sämtlichen vergleichbaren Initiativen weltweit, eine Lizenz besitzt und der WIR von der Weltbank als offizielle Währung anerkannt und sogar ISO-zertifiziert ist. Bei der heutigen Gesetzeslage ist so etwas in Frankreich fast ausgeschlossen, weil es äußerst schwierig ist, eine Banklizenz zu bekommen. Dabei ermöglicht der Status der WIR-Bank dieser, eine aktive Rolle in der Wirtschaft des Landes zu spielen. Wie eine herkömmliche Bank, gibt die WIR-Bank das Geld lediglich in elektronischer Form aus und kontrolliert ihre Geldbestände im Umlauf über Zinsen auf Kredite.[83] Zu diesem Zweck wird inzwischen ein sehr niedriger Zinssatz unter 1% auf Darlehen erhoben. Guthaben werden aber nach wie vor nicht verzinst. Um das System zu optimieren, bietet die WIR-Bank seit den 1990er Jahren auch Kredite in Schweizer Franken an. „Vor allem Kombi-Kredite", erläutert Hervé Dubois, um Projekte zu finanzieren, die man nicht zu 100% in WIR bezahlen kann, wie ein Haus, ein Ladengeschäft oder eine Fabrik. Bei diesen Krediten sind die Zinsen auf die Schweizer Franken genauso hoch wie bei einer anderen Bank und die auf die WIR nicht der Rede wert. Das bedeutet schon mal eine deutlich geringere Zinslast, wodurch Unternehmer Projekte umsetzen können, die sie mit herkömmlichen Banken nicht hätten finanzieren können."

Außerdem ermöglicht dieses System auch Darlehen an Branchen, die sonst kaum in deren Genuss kommen. „Branchen wie der Tourismus, Hotels und Gastronomie haben nämlich oft Schwierigkeiten, Kredite zu bekommen. Für die herkömmlichen Banken ist das Risiko zu hoch, während es für eine mittelständische Genossenschaftsbank wie die WIR-Bank keinen Hinderungsgrund darstellt: Wenn der Betrieb eine Überlebenschance hat, dann werden

---

[83] Eine Aufgabe, die in der herkömmlichen Geldwirtschaft den Zentralbanken zufällt.

die Geschäftsführer ihre WIR-Kredite sicher bekommen." Genau darum geht es bei der mehrfachen Buchhaltung und der Währungsvielfalt ja, und das ist der Grund, warum Bernard Lietaer sich dafür so stark macht. Die WIR-Netzwerker haben das durchaus verstanden: „Der WIR ist kein System, das den Schweizer Franken ersetzt, er ist eine Komplementärwährung. Er würde sogar seine Vorteile verlieren, wenn er das übliche System eines Tages ersetzen würde, dann würde er genauso krisenanfällig wie dieses. Er muss komplementär bleiben, damit er jede Geldspekulation unmöglich macht."

## BRISTOL: DIE STADT, IN DER SICH DER BÜRGERMEISTER IN EINER REGIONALWÄHRUNG BEZAHLEN LÄSST

Fachleuten des monetären Wandels zufolge braucht man für die Schaffung einer Komplementärwährung „eine Gemeinschaft aus Menschen, die gemeinsame Interessen verfolgen." Im Falle des WIR ist die Gemeinschaft der gesamte Schweizer Mittelstand und dessen gemeinsames Interesse besteht darin, eine widerstandsfähige Wirtschaft in der Schweiz und den jeweiligen Regionen aufrechtzuerhalten. Es gibt aber noch eine andere, viel bekanntere Komplementärwährung, deren Interessengemeinschaft geografisch ist: das Regiogeld. Bernard Lietaer hatte uns eine Reihe von Städten genannt, wo das Regiogeld bereits eingeführt ist. Aus diesen wählten wir, um unsere Recherche fortzusetzen, Bristol, das eine Stunde westlich von London liegt. Und wir wollen kein Geheimnis daraus machen: Bristol hat uns sehr viel mehr gerockt als Basel. Als Künstlerstadt, aus der Musiker wie Portishead und PJ Harvey stammen, wird es oft mit Seattle verglichen, der Wiege des Grunge, von Gruppen wie Nirvana und Pearl Jam. Und wie Seattle, wo es von Bioläden, Genossenschaften und anderen geteilten Lebensräumen wimmelt, ist auch Bristol geprägt von einer gewissen Protestkultur und dem Drang nach sozialer Erneuerung. Es ist also kein Zufall, dass eine der erfolgreichsten Regionalwährungen Europas in dieser Stadt aus der Taufe gehoben wurde.

Auch hier fängt wie in Todmorden alles an mit zwei Freunden, die einen Vortrag besuchen – dieses Mal ein Wirtschaftsforum. Nath und Ciaran führen daraufhin eine heiße Diskussion über die Fehler der modernen Wirtschaft: Steuerparadiese, unverschämte Bankenspekulationen, Finanzblasen und am anderen Ende der Skala Arbeitslosigkeit, Armut etc. Sie machen sich Gedanken darüber, wie man die *small local businesses* unterstützen könnte, da sie es sind, die am meisten Arbeitsplätze in der Region schaffen. Bald bildet sich eine kleine Aktionsgruppe um die beiden und es stellt sich heraus, dass einige Mitglieder Kontakt zur Bewegung der *Transition Towns* haben, welche die Idee der Regionalwährung erst populär gemacht hat. Eins der ersten Regiogelder des Vereinigten Königreichs wurde in Totnes (siehe S. 275) ausgegeben, dem Wohnort von Mark, der zu einem Hauptinitiator des *Bristol Pound* wird.

Das Abenteuer beginnt 2010. Für Ciaran Mundy, den heutigen Leiter der Organisation, stand schon damals fest, dass es nicht um die Gründung einer kleinen Initiative ging, die kaum Gewicht für die lokale Wirtschaft hat. Von vornherein wird deshalb der städtische Großraum von Bristol mit einer Million Einwohnern als Zielgruppe für das Experiment anvisiert. Als nächstes werden Gespräche mit der Bank of England und den Finanzbehörden geführt, mit dem Ergebnis, dass es offenbar kein gesetzliches Hindernis für die Initiative gibt. Diese entwickelt sich anschließend in einem atemberaubenden Tempo. Ab 2012 sind bereits Hunderte von Unternehmern daran beteiligt. Nach Ciarans Ansicht kann jeder sein eigenes Geld kreieren, aber „damit es auch funktioniert, muss man den Rahmen groß genug stecken, sodass alle für unseren Alltag nötigen Waren und Dienstleistungen darin vorkommen: Lebensmittel, Energieversorgung, Transport etc. Man braucht eine Gemeinschaft von Menschen, die sich gegenseitig vertrauen und die an dasselbe System glauben." Für Ciaran ist Geld, genauso wie für Bernard Lietaer und für Hervé Dubois, vor allem eine Frage des Vertrauens. Um es zu steigern, beschließen die Initiatoren des *Bristol Pound* bald, die lokalen Behörden mit ins Boot zu holen, allen voran den Bürgermeister George Ferguson. Dem einstigen lokalen Geschäftsmann ist der Erfolg der kleinen und mittleren Unternehmen seiner Stadt ein besonderes Anliegen. Er erkennt schon früh ein sehr interessantes Instrument zur Förderung der Wirtschaft und der Kommunikation in der Initiative. Er ist so überzeugt davon, dass er bald beschließt, sich sein Jahresgehalt in Höhe von 51.000 Pfund vollständig in Regiogeld auszahlen zu lassen – was weltweit einmalig ist. Aber abgesehen von dem Bürgermeister schließen sich wenig später auch alle Parteien dem Projekt an. Dafür hat Ciaran eine ebenso einfache wie einleuchtende Erklärung: „Es ist ziemlich schwer, gegen die Regionalwährung zu sein. Schließlich unterstützt sie das lokale Gewerbe, hindert die multinationalen Konzerne daran, ihr Geld in Steuerparadiesen zu verstecken, verhindert die Abwanderung der Produktion, schränkt die Niederlassung von Ladenketten ein und sorgt für kürzere Wege zwischen Erzeugern, Vermarktern und Verbrauchern, was den Ausstoß von Treibhausgasen verringert und unsere Wirtschaft widerstandsfähiger macht. Wer könnte bei all diesen Vorzügen dagegen sein?"

Während der nächsten beiden Jahre sind Ciaran, Mark, Katie und Nath sowie alle anderen aus der Aktionsgruppe unentwegt in ihrer Stadt unterwegs, um mit den ortsansässigen Unternehmern zu sprechen. Anstatt das System ohne sie in Gang zu bringen und sie dann davon zu überzeugen, gehen sie den umgekehrten Weg und stellen ihnen Fragen wie: Wenn es den *Bristol Pound* gäbe, wie sollte er Ihrer Meinung nach funktionieren? Welchen Zweck sollte er vor allem haben? Wie sollten die Geldscheine aussehen? Sie tragen die verschiedenen Meinungen zusammen und versuchen eine Währung aufzubauen, die den Wünschen der örtlichen Gewerbetreibenden so gut wie möglich entspricht.

Wie der WIR beschließen sie, der Einfachheit halber eine perfekte Währungsparität herzustellen, in ihrem Fall zwischen *Bristol Pound* und dem Pfund Sterling. Als nächstes werden in der Stadt Dutzende von Wechselstuben eingerichtet, in Geschäften und in den Filialen des Credit Union[84]. Denn Bristol Pfunde, die nicht im Umlauf sind, werden im Credit Union hinterlegt, wo sie als Sicherheit für Kredite zu sehr niedrigen Zinsen für die am stärksten benachteiligten Menschen verwendet werden können. Schon bald kann der *Bristol Pound* als Schein oder in elektronischer Form in einem Netzwerk aus 800 beteiligten Läden und Betrieben verwendet werden. Seine elektronische Ausgabe ist eine wichtige Neuerung gegenüber anderen Regionalwährungen, wie uns Katie Finnegan-Clarke erläutert, die zuständig ist für den Kontakt zu den örtlichen Gewerbetreibenden: „Um den *Bristol Pound* zu lancieren, haben wir uns intensiv mit ähnlichen Projekten in England wie in Totnes, Lewes und Brixton befasst, weil wir verstehen wollten, was dort gut lief und was weniger gut. Der Umtausch ihrer Pfundscheine in Regiogeld war für viele Nutzer ein großes Hemmnis." Somit kann man in Geschäften, die die Zahlungsart „txtpay"[85] akzeptieren, mit *Bristol Pound* per SMS bezahlen. Daher war es wichtig, dass die Händler die Möglichkeit haben, ihre *Bristol Pounds* bei ihren Lieferanten oder für Artikel des täglichen Bedarfs auszugeben. Damit der Buchhändler seine Angestellten in *Bristol Pounds* bezahlen kann, müssen diese die Währung anschließend benutzen können, um damit einen Teil ihrer Stromrechnung zu bezahlen, um Lebensmittel zu kaufen, Kleidung, Elektrogeräte oder EDV-Zubehör, um ins Café oder ins Restaurant zu gehen. Und darin sehen wir den Haupterfolg unseres Modells von Bristol.

---

[84] Genossenschaftsbank mit Non-Profit-Konzept, deren Eigentümer die Bankkunden selbst sind. Der Credit Union erbringt Bankdienstleistungen zu einem sehr günstigen Preis, um den unteren Einkommensgruppen den Zugang zu ermöglichen. Im Gegensatz zu den meisten großen Privatbanken legt der Credit Union sein Geld nicht an den Finanzmärkten an und natürlich ebenso wenig in den Steuerparadiesen. Von einer Finanzkrise wäre das Geld daher nicht betroffen.

[85] Text to pay, „Bezahlen per SMS".

Inzwischen sind die meisten Branchen unserer lokalen Wirtschaft in dem Netzwerk vertreten. Seit Juni 2015 können in Bristol sogar die Stromrechnungen des Anbieters *Good Energy* mit 100 % erneuerbaren Energien in *Bristol Pounds* bezahlt werden – für *Good-Energy*-Gründerin Juliet Davenport eine Weltpremiere[86]. Die Lokalwährung von Bristol wird so erfolgreich, dass die Universitäten anfangen, das Modell zu untersuchen und Fachleute aus London schicken, um den Wirtschaftsfaktor *Bristol Pound* zu berechnen. Wie uns mehrere Geschäftsleute, mit denen wir ins Gespräch kamen, bestätigten, kam das System zwar nur langsam in Gang, doch inzwischen tätigen sie ein Fünftel oder ein Viertel all ihrer Transaktionen mit dieser Parallelwährung.

Das nächste Ziel besteht darin, das Volumen der Finanzgeschäfte auszuweiten, die sich derzeit auf 700.000 Pfund (bei Ausgabe von einer Million) belaufen. Dafür hat die Aktionsgruppe zunächst die Krankenhäuser der Gemeinde im Auge. „Jedes Jahr gibt die Stadt 500 Millionen Pfund aus, davon 200 Millionen bei kleinen und mittleren Unternehmen. Wenn sie damit einverstanden wäre, diese Beträge in *Bristol Pounds* zu zahlen, und sei es nur teilweise, dann würden wir endgültig in einer anderen Liga spielen", erklärt Ciaran. Momentan deckt die Organisation ihre Kosten, indem sie bei jedem baren und elektronischen Umtausch 2 % des Betrags einbehält. Für die Zukunft plant sie die Bereitstellung von Krediten zu sehr niedrigen Zinssätzen nach dem Vorbild des WIR. „Im Grunde", so Ciaran weiter, „geht es darum, den Bürgern die Macht und die Kontrolle über ihre Wirtschaft wiederzugeben. Um die Ökonomie demokratischer zu gestalten, also so, dass die Leute sehen können, was passiert, müssen sich die Bürger mehr als deren Eigentümer fühlen. Die großen multinationalen Konzerne interessieren sich im Allgemeinen nicht für die Orte, wo sie sich niederlassen, und die Bürger wissen nicht, was in ihnen vorgeht. Den Einfluss dieser Unternehmen, denen man sein Geld überlässt, sieht man nicht. Es besteht ein Ungleichgewicht zwischen deren Macht und deren Desinteresse am Aufbau einer gut funktionierenden, gesunden Gesellschaft."

Wir schlendern über den überdachten Markt an all den Händlern vorbei, die mehrheitlich *Bristol Pounds* annehmen, und ich frage Ciaran, was ihn dazu gebracht hat, sich für eine Regionalwährung zu engagieren. Seine Antwort spricht Bände: „Ursprünglich habe ich Ökologie und Landwirtschaft studiert. Ich habe mich vor allem mit der Bodenbiologie beschäftigt und mit den Aus-

---

[86] Erklärung im *Guardian* vom 16. Juni 2015, www.theguardian.com/uk-news/2015/jun/16/bristol-pound-powered-renewable-good-energy-signs-up.

wirkungen der herkömmlichen Landwirtschaft auf die Erde. Ich bin immer wieder auf das gleiche Problem gestoßen: Der Grund, weshalb die Böden ausgelaugt werden, die Fische aussterben, die Bäume gefällt werden, war immer die Wirtschaft. Ich habe mich also gefragt: Können wir diese Wirtschaft denn nicht steuern? Wieso soll sich das nicht ändern lassen? Die Antwort auf diese Fragen lautete systematisch: *Money does what money does*[87].

Die meisten Menschen erkennen überhaupt nicht die Auswirkungen der Wirtschaft auf alles Leben, einschließlich uns Menschen. Die Natur wird in kleine Stücke geschnitten, Tausende von Arten werden getötet, damit sich die Leute Dinge kaufen können, die sie nicht brauchen. Man verkauft sie ihnen, indem man ihnen weismacht, sie bräuchten dies und jenes, um gesellschaftlich jemand zu sein. Und das ist einfach nicht mehr vertretbar. Also habe ich mir vorgenommen, meine Forschungen im Umweltschutz aufzugeben und mich für einen Bereich einzusetzen, wo wirklich etwas verändert werden kann: Business und die Wirtschaft." Für Katie, der ich die gleiche Frage stellte, geht es darum, eine wahre Revolution anzuzetteln, nur positiv: „Ich habe manchmal an riesigen Demonstrationen in London teilgenommen. Wir wurden von der Stimmung mitgetragen und waren ernsthaft davon überzeugt, dass wir die Welt verändern würden. Aber wenn wir am nächsten Tag am gleichen Ort vorbeikamen, dann drehte sich die Welt wieder genauso, als wäre nichts gewesen. Mit dem *Bristol Pound* bauen wir etwas Solides auf, was nicht von einem Tag auf den anderen wieder verschwinden kann. Das ist ein revolutionäres Vorgehen und es passiert ganz leise. Das ist radikal und aufregend, ohne dass es nach außen zwangsläufig so wirkt. Es geht schließlich um nichts Geringeres als darum, das Finanzsystem umzustürzen, es auf den Kopf zu stellen, aber gewaltlos." Ciaran pflichtet dem bei: „Das Grundübel, dem wir hier beizukommen versuchen, ist eine ins Unendliche wachsende Wirtschaft und ein kapitalistisches System, wie es derzeit angelegt ist. Wenn du Geld anhäufst und es auf die Bank bringst und es dort für dich arbeiten lässt, wenn du dich der Idee verschreibst, auf dein Vermögen rasche Renditen zu bekommen, dann brauchst du eine stetig wachsende Wirtschaft, ganz egal mit welchen Folgen. Und um sie anzukurbeln, musst du den Schulden- und Zinsmotor anwerfen. Aber Geld muss nicht so konzipiert sein. Man kann genauso Güter und Waren austauschen, ohne dass die Wirtschaft dazu gezwungen wird, andauernd zu wachsen. Wir wollen keine immer weiter wachsende Wirtschaft mehr, wir wollen eine Wirtschaft, die den Bedürfnissen der Menschen entspricht."

---

[87] Geld macht, was Geld macht.

Und Rob Hopkins, der Initiator der Bewegung der *Transition Towns* in Totnes, wo Englands erste Regionalwährung ausgegeben wurde, erläuterte uns: „Damit eine Wirtschaft widerstandsfähig ist, muss das Geld so viel wie möglich darin zirkulieren. Wenn Sie ein Pfund in der lokalen Wirtschaft ausgeben, bringt dies eine Wirtschaftsaktivität von 2,50 Pfund hervor, aber wenn Sie es im Supermarkt ausgeben, sind das nur 1,40 Pfund, weil das Geld die Region verlässt. Eine Lokalwährung ist daher ein sehr nützliches Mittel, um die Resilienz zu steigern, indem ein Teil des Geldes in der Region bleibt und daran gehindert wird, von den großen multinationalen Konzernen aufgesaugt und kapitalisiert zu werden, wodurch ganze Branchen ausgehöhlt werden, die genau das Geld benötigen. *Totnes Pounds* sind in unserer Nachbarstadt unbrauchbar, man muss sie schon bei uns ausgeben, da kommt man nicht drum herum. Andererseits geht es nicht darum, das Pfund Sterling abzuschaffen, unser lokales Pfund ist eine Komplementärwährung, die parallel und als Ergänzung dazu funktioniert."

In Totnes haben die Initiatoren der *Transition*-Bewegung einen 21-Pfund-Schein für ihren Ort drucken lassen und damit wahrhaft englischen Humor bewiesen, was nicht seine Wirkung verfehlte und bei uns einige Heiterkeit auslöste. „Warum denn nicht, wenn es doch geht", entgegnet uns Rob mit einem breiten Grinsen. Damit haben sie nicht nur der Steifheit und der vermeintlichen Seriosität des internationalen Finanzwesens eine lange Nase gedreht, vielmehr gaben sie auch den Benutzern der neuen Devisen die Chance, auf dem Regiogeld ihre eigenen Kultfiguren und -stätten zu verewigen, um die Vielfalt des Ortes zu würdigen. So prangen auf einem Brixton-Pfund Berühmtheiten wie David Bowie, der in diesem Londoner Stadtviertel zur Welt kam, und „das ist viel cooler als die Queen", findet Rob. Auf einem anderen ist Vincent van Gogh abgebildet, der hier übernachtet hat. Während Totnes auf seinem 10-Pfund-Schein den international anerkannten und hier gebürtigen Sänger Ben Howard feiert.

Als das erste Totnes-Pfund gedruckt wurde, gab es in England noch keine einzige Regionalwährung. Daher beschlossen die Initiatoren, ehe sie das Projekt weiterverfolgten, einige „prominente alternative Ökonomen" einzuladen und sie nach der Legalität ihrer Initiative zu fragen. Rob muss immer noch grinsen, wenn er daran zurückdenkt: „Als wir sie gefragt haben, ob es erlaubt sei, ein Totnes-Pfund zu drucken und zu behaupten, dass es ein Pfund Sterling wert ist, haben sie sich angeschaut und erwidert: Keine Ahnung! Probiert es aus, dann werden wir ja sehen, was passiert." Es passierte nichts. Erst als

Bristol eine Komplementärwährung im Maßstab eines städtischen Großraums mit einer Million Einwohnern ausgab, beschloss die Bank of England, die Währungskünstler für eine kurze Unterredung aufzusuchen. Anschließend gab sie eine offizielle Mitteilung über lokale Devisen und deren Legalität heraus, womit das Regionalgeld den Status von Gutscheinen oder Rabattmarken hat, ähnlich den Gutscheinheften für Restaurants oder den *miles* der Fluggesellschaften. Ein erster Schritt, der erste Anflüge von Kreativität freisetzt.

Für die Verfechter von Komplementärwährungen spielt die Resilienz der Regionen eine wichtige Rolle, um die gesamte Weltwirtschaft aufrechtzuerhalten. Damit sie fairen Handel treiben können, ohne die jeweilige Integrität zu gefährden, müssen Ökonomien zunächst für die eigene Gesundheit sorgen. Wie die Zellen eines Körpers. Und sie müssen sich für eine Art Gleichwertigkeit einsetzen. Für Rob Hopkins stellt sich das so dar: „Wenn zwei Wirtschaften miteinander Handel treiben und alle beide davon abhängig sind, Güter und Dienstleistungen aus allen Ecken der Erde zu importieren, weil sie selbst nichts mehr herstellen, dann haben sie sicherlich eine ganz andere Beziehung zueinander als Orte, die ihre Lebensmittel regional anbauen, ihre Energie selbst erzeugen, für ihre Wasserressourcen sorgen und so eine viel höhere Resilienz haben. Wenn wir in einer Umgebung aufwachsen, wo uns nicht beigebracht wird, unsere eigene Nahrung anzubauen, unsere Maschinen zu reparieren, unsere Wirtschaft am Laufen zu halten, dann macht uns das in meinen Augen sehr verletzlich und wir geben ein Stück von uns selbst auf."

Aus dieser Sicht muss hinterfragt werden, was mit Ländern wie Algerien los ist, die 75 % ihrer Lebensmittel importieren, oder Frankreich, dessen Energieverbrauch wie oben erwähnt zu 91 % auf Einfuhren beruht. Die Hungeraufstände von 2008 hingen mit diesen beiden Phänomenen unmittelbar zusammen. Damals veranlasste der durch exzessive Spekulationen in die Höhe geschnellte Erdölpreis viele reiche Länder dazu, in großem Umfang Biotreibstoffe zu produzieren und den Anbau von Lebens- und Futtermitteln zu vernachlässigen. 2008 wurden 30 % des Maisanbaus für den Antrieb von Fahrzeugen verwendet anstatt für die Ernährung von Mensch und Vieh.[88] Die Kornreserven gingen zur Neige und der Getreidepreis stieg innerhalb von vier Monaten um 84 %. Das traf Länder wie Ägypten, die Elfenbeinküste, Senegal und Burkina Faso mit aller Härte. Da deren Landwirtschaft inzwischen weitgehend dem Export dient und kaum für den Binnenverbrauch bestimmt ist, ist es dort üblich, dass Lebensmittel mehr als 70 % (und manchmal bis zu 90 %)

---

[88] www.liberation.fr/economie/2008/10/10/les-emeutes-de-la-faim-en-afrique-prelude-a-la-debacle_114081.

*Rob zeigt uns Komplementärwährungen aus aller Welt*

des Haushaltsbudgets beanspruchen. Lebensmittel werden unerschwinglich. Genau so ist es, wenn eine Stadt oder Region mit den Arbeitsplätzen für ihre Bevölkerung im Wesentlichen auf eine multinationale Industrie angewiesen ist; auf Entscheidungen des Aufsichtsrats wird sie kaum Einfluss haben. Diese Situation ist in Frankreich mehrfach eingetreten, z. B. als ArcelorMittal in Florange oder Goodyear in Amiens fanden, dass die niedrigeren Fertigungskosten im Ausland für die Rentabilität der Unternehmensgruppe profitabler seien. Die französische Regierung konnte sich auf den Kopf stellen, die Gewerkschafter konnten so viel demonstrieren, wie sie wollten, nichts zu machen.

Um solche Realitäten zu bekämpfen und den Bürgern ihre Wirtschaftsmacht zurückzugeben, hat sich eine weltweite Bewegung zur Stärkung der Regionen formiert. Die Vertreter dieser Bewegung haben wir in Frankreich, England, der Schweiz, in Indien und in den USA getroffen, wo sich 35.000 Unternehmer, die überall im Land auf 80 Netzwerke verteilt waren, schon vor etwa zehn Jahren zusammengeschlossen haben: BALLE – *Business Alliance für Local Living Economies* hat sich zum Ziel gesetzt, „innerhalb einer Generation ein globales Netzwerk aus nachhaltigen regionalen Ökonomien zu schaffen, die vernetzt sind und im Einklang mit der Natur arbeiten, um für alle Menschen ein gesundes und zufriedenes Leben im Wohlstand zu fördern." Wir hatten Gelegenheit, in Oakland mehrere Hundert Mitglieder dieses Netzwerks auf ihrem Jahreskongress zu treffen. Judy Wicks, von allen „BALLE's Mama" genannt, ist Mitbegründerin der Organisation. Ihre Geschichte zeigt noch einmal, dass die meisten Bewegungen auf einzelne Menschen zurückgehen, die eines Tages beschließen, ein unstimmiges und gegen die eigenen Werte gerichtetes System nicht mehr mitzutragen.

Zu Beginn der 1970er Jahre, als Judy gerade in die Altstadt von Philadelphia gezogen war, erfährt sie, dass ein Teil ihres Stadtviertels abgerissen werden soll, um einem Einkaufscenter zu weichen. Sie mag ihre Wohngegend und schließt sich der Bürgerinitiative an, um diese Pläne zu verhindern. Nach monatelangen Kämpfen haben die Einwohner gewonnen. Von diesem Erfolg beflügelt, fühlt sich Judy noch stärker im Viertel verwurzelt und eröffnet 1983 im Erdgeschoss ihres Wohnhauses ein kleines Café, das *White Dog*. Durch Judys Art ist es bald gut besucht, sodass sie das Lokal in den folgenden Jahren auf die angrenzenden Häuser ausweiten kann. Sechs Jahre später betreibt sie ein Restaurant mit 200 Sitzplätzen.

Früh sensibilisiert für Umweltbelange, lässt Judy einiges umbauen und macht das *White Dog* zum ersten Betrieb des Staates Pennsylvania, der seine Energie zu 100 % aus Windkraft bezieht. Sie richtet ein Recycling-System ein, sorgt für die Kompostierung der Bioabfälle und lässt eine Solaranlage für ihre Geschirrspüler einbauen. Aber der Funke für BALLE zündet damals noch nicht. Wie jeder Gastronom muss sich auch Judy mit der Herkunft und Erzeugung der von ihr verwerteten Lebensmittel auseinandersetzen. Was sie besonders quält, ist die Art, wie Tiere in der Landwirtschaft gehalten werden. 1998 beschließt sie, kein Fleisch mehr von Tieren zu kaufen, die nie Freilauf hatten, kein Tageslicht gesehen haben, an ihre Ställe gefesselt oder darin zusammengepfercht sind, die mit genetisch verändertem Futter aufgezogen oder mit Antibiotika vollgepumpt wurden. Sie macht sich auf die Suche nach regionalen Biobauern, deren Hühner, Schweine und Rinder unter freiem Himmel leben und gesund ernährt werden. Schließlich findet sie die passenden Lieferanten in ausreichender Zahl für alles Fleisch und sämtliche Milchprodukte, die in ihrem Restaurant auf den Tisch kommen.

Auf die gleiche Weise geht sie nun bei Obst, Gemüse und Getreide vor und schafft es innerhalb weniger Jahre, 95 % ihrer Frischkost von regionalen Höfen im Umkreis von maximal 80 km zu beziehen. Aber sie will noch mehr, sie will die Erzeuger der ganzen Region sensibilisieren. Dazu gründet sie die *White Dog Community Enterprises*, eine Non-Profit Organisation, um Erzeuger und Gastronomen, die so wirtschaften, zusammenzubringen. Den Organisationsbetrieb finanziert sie mit 20 % ihrer Gewinne. Binnen weniger Monate ist ein regionales Netzwerk aus Bauernhöfen, Restaurants und Lebensmittelgeschäften entstanden. Da fragt sich Judy, ob man dieses Netz nicht ausweiten und andere Branchen mit hinzunehmen könnte. Sie führt Gespräche mit den entsprechenden Betrieben in ihrer Region, worauf im Jahr 2001 *Sustainable Business Network of Greater Philadelphia* ins Leben gerufen wird, ein Netzwerk von nachhaltigen Unternehmen im Großraum Philadelphia. Inzwischen zählt „SBN Philly" mehr als 400 Mitglieder aus den Sektoren nachhaltige Landwirtschaft, erneuerbare Energien, ökologischer Wohnungsbau, Recycling, Bio-Reinigungsmittel, Bekleidung, unabhängige Medien, Einzelhandel etc.

Dann lernt sie Laury Hammel kennen, eine Art Alter Ego, die schon 1988 in Neuengland einen Unternehmensverband für sozial verantwortliches Wirtschaften gründete. Gemeinsam malen sie sich aus, wie sie aus ihren Netzwerken ein nationales Projekt machen könnten, das Tausende weiterer Geschäftsleute zu dieser Haltung inspiriert. Einen Sommer lang laden sie Dutzende Unternehmer ein, um die Idee zu vertiefen und von allen Seiten zu prüfen, dazu zwei engagierte Ökonomen und bekannte Globalisierungskritiker: David Korten und Michael Shuman. Nach Abschluss der Beratungen beschließen

*Spuren des Widerstands der Bewohner von Bristol gegen die Eröffnung eines Tesco-Supermarkts*

sie, BALLE zu gründen. In den Folgejahren entwickeln sich im ganzen Land weitere Netzwerke nach dem gleichen Muster wie das in Philadelphia. Eins der dynamischsten ist das von Bellingham, wo wir den Mitbegründer Derek Long und seine Ex-Frau Michelle getroffen haben, die heutige Direktorin der Bewegung auf nationaler Ebene.

## 4. LOCAL FIRST!

Bellingham liegt im äußersten Nordwesten der Vereinigten Staaten, etwa dreißig Meilen von der kanadischen Grenze entfernt. Den Staat Washington pflegen die Amerikaner das Spülbecken der Nation zu nennen. Sprich: Es regnet das ganze Jahr. Als wir direkt aus Kalifornien anreisten, wussten wir jedoch das Wasser, das üppige Grün und die angenehme Frische dieser kleinen, von Bergen umgebenen Stadt durchaus zu schätzen. Allerdings begrüßte uns auch das herrlichste Sonnenwetter, im Gegensatz zu Detroit, wo wir drei Tage Dauerregen über uns ergehen lassen mussten. Bellingham zählt fast 85.000 Einwohner innerhalb seiner Stadtgrenze[89] und besitzt den typisch offenen Geist einer Küstenregion. Gelegen zwischen Seattle, der Stadt des Grunge und der Bioläden, und Vancouver, das wie Kopenhagen zu den ökologischsten Städten der Welt gehört, besitzt Bellingham den idealen Nährboden, um Ideen wie die regionale Wirtschaft zur Reife zu bringen. Und das ist der Stadt so gut gelungen, dass man sie ohne Übertreibung als kleines Paradies dieser Bewegung bezeichnen kann. Nachdem wir ein paar Tage durch den Ort gestreift und mit den Geschäftsleuten ins Gespräch gekommen waren, erschien es unserem Team unfassbar, dass es einen solchen Ort in der Heimat des Ultraliberalismus und ungehemmten Freihandels gab. Das passte nicht so recht zusammen. Aber schon bald mussten wir uns eingestehen, dass Bellingham mit Dingen Erfolg gehabt hatte, die eine ganze Reihe von europäischen Städten noch nicht einmal in Erwägung gezogen hatten.

  Eingezwängt in Dereks Auto und einen gemieteten Pick-up begannen wir unsere Rundfahrt und machten als erstes Station bei Wood Stone, einem Hersteller von Pizzaöfen, der inzwischen Weltruhm erlangt hat.[90] Auch die amerikanischen Regionalisten haben wie die in Bristol keineswegs das Ziel,

---

[89] Und weitere 200.000 im County.
[90] In Paris findet man diese Öfen vor allem im Restaurant *Cosi*, Rue de Seine.

den internationalen Handel abzuschaffen. Vielmehr geht es ihnen darum, die Wirtschaftsunternehmen in einem Territorium und in einer Gemeinschaft zu verankern und soviel wie möglich vor Ort herzustellen. Als sich Keith Carpenter und Harry Hegarty 1989 kennenlernen, verkauft einer Restaurantzubehör und der andere Müllverbrennungsanlagen. Im Jahr 1990 beschließen sie, ihre Kompetenzen zu bündeln und sich gemeinsam auf die Herstellung von Pizzaöfen zu verlegen. „Die muss man sich vorstellen wie die Feuerstelle im Dorf, die wir einfach modernisiert haben", erzählt der stellvertretende Geschäftsführer von Wood Stone Merrill Bevan. Sie haben sie so gut modernisiert, dass der Erfolg nicht auf sich warten ließ: Die Fabrik war 24 Jahre später von 16.000 auf 117.000 Quadratmeter und von zwei auf 130 Mitarbeiter angewachsen. „Tausend Mal hatten wir Gelegenheit, unsere Produktion nach China auszulagern", fährt Merrill fort, „aber wir wollen hier Arbeitsplätze schaffen, wir wollen uns hier verwurzeln und zur Wertschöpfung beitragen. 90 % sämtlicher Materialien für die Öfen kommen aus dem Staat Washington: extrem hitzebeständige Keramik, rostfreier Stahl, Kohlegrill ..."[91] Die Öfen werden in 80 Länder verkauft, finden aber vor allem in der eigenen Region Abnehmer, darunter das Restaurant *La Fiamma* am Markt, wo wir riesige Pizzen serviert bekamen. Ein Amerikaner verschlingt sie alleine, wir haben sie nur zu zweit oder dritt bewältigen können.

Im Jahr 2006 veranstaltet *Sustainable Connections* – die von Derek geleitete Entsprechung von Judys *Sustainable Business Network of Greater Philadelphia* –, den sogenannten „Green Power Community Challenge", eine Art Wettbewerb mit dem Ziel, die Produktion erneuerbarer Energien in der Region zu fördern. Denn Derek und sein Team setzen auf zwei Faktoren, um Einwohner, Politiker und Unternehmer zu überzeugen: wirtschaftliche Vorteile und Wettbewerb. Für Ersteres bieten sie die Anfertigung von Gutachten an, aus denen die Energieeinsparungen und die Rentabilität von Anlagen zur Erzeugung erneuerbarer Energien hervorgehen. Solarzellen haben beispielsweise bei voller Auslastung eine Lebensdauer von 20 Jahren und sind nach sechs bis sieben Jahren amortisiert. Bleiben also dreizehn Jahre „kostenlose" Energie. Den Wettbewerb bringen sie ins Spiel, weil die Amerikaner es lieben, die „Nummer eins" zu sein, und die Aussicht, landesweit die Stadt mit der höchsten Produktion erneuerbarer Energien zu sein, elektrisiert die ganze Bevölkerung von Bellingham.

---

[91] Nach unserem Besuch schloss Wood Stone sich der Firma Henny Penny an, einem Unternehmen aus Ohio, das sich auf Geräte für Großküchen spezialisiert hat. Um die Fortführung der Unternehmenswerte zu garantieren, wechselten beide Unternehmen in den Status *„employee owned"*, dt. „im Besitz der Mitarbeiter".

Wood Stone nimmt die Herausforderung an und macht mit. Die Firma lässt Solarzellen auf dem Dach einrichten und erzeugt so ihren eigenen Strom. Damit wird Itek Energy beauftragt, ein weiteres örtliches Unternehmen, das mit seinen 47 Mitarbeitern[92] Solarzellen für die Stadt und den ganzen Staat Washington herstellt. Die meisten Mitarbeiter in der Werkstatt sind zwischen 25 und 45 Jahre alt, gut gelaunt und begeistert von der Vorstellung, ein Gruppenfoto aufzunehmen, das wir am Ende des Films zeigen. Innerhalb der ersten drei Betriebsjahre hat Itek über 90.000 Solarmodule mit einer Gesamtleistung von über 24.000 Megawatt pro Stunde installiert. Teilweise wurden sie von Mike McCauley eingebaut, der „Seele" von Chuckanut Builders, einem lokalen Bauunternehmer, der Niedrigenergiehäuser baut oder bestehende Gebäude entsprechend renoviert.

Wir treffen ihn vor einem typischen Wohnhaus der 1960er Jahre, dessen Sanierung gerade abgeschlossen ist. Aus einem „Energiesieb" wurde ein Einfamilienhaus mit einer sehr positiven Energiebilanz: Es erzeugt jetzt mehr Strom, als es verbraucht. Die Wände wurden isoliert, die Fenster ausgetauscht, die Räume neu aufgeteilt, sodass wenige große Zimmer die vielen kleinen ersetzen, das Dach wurde abgedichtet und darauf Solarzellen montiert. Die meisten von Mikes Baustoffen werden in der Region abgebaut oder kommen von örtlichen Betrieben, manchmal auch beides.

Dass Firmen wie Itek und Chuckanut Builders kürzlich neu gegründet werden konnten und so eine gute Auftragslage haben, liegt daran, dass der von *Sustainable Connections* organisierte Wettkampf alle Erwartungen übertroffen hat. Auf diese Weise ist es der Stadt gelungen, im Jahr 2006 ihre erneuerbaren Energien innerhalb von sechs Monaten von 0,5 % auf 12 % zu steigern. Und anschließend war Bellingham von 2007 bis 2009 tatsächlich die Nummer eins in Sachen erneuerbare Energien.[93] Denn der Gemeinderat sprach sich einstimmig für 100 % Grünstrom in öffentlichen Gebäuden und Einrichtungen aus, und über 100 Betriebe ließen wie Wood Stone auf ihren Dächern Solarzellen montieren oder baten ihre Stromanbieter, ihnen ein Angebot für erneuerbare Energien zu machen. Bei dieser Menge an grüner Energie, die von der Stadt bezogen wurde, konnte mit den Stromanbietern ein allgemeiner

---

[92] 2012 waren es erst 15 Mitarbeiter, und jetzt, ein Jahr später, da ich diese Zeilen schreibe, sind es durch die wachsende Nachfrage nach erneuerbaren Energien in der Region bereits 75.

[93] Seitdem ist sie als Energieerzeugerin auf Rang 12 abgerutscht und nimmt mit ihrem Anteil von 15 % erneuerbarer Energien im Gesamtmix Platz 21 ein. Damit liegt sie weit hinter Hillsboro bei Portland, das als Erzeuger den zweiten Platz belegt und den ersten beim Anteil, denn dies kann bei gleicher Einwohnerzahl 50 % erneuerbare in seinem Mix vorweisen. Siehe www.epa.gov/greenpower/communities/index.htm.

Preisnachlass von 40% ausgehandelt werden, wovon alle Einwohner profitieren. So auch der Obst- und Gemüsemarkt, übrigens einer der größten im Staat Washington, der sich eine Reihe Solarzellen von Itek installieren ließ, um die Marktleute zu versorgen.

Voller Stolz führt uns Derek diese Bastion frischer, regionaler Biolebensmittel vor. Für uns Franzosen, bei denen Märkte noch ins Straßenbild gehören, ist das kein außergewöhnlicher Anblick. Doch bei näherem Hinsehen stellen wir den Unterschied fest: Fast alle Betriebe kommen aus der Region. Hier wird kein frisches Obst und Gemüse aus Großmärkten (wie Rungis bei Paris) verkauft, die wiederum Umschlagplatz für Lebensmittel aus aller Welt sind. Fleisch, Eier, Brot, Obst und Gemüse, Blumen, Honig, alles kommt in Bellingham aus einem Umkreis von oftmals weit unter 100 Kilometern. Hier verkaufen die Höfe ihre Erzeugnisse an die Einwohner, aber darüber hinaus beliefern sie auch die Geschäfte und Restaurants der Stadt, so wie die Konditorei Mallard, wo ins handgemachte Speiseeis seit dreizehn Jahren nur regionale Biozutaten kommen. Aufgrund der großen Nachfrage nach dieser Köstlichkeit wurde Mallard innerhalb weniger Jahre einer der größten Kunden von Growing Washington – einem Zusammenschluss von Biohöfen – und von der Cloud Mountain Farm, deren Stand wir auf dem Markt aufsuchen. Bei diesen Betrieben kauft der Konditor Hunderte Kilo von Beeren, Steinobst, Äpfeln, Weintrauben und Kürbissen. Sechs Höfe aus dem Umland beliefern insgesamt Ben Scholtz und sein Team, damit er auf seiner Eiskarte der Saison mehr als 25 Sorten anbieten kann, ergänzt durch die Aromen Vanille, Schokolade, Kaffee und Pistazie, die schließlich alle aus weiter Ferne importiert werden.

Unser Rundgang könnte endlos so weitergehen, weil Bellingham fast alles in lokaler Ausführung zu bieten hat. So auch Kleidung, die von Teresa Rampal im Untergeschoss ihrer Boutique im Stadtzentrum aus Biobaumwolle und fair gehandeltem Hanf entworfen und genäht wird. Derek begleitet unsere Tour mit lauter erstaunlichen Geschichten über Bellingham, die allem widersprechen, die wir sonst so zu hören bekommen. „Hier", sagt er und deutet auf eine Straßenecke, „war früher ein Kentucky Fried Chicken. Der Geruch von kaltem Fett hing in der ganzen Nachbarschaft. Also hat ein junges Pärchen aus dem Viertel das Gebäude gekauft und daraus ein Super-Bistro gemacht, mit einer schönen, von Wein überrankten Terrasse, umgeben von Blumen. Sie haben regionale Kost, weshalb es jetzt auch gut riecht!" Ein Stück weiter kommen wir an einer WECU-Filiale vorbei, der *Whatcom Educational Credit Union*. „Das ist mehr oder weniger die größte Bank der Stadt. Sie gehört ihren Mitgliedern und trägt dazu bei, dass das Geld in der Kommune bleibt, damit unsere Wirtschaft gedeihen kann. Die Einlagen werden in Darlehen für Existenzgründer oder persönliche Zwecke umgewandelt, aber nur für Projekte hier in Bellingham." Bevor wir an einem *Woods Coffee* um die Ecke biegen, erzählt er: „Davon gibt es zwölf oder dreizehn im County von Bellingham. Das ist eine lokale Kette! Das erste Café wurde von dem Vater eröffnet. Als seine Kinder erwachsen waren, wollte er, dass sie in seiner Nähe blieben, und entwickelte sein Geschäftskonzept." „Und wie viele Starbucks habt ihr?", fragt Mélanie. Derek antwortet grinsend: „Nur einen in der Innenstadt und im ganzen County vielleicht noch ein oder zwei weitere."

Diese wie Science-Fiction anmutenden Berichte über lokale Betriebe, die globale Ketten verdrängen oder ausbooten, obwohl letztere auf ihrem Marsch durch die Welt alles plattmachen[94], ist für Derek und sein Team inzwischen eine vertraute Realität. Schließlich bemüht sich *Sustainable Connections* seit mehr als zehn Jahren, die lokalen Betriebe mit allen Mitteln zu unterstützen und zu vernetzen, zum Beispiel durch Medienkampagnen wie „Think local first", die sich an ein breites Publikum richten, oder durch fachliche und bürokratische Hilfe. Solche Programme führt *Sustainable Connections* mit einigem Erfolg für die verschiedenen Branchen durch: Landwirtschaft und Ernährung, Energie, Bauwesen, Abfallwirtschaft etc. Dadurch kennen 70 % von Bellinghams Bürgern das Label „*Think local first*", erst regional denken, und 60 % haben ihr Einkaufsverhalten geändert. Mit der Vitalität seines lokalen Handels steht die Stadt in den USA an zweiter Stelle. Fast 700 ortsansässige Unternehmen haben sich Dereks Organisation angeschlossen und etwa 2.000 profitieren direkt oder indirekt von der Arbeit von *Sustainable Connections*. Darunter ein Plattenladen in der Innenstadt, wo wir uns eine ganze Weile aufhalten und uns gegenseitig CDs und Schallplatten empfehlen. Soviel steht fest: Es lässt sich gut leben in Bellingham, wie es auch die Gallup-Healthways-Studie[95] von 2014 bestätigte, als sie der Kleinstadt den ersten Rang für Gesundheit und Lebensqualität einräumte. Ihre Einwohner haben „weniger chronische Krankheiten, weniger Übergewicht, treiben mehr Sport, rauchen weniger und haben eine positive Sicht auf ihre städtische Gemeinde".

---

[94] Starbucks eröffnete zwischen 2011 und 2012 weltweit die Wenigkeit von 700 neuen Cafés. In Paris hat sich deren Anzahl zwischen 2011 und 2015 verdoppelt und stieg von 44 auf 90 Filialen. Siehe www.lefigaro.fr/societes/2011/09/22/04015-20110922ARTFIG00744-starbucks-s-attend-a-une-nouvelle-annee-record.php

[95] http://www.bizjournals.com/seattle/morning_call/2014/03/seattle-bellingham-are-healthy-cities.html.

Michelle Long ist Dereks Ex-Frau. Gemeinsam mit ihrem Mann hat sie *Sustainable Connections* konzipiert und zur Blüte gebracht, bevor sie die nationale Leitung von BALLE übernahm. Während des Kongresses in Oakland hatten wir Gelegenheit, mit ihr, dem Theoretiker und Wirtschaftswissenschaftler der Bewegung, Michael Shuman[96], mit Judy Wicks, einer Mitbegründerin, und Nikki Silvestri, einer der vierzig *fellows* oder Vorzeige-Unternehmer der Organisation, ein längeres Gespräch zu führen. Wir wollten verstehen, was der Begriff „*local*" für sie beinhaltet. Der Regionalisierungsgedanke verbreitet sich zwar in Frankreich und der übrigen Welt aus den verschiedenen, oben besprochenen und sowohl ökologisch als auch gesellschaftlich durchaus relevanten Gründen, aber er vermittelt manchen die Vorstellung eines Rückzugs auf das Eigene, was sich wiederum die extreme Rechte zunutze macht. Ging es darum, das Rad der Geschichte zurückzudrehen und den globalen Handel zu beenden? Und gab es konkrete Beweise für die Effizienz des regionalen Wirtschaftens? Viele Fragen, auf die wir nach Antworten suchten.

## BEGEGNUNG MIT MICHELLE LONG, MICHAEL SHUMAN, NIKKI SILVESTRI UND JUDY WICKS

CYRIL: Was läuft für Sie an unserem aktuellen Wirtschaftssystem falsch? Warum so viel Energie in seine Transformation stecken?

NIKKI: Die amerikanische Wirtschaft kann auf diese Weise nicht weitermachen. Sie baut auf dem Völkermord an den amerikanischen Indianern und der Versklavung meines Volkes[97] auf und hat dieses Übel noch nicht überwunden. Die Afroamerikaner wurden von Sklaven zu Pachtbauern[98] und dann zu Häftlingen. Einer von drei Afroamerikanern kommt im Laufe seines Lebens ins Gefängnis. Und weite Teile unserer Wirtschaft beuten immer noch die kostenlose Arbeit dieser Häftlinge aus, um Gewinne zu machen. Unsere gesamte Lebensmittelbranche stützt sich auf die Arbeit von illegalen Einwanderern. Sie stellen 50 % der Arbeitskräfte, werden ausgebeutet und wie Menschen zweiter Klasse behandelt. Wenn sie sich beschweren,

---

[96] Michael Shuman ist Wirtschaftswissenschaftler, Rechtsanwalt und Unternehmer. Er hat einen Universitätsabschluss und ein Diplom der juristischen Fakultät von Stanford, ist Autor von acht Büchern und Hunderten von Artikeln für die New York Times, die Washington Post etc. Er leitete zwischen 1988 und 1998 unter anderem das *Institute for Policy Studies*, einen der fünf einflussreichsten unabhängigen Thinktanks in Washington.

[97] Nikki ist Afroamerikanerin.

[98] Sie leisten Pachtzins in Form von Naturalabgaben. [Quelle: Pons. Anm. d. Übers.]

droht man ihnen mit Abschiebung. Unsere Kleidung und ein Teil unserer anderen Produkte werden am anderen Ende der Welt von Menschen hergestellt, die unter völlig inakzeptablen Bedingungen für einen Hungerlohn arbeiten. Wir müssen unsere Wirtschaft neu ordnen. Solange sie ohne eine Gesellschaftsschicht von Sklaven am unteren Ende nicht funktioniert und dieser riesige Graben nicht zugeschüttet wird, der dafür sorgt, dass 90 % der Weltbevölkerung lediglich Zugang zu 10 % des Reichtums haben, wird sich nichts verbessern.

CYRIL: Könnte man sagen, dass wir Konsumenten in gewisser Weise auch Sklaven dieses Systems sind? Dass sie ein Leben lang arbeiten müssen, um das System durch Produktion und Verbrauch am Laufen zu halten? Allein der Begriff des Verbrauchers reduziert den Menschen auf eine wirtschaftliche Variable.

NIKKI: Genau. Und leider wissen viele nicht, dass es auch anders geht.

MICHELLE: Für mich besteht das Hauptproblem darin, dass alles zerstückelt wird, als stünde nicht alles in Beziehung zueinander. Als ich meinen MBA[99] gemacht habe, bin ich mit meinem Professor für Makroökonomie derartig aneinandergeraten, das einige Studenten sagten: „Ich habe noch nie erlebt, dass ein Dozent sich so viel Zeit für eine einzige Studentin nimmt." Es wollte mir nicht in den Kopf gehen, wie ein Wirtschaftssystem funktionieren kann, wenn es Variablen wie den Menschen und die Natur[100] ausschließt. Ich fragte ihn: „Ist dies oder jenes irgendwo anwendbar, oder ist das nur eine Theorie?" Geschäftserfolge werden einfach durch das Ergebnis unter dem Strich[101] am Ende einer Tabelle dargestellt. Die Frage, ob es uns gut geht und sich unser Leben verbessert, fließt gar nicht in die Kalkulation mit ein. Es ist doch absurd, den Wirtschaftserfolg eines Landes an der Anzahl der Mikrowellen pro Haushalt zu bemessen, statt am Wohlergeben der Bevölkerung. Eine solche Wirtschaft kommt den Menschen nicht wirklich zugute, sie vertieft nur noch die Ungleichheiten, sie zerstört die Natur. Was mich wirklich sehr betroffen macht, ist unsere Selbstmordrate, die Leute haben das Gefühl, dass sie zu nichts mehr dazugehören.

CYRIL: Inwiefern ist das Lokale für diese Probleme eine Lösung? Es gibt schließlich auch regionale Betriebe, die die Natur zerstören und ihre Mitarbeiter schlecht behandeln.

---

[99] *Master of business administration:* Höchster internationaler Universitätsabschluss im Fach Globale Geschäftsführung: Strategien, Marketing, Finanzen, Personalwesen und Management.

[100] Diese Variablen werden in der klassischen Ökonomie als externe Effekte bezeichnet.

[101] *„A simple bottom line".*

MICHAEL: Natürlich ist nicht alles gut, was regional ist. Es gibt überall Leute, die sich schlecht benehmen. Aber inzwischen gibt es nicht zu leugnende Beweise, dass das regionale Wirtschaften in vielen Bereichen effizienter ist. So hat die *American Environmental Protection Agency*[102] zum Beispiel in einer Studie die Bereitschaft von Fabriken untersucht, mit ihrer Betriebstätigkeit eine Umweltschädigung in Kauf zu nehmen. Es kam heraus, dass eine Fabrik, die zu einem weit entfernten Unternehmen gehört, zehnmal mehr Giftabfälle tolerieren würde als ein ortsansässiger Betrieb. Wenn sich ein Unternehmen schlecht benimmt und man den Geschäftsführer oder Eigentümer in der Kirche, auf dem Markt oder in der Schule trifft, dann kann man ihm nämlich sagen, wie man das findet. Der Druck der Bevölkerung kann das Verhalten seines Unternehmens beeinflussen.

MICHELLE: Von einem in Amazonien gefällten Baum merkt man nichts, aber man merkt sehr wohl, ob ein Baum an der eigenen Straßenecke oder am Ende des Gartens fehlt. Meistens sind wir auf dem Niveau unseres eigenen Lebensumfelds am sensibelsten und am stärksten motiviert, etwas zu tun, damit sich etwas verändert. Je größer ein Unternehmen wird und je weiter weg seine Niederlassungen sind, desto weniger merken die Verantwortlichen, was sie machen. Lokale Betriebe werden dagegen versuchen, für den Ort, an dem sie leben, und die Menschen, denen sie begegnen, für die Schulen und Flüsse in ihrer Umgebung Werte zu schaffen.

MICHAEL: Zur Frage der Beschäftigung, die nach wie vor bei sämtlichen Wahlen das Hauptanliegen der Bürger ist, haben wir in den letzten zehn Jahren eine große Anzahl von Studien zusammengetragen, die nachweisen, dass die lokale Wirtschaft der Schlüssel zur Schaffung von Arbeitsplätzen ist. Eine davon wurde im Juli 2010 im *Harvard Business Review* veröffentlicht. Sie hat Hunderte städtischer Ballungsräume im ganzen Land rückblickend untersucht und kam zu dem Schluss, dass Metropolen mit dem höchsten Anteil an Arbeitsplätzen in lokalen Betrieben die meisten Arbeitsplätze pro Unternehmen geschaffen hatten. Eine weitere, vom Federal Reserve System[103] im August 2013 durchgeführte Erhebung machte deutlich, dass die Einkommenssteigerungen pro Einwohner direkt mit dem Vorhandensein kleiner unabhängiger Betriebe zusammenhängen. Dutzende weiterer Arbeiten untermauern diese Ergebnisse. Im Gegensatz dazu hat die überall in den Vereinigten Staaten im Namen des Wirtschaftswachstums verfolgte Strategie, irrsinnige Summen zu bezahlen, um multinationale Konzerne

---

[102] Umweltschutzbehörde der USA. [Anm. d. Übers.]

[103] *Abgekürzt FED ist das Zentralbank-System der USA.* [Quelle: Wikipedia. Anm. d. Übers.]

anzulocken oder zu halten, am wenigsten Arbeitsplätze geschaffen. Das ist nämlich das reinste Verlustgeschäft, wofür es zahlreiche Belege gibt.

Seitdem und dank vieler anderer Studien, die auf lokaler Ebene durchgeführt wurden, wissen wir, dass jeder Dollar, der in einem lokalen Betrieb ausgegeben wird, zwei- bis viermal mehr Nutzen für die Beschäftigung bringt als ein Dollar, der für einen multinationalen Konzern ausgegeben wird.[104] Und damit nicht genug, er kommt auch dem Einkommensniveau der Bevölkerung, den Spenden für Wohltätigkeitszwecke und den Steuereinnahmen der Gemeinde zwei- bis viermal mehr zugute. Die Studie über die Metropole Cleveland[105] mit 390.000 Einwohnern hat klar gezeigt: Wenn sich 25 % der Konsumenten umorientieren und ihre Lebensmittel lokal einkaufen, können mehr als 27.000 neue Arbeitsplätze in der Region geschaffen werden – das heißt, einer von acht Erwerbstätigen bekäme eine Stelle. Dann erhöht sich das jährliche Produktionsvolumen in der Region um 4,3 Milliarden Dollar und der Gemeinde fließen 126 Millionen Dollar zusätzliche Steuereinnahmen zu. Und es ging hier nur um Lebensmittel![106]

MICHELLE: Insgesamt kann man sagen, dass die großen multinationalen Konzerne sehr geschickt darin sind, Gewinne einzustreichen, aber die landen eben in den Taschen weniger. Der größtmögliche Wohlstand für eine größtmögliche Anzahl von Menschen kann nur durch eine höhere Dichte und mehr Vielfalt von unabhängigen lokalen Betrieben an einem bestimmten Ort erreicht werden.

CYRIL: Liegt die Zukunft für Sie in einer hundertprozentig lokalen Wirtschaft?

JUDY: Unsere Vision ist die: Statt einer globalen, von multinationalen Konzernen gelenkten Wirtschaft, die ihre Produkte rund um den Erdball schicken, könnten wir einen Verbund von lokalen Netzwerken aufbauen, die so autonom wie möglich wirtschaften. Das heißt, jede Gemeinde würde die Versorgung mit Lebensmitteln, Energie und Wasser selbst übernehmen und nicht mehr von den großen Konzernen abhängen, um ihre Grundbedürfnisse zu erfüllen. Ihre Produktionsüberschüsse und ihre besonderen

---

[104] Die von der *New Economic Foundation* in England geleitete Studie bestätigt diese Zahlen. Sie spricht von einem „LM3" oder lokalen Multiplikationskoeffizienten von 3. Siehe www.neweconomics.org/publications/entry/the-money-trail.

[105] www.neofoodweb.org/resource/25-shift-benefits-food-localization-northeast-ohio-and-how-realize-them.

[106] Eine weitere in dem County Cumberland (Maine, 300.000 Einwohner) gemachte Studie zeigte, dass die Wirtschaftstätigkeit des Countys um 127 Millionen Dollar steigen würde, womit 874 Arbeitsplätze mit einem Einkommensvolumen von 35,5 Millionen Dollar geschaffen werden könnten, wenn die Verbraucher 10 % ihrer Einkäufe von den nationalen Supermarktketten in unabhängige lokalen Betriebe verlegen würden.

Erzeugnisse könnte die Region vermarkten. Die Leute irren sich, wenn sie denken, dass es bei unserer Bewegung nur um die lokale Wirtschaft geht. Unsere Idee heißt „Local First", das bedeutet, alles, was wir selbst erzeugen oder herstellen können und für unseren Grundbedarf brauchen, müssen wir selbst machen. Und indem wir mit anderen Kommunen auf faire Weise Geschäfte machen, unterstützen wir auch lokale Wirtschaften am anderen Ende der Welt, ohne die Natur oder die menschliche Arbeitskraft auszubeuten. Alles Leben ist miteinander verbunden, Menschen, Tiere und Pflanzen. Diese Grundbedingung dürfen wir bei keiner Entscheidung außer Acht lassen, sei sie kommerziell, wirtschaftlich, unternehmerisch oder als Verbraucher. Wir müssen so handeln, dass es dem Gemeinwohl dient und nicht der Gier Einzelner.

MICHAEL: Für mich sind drei Aspekte für die Wirtschaft der Zukunft entscheidend. Erstens wird es die meisten Arbeitsplätze, also um die 90 %, in unabhängigen lokalen Betrieben geben. Zweitens, da bin ich mit Judy einer Meinung, wird jede Gemeinde eigenständig für die Befriedigung ihrer Grundbedürfnisse sorgen. Was ich oft zu hören bekomme ist: „Wenn ihr eine Welt schafft, in der jede Stadt autonom ist, dann werdet ihr den Welthandel zerstören." Aber das stimmt nicht, weil eine autonome Gemeinde viel mehr Reichtum zum Ausgeben hat. Ich wohne in Washington und, seit ich meine Ersparnisse von der Bank of America zu einer lokalen Credit Union gebracht habe, konnte ich mehrere Tausend Dollar im Jahr sparen, dafür kaufe ich französischen Wein! Damit die $CO_2$-Bilanz trotzdem stimmt, muss man die lokale Wirtschaft fördern und gleichzeitig eine $CO_2$-Steuer erheben, sodass beim Handel mit Gütern und Dienstleistungen weniger fossile Energien verbraucht werden. Drittens brauchen wir Betriebe, denen es um ein dreifaches Ergebnis geht: einen wirtschaftlichen Nutzen, einen sozialen und den Nutzen für die Umwelt, anstatt einzig und allein um den finanziellen Gewinn. Und alle Unternehmer von BALLE wirtschaften so.

CYRIL: Reicht es, um dorthin zu kommen, aus, wenn die Verbraucher ihr Kaufverhalten ändern, oder brauchen wir auch Gesetzesänderungen?

MICHAEL: Wir brauchen beides. Ich bin beispielsweise ein Verfechter des echten wirtschaftlichen Liberalismus, bei dem nicht die Steuerzahler im Namen eines vermeintlichen „too big to fail" die Rechnung für den drohenden Zusammenbruch eines Konzerns zahlen. 2008 haben wir miterlebt, dass die großen Finanzinstitutionen weder effizient noch krisenfest sind. Aber indem die Regierung eingriffen und ihren Untergang verhindert hat, hat sie bewiesen, dass sie nicht im Interesse des Volkes oder Marktes gehandelt hat, sondern im Namen der Banken. Dabei sollten wir mit denen umgehen wie mit Kindern und sie auflaufen lassen, wenn sie nicht ihre Aufgaben machen. Die amerikanischen Politiker aller Parteien wiederholen zwar gebetsmühlenartig, dass die kleinen Unternehmen die Lebensader der Wirtschaft seien, aber dann sollen sie bitteschön auch ihre Politik danach richten! Zum Beispiel sollte man die Großunternehmen daran hindern, eine Monopolstellung einzunehmen. Walmart[107] verhält sich seinen Lieferanten gegenüber monopolistisch, indem es das Kartellverbot unterwandert. Trotzdem ruft niemand das Unternehmen zur Ordnung und verpflichtet es, sich ans geltende Recht zu halten. Amazon kann seinen Online-Buchhandel steuerfrei betreiben, während alle unabhängigen Buchhandlungen Steuern zahlen müssen. Das sind sehr einfache Maßnahmen, und wenn man es mit dem Freihandel wirklich ernst meint, dann kann man sie auch ergreifen. In einem wirklich freien und fairen Markt stünde die lokale Wirtschaft gut da.

CYRIL: Momentan hört man aber, dass die multinationalen Konzerne überall auf der Welt einen entscheidenden Einfluss auf die Politiker und die Gesetzgebung ausüben.

NIKKI: Das stimmt leider. Wenn die Konzerne so weitermachen, dann landet immer mehr Geld in der Politik. Wer am meisten Geld hat, kann diejenigen steuern, die für die Gesetze zuständig sind. Um uns zu wehren, steht uns offenbar nur die Macht des Volkes zur Verfügung. Also sollten wir sie auch nutzen.

JUDY: Auf jeden Fall. BALLE ist jedenfalls eine Bewegung, die die Demokratie stärkt. Denn echte Demokratie ist nicht möglich, wenn unsere Regierungen von den großen Unternehmen gelenkt werden. Unser erster Schritt muss darin bestehen, die Macht dieser Konzerne zu schwächen, indem wir ihnen nicht mehr unser Geld überlassen, sondern in unseren lokalen Geschäften einkaufen. Auf diese Weise erobern wir ein Stück Macht über die Wirtschaft zurück.

MICHAEL: Wir können für unsere Sache auch Lobbyarbeit machen. Kürzlich haben wir einen Sieg in der Gesetzgebung errungen, indem wir eine Änderung vorgeschlagen haben, auf die sich die Ultrakonservativen mit den ganz Fortschrittlichen einigen konnten, um einen durchaus interessanten

---

[107] Seit 2014 das umsatzstärkste Einzelhandelsunternehmen der Welt.

Wandel einzuleiten.[108] Seit hundert Jahren gibt es in den Vereinigten Staaten die sogenannten *securities laws*[109], um Investitionen zu steuern. Aber sie werden ihrem Namen nicht wirklich gerecht, denn sie sorgen weniger für die Absicherung, als dass sie Investitionen in zwei Kategorien aufteilen: die der Reichen, die wir hier „das 1 %" nennen werden, und die der restlichen 99 %. Das geht so: Wenn du reich bist, hast du das Recht, wann du willst und wo du willst zu investieren, in jedem Sektor, ohne dass man dir irgendeine Frage stellt. Hast du aber kein Privatvermögen und willst in einen kleinen lokalen Betrieb investieren, wird dich das Tausende von Dollar an Rechtsgebühren kosten, um die Transaktion „abzusichern". Das führt dazu, dass nur sehr wenige Leute investieren. Das Ganze wurde in der US-Gesetzgebung jetzt geändert, indem wir diese Gebühren für die kleinen Unternehmen enorm gesenkt haben, sodass die 99 % zu Investitionen angeregt werden. Das ist uns durch die Allianz von Verfechtern der lokalen Wirtschaft, wie mir, mit der Tea Party der Republikaner gelungen, die ihrerseits an die Deregulierung durch dumme alte Gesetze wie die *securities laws* glaubt. Dieser Schulterschluss führte dazu, dass die Reform der *securities laws* im Jahr 2012 quasi einstimmig vom Kongress angenommen wurde. Einen so großen Konsens hatte es das ganze Jahr noch nicht gegeben. Was beweist, dass wir sehr wohl Aussicht haben uns durchzusetzen, wenn wir intelligent handeln und mit anderen einen gemeinsamen Nenner finden.

CYRIL: Und was hat diese Gesetzesänderung für weiter reichende Folgen?

MICHAEL: Es geht um das Ziel, das Geld von der Wall Street zur Main Street zu bringen – also von der Börse auf die Hauptstraße deiner Stadt. Es geht darum, dass wir unsere Ressourcen in Unternehmen investieren, zu denen wir einen Bezug haben. Das aktuelle System ist doch ziemlich verrückt: Wir vertrauen die Ersparnisse unseres ganzen Lebens irgendwelchen Investoren an, die wir noch nie gesehen haben, damit die unser Geld Tausende Kilometer von uns entfernt, sagen wir in Malaysia, anlegen, und das alles nur, weil sie uns einen netten Ruhestand versprechen, ein glückliches Auskommen im Alter. Aber das ist reine Augenwischerei. Leute wie die von der Bewegung Slow Money[110] sagen: „Investiert euer Geld in Unternehmen,

---

[108] Michael Shuman ist einer der Architekten der *crowdfunding*-Reform, die zum JOBs Act wurde, den Präsident Obama im April 2012 unterschrieben hat.

[109] Alle geltenden Gesetze, die insbesondere Transaktionen regeln.

[110] In Anlehnung an die Slow-Food-Bewegung, die eine Alternative zum Fast Food ist und in unserer Ernährung Geschmack, Qualität, Gesundheit und Lebensqualität wieder zur Geltung bringt.

die euch wichtig sind, die dazu beitragen, eine Welt zu bauen, in der ihr leben wollt, die in eurer Stadt etwas voranbringen. Wenn ihr lokal investiert, dann werdet ihr als erste von den positiven Ergebnissen eines Unternehmens profitieren können, das Arbeitsplätze schafft, die Umwelt schützt und sich an der Wertschöpfung beteiligt." Wenn wir so vorgehen, haben wir die Möglichkeit unsere eigenen Hedgefonds herauszugeben und können anfangen, unsere Zukunft finanziell zu beeinflussen. Das ist der erste Schritt und es ist der wichtigste, um uns von der krankhaften Sucht nach immer mehr zu heilen, den die globale Wirtschaft in die Welt gesetzt hat.

CYRIL: Aber sind denn die Investitionen von Privatleuten als Hebel stark genug?

MICHAEL: In den USA schätzt man die langfristigen Geldanlagen auf ungefähr 30.000 Milliarden Dollar. Wenn die Hälfte dieses Geldes in die Wirtschaft fließen würde, also in lokale Unternehmen, dann hätten wir einen Transfer von 15.000 Milliarden Dollar von der Wall Street zur Main Street. Auf jeden Amerikaner kämen davon 50.000 Dollar. Es geht eigentlich nur darum, die Bewegung anzustoßen. Sobald die ersten 1.000 Milliarden verschoben sind, wird die Nachfrage nach Aktien, die an der Wall Street notiert sind, nachlassen und ihr Preis wird sinken. Dagegen wird die Nachfrage nach Anteilen an Main-Street-Unternehmen steigen und damit auch deren Wert. Alle Anlageberater und Vermögensverwalter werden ihren Kunden sagen: „Bei den lokalen Investitionen ist was los, Sie sollten einen Teil Ihres Geldes dort anlegen." So käme eine Milliarde zur nächsten, bis das Gleichgewicht von zweimal 15.000 Milliarden Dollar erreicht wäre. Das könnte die größte und revolutionärste Kapitalbewegung der modernen Geschichte werden. Und die Wall Street wüsste noch nicht einmal, wie ihr Zusammenbruch zustande gekommen ist.

CYRIL: Ist es eigentlich unbedingt notwendig, neue Betriebe zu gründen? Kann man denn nicht auch versuchen, die bestehenden Unternehmen von innen zu verändern? Das ist eine wiederkehrende Diskussion zwischen denen, die finden, man müsse – sagen wir mal *McDonald's* – loswerden und denen, die felsenfest davon überzeugt sind, dass auch *McDonald's* ein rechtschaffenes Unternehmen werden kann.

MICHELLE: BALLE ist aus einer Bewegung von Unternehmern entstanden, die vor 25 oder 30 Jahren angetreten sind, das gängige Betriebsmodell neu zu erfinden. Pioniere wie die Gründerin von *The Body Shop* Anita Roddick oder Ben Cohen und Jerry Greenfield von *Ben & Jerry's*. Die Besten ihrer Generation. Aber für jeden Unternehmer besteht die kapitalistische Norm darin, das investierte Kapital zurückzubezahlen, dann zu wachsen und sich von einem Größeren kaufen zu lassen oder an die Börse zu gehen. Sie dachten, sie könnten es besser machen und eine saubere Business-Version erfinden, bei der es mehr um den Menschen und um die Natur geht.

CYRIL: Und dann hat sich der *Body Shop* von *L'Oréal* kaufen lassen und *Ben & Jerry's* von *Unilever*. Sie haben diese Konzerne nicht verändert, sie haben sich von ihnen schlucken lassen und damit das gängige Modell noch gestärkt.

MICHELLE: Genau. Trotzdem sind das tolle Leute mit tollen Ideen, nur hat das System sie aufgefressen.

CYRIL: Wieso? Wie kommt es, dass es ihnen nicht gelungen ist, es zu verändern?

MICHELLE: Dafür gibt es viele Gründe. Wie sich Unternehmen finanzieren, zum Beispiel, oder die Trägheit und die Macht der Gewohnheit. Von den Soziologen und den Denkern haben wir gelernt, dass sich ein großes System, wenn es verdorben ist – egal ob eine von Menschen geschaffene Organisation oder ein Ökosystem –, erhebliche Schwierigkeiten hat, sich aus eigener Kraft neu zu erfinden. Eher macht es einfach immer so weiter. Vielleicht dreht es hier und da an einem Schräubchen, wie es die Unternehmen mit ihrer Nachhaltigkeitsabteilung machen oder mit ihren Labels für soziale Verantwortung, aber eine vollständige Erneuerung gelingt ihnen nicht. Damit etwas Neues wachsen kann, ist es deshalb notwendig, sich einen geschützten Rahmen außerhalb des herrschenden Systems zu schaffen. Genau das machen wir mit unserem Netzwerk aus kleinen, lokalen, geographisch verstreuten Betrieben. Wir sind die Pioniere und versuchen, uns vorzustellen, wie die Wirtschaft der Zukunft aussehen könnte.

CYRIL: Warum seid ihr so engagiert? Was motiviert euch, wenn ihr morgens die Augen aufmacht?

MICHELLE: Ich mag Unternehmer und ihre Energie, Innovationen und neue Ideen. Mich begeistert das Geschäftemachen, wenn es als Instrument für Kreativität und zum Wohle aller eingesetzt wird. Natürlich nicht, wenn damit unsere menschlichen Fähigkeiten ausgebeutet werden, Profite zu machen. Meine Freunde, die in großen Unternehmen arbeiten, sind total frustriert, sie fühlen sich wie Zombies. Sie schreiben nur Zahlen untereinander, ohne in den größeren Zusammenhang eingebunden zu sein. Ein Unternehmer hat seine Ideen, Talente, und die stellt er der Gemeinschaft zur Verfügung. Worauf es ankommt, ist die Verbundenheit miteinander und mit einer größeren Sache. Hier in Berkeley wurden wissenschaftliche

Forschungen durchgeführt, die ergeben haben, dass ein Mensch glücklich ist – ganz egal, ob Franzose oder Amerikaner, jung oder alt, Republikaner oder Demokrat -, wenn er für ein sinnvolles Ziel arbeitet und sich mit anderen, mit der Natur verbunden fühlt, dann kann er großzügig sein. Und ich möchte glücklich sein.

NIKKI: Meine Familie hat mir beigebracht, dass wir Teil eines großen Ganzen sind. Damit es mir gut geht, muss es meiner Familie gut gehen. Damit es meiner Familie gut geht, muss es unserem Ort gut gehen. Damit es unserem Ort gut geht, muss es der Gesellschaft gut gehen. Damit es der Gesellschaft gut geht, muss es der Erde gut gehen. Für all das fühle ich mich mitverantwortlich. Das hier ist meine Erde, es ist mein Land und mein Volk, alle, jeder so, wie er ist.

CYRIL: Glaubt ihr daran, dass wir es schaffen werden?

JUDY: Wir werden gewinnen. Und wenn nicht, dann wird es das Ende der Zivilisation sein, wie wir sie kennen. Die Natur wird noch weiter zerstört, die Ungleichheit wird bleiben und zunehmen, und wir werden ins Chaos stürzen. Es ist ein selbstmörderischer Weg. Genau deshalb wollen wir ihm ja etwas entgegensetzen, indem wir den Menschen, jedem Einzelnen, seine Macht zurückgeben. *Power to the people.*

Den selbstmörderischen Weg verlassen ... Seit zwei Wochen habe ich keinen Tropfen Alkohol getrunken. Das ist mir seit ungefähr 15 Jahren nicht mehr passiert. Ohne dass ich je soviel getrunken hätte, dass ich jeden Tag betrunken war, habe ich mich doch allmählich ans Weintrinken gewöhnt, wie die Stammkunden einer Kneipe: ein bis vier Gläser am Tag und auf Partys oder bei Essenseinladungen einiges mehr. Das Weintrinken ist für mich eine mächtige Gewohnheit, es ist kulturell und familiär geprägt und außerdem aufgeladen mit den Bildern einiger meiner Helden. Es abzulegen, scheint mir ein guter Schritt, um mich selbst wieder in Besitz zu nehmen. Und mich, wie ich hoffe, anderen Transformationen zu nähern.

Der Lauf dieser Welt zerreißt mir das Herz und ich sehe deutlich, dass ich, trotz all meiner Bemühungen, nicht imstande bin, etwas Dauerhaftes zu erreichen oder zu verändern. Das Trinken nimmt mir die Bürde, mich diesem Leid täglich zu stellen, es macht mich stumpf, macht mich taub für mich selbst. Nicht zu trinken, macht mich wieder wach für die Wirklichkeit und dafür zu erkennen, welche Kompensationen ich mir noch zugelegt habe. Allmählich bekomme ich wieder Lust zu meditieren. Habe das Bedürfnis nach dieser mentalen Dusche, die meine hektische Gedankenaktivität abwäscht und mir wieder Zugang verschafft zu einer Art Fülle. Einfach präsent sein, Aufmerksamkeit pur, wie sie sich bei der Meditation, auf langen Wanderungen unter Bäumen, beim Durchstreifen einer Stadt, bei sexuellen Ekstasen, Schmusereien oder stillen Betrachtungen einstellt, gehört zu den wertvollsten, wichtigsten Erfahrungen, die mir geschenkt wurden. Ihre Auslöser haben mit materiellem Besitz nicht das Geringste zu tun: jemanden zu lieben, gerührt zu sein von einem Kunstwerk, mich im Kontakt mit der Natur zu öffnen. Keine finanzielle Transaktion dieser Welt kann mir diese Empfindungen verschaffen. Wenn unsere Grundbedürfnisse erfüllt sind und wir ein Dach über dem Kopf, Kleidung, Nahrung, Zugang zu Energie und Bewegungsfreiheit haben, wenn außerdem für unsere kleinen Extras gesorgt ist, nämlich Zugang zur Kultur, Reisen etc., dann dürfte uns eigentlich nichts mehr daran hindern, zutiefst glücklich zu sein. So verstehe ich den guten Kampf, den Judy und ihre Mitstreiter führen wollen. In erster Linie ist es ein Kampf gegen uns selbst. Oder vielmehr für uns selbst.

## 5. REPARIEREN, WIEDERVERWERTEN, SELBER MACHEN: DIE BEWEGUNG DER *MAKER*

Sich die Wirtschaft zurückzuerobern, das ist auch das Herzstück der Bewegung der *Maker*[111], der wir auf dem BALLE-Kongress in Oakland begegnet sind und in Detroit, während unseres Aufenthalts bei den Projekten des urbanen Gartenbaus. In unserer extrem konsumorientierten Gesellschaft voller Wegwerfwaren, wo Konzepte wie die geplante Obsoleszenz[112] die Lebensdauer von Produkten auf wenige Jahre beschränken und wo eine Reparatur häufig mehr kostet als ein Neukauf, haben die *Maker* Orte der Begegnung geschaffen, sogenannte *Fab Labs*[113], um Dinge selbst herzustellen, zu reparieren und sich die entsprechenden Fertigkeiten wieder anzueignen. Dank der Erfindung von Produktionsmitteln wie dem 3D-Drucker sind diese städtischen Werkstätten

---

[111] Vom Verb *to make*, was bedeutet „machen". In Deutschland gibt es diese Bewegung unter dem Stichwort Repair-Café oder Reparatur-Initiative mit den Webseiten www.repaircafé.org, www.reparatur-initiativen.de. [Anm.d.Übers.]

[112] Der Begriff geplante Obsoleszenz bezeichnet eine vom Hersteller nicht publizierte, aber geplante absichtliche Verringerung der Lebensdauer von Produkten. (Quelle: Wikipedia)

[113] *Fab Lab*, Abkürzung vom englischen fabrication laboratory – Fabrikationslabor –, manchmal auch offene Werkstatt oder Makerspace genannt. (Quelle: Wikipedia) [Anm. d. Übers.]

innerhalb weniger Jahre zu wahren Kleinstfabriken erblüht und in der Lage, mehr oder weniger große Gegenstände einzeln oder in kleinen Serien herzustellen. Vom unauffindbaren Bauteil für die Reparatur Ihres Kühlschranks oder Ihres Druckers über Musikinstrumente, Tassen, Rollstuhlrampen, Flaschenregale, Spielsachen, Telefongehäuse, alles oder fast alles lässt sich nun herstellen, ohne auf die großen Firmen und ihre Serienfertigung zurückgreifen zu müssen. In den letzten Jahren wurden sogar ein Auto[114] und Häuser[115] mithilfe von 3D-Druckern gebaut, und das weltweit erste Bürogebäude aus einem 3D-Drucker wurde im Mai 2016 in Dubai vorgestellt[116]. Alastair Parvin, der Systemprogrammierer von WikiHouses, also von Häusern, deren Pläne jeder als *Open Source* aus dem Internet herunterladen und nachbauen kann, sagt: „Wir bewegen uns auf eine Zukunft hin, wo die Fabrik überall ist. Im 20. Jahrhundert war das Design dazu berufen, den Konsum zu demokratisieren – siehe Henry Ford, Coca-Cola oder Ikea –, und im 21. Jahrhundert hat es den Auftrag, die Produktion zu demokratisieren."[117]

Die entsprechende Bewegung ist in Detroit, wo die Industrie des 20. Jahrhunderts teilweise zusammengebrochen ist, besonders weit gediehen. Abgesehen davon, dass die Stadt weltweit als Vorreiter der urbanen Landwirtschaft gilt, hat sich Detroit auch zur Hochburg des DIY – Do it Yourself – und der funktionalen Wirtschaft entwickelt, die sich dafür einsetzt, die Dinge *zu gebrauchen*, anstatt sie nur zu kaufen. In Detroit und seiner Region haben die *Maker* zahlreiche Anlaufstellen: I3 Detroit, The Robot Garage (Lego und Robotik), Omnicorp Detroit, TechShop etc. Wir haben eine davon besucht, den Mount Elliott Makerspace, betrieben von Jeff Sturges, einem bewundernswerten Mittvierziger, der an Tom Cruise erinnert und mit einer schier unerschöpflichen Energie gesegnet zu sein scheint. Wie er gern erzählt, war Jeff früher Industriedesigner und hatte die Aufgabe, Zahnbürsten zu entwerfen. „Eines Abends kam ich nach Hause und dachte bei mir: Kein Mensch braucht noch mehr Zahnbürstenmodelle! Und viele andere Dinge auch nicht. Was wir wirklich brauchen, sind Nahrung, Wasser, Obdach, Kleidung, Trans-

---

[114] Das Strati, vorgestellt am 16. Januar 2015 in der Automobilausstellung von Detroit. Siehe http://winfuture.de/videos/Hardware/Local-Motors-zeigt-das-Auto-aus-dem-3D-Drucker-13824.html.

[115] Wie das Solar- und Passivhaus aus Holz, das 2012 in nur zwei Wochen in Barcelona gebaut wurde, oder die chinesische Villa, die mit einem sechs Meter hohen und zehn Meter breiten 3D-Drucker gedruckt wurde (http://www.welt.de/finanzen/immobilien/article140264641/Die-chinesische-Luxus-Villa-aus-dem-3D-Drucker.html).

[116] http://www.ingenieur.de/Themen/3D-Druck/Das-Buerogebaeude-3D-Drucker-steht-in-Dubai.

[117] Auszug aus seinem Vortrag bei TED, http://www.ted.com/talks/alastair_parvin_architecture_for_the_people_by_the_people.

portmittel, Kommunikationsmittel, Handelssysteme und eine Abfallwirtschaft. Das alles brauchen wir wirklich bzw. die Mittel, uns dazu möglichst einfach Zugang zu verschaffen. Wenn diese Grundbedürfnisse erfüllt sind, kann man in der Bedürfnishierarchie[118] nach weiteren Dingen streben, z. B. nach Musik, einem kreativen Leben, einem sinnvollen Leben etc." Nachdem er diese Erkenntnis hatte, engagierte sich Jeff Sturges ganztags in der Bewegung der *Fab Labs* und eröffnet den *Mount Elliott Makerspace*, eine „Stadtteil-Werkstatt, wo die Leute hinkommen und so gut wie alles selber zu machen lernen oder Sachen mit anderen zusammen reparieren."

Auf den ersten Blick könnte die Lage nicht unpassender sein, denn der *Makerspace* ist in den Kellerräumen einer Kirche untergebracht, die an ein Spukschloss erinnert – und damit meilenweit entfernt ist von den Bildern der *Fab Labs*, die wir uns im Internet angeschaut hatten. Aber wenn man sich erst an den Ort gewöhnt hat, wird der erste Eindruck von der allseits spürbaren Betriebsamkeit überlagert. Eine Fahrradwerkstatt liegt neben einem großen Gemeinschaftsraum, wo sich Computer und Arbeitstische aneinanderreihen. Eine Ecke ist als Nähstube eingerichtet, und hinter einer Glasscheibe stehen in einem weiteren Saal Hobelbänke zur Holz- und Metallverarbeitung, die Wände darüber sind mit Werkzeugbrettern bedeckt. Während unseres Besuchs sind zwei Männer dabei, ein Fahrrad zu reparieren, eine Frau näht Topflappen, eine ganze Tischrunde lernt, aus Haftnotizen Mini-Lautsprecher herzustellen, ein paar Jugendliche vergnügen sich mit Minecraft[119]. Jeff bedauert, dass wir nicht am Vorabend vorbeigeschaut haben, als dreimal soviel los gewesen sei. Aus seiner Sicht hat die Werkstatt eine erzieherische Aufgabe und ebenso eine emanzipatorische. „In Detroit gibt es sehr reiche und sehr arme Leute, die Mittelschicht ist verschwindend klein. Die Armen werden abhängig von den Reichen, die alles haben oder herstellen. Das führt dazu, dass die ärmeren Leute Jobs machen, die sie nicht mögen, damit sie sich auch etwas leisten können. Was wir hier versuchen, ist eine Welt aufzubauen, in der wir die Dinge, die wir haben wollen oder brauchen, in Gemeinschaft selbst herstellen. Dadurch wollen wir uns unabhängiger machen von den großen Unternehmen, die schließlich nicht immer unser Bestes im Sinn haben."

Ein etwa 16-jähriger Junge, der neben Jeff steht, erzählt uns, dass er seit zwei Jahren herkomme. Er hat sich hier ein Fahrrad gebaut und sein Handy repariert, und er nutzt den Ort, um sich mit Freunden zu treffen. Kein schlechter

---

[118] Eine Hierarchie der menschlichen Bedürfnisse wurde vor allem von Abraham Maslow mit seiner Bedürfnispyramide erstellt.

[119] Ein Videospiel, wo es darum geht zu überleben, indem man „Welten" aufbaut.

Platz, um nach der Schule mit den Kumpels abzuhängen, finden wir. Genauso sieht das auch eine Jugendliche, die zwei Tische weiter ihre Hausaufgaben macht. Ihre Familie geht schon immer hier zur Kirche und sie blieb anfangs im *Mount Elliott*, um sich vor dem Kirchgang zu drücken, aber dann fing sie an, Puppen zu basteln. Inzwischen versucht sie, soviel wie möglich von der Werkstatt zu profitieren. Sie ist elf Jahre alt, Afroamerikanerin, offensichtlich aus einer Familie mit niedrigem Einkommen, und spricht mit mir über das Schmelzen der Pole, die Übersäuerung der Meere, dass dadurch für uns der Sauerstoff knapper wird, über die Menschheit, die verschwinden könnte. Sie vertraut uns an, dass sie von einer Welt träumt, in der die Vielfalt akzeptiert wird, in der es keine Rassentrennung mehr gibt, keine Gewalt, keine Verbrechen, wie sie in ihrem Viertel verübt werden. Sie hat den Plan, nach Princeton zu gehen und Jura zu studieren. Sie will Anwältin werden und die Schwächsten vertreten. „Denn", erklärt sie: „in einer Zeitung ist das Papier zwar weiß, aber die Buchstaben sind schwarz: Wir brauchen uns gegenseitig. Die Welt kann nicht von einer einzigen Rasse regiert werden." Hinter ihr sitzt eine Frau an der Nähmaschine und schiebt einen Topflappen nach dem anderen unter das Füßchen. Seit vier Jahren gibt sie kostenlos Nähunterricht im *Mount Elliott*.

*Alexandre und Fabien vertreten Raphaël bei den Dreharbeiten*

Bei ihr lernen die Kinder Knöpfe annähen, ihre Hosen und Hemden selber zu flicken und ihre Socken zu stopfen, aber auch, sich selbst ein Kleidungsstück zu schneidern. „Ich will sie zur Selbstständigkeit erziehen", sagt sie lächelnd. Jung und Alt helfen sich hier gegenseitig. Jeff erzählt, dass eine Zwölfjährige in knapp drei Jahren Dutzenden von Erwachsenen das Schweißen beigebracht habe. Das ist eine andere Art des Lernens als in der Schule. „Einer meiner Freunde, Joi Ito, leitet das Medienlabor des MIT[120] und ermahnt mich immer: ‚Du solltest nicht von Erziehung reden, sondern vom Lernen.' Die Leute lehnen Erziehung ab, weil sie ihnen von außen auferlegt wird. Lernen tut man für sich selbst, weil man Lust dazu hat oder eine Fertigkeit braucht. Keiner verpflichtet die Kinder, hierher zu kommen. Sie tun das aus freien Stücken. Ich hoffe auf eine Zukunft, in der Schulen nicht mehr von *Maker*-Werkstätten zu unterscheiden sind. Irgendwann soll es nur noch sogenannte *Lernorte* geben, auf die man Lust hat, wo man gerne hingeht und sich mit anderen austauscht."

Das Anliegen, wieder zu lernen, wie man Dinge selber macht, teilt Jeff mit Rob Hopkins und der oben erwähnten Bewegung der *Transition Towns*, die diese Fertigkeiten für unabdingbar halten. Als wir ihn fragen, warum man sich abmühen soll, etwas selber zu machen, wenn doch die Welt in Zeug erstickt, das überall zu Schleuderpreisen zu haben ist, haben wir bei ihm einen Nerv getroffen: „Für mich ist das der Kern unserer menschlichen Fähigkeiten. Wir sind dazu gemacht, Dinge zu erschaffen. Digital und physisch. Und es ist sehr wichtig, dass wir von allen unseren Möglichkeiten Gebrauch machen, vom Geist ebenso wie von unseren Händen und Augen, von Nase, Mund usw. Wir müssen uns alle unsere Talente und Fähigkeiten zurückerobern und genauso die Verbindung zueinander. In der heutigen Zeit ist Konsumieren die Norm. Aber es geht nicht an, dass wir sämtliche Ressourcen verbrauchen, das wird zu einem Problem. Deshalb sollten wir uns immer fragen, ob wir etwas selber machen können, indem wir etwas wiederverwerten, reparieren oder einfach weiterverwenden." Er zeigt uns Einiges, was die Besucher des *Fab Lab* mit einem kleinen 3D-Drucker hergestellt haben, darunter fehlende Legosteine, eine kleine Sämaschine für mehrere Sorten, die für die urbane Landwirtschaft sehr nützlich ist, und sein Lieblingsstück: eine Handprothese, die ein Vater gerade für seinen Sohn anfertigt. Für Jeff hat die Bewegung der *Maker* das Potenzial, die Gesellschaft zu verändern, indem sie jedem Menschen Möglichkeiten eröffnet, seine Kreativität zu befreien. „Tausende von Heimwerkern

---

[120] Massachussetts Institute of Technology. [Anm.d.Übers.]

und Bastlern üben ihre Hobbys in ihren vier Wänden aus und schaffen lauter wunderbare Dinge, elektronisch, künstlerisch oder gastronomisch. Wenn wir die richtigen Werkzeuge entwickeln und zulassen, dass sich die verschiedenen Talente ausdrücken, dann können wir alles verändern. Schon möglich, dass das den meisten Leuten noch nicht klar ist, aber ich habe das Gefühl, dass da gerade richtig etwas in Gang kommt."

2015 nahmen an der Heimwerker- und Hobby-Messe *Maker Faire* in Detroit zwei Tage lang Hunderte von Ausstellern und über 25.000 Besucher teil. Hier wurden viele verschiedene Projekte präsentiert, vor allem im Bereich erneuerbarer Energien. Während Detroit seit zehn Jahren 25 % seiner Bevölkerung eingebüßt hat, verzeichnete seine Innenstadt im Jahr 2011 einen Zuzug von 59 % an Akademikern unter 35 Jahren, wie die New York Times berichtete. Ein Zeichen dafür, dass sich die Nachricht vom Aufbruch der ersten postindustriellen Großstadt, die Journalisten genauso neugierig macht wie Touristen, wie ein Lauffeuer verbreitet hat.

## 6. HIN ZU EINER DEZENTRALEN WIRTSCHAFT DES TEILENS: BEGEGNUNG MIT JEREMY RIFKIN

Am Ende unserer Reisen und all der verschiedenen Begegnungen drängten sich uns mehrere Erkenntnisse auf. Alle unsere Gesprächspartner unterstrichen die Notwendigkeit, die Macht der Wirtschaft zu dezentralisieren: im Bereich der Geldschöpfung genauso wie beim Unternehmertum, bei Investitionen, Innovation und in der Industrie. Alle brachten sie zum Ausdruck, wie wichtig es sei, unsere Modelle in vielen verschiedenen Netzwerken zu organisieren, in denen jeder Bürger und jede Bürgerin auf das globale System Einfluss bekommt und mehr Verantwortung übernehmen kann. Und dass wir nicht weiter riesige Konzerne füttern können, die immer mehr Macht und immer mehr Geld auf sich konzentrieren. Was das angeht, fanden wir Bernard Lietaers Analogie zu natürlichen Ökosystemen besonders hilfreich, die sich im Übrigen mit der Philosophie der Permakultur deckt. Vielleicht sollten wir uns tatsächlich vorrangig von den Abläufen in der Natur inspirieren lassen, wenn es darum geht, effiziente und resiliente Wirtschaftsformen zu finden. Die meisten von uns besuchten Initiativen waren interessanterweise bei näherer Betrachtung nach diesem Vorbild aufgebaut. Die erneuerbaren Energien versuchten, wenn auch noch etwas ungeschickt, die Photosynthese nachzubilden; die „Zero Waste" oder Null-Müll-Bewegung, die Zirkulärwirtschaft und die *Maker* versuchten, den Mechanismus der Wälder nachzuahmen, wo Abfälle endlos weiterverwertet werden, um neue Ressourcen zu schaffen; die Komplementärwährungen und das Netzwerk BALLE orientierten sich an den Prinzipien Vielfalt und Vernetzung, die Bernard Lietaer als grundlegend für die Widerstandsfähigkeit jedes Ökosystems bezeichnet; und alle Projekte betonten die Autonomie als Garant für eine viel größere Freiheit, die Notwendigkeit von gerechten Beziehungen und von echten demokratischen Strukturen.

In meiner Umgebung, also in Nichtregierungsorganisationen, Universitäten und Medien, beobachte ich eine weitere Entwicklung: eine breite Bewegung rund um die Ökonomie des Teilens, auch *Sharing Economy*[121] genannt. Sie basiert auf der Idee, dass wir nicht mehr alles selbst besitzen müssen, sondern vieles auch gemeinschaftlich nutzen können. Die meisten Akteure aus meinem Umfeld sehen in dieser Dezentralisierung und Lateralisation[122] der Gesellschaft – in Abkehr vom vertikalen Pyramidenmodell, das derzeit gilt –, eine Folge des Internets, das einen tiefgreifenden technologischen und kulturellen Umbruch in Gang gesetzt hat. Zum ersten Mal kann ein Großteil der Menschheit direkt miteinander in Kontakt treten, hat Zugang zu Informationen und Dienstleistungen, kann diese mit wenigen Klicks auch selbst bereitstellen, ohne den Umweg über die zentralisierten Organisationen nehmen zu müssen – obwohl die organisierte Marktmacht durch Facebook, Google, Amazon, Apple etc. dem vertikalen Kapitalismusmodell des 20. Jahrhunderts schon wieder recht ähnlich wird. Das Internet erleichtert das Teilen von Informationen, von Dingen, Dienstleistungen, Energie, und ist für Jeremy Rifkin, den wir am Ende unserer Expedition trafen, die Komponente einer wahren Revolution. Ihm zufolge ermöglicht es die Entstehung einer kollaborativen Ökonomie, das erste radikal neue Wirtschaftsmodell seit dem Aufkommen von Kapitalismus und Sozialismus zu Beginn des 19. Jahrhunderts. Auf dem besten Weg, einen entscheidenden Platz einzunehmen.

Für alle, die Jeremy Rifkin nicht kennen: Er ist so etwas wie ein berühmter Zukunftsguru. Der Ökonom, Berater, Unternehmer sowie Mitbegründer und Vorsitzender der *Foundation on Economic Trends* hat sich in der westlichen Welt seit etwa zehn Jahren als einer der bedeutendsten und einflussreichsten Futurologen hervorgetan. Man muss ihm zugute halten, dass er – früher als

---

[121] http://funkkolleg-wirtschaft.de/themen/03-teilen-als-milliardengeschaeft-die-sharing-economy/#Sendung. [Anm.d.Übers.].

[122] Seitliche Verlagerung. [Anm.d.Übers.]

viele andere – ein paar richtungsweisende Eingebungen hatte, die ihn veranlassten, mehrere Grundsatzdebatten anzustoßen. 1973 organisierte er eine der größten Demonstrationen gegen die exzessive Förderung von Erdöl, weil er schon damals die Notwendigkeit sah, sich erneuerbaren Energien zuzuwenden. 1988 sorgte er dafür, dass in Washington D.C. ein Treffen zwischen Klimawissenschaftlern und militanten Umweltschützern aus 35 Ländern stattfand, die erste globale Zusammenkunft, um den Treibhauseffekt zu thematisieren. Im gleichen Jahr hielt er eine Reihe von Vorträgen in Hollywood, um Schauspieler, Produzenten, Drehbuchautoren und Regisseure für die Herausforderungen des Klimawandels zu sensibilisieren. 1992 initiierte er die Kampagne *Beyond beef*[123], bei der sich sechs Umweltorganisationen zusammenschlossen – darunter *Greenpeace, Rainforest Action Network* und *Public Citizen* –, um Menschen zu einer Reduktion des Rindfleischkonsums um 50 % zu motivieren. Alle diese Themen stehen 2015 ganz oben auf unserer globalen Agenda, was damals noch nicht der Fall war. Wenn er jetzt für die kommenden Jahrzehnte gewisse Entwicklungen voraussagt, verdient dieser Mann also unsere Aufmerksamkeit. Als Sonderberater von Kanzlerin Angela Merkel sowie von der EU-Kommission und dem Europaparlament ist es Rifkin gelungen, dass diese seine Strategie offiziell übernehmen: eine dritte industrielle Revolution durch das Zusammenwirken von erneuerbaren Energien und das Internet. Einige von den Voraussetzungen für das Eintreten seiner Prognosen sind zwar bislang nicht in Sicht, trotzdem waren wir neugierig, ob seine Visionen mit unseren neu gewonnenen Erkenntnissen über die Wirtschaft übereinstimmten. Wir trafen Jeremy Rifkin, als er für die Präsentation seines neuen Buches in Paris Station machte, und fanden die Begegnung – verglichen mit dem, was wir bisher erlebt hatten – eher befremdlich.

Als wir im Flur des Fünf-Sterne-Hotels ankamen, sahen wir Jeremy Rifkin einige Meter vor uns. Ich eilte voraus und holte ihn ein, um mich vorzustellen. Seine Reaktion war eisig. Der Mann war gestresst. Erschöpft von seinen 13-Stunden-Tagen, an denen er Journalisten aus aller Herren Länder in Endlosschleifen sein Denkmodell erläuterte, war er der Meinung, er habe keine Zeit zu verlieren. Ohne die geringste Vorstellung, wer wir waren und wofür wir ihn um ein Interview gebeten hatten, gab er mir zu verstehen, dass er uns nur 20 und keine 60 Minuten zubilligen würde. Ich erinnerte ihn daran, dass es um einen Spielfilm ging, dass wir mehr bräuchten als eine kurze Stellungnahme für die Medien. Nach einer Diskussion mit seinem Pressevertreter gestand er

---

[123] Sein gleichnamiges Buch wurde unter dem Titel „Das Imperium der Rinder" auf Deutsch publiziert. [Anm. d. Übers.]

uns 30 Minuten zu, aber keine Fragen, damit er seine Gedankengänge zu Ende führen könne. Letzten Endes blieb er die versprochene Stunde mit uns zusammen, ohne die kleinste Unterbrechung von uns ertragen zu müssen. Dies ist der wesentliche Teil dessen, was er uns an jenem Tag lieferte:

„Während der ersten und zweiten industriellen Revolution im 19. und 20. Jahrhundert haben wir eine vertikale, pyramidenförmige Welt erschaffen: eine von oben nach unten absteigende Zentralmacht, die Zentralisierung von Landwirtschaft und Industrie mit immer größeren Produktionsmitteln, eine Zentralisierung von Vertriebs- und Kommunikationsmitteln – d. h. eine begrenzte, privatisierte Medienlandschaft sowie Einkaufszentralen und Großsupermärkte –, außerdem die Zentralisierung des Banken- und Versicherungswesens, von Transport und Logistik. Das war der beste Weg, um Produktionskosten zu senken, die enormen Errungenschaften dieser Zeit zu verwirklichen und unseren Lebensstandard zu verbessern. Heute sind wir aus den allgemein bekannten Gründen an die Grenzen dieses Modells gestoßen. Eine neue Revolution muss nun eingeläutet werden. Durch das Internet sind wir inzwischen imstande, unsere Art zu kommunizieren von Grund auf zu verändern, genauso unsere Art, Energie auszutauschen und zu verteilen und die Art, wie wir uns fortbewegen. Die Internet-Architektur ist an sich distributiv, kollaborativ, offen, transparent und sie erlaubt ungeheure Kostenvorteile. Das Internet macht es möglich, dass sich Millionen Menschen zusammentun, etwas herstellen, etwas teilen. Die von all diesen kleinen Akteuren erbrachte Wertschöpfung übersteigt bei Weitem alles, was die großen Konzerne des 20. Jahrhunderts realisieren konnten. Lassen Sie mich dafür drei Beispiele nennen: eins für die Beförderung, eins für die Energieversorgung, eins für die Industrie.

Mit dem Internet ist es inzwischen sehr einfach geworden, ein Auto zu teilen, anstatt es zu besitzen. Millionen junger Leute haben kein Interesse mehr daran, selbst ein Auto zu haben, sie wollen einfach nur mobil sein und verschaffen sich seit fünf Jahren ihre Mobilität übers Internet. Mit Smartphone und GPS finden sie in wenigen Minuten ein Auto oder einen Fahrer, kommen hin, wo sie hinwollen, und zahlen online. Überlegen Sie mal, wie das die Umwelt schont! Larry Bruns, der ehemalige 2. Vorsitzende von General Motors, hat für die University of Michigan in Ann Arbor eine Studie über die Auswirkungen des Carsharings durchgeführt. Sogar mit der Carsharing-Infrastruktur von heute, die alles andere als ausgereift ist, könnten wir unsere Mobilität aufrechterhalten, wenn wir die Anzahl der im Straßenverkehr zugelassenen Autos um 80 %

reduzieren. Derzeit fahren weltweit eine Milliarde Autos. Wir könnten sie auf 200 Millionen senken und nicht nur dafür sorgen, dass ihre Nutzung geteilt wird, sondern auch, dass sie mit grünem Treibstoff betrieben und mit dem 3D-Drucker hergestellt werden.

Und damit bin ich bei der Industrie. Die *Maker*-Bewegung ist auf dem Vormarsch, eine mit 3D-Druckern ausgestattete Generation, die Software und Baupläne im Internet kostenlos teilt, sodass alles Mögliche selbst hergestellt werden kann. Und raten Sie mal, was für Rohstoffe sie dafür verwenden wird? Abfälle. Plastik, Papier, Metall, die sie einschmelzen lassen bzw. aufbereiten werden, um daraus ihre Produkte herzustellen. Keine Patentkosten, keine Materialkosten, sobald der Drucker amortisiert ist, kostet das fast nichts. In wenigen Jahren werden sie die 3D-Drucker und ihre Kleinstfabriken mit eigenen Solarzellen und Mini-Windrädern betreiben. Und auch die Energie wird quasi kostenlos sein, also null Grenzkosten[124,125] verursachen. Die Sonne scheint großzügig und schickt keine Rechnung. Da es eine Produktion nach Bedarf sein wird, hört dann auch die gigantische, von der heutigen Industrie- und Konsumgesellschaft verursachte Verschwendung auf. Denn das jetzige System muss die größtmögliche Stückmenge produzieren, um die Kosten zu senken, selbst wenn die Ware weggeworfen wird. Natürlich wird nicht jeder in der Lage sein, irgendwelche raffinierten Produkte herzustellen, aber wenn jede Schule, wie Präsident Obama sich das wünscht, mit einem 3D-Drucker ausgestattet wird, dann dauert es nicht mehr lange, bis die Jugend sich darauf versteht, Mobiltelefone, Häuser etc. zu bauen.

Das Gleiche gilt für die Energie. In Deutschland werden 27 % des Stroms durch Sonne und Wind so gut wie ohne Grenzkosten erzeugt, und das Land strebt 35 % für 2020 an. An einem Sonntag im Mai 2014 lieferten Sonne und Wind fast den ganzen Tag 75 % des von dieser drittgrößten Volkswirtschaft der Welt erzeugten Stroms, und die Energieversorger mussten aufgrund des Überangebots auf dem Strommarkt Abgabekosten an die Verbraucher zahlen. Das klingt wie ein Widerspruch in sich, aber der Preisverfall ist immens. Die Erzeugung von einem Watt Solarstrom kostete 1970 66 US-Dollar, heute kostet sie 66 US-Cent und geht gegen null. Inzwischen beteiligen sich in Deutschland Millionen kleiner Akteure an der Stromerzeugung und nennen

---

[124] Die Grenzkosten (auch Marginalkosten) sind in der Betriebswirtschaftslehre und der Mikroökonomik diejenigen Kosten, die durch die Produktion einer zusätzlichen Mengeneinheit eines Produktes entstehen. (Quelle: Wikipedia)

[125] Der Titel von Rifkins neuem Buch lautet *Die Null-Grenzkosten-Gesellschaft*, es ist im April 2016 auf Deutsch erschienen. [Anm. d. Übers.]

das Bürgerenergie: Privatpersonen, kleine und mittlere Unternehmen, Kooperativen, NGOs, die ihren Strom fast ohne Grenzkosten erzeugen. Das ist eine beispiellose Revolution. Wie könnten fossile Brennstoffe und Atomkraft da mithalten? In zehn Jahren werden es zig Millionen weltweit sein und in zwanzig Jahren Hunderte Millionen, die ihre Energie lokal und regional aus Biomasse, Erdwärme, Windkraft, Sonne und Wasserkraft erzeugen und sie über ein intelligentes, mit dem Internet verbundenes Netz teilen.

Genau das wird kommen, es führt kein Weg daran vorbei. Wir sehen schon die ersten Schritte in die Richtung. Damit werden die großen pyramidenartigen Unternehmen einfach nicht Schritt halten können. Der Marktanteil der vier großen staatlichen Energieversorger Deutschlands ist in den letzten sieben Jahren sichtlich geschrumpft, inzwischen erzeugen sie nur noch 7 % des Stroms. Sie sind es gewöhnt, als Zentralmacht zu funktionieren, ihre Kostenvorteile sind vertikal. Aber die Macht, die sich da gerade entfaltet, ist horizontal, breitflächig, Energie steht schließlich überall kostenlos zur Verfügung. All die Millionen Akteure brauchen schließlich nur kleine Teile davon sammeln, speichern und miteinander austauschen. Wenn man die daraus resultierenden lateralen Mengenvorteile zusammenfasst, dann übersteigen sie bei Weitem alles, was ein Atomkraftwerk erbringen kann.

Seit jeher sind Unternehmer hinter neuen Technologien her, um die Produktivität ihres Betriebs zu steigern, die Grenzkosten zu senken, günstigere Produkte auf den Markt zu werfen, Verbraucher anzulocken, Marktanteile zu erobern und ihre Investoren zufrieden zu stellen. Aber dass es zu einer technologischen Revolution kommen könnte, die so umwälzend ist, dass sie die Grenzkosten für einen bedeutenden Teil der Güter und Dienstleistungen fast auf Null senkt und diese Güter und Dienstleistungen damit reichlich und so gut wie kostenlos zur Verfügung stellt, haben wir einfach nie vorausgesehen. Das heißt, die Mechanismen, die dem kapitalistischen System zu seinem unglaublichen Erfolg verholfen haben, sind jetzt dabei, sich dagegen zu wenden.

Seit mehreren Jahren existiert der Begriff des sozialen Unternehmers. Die ältere Generation sieht darin vielleicht einen Widerspruch, weil sie glaubt, man könne nicht gleichzeitig Unternehmer und sozial sein. Wie Adam Smith[126], der behauptete, jedes Individuum verfolge seine eigenen Interessen und pfeife auf die Interessen der Gemeinschaft. Nur durch das Verfolgen der eigenen Interessen trage es zum Fortschritt der Gesellschaft bei. Offensichtlich hat die neue Generation Adam Smith nicht gelesen, denn sie ist davon überzeugt:

---

[126] Adam Smith, 1723 - 1790, war ein schottischer Moralphilosoph und Aufklärer und gilt als Begründer der klassischen Nationalökonomie. (Quelle Wikipedia) [Anm.d.Übers.]

Wenn sie der Gemeinschaft durch die kollaborative Wirtschaft ihre Talente, ihre Fähigkeiten und ihre Kreativität zur Verfügung stellt, dann verbessert das nicht nur das Leben der anderen, sondern auch ihr eigenes. Beurteilt ein junger Mensch eine Regierung, eine politische Partei, ein Schulsystem oder irgendeine andere Institution, dann fragt er: Ist das Verhalten dieser Institution zentralistisch, besitzorientiert, patriarchalisch, von oben nach unten und in sich geschlossen oder ist es distributiv, gemeinschaftsorientiert, offen, transparent und begünstigt es laterale Wirtschaftsabläufe? Die Jugend hat nicht nur Unternehmergeist, sie hat eine gänzlich andere Auffassung von Macht. Und die lautet: *Power to the people*!

Natürlich werden alle Konzerne, die noch eine riesige Marktmacht haben, versuchen, die Instrumente für diese Art von Fortschritt zu monopolisieren: die Anbieter von Telefonen und Leitungen, Provider und Energieversorger, Internetriesen etc. Google registriert täglich sechs Milliarden Suchanfragen, das entspricht zwei Dritteln des Suchmaschinenmarktes der USA und 91 % der europäischen Suchklicks. 20 % der Weltbevölkerung ist auf Facebook, Twitter hat 300 Millionen Nutzer, Amazon ist der globale Supermarkt … Bereits jetzt gibt es große Probleme bei der Sicherung unserer persönlichen Daten. Der wahre Kampf wird daher um die Demokratie ausgetragen werden: Es muss uns gelingen, das Internet so neutral wie möglich zu halten. Diese Schlacht wird unschön werden, aber sie ist der Preis, den wir zahlen müssen, wenn wir eine Gesellschaft im Einklang mit unserem Planeten aufbauen wollen, eine Gesellschaft, in der unsere Kinder und unsere Enkelkinder noch leben können. Wir haben nicht mehr viel Zeit, es bleiben uns nur noch knapp 30 Jahre, um dieses Ziel zu erreichen."

*Laurent und sein Mikrophon*

# IV.
# DIE DEMOKRATIE NEU ERFINDEN

# 1. DIE GESCHICHTE VON GESTERN – BEGEGNUNG MIT DAVID VAN REYBROUCK

David Van Reybrouck ist Autor und hat vor allem in diesem Beruf, dem bisher letzten seines Werdegangs, einige Bekanntheit erlangt. Sein im Jahr 2010 publizierter Roman „Kongo – eine Geschichte" wurde in Frankreich mit zwei Preisen ausgezeichnet, dem *Prix Médicis essai* sowie dem *Prix du Meilleur Livre étranger*[127], und legte eine bemerkenswerte internationale Karriere hin. Ursprünglich war der Autor Archäologe und Ethnologe. Nach seinem Studium der Archäologie und Philosophie an der katholischen Universität von Löwen legte Van Reybrouck einen Master of World Archeology in Cambridge ab und promovierte im Jahr 2000 an der Universität Leiden über das Thema *From primitives to primates. A history of ethnographic and primatological analogies in the study of prehistory*. Zwischen 2010 und 2012 entdeckte er seine Leidenschaft für Fragen der Demokratie und initiierte in Belgien und den Niederlanden das Modell G1000 als demokratischen Gegenentwurf zu den G8- und G20-Gipfeln. Dabei lädt er 1.000 ganz gewöhnliche Menschen zu einem sogenannten Bürgergipfel ein, um gemeinsam die grobe Richtung der Landespolitik auszuarbeiten. Er führte umfassende Recherchen zu dem Thema durch, aus denen schließlich die Publikation seines Buches *Gegen Wahlen – warum Abstimmen nicht demokratisch ist*[128] hervorgegangen ist, eine packende Abhandlung darüber, was unsere Demokratien einst waren, was sie geworden sind und was sie sein könnten. Wir trafen David in seiner Brüsseler Wohnung und hatten zwei Stunden Zeit, uns mit ihm auszutauschen, nachdem wir Olivier De Schutter und Bernard Lietaer getroffen hatten. Und eine Erkenntnis jagte die nächste …

DAVID: Am Anfang hatte ich gar keine Lust, über die Politik oder die Demokratie[129] zu schreiben. Ich bildete mir ein, dass dieses Thema mehr oder weniger abgearbeitet sei, dass alles darüber gesagt und geschrieben worden wäre und die Lösungen, die wir gefunden hatten, die besten oder jedenfalls nicht die schlechtesten sind. Ich schreibe nämlich lieber

---

[127] Preis für das beste internationale Buch, das ins Französische übersetzt wurde.
[128] Wallstein, August 2016.
[129] „Demokratie" kommt aus dem Griechischen *dêmos* für Volk und *kratos* für Macht. Der Begriff bezeichnet eine politische Lehre, nach der die Souveränität – die höchste Autorität – bei der Gesamtheit der Bürger liegen soll.

Gedichte oder Theatertexte. Aber wie soll man schreiben, wenn es durch das Dach tropft? Und das Dach unserer europäischen Demokratien ist in den letzten Jahren derart undicht geworden, dass ich mich als Schriftsteller, als Forscher und als Bürger dafür verantwortlich fühlte, mir die Frage genauer anzusehen und meinen Beitrag zu einer Debatte zu leisten, die ich nicht nur für grundlegend halte, sondern für entscheidend, was die Zukunft unserer Gesellschaft angeht.

CYRIL: Was ist für Sie das Hauptproblem an unseren Demokratien? Wir sind gerade von einer Rundreise durch etliche Länder zurück und haben überall beobachten können, dass der Machtverlust der Bürger, vor allem zugunsten von Wirtschafts- und Finanzriesen, als immenses Hindernis in vielen verschiedenen Zusammenhängen auftaucht. Die Leute, die wir gesprochen haben, haben alle die Notwendigkeit betont, einen politischen Rahmen zu schaffen, der neue Wirtschafts-, Energie- und Landwirtschaftsmodelle überhaupt möglich macht. Aber sie haben uns gleichzeitig geschildert, wie unsere gewählten Vertreter in großer Zahl unter dem Einfluss transnationaler Unternehmensgruppen stehen, die über beträchtliche Mittel verfügen. Deshalb treten wir auf der Stelle!

DAVID: Es gibt in allen westlichen Ländern ein wachsendes Misstrauen gegenüber politischen Parteien, Parlamenten und der Staatsmacht überhaupt. Und ich glaube, das ist berechtigt. Die Menschen fühlen sich ausgeschlossen. Es gibt im Englischen einen sehr passenden Ausdruck für diese Empfindung: *a sense of theft* – das Gefühl, bestohlen zu werden, einen Verlust zu erleiden. In gewisser Weise ist den Bürgern die Beteiligung und Einbindung in die Regierung ihrer Gesellschaften abhanden gekommen. Kürzlich hat die Universität von Princeton eine Studie veröffentlicht, die im Großen und Ganzen zu dem Ergebnis kam, dass die Vereinigten Staaten keine Demokratie mehr sind, sondern eine Oligarchie.[130] Das ist schier unfassbar! Wir sprechen hier ja nicht von den Ansichten einer extrem linken Splittergruppe, wir sprechen von den Erkenntnissen der Universität von Princeton!

CYRIL: Worauf stützt diese Studie eine solche Schlussfolgerung?

DAVID: Sie hat die Willensbekundungen der Menschen, vornehmlich in Umfragen, mit dem Handeln der Regierung und den Präferenzen der Wirtschaftselite verglichen. Und sie kam zu dem Ergebnis, dass sich öffentliche

---

[130] Die Studie beruht auf den Daten zu 1800 politischen Maßnahmen, die zwischen 1981 und 2002 ergriffen wurden. Siehe www.bbc.com/news/blogs-echochambers.27074746 und journals.cambridge.org/action/display/Abstract?fromPage=online&aid=9354310.

Entscheidungen so gut wie systematisch an den Wünschen und Begehrlichkeiten der Wirtschaftswelt orientieren und nicht am Willen einer Mehrheit in der Bevölkerung. Es liegt auf der Hand, dass das nicht von Dauer sein kann, zumal alle inzwischen diesen Mechanismus durchschaut haben. Und der führt dazu, dass unsere Volksvertreter das Vertrauen ihrer Bürger verlieren. Also, wenn ich Vorsitzender einer politischen Partei wäre, dann wäre ich darüber ernsthaft beunruhigt. Transparency International veröffentlicht alle zwei Jahre einen Bericht über die Wahrnehmung von Korruption weltweit. Die jüngsten Daten der Nichtregierungsorganisation zeigen, dass die Öffentlichkeit in den westlichen Ländern den politischen Parteien am meisten misstraut. Sogar in Norwegen glauben 41% der Menschen, dass politische Parteien korrupt sind. In Belgien glauben das 67%, in Frankreich 70%, in Spanien 80%, in Griechenland mehr als 90%. Wenn die Hauptakteure unserer Demokratien als die korruptesten Instanzen unserer Gesellschaft[131] angesehen werden, dann haben wir ein schwerwiegendes Problem.

CYRIL: Wie konnte es zu dieser Situation kommen?

DAVID: Wir, die Bürger, wählen das Parlament. Das Parlament beruft eine Regierung ein, und diese Regierung soll das Land führen. Aber wenn wir genau hinschauen, wie viel Macht unsere Regierungen und Parlamente im Vergleich zu früher überhaupt noch haben, wird uns klar, dass sich die Lage grundlegend verändert hat. Die Ebene des Nationalstaats hat eine Menge Macht eingebüßt, zunächst nach oben. Denn die politische Autorität sowie zahlreiche Kompetenzen wurden an die europäische Ebene abgegeben, die auch noch etwas demokratisch ist, und an die transnationale Ebene der Finanzen, die amerikanischen Rating-Agenturen, den IWF (der überhaupt nicht mehr demokratisch ist). Gleichzeitig haben wir eine beträchtliche Machtverschiebung nach unten erlebt. Denn die Bürger können sich heute viel einfacher von der Obrigkeit emanzipieren, als sie das früher konnten, und trauen ihren Volksvertretern nicht mehr über den Weg. Das heißt, dass die Ebene des Nationalstaats, der zwei Jahrhunderte lang die Zügel der Gesellschaft in der Hand hielt, in ihrer heutigen Situation weder Macht noch Vertrauen genießt. Hier haben wir es also mit einer Krise der politischen Legitimität und der Handlungseffizienz zu tun.

---

[131] Nach der Umfrage von Ipsos France 2014 „sind für 65% der Franzosen die meisten Politiker und Politikerinnen korrupt. 84% glauben, dass Politiker im Wesentlichen aus persönlichen Motiven handeln". 78% finden „dass das demokratische System schlecht funktioniert und [ihre] Vorstellungen nicht angemessen vertreten werden". 72% der Franzosen haben kein Vertrauen in die Nationalversammlung, 73% keins in den Senat. 88% der Befragten sind der Meinung, dass „sich Politiker und Politikerinnen nicht darum kümmern, was die Leute denken."

CYRIL: Aber rein rechtlich müssten wir Bürger doch imstande sein, unsere politischen Führer dazu zu verpflichten, dass sie wieder das Kommando übernehmen und machen, was wir wirklich wollen oder was notwendig ist. Warum gelingt uns das nicht?

DAVID: Weil unser aktuelles Demokratiemodell nicht dazu geeignet ist, der Bevölkerung im größeren Maßstab die Macht zu übertragen.

CYRIL: Was wollen Sie damit sagen?

DAVID: Was wir haben, ist eine Wahldemokratie, und die beruht auf dem Prinzip der Delegation. Ende des 18. Jahrhunderts, also nach der Französischen und der Amerikanischen Revolution, musste ein Weg gefunden werden, diese Länder, die keinen König mehr hatten, zu führen. Die Entfernungen waren groß, das Volk war wenig gebildet, und es gab noch nicht die technischen Möglichkeiten, damit Informationen schnell im großen Umfang verbreitet werden konnten. Deshalb wurde damals ganz bewusst ein aristokratisches Verfahren eingesetzt, nämlich Wahlen, um eine Art von Delegation zu ermöglichen. Das bedeutet, dass ich, ein einfacher belgischer, französischer oder amerikanischer Bürger, noch heute meinen Stimmzettel am Wahltag abgebe und damit meine Macht für vier oder fünf Jahre an einen anderen delegiere.[132] Inzwischen haben wir unsere Demokratien nur noch auf die Wahlen reduziert. Für mein Buch „Kongo" habe ich mich intensiv mit diesem Land beschäftigt, und wenn die Leute zu mir sagten: „Der Kongo muss demokratisiert werden", meinten sie, dass es dort Wahlen geben sollte wie bei uns, mehr nicht. Genauso im Irak oder in Afghanistan. Mir ist klar, dass das ketzerisch klingen mag, aber es stimmt. Wenn man sich mit der Geschichte der Wahlen befasst, wie Bernard Manin oder andere große französische Denker, dann erkennt man, dass sie stets ein aristokratisches Verfahren waren. Aristoteles hat das gesagt und ebenso Rousseau und Montesquieu. Im Übrigen hat das französische Wort für Wahlen „élection" den gleichen Stamm wie „élite". Die Wahl ist ein Verfahren, um eine Elite einzusetzen – das vergessen wir häufig.

---

[132] Der französische Priester Abbé Sieyès – einer der Haupttheoretiker der französischen Revolution – erklärte in seiner Rede vom 7. September 1789: „Die Bürger, die ihre Vertreter ernennen, verzichten darauf und müssen darauf verzichten, selbst die Gesetze zu machen; sie können ihren eigenen Willen nicht durchsetzen. Wenn sie ihren Willen bekunden würden, dann wäre Frankreich nicht mehr der repräsentative Staat, der es ist, sondern ein demokratischer Staat. Das Volk, ich wiederhole es, in einem Land, das keine Demokratie ist (und das ist Frankreich gewiss nicht), da kann das Volk nur durch seine Repräsentanten sprechen und handeln." Heute noch steht auf der Webseite der Regierung *Vie publique*, dass „die Parlamentarier nicht an ein imperatives Wählermandat gebunden sind. Also selbst wenn die gewählten Volksvertreter ihre Wahlversprechen nicht einlösen, können die Wähler ihnen nicht das Mandat entziehen. Diese Regel schützt die Meinungsfreiheit der Parlamentarier, namentlich bei ihrer Beurteilung des Gemeinwohls."

Während sich Rousseau und Montesquieu im 18. Jahrhundert für die Auslosung der Volksvertreter stark machten, weil das demokratischer sei als Wahlen, haben sich die französischen und amerikanischen Revolutionäre eine Generation später bewusst für Wahlen entschieden, um die Monarchie davonzujagen und sie durch eine neue Form von Macht zu ersetzen. An die Stelle der Erbaristokratie trat die Wahlaristokratie. Hier lässt sich eine Parallele zur ägyptischen Revolution ziehen, die wir besser kennen, weil sie noch nicht so weit zurückliegt. Das Volk hat die amtierenden Machthaber verjagt und in den Monaten, die auf die Revolution folgten, hat die Nummer zwei den Platz der Nummer eins übernommen, weil sie schon organisiert war. Haargenau das gleiche ist nach der Französischen Revolution passiert. Die Wahlen haben dazu gedient, der Nummer zwei eine Legitimität zu geben.

Aber die Massen, all die Leute, die die Bastille gestürmt und die Revolution gemacht haben, das Lumpenproletariat, wie Marx es nannte, das ist nie an der Macht beteiligt worden. Im 19. und 20. Jahrhundert hat man dann versucht, die Wahlen mehr zu demokratisieren, indem immer mehr Bevölkerungsgruppen das Wahlrecht zugestanden wurde. Zunächst den Arbeitern, dann den Bergleuten, den Bauern, später Frauen und Jugendlichen. Und noch später den Zuwanderern. Der Hunger nach Demokratie ist aber keineswegs gestillt, obwohl in unserer Zeit im Westen jeder oder fast jeder das Wahlrecht besitzt.

CYRIL: Aber auf welche Weise halten Wahlen denn eine Aristokratie an der Macht? Heutzutage könnte man doch sagen, dass sich jeder x-beliebige Bürger zur Wahl stellen und potenziell gewählt werden kann.

DAVID: Theoretisch kann sich jeder zur Wahl stellen. Also ist das System philosophisch gesehen neutral und steht allen offen. Bei einem Blick auf die Praxis sieht es aber schon anders aus: 90 % der Gewählten sind Akademiker und die Juristen unter ihnen bilden die große Mehrheit. Das allein ist eine ziemlich spezielle Art der Repräsentation. Wenn man sich die Bevölkerung beispielsweise in Frankreich anschaut, dann erkennt man, dass nur 2 % überhaupt einer politischen Partei angehören.[133] Weniger als die Hälfte dieser Mitglieder ist aktiv. Und von diesem winzigen Prozentsatz stellt sich nur eine verschwindend geringe Anzahl von Leuten zur Wahl. Schließlich werden aus diesem kleinen Grüppchen einige gewählt.

---

[133] Im Jahr 2015 wurden laut dem französischen Statistischen Amt INSEE in den politischen Parteien Frankreichs insgesamt 451.000 Mitglieder gezählt, das entspricht 1 % der gesamten französischen Wählerschaft von 44,6 Millionen Menschen im Jahr 2015. Und diese Zahl ist vielleicht sogar noch überschätzt!

Und das nennen wir dann repräsentative Demokratie! Das ist ja wohl etwas übertrieben, oder?

CYRIL: Was sollen wir dann tun? Nicht mehr wählen gehen? Das fragen sich inzwischen immer mehr Leute ganz konkret. Man hat ja den Eindruck, dass es ohnehin nicht viel bringt.

DAVID: Ich bin der Autor eines Buches mit dem Titel *Gegen Wahlen* und gehe trotzdem immer noch wählen. Bei meiner Arbeit über die Geschichte des Kongo habe ich Leute sterben sehen, um das Wahlrecht zu bekommen. Also ich möchte diesen Akt keineswegs abwerten, auch wenn er inzwischen ziemlich symbolisch geworden ist. Aber ich kann durchaus verstehen, dass es immer mehr Menschen gibt, die nicht mehr zur Wahl gehen. Ich finde, dass wir das Recht haben, politisch zu streiken, genauso wie wir in der Wirtschaft streiken können. Allerdings werden wir mit dieser Verweigerungshaltung keins unserer Probleme lösen. Irgendwann habe ich mal den Vorschlag gemacht, 40 % der Parlamentssitze leer zu lassen, wenn die Wahlbeteiligung bei 60 % liegt, einfach um die gewählten Vertreter daran zu erinnern, dass die Legitimität ihres Mandats eingeschränkt ist. Im derzeitigen System ist das Parlament nämlich immer vollbesetzt, selbst wenn die Wahlbeteiligung bei 1 % liegt. Die Abgeordneten gehen zwar nicht immer hin, aber sie haben einen reservierten Platz! (Lacht.) Eine Erneuerung der Demokratie kann sich natürlich nicht damit begnügen, die Sitze leer zu lassen, das wäre so etwas wie bürgerlicher Nihilismus. Ich glaube, wir müssen neue Wege finden, um die Stimme des Volkes zu hören. Im Moment haben wir dafür nur Wahlen, Volksentscheide und Meinungsumfragen. Ich finde, dass sich diese Mechanismen inzwischen überholt haben und für unsere Zeit einfach zu primitiv sind. Denn bei Wahlen kann man sich nur für einen Kandidaten entscheiden, und bei einem Referendum oder einer Umfrage kann man auf eine Frage nur mit Ja oder Nein stimmen. Das ist doch alles sehr eingeschränkt.

CYRIL: Vor allem, wenn man sich die Frage nicht aussuchen kann!

DAVID: Ganz genau. Man sollte den Wert einer Demokratie hinterfragen, die ihre Bürger bei einem Referendum mit „Ja" oder „Nein" stimmen lässt und jedes „Ja" als Zustimmung auslegt.

CYRIL: Genau das ist doch 2005 in Frankreich passiert.[134]

---

[134] Bei einem Volksentscheid über die Europäische Verfassung im Jahr 2005 stimmten 55 % der Franzosen mit „Nein" zu dessen Ratifizierung. Drei Jahre später wurde der Text gleichen Inhalts, ohne eine weitere Befragung der Bevölkerung, einfach in anderer Form (als Abkommen) vom Parlament ratifiziert. Um dieses Manöver zu legitimieren, hat der Kongress (ohne Beteiligung der Parlamentarier) am 4. Februar 2008 im Schloss von Versailles die französische Verfassung geändert.

DAVID: Eben ... Und bei Umfragen ist es kein bisschen besser. Man soll sich unvorbereitet zu irgendeinem Thema äußern, von dem man meistens nicht viel weiß. Es ist meinetwegen sechs Uhr abends, eine Frau bereitet gerade das Abendessen für ihre Familie zu, da ruft das Meinungsforschungsinstitut an: „Was denken Sie über die neue Einwanderungspolitik?" „Keine Ahnung ... Ich bin dagegen!" Auf diese Art werden tausend Personen befragt und das Ergebnis fließt in Frankreich oder sonstwo in die politischen Entscheidungen ein. Das ist doch absurd! Ein bekannter amerikanischer Forscher, James Fishkin, brachte die Sache auf den Punkt, als er sinngemäß sagte: Bei einer Umfrage werden die Leute gefragt, was sie denken, wenn sie nicht denken. Es wäre interessanter zu hören, was sie zu sagen haben, wenn sie Gelegenheit hatten, nachzudenken. Er ist einer der Erfinder der Deliberativen Demokratie. Dieses Verfahren sieht vor, zu tausend Menschen Kontakt aufzunehmen, wie bei einer Umfrage, sie aber zu einem Gespräch einzuladen, zu Treffen mit Experten, damit sie sich umfassend über das Thema informieren. Und nach den Diskussionen und dem Austausch fragt man sie dann noch einmal nach ihrer Meinung. Die Antworten sind unweigerlich sehr viel differenzierter und durchdachter. Diese neue Form der Demokratie ist äußerst vielversprechend.

CYRIL: Hat man die schon irgendwo erprobt?

DAVID: Aber ja, an vielen Orten. In Texas, dem Erdölstaat par excellence, ist in dieser Hinsicht etwas Unglaubliches passiert. Dort hat eine Tagung der Deliberativen Demokratie zur Frage der Erneuerbaren Energien, besonders Windenergie, stattgefunden. Unmittelbar vor Beginn der Veranstaltung hat man die Leute gefragt: Würden Sie eine leicht erhöhte Stromrechnung in Kauf nehmen, damit Erneuerbare Energien eingeführt und eine nachhaltige Wirtschaft entwickelt werden kann? Wie nicht anders zu erwarten, hatten nur sehr wenige Leute Lust, ein bisschen mehr zu bezahlen. Dann hat man eine Fachtagung mit ausgelosten Bürgern veranstaltet. Sie bekamen viele Informationen über den Klimawandel, über umweltfreundliche Energien, Wirtschaftlichkeit, die Umweltzerstörung etc. Während und nach den einzelnen Vorträgen stieg die Zahl der Bürger deutlich, die bereit waren, etwas mehr zu zahlen. Und heute ist Texas der amerikanische Bundesstaat mit den meisten Windrädern. Das war einfach unvorstellbar! Wäre diese Frage aber nur allein von den gewählten Politikern besprochen worden, die eng mit der Erdölindustrie verwoben sind, dann hätte sich in Texas alles weiter um das schwarze Gold gedreht.

CYRIL: Und wie könnte die Demokratie von morgen im größeren Maßstab aussehen? Welche neue Geschichte könnten wir über sie erzählen?

DAVID: Aus meiner Sicht liegt die Zukunft der Demokratie in neuen Formen der Volksvertretung. Bisher kennen wir ja nur eine einzige Vertretungsform: die Wahlen. Aber ich glaube, unsere Demokratien haben etwas Besseres verdient als diese extrem selektive und monotone Prozedur. Denn die Geste der Wahlen ist allmählich wirklich überholt. Wahlen haben gut funktioniert in Zeiten, als der Informationsfluss noch langsam und auf bestimmte Kreise beschränkt war. Aber seit etwa zehn Jahren fließen die Informationen in einem rasanten Tempo und sind allen zugänglich. Das verändert unsere Ausgangslage von Grund auf. Wir haben zum ersten Mal in der Geschichte die Möglichkeit, die Bevölkerung in einem radikal neuen Kontext zu Wort kommen zu lassen. Außerdem kennt der Westen die Demokratie schon seit 3.000 Jahren, aber Wahlen gibt es erst seit 200 Jahren. Wir verfügen über reiche demokratische Traditionen aus der Zeit vor dem Wahlmonopol.

CYRIL: Zum Beispiel?

DAVID: Es gibt eine zweite Methode, um eine Volksvertretung zu bilden: das Losverfahren, von dem ich vorhin sprach. Unsere Gesellschaften kennen dieses System in einem sehr eingeschränkten Kontext: das Schöffengericht. Das gibt es in Belgien, in Norwegen, in Frankreich, in den USA, in Deutschland … Und selbst wenn dieses System nicht perfekt ist, ganz und gar nicht, kann man beobachten, dass die Schöffen ihre Aufgabe fast immer sehr ernst nehmen. Sie machen sich genau kundig, ehe sie eine Entscheidung treffen, und sorgen dafür, dass diese sowohl der Justiz als auch der Gesellschaft gerecht wird. Dieses Beispiel zeigt, dass Lambda-Bürger in der Lage sind, zu Alpha-Bürgern zu werden, die Eigenverantwortung übernehmen und sich um das Gemeinwohl kümmern. Wenn man das Losverfahren mit der Deliberativen Demokratie kombiniert, dann kommen dabei ganz gewiss wesentlich bessere Entscheidungen heraus, als jene, die unsere heutigen Parteien zu treffen imstande sind.

Ich will Ihnen ein konkretes Beispiel nennen. In Irland wurde im Jahr 2014 ein Irischer Verfassungskonvent veranstaltet, *The Irish Convention on the Constitution*. Man hat eine Art Gelegenheitsparlament gebildet, bestehend aus 33 irischen Abgeordneten und 66 ausgelosten Durchschnittsbürgerinnen und -bürgern sowie einem Vorsitzenden. Man hat sie 14 Monate lang über acht Artikel der irischen Verfassung beraten lassen. Insbesondere über den Artikel zur Homo-Ehe. Die Diskussionen wurden im Internet direkt übertragen, und die Medien erstatteten regelmäßig Bericht. Gleichzeitig war die Bevölkerung aufgerufen, sich zu beteiligen, indem sie der 100er Gruppe eigene Beiträge schickte. Das Ergebnis: In dem erzkatholischen Irland lautet die offizielle Empfehlung des Konvents, den Verfassungsartikel zu ändern und die gleichgeschlechtliche Ehe zu legalisieren.[135]

CYRIL: Befürchten Sie nicht den Vorwurf, die ausgelosten Leute seien gar nicht kompetent genug? Dass man die Politik lieber Profis überlassen sollte?

DAVID: Wenn man von neuen Formen der Demokratie spricht, von der Deliberativen Demokratie, von der Wahl nach dem Zufallsprinzip etc., dann ist das nicht nur eine Idee. Diese Methoden sind bereits Hunderte Mal erprobt worden, von den Universitäten und von Forschern. Und ausnahmslos jedes Mal kam dabei heraus, dass zufällig ernannte Menschen die eigenen Interessen sehr gut hintanstellen können. Mag sein, dass sie weniger Kompetenzen haben als die gewählten Berufspolitiker, aber sie verfügen über eine sehr viel größere Freiheit als Abgeordnete. Ihnen sind nicht durch alle möglichen Handelsinteressen oder ihre eigene Parteien Hände und Füße gebunden. Im Übrigen wurde deutlich, dass die Leute imstande sind, komplexe Zusammenhänge zu durchschauen und das Gemeinwohl ihrer Gesellschaft im Auge zu behalten.

CYRIL: Wie könnte man dieses Losprinzip denn institutionalisieren?

DAVID: Persönlich träume ich von einem doppelten Repräsentationssystem, bei dem die Kammer[136] aus gewählten Volksvertretern besteht und der Senat aus Bürgern zusammengesetzt ist, die über das Losverfahren ermittelt werden. Die Mandate der gewählten Vertreter könnten so beibehalten werden, wie wir sie heute kennen, vielleicht mit einer zeitlichen Begrenzung, nach der sich die Abgeordneten nicht mehr zur Wahl stellen können. Und die nach dem Zufallsprinzip ausgewählten Bürger würden alle sechs Monate oder jedes Jahr wechseln. Ich glaube, dass die beiden Institutionen zusammen das Land besser führen könnten, als es heute der Fall ist, und dass es den politischen Parteien gut täte, regelmäßig mit besonnenen Bürgern, die immer wieder rotieren, im Gespräch zu bleiben. Das würde dazu beitragen, die von den Medien befeuerte Hysterie des aktuellen Systems zu beruhigen.

---

[135] Seit unserer Begegnung hat die Regierung die Frage aufgegriffen und ein Referendum durchgeführt. Während sich die katholische Kirche offiziell gegen die gleichgeschlechtliche Ehe aussprach, haben 62% der Wahlberechtigten am 22. Mai 2016 mit Ja gestimmt, sodass das erzkatholische Irland als erstes Land die Schwulenehe über einen Volksentscheid eingeführt hat.

[136] Was in Deutschland dem Bundestag entspricht.

CYRIL: Spielen die Medien für Sie eine unglückliche Rolle in unseren Demokratien?

DAVID: Als unser Wahlsystem nach der Französischen Revolution erfunden wurde, gab es noch keine politischen Parteien, kein Wahlrecht, keine Massenmedien und erst recht keine audiovisuellen oder sozialen Medien. All das kam erst später. Aber wir nutzen dieses System weiter so, als hätte sich nichts verändert. Nur hat sich eine ganze Menge verändert! Jede Gesellschaft benötigt Vermittler zwischen der Volksbasis und der Führungsspitze, die Entscheidungen trifft. Früher hatte die Zivilgesellschaft diese Funktion in Form von Gewerkschaften, Arbeitgeberverbänden etc. Diese übten die Funktion aus, die Botschaften nach oben und unten weiterzugeben. Heutzutage ist ihre Macht stark geschrumpft, während die Macht der kommerziellen und der sozialen Medien rasant gewachsen ist. Demgemäß ist der Dialog zwischen unseren politischen Entscheidungsträgern und den Menschen, die Hoffnung machen, dass sich die Gesellschaft ändert, durch dieses mediale Fenster total verseucht, weil es von wirtschaftlichen und finanziellen Interessen gefärbt ist. Die Rolle der Medien in der aktuellen Störung der Demokratie ist phänomenal: Wahlen werden heutzutage durch TV-Debatten gewonnen, aber diese Formate sind auf Einschaltquoten angewiesen … Dabei ist eine Demokratie eigentlich ganz simpel: Die Bürger setzen sich zusammen und treffen Entscheidungen für die Zukunft ihrer Gesellschaft. Mehr ist es eigentlich nicht. Da haben wir aber eine ganze Reihe von Stufen dazwischengeschaltet, die diesen Dialog unmöglich machen. Es ist dringend nötig, dass wir Wege finden, als Bürger miteinander ins Gespräch zu kommen.

CYRIL: Wo soll man anfangen? Wenn ich Ihnen zuhöre, habe ich den Eindruck, dass diese Maßnahmen, also die Einführung des Losverfahrens, die Deliberative Demokratie etc., von der politischen Führung selbst in Gang gesetzt werden muss. Nur ist die ja eher weniger daran interessiert, dass sich das System ändert. Oder wenn sie sich eine Änderung wünscht, dann ist sie durch die Logik des Apparats oder die Logik der Finanzen, die wir oben erwähnt haben, gelähmt. Das Beispiel Obama spricht da Bände. Bei seiner Wahl hat er riesige Hoffnungen geweckt, die jedoch weitgehend enttäuscht wurden.

DAVID: Sogar Obama mit all seinen Idealen, die ich ihm abnehme, schafft es nicht, das System zu ändern, weil ein gewählter Politiker im Endeffekt nicht sehr viel Macht hat. Noch nicht einmal der amerikanische Präsident. Ich habe neulich ein Diagramm gesehen, in dem die feudale mit der neoliberalen Machtpyramide verglichen wurde. Obama erschien da auf der vierten oder fünften Stufe, eine ganze Reihe von Akteuren mit mehr Macht stand über ihm.

CYRIL: Und wer war ganz oben?

DAVID: Die internationale Finanzwelt, dann kam der IWF, die Rating-Agenturen, die Multinationalen Konzerne etc. Heutzutage beherrschen die Finanzen unsere Welt.

CYRIL: Ja, das haben wir bereits gesehen. Aber jetzt mal konkret, wie können wir einen Wandel einleiten?

DAVID: Wir können den Druck steigern, wie es die Arbeiter im 19. Jahrhundert getan haben. Wenn Thomas Piketty Recht hat, dass die Kluft zwischen den Reichen und der Normalbevölkerung heute viktorianische[137] Ausmaße annimmt, dann müssen wir die Maßnahmen der Volksagitation von damals neu auflegen. Ich glaube, dass es eine wachsende Bewegung von Bürgern gibt, die Nein sagen. Die Anfänge sind schon zu sehen, die ersten Schritte, z.B. bei Leuten, die bewusst nicht mehr wählen gehen. Und es geht weiter mit denen, die anfangen, sich selbst zu organisieren. Wie in den verfassungsgebenden Werkstätten[138], die Étienne Chouard in Frankreich veranstaltet, um die Bevölkerung für ihre demokratischen Rechte zu sensibilisieren und neue Regeln für die Gemeinschaft auszuarbeiten. Ich glaube, dass es die Bürger sind, die das Ganze verändern werden, indem sie immer mehr Druck ausüben. Und das wird den gewählten Politikern nützen, wenn sie den Rückhalt und die Unterstützung der Bevölkerung spüren. Es gibt in Flandern ein Sprichwort: Wenn sich zwei Hunde um einen Knochen streiten, macht sich der Dritte damit auf und davon. Genau das passiert nämlich gerade: Bürger und Politiker zerfleischen sich, und die Wirtschaft macht das Rennen. Aus diesem Grund ist es so wichtig, neue Partnerschaften zu knüpfen zwischen der Welt der Politik und der Zivilgesellschaft. Ich glaube nämlich nicht, dass es genügt, auf die Politiker sauer zu sein. Sie haben schließlich auch eine Menge Macht eingebüßt, deshalb brauchen wir eine neue Koalition von Menschen guten Willens. Diese gibt es genauso unter den Bürgern wie in der Politik und in der Wirtschaft. Es gibt ja Unternehmer, die sich überhaupt nicht darüber freuen, was heute los ist.

---

[137] Bezug auf die Ungleichheiten der viktorianischen Epoche in England unter der Regentschaft von Königin Viktoria.

[138] *Ateliers constituants* sind verfassungsgebende Werkstätten, die in Frankreich von der Bewegung *Citoyens constituants,* dt. verfassungsgebende Bürger, veranstaltet werden, um eine größere Teilhabe der Bürger an der Demokratie zu erreichen. Siehe http://www.lescitoyensconstituants.org.

CYRIL: Auf unserer Reise hat uns der stellvertretende Bürgermeister von Kopenhagen seine Einschätzung anvertraut, dass es die Städte sind, die zu den wahren Führungsinstanzen der Welt werden und die Nationen ersetzen könnten. Glauben Sie, dass die Stadt eine Größenordnung hat, die dazu geeignet wäre, die Demokratie zu verändern? Dass wir also zu kleineren Maßstäben zurückkehren sollten?

DAVID: Was demokratische Neuerungen angeht, ist es schon wichtig, im kleinen Maßstab anzufangen. Es ist ja kein Zufall, dass die kleinen europäischen Länder hier eine Avantgarde bilden: Island mit seinen 320.000 Einwohnern, Irland mit seinen 4,5 Millionen, die Niederlande, Dänemark, Finnland, Belgien. Aber ich glaube nicht, dass die Zukunft der Demokratie allein auf lokalem Niveau liegt. Die Demokratie hat sich immer vom Lokalen zum Globalen entwickelt. Das fing in Athen an, das damals nicht größer war als eine kleine französische Kommune, und reicht bis nach Indien, heute mit seiner Milliarde Menschen die größte Demokratie der Welt! Hätte man Perikles im 5. Jahrhundert vor Christus gesagt, dass eines Tages eine Milliarde Menschen in einer Demokratie leben würden, hätte er sich an den Kopf gefasst! Aber genau das ist geschehen. Und es ist wunderbar, denn Indien ist auf dem Weg, das weltweit interessanteste Versuchsfeld der demokratischen Erneuerung zu werden.

CYRIL: Sie haben vorhin die verfassungsgebenden Werkstätten erwähnt. Ist denn die Änderung der Verfassung das richtige Mittel, um das System zu transformieren und den Bürgern die Macht zurückzugeben?

DAVID: In vielen europäischen Ländern, besonders in Spanien und Frankreich, gibt es den Wunsch, die Verfassung neu zu schreiben. In gewisser Weise ist das ein alter Traum der Republik. Ich sympathisiere mit diesen Vorstößen, weil unsere Verfassungen immer von den Eliten geschrieben wurden, die sich ihrer bedienen. Ohne dass das Wort „politische Partei" in den Verfassungen vorkäme, haben doch immer diejenigen, die an der Macht sind, das Dokument verfasst, das ihnen diese Macht verleiht. Das finde ich etwas problematisch. Ich bin zwar für diese Bewegungen, weil es schließlich um ein maßgebliches Dokument geht, aber ich würde noch darüber hinausgehen. Denn der Nachteil einer Verfassung, sobald sie eine Überarbeitung erfahren hat, ist doch, dass sie dann wieder für die nächsten 50 Jahre unangetastet so stehen bleibt. Das finde ich schade.

Ich bin eher für Verfassungen, die sich flexibler erneuern lassen und nicht als Verfassungstraum so festgeschrieben sind – das klingt doch sehr nach 19. Jahrhundert! Wir leben in einer Zeit, die rasch fließt, flexibel ist, und die Vorstellung, dass wir durch die Neuformulierung unserer Verfassung eine neue Gesellschaft bekommen, scheint mir unrealistisch. Ich wäre eher für flexible, offene Verfassungen. So wie Software geschrieben und von vielen regelmäßig weiter verbessert wird, als ein gemeinsamer Prozess. So ähnlich war das ja in Island, als die Verfassung in einem spektakulären Verfahren durch die Bevölkerung neu geschrieben wurde. Das war außerordentlich beeindruckend. In einem „partokratischen", also auf Parteien beruhenden System, wäre niemals ein so überzeugendes Ergebnis in so kurzer Zeit zustande gekommen.

## 2. REVOLUTION IN ISLAND: BÜRGER GEGEN FINANZMÄRKTE UND DIE ERSTE IM CROWDSOURCING-VERFAHREN ENTSTANDENE VERFASSUNG DER GESCHICHTE

Auf unserer Reise haben wir auch Island besucht und hatten Gelegenheit, die Helden dieses ganz und gar außergewöhnlichen isländischen Abenteuers kennenzulernen. Sie haben uns ausführlich von der Revolution der Kochtöpfe erzählt, deren wesentliche Ereignisse ich hier zusammenfassen möchte.

Als die Bank Lehman Brothers am 15. September 2008 zusammenbrach, stürzte sie Island, diesen winzigen Inselstaat mit 320.000 Einwohnern von einem neoliberalen Traum, in dem geliehenes Geld aus Krediten massenhaft floss, in einen Abgrund, der als eine der größten Bankrotterklärungen in die Geschichte einging. Denn davor lebten die Isländer nicht nur auf Pump, nein, sie hatten finanziell jegliches Maß verloren. Hörður Torfason, Schauspieler, Liedermacher und Initiator der Revolution, erzählte uns dazu: „Seit den 1990er oder 2000er Jahren war das Leben der Isländer völlig verrückt geworden. Die Leute waren nur noch Konsumenten, es ging nur noch darum, sich bei den Banken Geld zu leihen, ein Haus zu kaufen, ein neues Auto, Klamotten, zu reisen etc." Katrín Oddsdottír ist Anwältin. Sie gehörte der Gruppe der gewählten Bürger an, die eine Verfassung geschrieben haben. Als wir neben ihrem Büro in einem kleinen Café sitzen, bemerkt sie mit einem angedeuteten Lächeln: „Wir hielten uns für vollkommen, dachten, dass uns unser demokratisches Supersystem vor jeglicher Korruption schützen wurde. Wir hatten überhaupt keine Ahnung, was tatsächlich in unserem Land und in der übrigen Welt vor sich ging, von dem globalen Kapitalismus, der uns alle langsam, aber sicher zerstört. Wir saßen an unseren

Computern, reisten durch die Welt, gaben unser Geld aus, alle waren nur damit beschäftigt, reich und glücklich zu sein … Bis zu dem Tag, als wir merkten, dass all das, was wir für unsere Realität hielten, von Grund auf falsch war."

Der darauffolgende Absturz ist brutal. Innerhalb weniger Monate verliert die isländische Krone die Hälfte ihres Wertes, das bisher unbekannte Phänomen Arbeitslosigkeit klettert auf 9 %, das Bruttoinlandsprodukt befindet sich im freien Fall und büßt innerhalb von zwei Jahren zehn Prozentpunkte ein. Die drei Banken des Landes brechen zusammen. Den Isländern werden zu Tausenden die Häuser gepfändet. Für Philippe Urfalino, einen französischen Forscher, der in Reykjavík wohnt und sich auf die isländische Krise spezialisiert hat – wir sind mit ihm in einem kleinen Café unweit des Parlaments verabredet, wo wir zufällig den Sänger Damien Rice treffen, einen guten Freund von Mélanie –, „war die isländische Krise eine der größten Finanzblasen, die es je gab, und die schnellste. Innerhalb weniger Jahre betragen die Bank- und Unternehmensschulden des Landes das Vier- oder Fünffache des nationalen Reichtums. Und in den drei Jahren unmittelbar vor 2008 verdoppeln sich diese Schulden. Banken und Unternehmen nehmen etwas zu leichtfertig Geld auf, und die Kontrollen waren unzureichend. Das Ganze in einem euphorischen System mit exponentiellem Wachstum und Spekulationen. Das musste zum Zusammenbruch führen." Der Zusammenbruch ist so gravierend, dass die isländische Gesellschaft in Aufruhr gerät und von einer allgemeinen Kampfstimmung erfasst wird. Joseph Stiglitz beschrieb das Ende Oktober 2011 so: „Die völlige Verzweiflung der Isländer ermöglichte den unorthodoxen Schritt, dass sich das Land die Freiheit nahm, die Regeln außer Kraft zu setzen."[139] Regierung und Parlament verabschieden eine Notstandsgesetzgebung, um das Land wirtschaftlich und finanziell von den internationalen Märkten abzukoppeln und zu schützen: Kapitalverkehrskontrolle, die Weigerung, Verluste auf den Steuerzahler abzuwälzen, die Ausweitung der Macht des Finanzministers. Die Politik beschließt, die Banken zusammenbrechen zu lassen, während sie ihre Aktivitäten im Inland – und damit die Einlagen der Isländer – retten, die bald von neu gegründeten und für die nationalen Operationen verantwortlichen Banken übernommen werden. Diesmal sind es die Menschen – ganz im Gegenteil zu dem, was in den Vereinigten Staaten passiert ist –, die vor den Banken kommen.

Gleichzeitig bahnt sich eine andere „Revolution" an, diesmal eine des Volkes. „Nach dem Zusammenbruch kam diese Stille", erinnert sich Katrín

---

[139] Pascal Riché, Comment l'islande a vaincu la crise, Versilio et Rue 89, 2013.

Oddsdottír. „Wir hörten alle Leute von Lösungen reden. Das war eine einmalige Chance, denn alle waren davon überzeugt, dass das nie wieder passieren dürfe. Und dass wir uns zusammentun mussten. Das ist für eine Nation ein außergewöhnlicher Moment. Denn die meiste Zeit streiten sich die Leute ja um bedeutungslose Kleinigkeiten und sehen nicht, dass das, was sie eint, viel größer ist, als das, was sie trennt."

Im Oktober 2008 beschließt Hörður zu handeln. „Als der Zusammenbruch stattfand, am Montag, dem 6. Oktober 2008, habe ich beschlossen, am Samstagmittag ins Parlament zu gehen. Ich habe meinen Freunden auf Facebook geschrieben und sie gebeten mitzukommen. Ich hatte zwei Fragen: Wissen Sie, was in diesem Land passiert ist? Und: Haben Sie eine Vorstellung davon, was wir tun können? An jenem Tag war das Parlament nicht gut besetzt und die Leute erklärten mich für verrückt, weil ich davor stehen blieb. Aber von da an bin ich jeden Tag um 12 Uhr zum Parlament gegangen und habe 20 bis 30 Minuten dagestanden und meine Fragen wiederholt. Am Montag sind die Parlamentarier einfach zum Mittagessen gegangen, während ich meine Fragen stellte. Sie hatten keine Antworten. Also habe ich eine Kundgebung im Freien organisiert, wie im Alten Griechenland. Ich habe einen Wagen mit einer Lautsprecheranlage gemietet und meine Freunde angerufen. Die Leute standen unter Schock, sie waren wütend, völlig desorientiert. Allmählich begannen nämlich in den Supermärkten die Lebensmittel zu fehlen und die Zeitungen veröffentlichten die Fotos der endlosen Schlangen von Wartenden in der Wirtschaftskrise der Vereinigten Staaten der 1930er Jahre. An jenem Samstag kamen Tausende Menschen und wir fingen an, darüber nachzudenken, was wir tun könnten, alle gemeinsam."

Sie verabreden eine nächste Kundgebung am kommenden Samstag zur gleichen Uhrzeit. Dann am darauffolgenden. Auf Initiative von Hörður und der Lyrikerin Birgitta Jónsdóttir, die nach diesen Ereignissen Abgeordnete der Piratenpartei wurde, werden die Versammlungen vor dem Parlament zur festen Einrichtung, jeden Samstag um 15 Uhr, eine halbe Stunde lang. Die Demonstranten fordern dreierlei: Die Entlassung der Regierung, die Entlassung der Verantwortlichen in der zentralen Bankenaufsicht und die Entlassung der Führungsspitze der Zentralbank. Hörður skandiert ins Megafon: „Ist es das, was ihr wollt?", „Ja!!!", brüllt die Menge nach jeder Frage. Samstag für Samstag wird die Menge größer. Und aus den wenigen, die unmittelbar nach dem Zusammenbruch der Banken da standen, werden bis zum Ende des Jahres 2008 fünftausend. Nach den Parlamentsferien organisiert Hörður eine größere Kundgebung, um die von den Jahresabschlussfeiern geschrumpften Truppen neu zu mobilisieren. „Ich habe alle gebeten, mit Töpfen und Pfannen wiederzukommen, als Symbol für unseren Bedarf an Lebensmitteln. Diese Idee stammt aus Argentinien. An jenem Montag, dem 21. Januar, kamen unglaublich viele Leute. Wir haben von 12 Uhr mittags bis Mitternacht sehr friedlich dort ausgeharrt. Dann kam die Polizei und hat uns vertrieben. Es gab ein paar Zusammenstöße, aber schließlich haben sich alle zerstreut und sind nach Hause ins Bett gegangen. Zwölf Stunden später waren wir wieder da."

Die Menschenmenge wird immer größer, mobilisiert durch Facebook. Die liberale Regierung ist gelähmt, erstmals seit 1949 steht sie einer Bewegung dieser Ausmaße gegenüber. Der von der Straße und den anderen Parteien niedergeschriene Ministerpräsident weigert sich zunächst, seinen Posten aufzugeben, doch dann lässt ihn sein Hauptverbündeter, die sozialdemokratische Partei, im Stich, indem sie die Koalition aufkündigt. Am 23. Januar verkündet der Ministerpräsident daraufhin vorgezogene Neuwahlen. Aber das reicht noch nicht, um die Straße zu beruhigen: Das Trommelkonzert der Töpfe geht weiter. „Es war lustig", erzählt Hörður, „jetzt waren neben den Töpfen auch Trommeln dabei, Trillerpfeifen, riesige Kanister, auf die manche direkt vor dem Parlament einschlugen. Man sah die Abgeordneten, wie sie voller Angst aus den Fenstern spähten. Leider gab es an jenem Tag ein paar Zwischenfälle gegen die Polizei, befeuert wie sie waren, schlugen einige Leute über die Stränge. Ich habe daraufhin im Fernsehen alle dazu aufgerufen, gewaltsame Übergriffe zu unterlassen, und wir haben einen Ordnungsdienst eingerichtet, orange gekleidete Ordner, die eine Kette um die Polizei bildeten, um sie zu schützen." Am nächsten Tag, Sonntag, den 25. Januar, fand die größte Demonstration seit Beginn der Ereignisse statt. „Die Leute waren alle sehr schweigsam. Die Spannung in der Luft war unbeschreiblich. Wir hatten alle Minister getroffen und ihnen Briefe ausgehändigt, in denen stand: Sie sind entlassen." Am Montag, den 26. Januar, traten daraufhin der Ministerpräsident und das Kabinett zurück, gefolgt von den Verantwortlichen der Bankenaufsicht und der Führungsspitze der Zentralbank. Die Forderungen der Demonstranten waren damit erfüllt.

Zum ersten Mal in der Geschichte des Landes wird eine Frau, Jóhanna Siurdardóttir, zur Ministerpräsidentin gewählt und es folgt eine umfassende Feminisierung des politischen Apparats. Frauen übernehmen die Führung von zwei der drei Landesbanken und bei den Neuwahlen im April 2009 werden 43 % Frauen ins Parlament gewählt. Mehr als in jedem anderen europäischen Land, lässt man Schweden außen vor.

Indessen beginnt die internationale Gemeinschaft zu murren. Erbost darüber, dass sich die Isländer weigern, die Investoren und Spekulanten ihrer Länder – mit einer Summe, die 60% des BIP betrug – zu entschädigen, beschließen die Hauptgläubiger Großbritannien und die Niederlande, den kleinen Nachbarn mit Unterstützung der Europäischen Union in die Knie zu zwingen. Keine einzige Bank will Island mehr einen Cent leihen. In die Enge getrieben, erwägt die neue Regierung mit den Gläubigern, eine Schuldentilgung über 15 Jahre ab 2016 zu verhandeln – ein Plan, dem das Parlament zustimmt. Dazu müsste jeder Isländer, einschließlich der Kinder, eine Schuldenlast von 13.000 Euro auf sich nehmen, obwohl das Land von Arbeitslosigkeit und Preissteigerungen um 100% gebeutelt wird. Die Isländer wehren sich und verbreiten über das Internet eine Petition, die von 26% der Wahlberechtigten unterzeichnet wird. Der Präsident der Republik beschließt daraufhin, die Frage in einem Referendum zu klären. Am 6. März 2010 stimmen 93% der Wahlberechtigten mit Nein gegen die Rückzahlungspläne. Die Bürger begehren gegen die internationalen Finanzmärkte auf, die ihre Schulden einfordern. Die Vorschläge werden noch einmal neu beraten. Der Zins soll von 5,5 auf 3% gesenkt und die Rückzahlung auf 30 Jahre gestreckt werden. Der Präsident schlägt noch einmal den Weg des Referendums ein, aber auch dieser Vorschlag wird von 60% der Wähler abgelehnt. Im Dezember 2011 verklagt die Aufsichtsbehörde der europäischen Freihandelsassoziation Island vor dem Europäischen Gerichtshof. Wider Erwarten gibt der Gerichtshof den Isländern am 28. Januar 2013 Recht und begründet sein Urteil mit den außergewöhnlichen Umständen des wirtschaftlichen Zusammenbruchs. „Ja, ja, ja. Wir haben alle zusammen gewonnen. Ein Sieg für die Direktdemokratie in Island", twittert die neue Abgeordnete Birgitta Jónsdóttir. Der Steuerzahler muss nicht die Rechnung zahlen. Letzten Endes werden zwei Drittel der Schulden durch die Liquidation der isländischen Bank Landsbanki abgebaut. Des Weiteren ist bemerkenswert, dass die isländische Regierung – beraten vom IWF – beschließt, Privathaushalten und Betrieben allzu hohe Schulden zu erlassen. Deren Vermögen zu pfänden oder sie in den Bankrott zu treiben, wäre nämlich für die Wirtschaft absolut kontraproduktiv.

Wie jeder Aufstand, der was auf sich hält, mündete auch die Revolution der Töpfe in einen Prozess der Erneuerung der Verfassung, um die notwendigen Sicherheitsmaßnahmen in seinen Text aufzunehmen und zu verhindern, dass es noch einmal zu einer solchen Situation kommt. „Die Idee war, eine Verfassung für das isländische Volk vom isländischen Volk schreiben zu lassen!", erzählt uns Katrin. Dazu wird eine Versammlung von 25 „gewöhnlichen" Bürgern gewählt, denen ein Verfassungskomitee aus Experten zur Seite gestellt wird, um die juristische Kohärenz der Vorschläge zu überprüfen. Die Initiative zu diesem Verfassungsprojekt kam offenbar von verschiedenen Seiten. Alles spricht dafür, dass die Idee in den Hinterzimmern der Macht geboren wurde. Die Einberufung einer verfassungsgebenden Versammlung war die von der Fortschrittspartei gestellte Forderung, als Gegenleistung versprach sie ihre Neutralität in einer von Jóhanna Sigurdardóttir gebildeten Linkskoalition. Jóhanna Sigurdardóttir setzte sich sehr für dieses Vorgehen ein und sorgte dafür, dass die Bürger daran beteiligt wurden. Dennoch beanspruchen die Revolutionäre dessen Urheberschaft: „Gewisse Partein streiten ab, dass diese Initiative vom Volk kam, aber ich kann Ihnen versichern, dass es genauso war. Ich war bei sämtlichen Demonstrationen dabei, von der allerersten an, als wir direkt nach dem Zusammenbruch nur eine Handvoll Leute waren. Damals waren mehr ausländische Journalisten auf der Straße als Demonstranten. Ich habe den ganzen Prozess miterlebt und ich kenne den Geist dieser Reform: Es geht darum, eine echte Gewaltentrennung zu bewirken und die Volksvertreter daran zu hindern, aus persönlichen Interessen zu handeln, außerdem geht es um den Schutz unserer natürlichen Ressourcen etc.", beteuert Birgitta Jónsdóttir.

Alles beginnt mit einem großen „nationalen Forum". Am 6. November 2010 versammeln sich 1.000 nach dem Zufallsprinzip ausgewählte Menschen zu einem großen Brainstorming zur Verfassung und haben die Aufgabe, die wichtigsten Werte und Prioritäten des Landes zu definieren. Dazu gehört „die Gleichbehandlung beim Wahlrecht" – denn ein städtischer Abgeordneter repräsentiert doppelt so viele Wähler wie ein ländlicher Abgeordneter – oder die Tatsache, dass die natürlichen Ressourcen „Eigentum des Volkes sind".

Am 27. November 2010 wird aus 523 Kandidaten ein Bürgergremium gewählt, für das weder Parlamentarier noch Minister kandidieren können. Aber zur Überraschung aller erklärt der Gerichtshof die Wahl für ungültig mit der Begründung, das Wahlverfahren entspreche nicht dem Wahlgesetz. „Eine feindselige Reaktion der Staatsanwälte, die mehrheitlich von der Unabhängigkeitspartei berufen worden waren – einer konservativen Partei, die gegen dieses Vorgehen war", wie uns Michel Sallé, promovierter Politikwissenschaftler mit Spezialgebiet Island erläutert. Daraufhin wird das Gremium vom Parlament in ein beratendes Komitee ohne verfassungsgebende Befugnisse umdefiniert.

*Die nächtliche Demonstration vor dem Parlament*

Trotz dieser Widrigkeiten macht sich die Gruppe an die Arbeit, und erstmals in der Geschichte sind Bürger daran beteiligt, ihre Verfassung zu schreiben, indem sie Änderungsvorschläge einbringen, kommentieren und Erläuterungen über Facebook und Twitter verlangen, indem sie an den Sitzungen teilnehmen oder diese auf YouTube verfolgen. Allwöchentlich wird eine vorläufige Version des Verfassungsentwurfs veröffentlicht und zur Diskussion gestellt. Innerhalb von drei Monaten gehen 4.000 Beiträge ein, umgerechnet auf die französische Bevölkerung wären das 750.000. „Wir hatten tolle Kommentare und Vorschläge aus dem ganzen Land und der ganzen Welt. Einige haben wir in unseren Verfassungsentwurf aufgenommen", erinnert sich Katrín. „Und wir haben auf eine sehr originelle Art zusammengearbeitet. Normalerweise herrscht das Mehrheitsprinzip und die Minderheit wird überstimmt. Das ist die übliche Kampfmentalität. In Diskussionen gehen wir immer davon aus, dass einer recht hat und der andere nicht, ich oder Sie. Wahrscheinlich ich ... (lacht.) Wir haben beschlossen, anders vorzugehen und das Konsensprinzip anzuwenden. Und dabei kamen wunderbare Ergebnisse heraus. Das hat uns gestattet, brillante Lösungen zu finden, die weit über das hinausgingen, was das eine oder das andere Lager wollte. Unsere Politiker sollten diesen Weg auch einschlagen. Sie müssen aufhören zu denken, dass sie machen können, was sie wollen, nur weil sie die Mehrheit haben. Man muss der anderen Seite zuhören. Wir hatten drei Hauptthemen in unserer Verfassung zu bearbeiten: die Verteilung der Macht, die Transparenz und die Verantwortlichkeit. Wir haben darum gerungen, wie man die Macht verteilen könnte, damit es weniger Korruption gibt.

Man kann nicht mehr davon ausgehen, die Verwaltung und das Gesetz würden die Macht ausüben, denn derzeit liegt sie vor allem beim Geld und den Medien. Es ist ja nicht so, dass Politiker schlechte Menschen wären, ich bin davon überzeugt, dass die meisten anständige Leute sind, nur werden sie durch zu viel Geld und zu viel Macht verdorben. Das ist eine traurige Tatsache. Und was sich auch beobachten lässt, ist, dass die Macht, sobald sie die Führung übernommen hat, zur Selbsterhaltung tendiert. Das wollten wir unterbinden. Wir wollten auch die direkte Demokratie fördern. Dieses unsinnige System, alle vier Jahre eine Partei zu wählen, ohne einen blassen Schimmer, was in den nächsten vier Jahren alles passieren wird oder in welche Richtung sich das Land weiterentwickelt, sollten wir allmählich ablegen. Das ist ja wie im Lotto. Deshalb haben wir Regeln mit aufgenommen wie die, dass ein Referendum durchgeführt werden muss, sobald sich 10 % der Bevölkerung dafür aussprechen, oder dass normale Bürger Gesetzesvorschläge im Parlament einreichen können. Das ist radikal, aber es ist die Zukunft. Das muss kommen."

In nur vier Monaten einigt sich das Gremium dank des großen Engagements seiner Mitglieder und der zahlreichen Beiträge aus der Bevölkerung einstimmig auf einen Text. Dieser wird am 29. Juli 2011 dem Parlament vorgelegt: 114 Artikel, 9 Kapitel, die vorschlagen, Island von einem parlamentarischen in ein halb-präsidiales System zu überführen und die mehrere Mechanismen der direkten Demokratie enthalten, etwa das Referendum auf Initiative des Volkes. Nachdem das Verfahren von der Rechten mehrere Monate blockiert worden war, wird im Mai 2012 in einem „konsultativen" Volksentscheid über sechs große Punkte der neuen Verfassung abgestimmt. Das Ja ist überwältigend: 67% stimmen dafür, diesen Text als neue Verfassung zu übernehmen; 83% sind dafür, dass die natürlichen Ressourcen Eigentum der Nation sind; 74% sind für das Referendum auf Initiative der Bevölkerung. Aber die Beteiligung am Referendum ist mit nur 49% Isländern, die ihre Stimme abgeben, schwach. Nun hat das Parlament die Aufgabe, den Text zu übernehmen.

Und da zeigt sich der Haken. Im Frühjahr 2013 gibt es Neuwahlen, aus denen die Unabhängigkeitspartei als Sieger hervorgeht, also die Partei, die während der Krise an der Macht war.

Kaum hatte sich die finanzielle Lage wieder normalisiert, setzte sich nämlich im öffentlichen Diskurs eine Art liberaler Konservativismus durch und gefährdete, was durch die intensive Arbeit und Mobilisierung über Monate erreicht worden war. Denn die Partei ist gegen das Verfassungsprojekt und blockiert es daher seit zwei Jahren. Als wir davon hörten, waren wir verwirrt. Genauso muss es damals Hörður oder Katrín ergangen sein, die uns nun davon berichteten. Wie konnten die Isländer die Partei wiederwählen, die sie in eine so missliche Lage gebracht hatte und ausdrücklich bereit ist, das Ergebnis all der Mühen und der Mobilisierung zu verhindern? Philippe Urfalino erklärt es uns so: „Es waren die intellektuellen Eliten und engagierte Menschen, die das Verfassungsprojekt in der isländischen Krise vorangebracht haben. Aber man muss einfach sehen, dass dies nicht das Anliegen der Bevölkerungsmehrheit war. Der große Erfolg der Fortschritts- und Unabhängigkeitspartei bei den letzten Parlamentswahlen hängt mit einer vom Ministerpräsidenten vorgeschlagenen Maßnahme zusammen: die Entschuldung der Mittelschicht. Sie war nämlich nicht der Hauptnutznießer der Schutzmaßnahmen, die von der vorangehenden Regierung eingeführt wurden, das muss man einfach sehen. Sie erzählen mir etwas vom Scheitern der großen Klimagipfel, von einer breiten Volksbewegung zu diesen Fragen, aber ich sehe derzeit keine große Volksbewegung. Ich sehe engagierte intellektuelle Eliten, die sich die Probleme bewusst machen. Die Militanten tun ihre Arbeit, aber das ist noch keine Massenbewegung. Die Dinge werden sich leichter ändern lassen, wenn die Dringlichkeit wächst und die Regierenden sehen, dass sie mehr handeln müssen, um die nächsten Wahlen zu gewinnen."

Die Isländer müssen sich nun ihrem Schicksal stellen. Unter dem Druck der Straße könnten sie einen der innovativsten Verfassungsprozesse überhaupt abschließen und die Souveränität ihres Volkes noch unterstreichen, indem sie das Parlament verpflichten, die neue Verfassung zu verabschieden. Ein erster Schritt ist getan. Während das Verfassungsreferendum von 2012 nur konsultativ war, wird es dank der fleißigen Arbeit von Parlamentariern wie Birgitta Jónsdóttir oder der ehemaligen Kultusministerin Katrín Jakobsdóttir zum Maßstab werden. Denn die erste Phase vor der Verabschiedung des Gesamttextes ist geschafft. „Wir haben die Arbeit gemacht und sind für die nächste Krise gewappnet. Wie der *Patriot Act* in den Vereinigten Staaten nach dem 11. September bereits ausformuliert war. Das Wichtigste war unsere Gemeinschaftsbildung, das Gespräch zwischen Isländern. Das ist ganz bestimmt nicht umsonst gewesen, weil alles zu seiner Zeit Früchte trägt", gibt sich Birgitta Jónsdóttir zuversichtlich. „Alle zehn Jahre sollte sich das Parlament mit der Bevölkerung zusammensetzen, um unsere Verfassung einer Revision zu unterziehen. Damit sie sich mit der Nation weiterentwickelt. Und damit unsere Energie nicht in Konflikten aufgebraucht wird, sondern in einen Wandel einfließt, vorausgesetzt natürlich, wir wollen uns überhaupt verändern …", fügt Katrín Oddsdottír hinzu. „Die Macht gehört dem Volk, nicht den Parlamentariern, nicht den großen Unternehmen. Das darf man nicht vergessen." Aber das Schlusswort gehört zweifellos Katrín Jakobsdóttir, wenn sie erklärt: „Ich glaube nicht, dass man sagen kann, die politischen Führer seien überflüssig, aber schon, dass man mit einer großen Bürgerbeteiligung eine bessere Politik bekommt, das steht fest."

Wir, die Bevölkerung, sind auf uns selbst gestellt. Das zeigte sich auch hier. Es genügt eben nicht, die Politiker oder die multinationalen Konzerne anzuklagen. Wir müssen erst beweisen, dass wir bereit sind, uns einzubringen, jeden Tag aufs Neue, um unsere Demokratien, unsere Wirtschafts-, Energie-, Landwirtschaftsmodelle zu verwirklichen und sie gerecht, nachhaltig und kraftvoll werden zu lassen. Wir müssen vielleicht noch lernen, was Elango, der Held unserer nächsten Reise, „die Führung der Bürger durch sie selbst" nennt.

## 3. KUTTAMBAKKAM: BÜRGER REGIEREN SICH SELBST

Unser Freund Roland, der Regisseur für unsere letzten Drehtage in Indien, hatte uns verboten, uns selbst ans Steuer zu setzen. Kaum hatten wir den Flughafen verlassen, verstand ich, was er mit dieser Vorsichtsmaßnahme meinte. Chennai, die unserem Drehort nächstgelegene Metropole, ist die Heimat von acht Millionen Indern in einem Durcheinander und einem Gewühle, das einem Westler wie mir schier unfassbar erscheint. Uns kommt es so vor, als sei die Straße den Einwohnern völlig selbst überlassen, damit sie irgendwie selbst organisieren, ob es dabei nun um urbane Belange geht, den Verkehr oder Handel. Die Gebäude stehen dicht gedrängt und übereinander gestapelt und sehen so aus, als wären sie dem Bedarf entsprechend nach und nach errichtet worden. Einige sind zwar bewohnt, befinden sich aber im Rohbau, andere folgen fantastischen architektonischen Kriterien, und die meisten ähneln auf die Schnelle zusammengesetzten Behausungen, bei denen Nützlichkeit den Ton angibt. Die Straßen sind teilweise gut in Schuss, um sich anderswo plötzlich in nichts aufzulösen, aber dennoch verkehren und stauen sich darauf die unterschiedlichsten Fahrzeuge in einem endlosen Tanz aus Rädern, begleitet von einem ohrenbetäubenden Hupkonzert. Wir sitzen in einem klapprigen Kleinbus und beobachten, wie unser Chauffeur seinen Slalom um Motorrikschas, Autos, Lastwagen, Fußgänger vollführt, die an beliebigen Stellen und überall die Straße kreuzen, genau wie Tiere, die aus dem Nichts auftauchen. Mit einer Hand manövriert er das Fahrzeug, mit der anderen hupt er ohne Unterlass. Jeder Fahrer geht so vor, um die anderen auf sein Kommen aufmerksam zu machen. Umgeben von diesem Lärm, scheinen sie beim Lenken ihres Fahrzeugs von einer Art Intuition geleitet zu werden. Zu diesem Schluss kommen wir jedenfalls, als wir vom Schrecken zermürbt laut auflachen, statt uns an jeder Kreuzung ängstlich an den Sitzen festzukrallen. Und wie durch ein Wunder sollten wir tatsächlich heil ankommen.

Wie David uns erzählt hatte, ist Indien seit den 1950er Jahren die größte Demokratie der Welt. Aber für Shrini, unseren Führer, Dolmetscher und örtlichen Produktionsassistenten – und nebenbei der Mann mit dem ansteckendsten Lachen, das ich je erlebt habe –, war das Land immer noch von Korruption, Ungleichheit und dem Kastensystem vergiftet. Wenn man dafür eine Bestätigung suchte, brauchte man nur aus dem Fenster zu schauen. Riesige Elendsquartiere breiteten sich unter den Brücken und an den Ufern des Flusses Cooum aus. Auf den Gehwegen wichen die wimmelnden Menschenmassen Krüppeln, Kranken und Armen aus oder stiegen mit großen Schritten über sie hinweg. Unterwegs waren überall riesige Plakate mit nicht minder großen Gesichtern zu sehen. Vor allem eine sehr dicke Frau blickte uns an jeder Straßenecke etwas sorgenvoll an. Als wir Shrini fragten, wer das sei, erwiderte er lakonisch: „Diese Frau ist die Premierministerin des Staates Tamil Nandu. Sie ist ein ehemaliger Bollywood-Star. Jetzt ist sie gerade wegen Korruption im Gefängnis und wartet auf ihre Verhandlung." Da wollten wir natürlich wissen, warum ihr Porträt immer noch das Straßenbild prägte. Dieses Mal lachte Shrini, was keiner weiteren Erklärung bedurfte.

Als wir an Ort und Stelle, nämlich in dem Dorf Kuttambakkam angekommen waren, wo uns andere Porträts erwarteten, gewannen wir allmählich eine Vorstellung der Phänomene, die die Landespolitik bestimmen. Die Inder lieben Führungspersonen, wie sie ihre Gurus lieben. Die Stadt mit deren Gesichtern zu plakatieren oder zu bemalen, verleiht diesen eine fast mythologische Dimension. Zudem sind die Wähler so zahlreich, dass die politischen Führer sich ihnen bekannt machen und bis in die hintersten Winkel des Landes präsent sein müssen. Wenn dann die Wahlen anstehen und die Inder die Parteiprogramme wahrscheinlich genauso gut kennen, wie das in Frankreich der Fall ist, wählen die Leute auf dem Land eins der Gesichter, das ihnen am vielversprechendsten vorkommt.

Elango Rangaswamy ist ein Unberührbarer, ein *Dalit*[140], wie die Inder sie nennen. Falls Sie – wie wir bei unserer Ankunft – dieses typisch indische Konzept nicht kennen, hier eine kurze Zusammenfassung der Fakten. Solange Indiens Erinnerung zurückreicht, war die Gesellschaft in Kasten eingeteilt. Davon gibt es vier: die Brahmanen, also Priester, sie bilden die Spitze der Gesellschaft; die *Kshatriya* oder Krieger direkt unter ihnen, die *Vaishya*, in der modernen Leseweise vor allem Kaufleute und die *Shudra*, also Diener oder mindere Menschen. Aus einem Grund, den eigentlich niemand richtig kennt, obwohl es dazu natürlich zahlreiche Hypothesen gibt, wird die indische Gesellschaft von dieser Hierarchie strukturiert, die einigen als Geburtsrecht einen höheren Rang einräumt als anderen. Man könnte dieser Liste eine fünfte Kaste hinzufügen, doch ist sie das im engeren Sinn eigentlich nicht: die Unberührbaren. Historisch waren sie es, die sämtliche als erniedrigend oder unrein angesehene Berufe ausübten, die mit Bereichen zusammenhängen wie Schlachten und Ausnehmen von Tieren, Tod, Abfall, also Metzger, Fischer, Jäger, Müllleute, Bettler, Friedhofswächter, Hebamme etc. Aus diesem Grund wurden sie im Abseits des sozialen Systems gehalten und durften die Angehörigen der vier

---

[140] *Dalit* heißt wörtlich übersetzt „Unterdrückter".

anderen Kasten nicht einmal berühren. Die Unberührbaren durften auch keinen Kontakt mit Wasser oder Wasserquellen haben, also Brunnen, und ebenso wenig mit der Nahrung der anderen Kasten. Außerdem verfügten sie nur über eine eingeschränkte Bewegungsfreiheit und weniger Eigentumsrechte. Seit der Unabhängigkeit im Jahr 1947 ist es gesetzlich verboten, einen Menschen als unberührbar zu behandeln. In der Realität hat diese tausendjährige Tradition jedoch noch einen sehr starken Einfluss auf die indische Gesellschaft. Aus diesem Grund ist es immer noch schwer vorstellbar, dass ein unberührbares Kind eines Tages Chemiker wird, reich, Bürgermeister seines Dorfes und Hunderte anderer Bürgermeister unterweist, darunter Angehörige höherer Kasten; dass es einen Einfluss auf Hunderttausende Inder und Dutzende Bürgermeister quer über den Planeten haben könnte, sodass auch wir im fernen Europa von ihm erfuhren[141] und nun anreisten, um diesen Mann zu filmen. Denn genau das war hier geschehen.

Als Elango Anfang der 1950er Jahre auf die Welt kommt, gleicht der Stand eines Unberührbaren noch einer Art Hölle. Seine Familie und er wohnen in dem Viertel der Ausgestoßenen, aber die dortige Schule geht nur bis zur vierten Grundschulklasse. Ab der fünften Klasse muss er in die allgemeine Hauptschule wechseln, wo Unberührbare und höhere Kasten mehr schlecht als recht miteinander auskommen. Nach den Vorschriften seiner Tradition hat Elango kein Recht auf Körperkontakt, auch nicht indirekt, außer mit den Kindern seiner eigenen Kaste. Nicht ein einziges Mal war ein Lehrer bereit, ihm ein Glas Wasser zu geben. Eines Tages kam es zu einem Zwischenfall, der seinen weiteren Lebensweg bestimmen sollte: „Ein unberührbarer Junge verunglückte. Er blutete am Kopf und schwebte unter den Augen der anderen Schüler, der Lehrer und der Angehörigen höherer Kasten in Lebensgefahr. Die unberührbaren Kinder schrien und weinten. Sie flehten die Erwachsenen an, etwas zu tun. Aber niemand wollte ihn anfassen. Er starb vor meinen Augen. Ich habe bis heute nicht begriffen, warum keiner der Anwesenden auch nur ein Stück Mull geholt hat, um die Blutung zu stillen. Als unsere Eltern erfuhren, was geschehen war, liefen sie in das Viertel, wo sich die Schule befand, und begannen die Häuser der höheren Kasten mit Steinen zu bewerfen, ihre Fensterscheiben einzuschlagen und ihre Mauern zu zerstören. Ich brach erneut in Tränen aus und rief ihnen zu, sie sollten aufhören, und nicht mit noch mehr Gewalt auf den Fall reagieren. An jenem Tag begriff ich, wie tiefgreifend das

---

[141] Ich entdeckte die wunderbare Geschichte von Elango in dem hervorragenden Buch von Bénédicte Manier *Un million de révolutions tranquilles*.

Kastenproblem ist. Ich sagte mir, dass man etwas tun müsse. Ich war damals noch ein Kind, aber ich habe mir geschworen, etwas zu unternehmen."

Elango setzte seine Schullaufbahn mit glänzenden Noten fort und konnte zum Studium nach Chennai gehen, in die brodelnde Metropole. Er wurde Chemie-Ingenieur, fand eine Arbeitsstelle und behielt sie etwa zehn Jahre. Seine Eltern hofften, dass er Karriere machen und viel Geld verdienen würde. Aber die Bilder seiner Kindheit spukten ihm immer noch im Kopf herum. „Ich sah das zunehmende Elend meiner Gemeinschaft. Ein Teil von mir konnte sich nicht damit abfinden und quälte sich Tag und Nacht mit dem Thema. Jemand musste mit dieser Ungerechtigkeit und dieser Ungleichheit Schluss machen. Ich wartete sehnsüchtig darauf, dass der Staat, das Parlament, die Minister die Sache in die Hand nahmen. Aber es passiert nichts."

Dann dezentralisiert Indien mit seiner 73. Verfassungsänderung endlich die größte Demokratie der Welt und stärkt die Lokalmacht. Das System der *panchayat*, der Gemeinderäte, und der *gram sabha*, der Volksversammlungen, wird allgemein eingeführt. Da machte es bei Elango klick und er erzählt: „Die Lokalregierungen hatten die Chance, die örtliche Demokratie zu stärken. Wir konnten ein System einführen, das einerseits auf Wahlen und andererseits auf einer stärkeren Bürgerbeteiligung durch die *gram sabhas*, die Bürgerversammlungen, beruht. Wir konnten den Gemeinderat und Bürgermeister wählen, und alle würden an den Versammlungen teilnehmen können, ihre Meinung sagen und die Politik mitbestimmen."

Elango erkennt die Gunst der Stunde, um sein Dorf so zu verändern, wie er es sich immer erträumt hat. Er beschließt, seine Stelle zu kündigen und mit seiner Frau nach Kuttambakkam zurückzukehren. Dort angekommen, nimmt er sich als Erstes Zeit, um sich mit allen Kasten zu treffen, mit den Unberührbaren und mit der Jugend, und teilt ihnen seinen Entschluss mit, als Bürgermeister zu kandidieren. Umgeben vom Glanz seiner Abschlüsse und seiner zehnjährigen Berufslaufbahn als Chemie-Ingenieur schafft er es, eine gewisse Anzahl von Einwohnern aus den höheren Kasten sowie die Mehrheit der Unberührbaren für seine Sache zu gewinnen. Wider Erwarten wird er 1996 gewählt. Wer nicht für ihn gestimmt hat, fürchtet sich nun. Ein Unberührbarer als Bürgermeister kann ihnen Schwierigkeiten bereiten oder sich sogar für all die Jahre der Frustrationen und der Erniedrigungen rächen. Aber zu ihrer großen Überraschung tut Elango genau das Gegenteil. Er wird zum Einiger

rechts: *Straße der Stoffhändler in Chennai.*

und beschließt, neue institutionelle Werkzeuge zu nutzen, um die ganze Bevölkerung zu schulen und einen wahren Wandel einzuleiten. „Im herkömmlichen System gehen die Leute in einer Demokratie wählen und damit hat sich's. Aber die Demokratie ist etwas ganz anderes! Die Menschen müssen wirklich an der Lokalpolitik beteiligt werden. Es genügt nicht, dass sie ihre Vertreter haben. Unsere Volksvertreter verbringen ihre Zeit mit anderen Dingen als das, was wir von ihnen erwarten, zumindest in Indien. Unsere Bürgerversammlungen, die *gram sabha*, sind dagegen wie echte Volksparlamente. Wir wählen und wir regieren. Wenn ein Politiker schlechte Entscheidungen trifft, dann können wir ihm etwas anderes vorschlagen, wir können seine Entscheidungen sogar mit einem Veto blockieren. Die Versammlung hat die Macht, die Tagesordnung zu ändern. Auf diese Weise geht es wirklich um die Sorgen der Bürger."

Er entwirft zunächst einen Plan für fünf Jahre – die Dauer seines Mandats – und stellt ihn der Versammlung vor. „Als ich ihn zum ersten Mal vorlas, wurde jeder Satz und jeder Vorschlag ausführlich von allen diskutiert. Einige waren skeptisch, andere begeistert und eine dritte Gruppe wollte sehen, was dabei herauskommt. Drei Monate später habe ich der Versammlung die ersten konkreten Ergebnisse zu den Themen präsentiert, die wir bei der vorigen Sitzung besprochen hatten. Auf diese Weise konnte ich Stück für Stück Vertrauen aufbauen und die Bewohner in meinem Fahrwasser schulen. Nach und nach hat jeder angefangen, etwas zum Programm beizutragen und später auch zu dessen Verwirklichung. Auf diese Weise war es eher der Plan der Dorfbewohner als meiner!"

Das erwähnte Programm will die Hauptprobleme anpacken, mit denen Kuttambakkam zu kämpfen hat: Arbeitslosigkeit, Armut, Müll, fehlende Infrastruktur, Analphabetentum. Und sobald der Prozess in Gang gekommen ist, werden alle aktiv, um dabei mitzuhelfen. Den Anfang machen die Einwohner, indem sie ihr Dorf sauber machen, während der Bürgermeister für Mülleimer in den Straßen sorgt, für Straßenbeleuchtung und für ein System zum Sammeln von Regenwasser. Nach fünf Jahren ist die Schule wieder instandgesetzt und in den Familien hat es sich herumgesprochen, dass es gut ist, die Kinder hinzuschicken. Während früher 40 % der Schüler nicht mehr als sechs Jahre zur Schule gingen, besuchen nun so gut wie alle täglich den Unterricht und bleiben bis zum Ende der Sekundarstufe, also bis sie um die 16 Jahre alt sind.

Elango besorgt Gelder und schafft Arbeitsplätze, von denen vor allem Frauen profitieren, weil sie die Hauptbetroffenen der Arbeitslosigkeit sind, außerdem Opfer häuslicher Gewalt und manchmal ohne andere Einnahmequelle dastehen als dem Verkauf von verbotenem Alkohol. Inzwischen haben sie einen Verband gegründet und bieten Modelle für Mikrokredite an. Jede der 1.500 im Verband organisierten Frauen kann bis zu 50.000 Rupien aufnehmen, um ein eigenes Geschäft zu beginnen. So haben zum Beispiel in einer Werkstatt direkt neben Elangos Haus mehrere Dutzend dieser Frauen Gasbrenner zusammengetragen und stellen Kompressen für das Krankenhaus her.

Als Nächstes beschließt die Versammlung, Wasserleitungen und eine Kanalisation zu legen. Elango erinnert sich: „Um das Projekt durchzuführen, kam der Gemeinderat auf eine Summe von 500.000 Rupien[142], aber uns standen nur 170.000 Rupien zur Verfügung. Es fehlten also 330.000. Wir fanden zwar noch ein paar Finanzquellen, aber auch damit hatten wir erst 60 % des Betrags zusammen. Daraufhin beschloss die Versammlung, dass die Dorfbewohner die restlichen 40 % aufbringen würden. Die Wohlhabenden gaben etwas Geld dazu und die Armen boten ihre Arbeitskraft an. Sie brauchten nur Essen, um arbeiten zu können. Dazu erklärten sich die gut gestellten Bauern bereit und versprachen: Gut, wir werden für euch Nahrung anbauen. So konnte die Arbeit beginnen, und wir haben die verfügbaren Mittel von 60 auf 100 % gesteigert."

Aber Elango ist vor allem stolz auf seine Erfolge im Hinblick auf das Kastenwesen. Er beschließt, sich der Elendsvierteln anzunehmen, in die Unberührbare verbannt sind. Er unterbreitet der Versammlung ein Projekt zu deren baulicher und ökologischer Rehabilitation. Es sieht vor, dass sich alle daran beteiligen, das Viertel zu erneuern, auch die höheren Kasten. Für die Bewohner der Elendsviertel, die in hinfälligen Hütten mit provisorisch hochgezogenen Lehmwänden und Wellblechdächern wohnen, häufig mit Planen oder auf der Straße eingesammelten Werbeplakaten geflickt, werden nun 150 Häuser aus lokalen und ökologischen Materialien gebaut. Elango kann Maschinen und Werkzeuge auftreiben, die einerseits *low tech* und andererseits sehr effektiv sind, etwa eine Presse für Ziegel aus Lehm und Zement oder eine Gießform für Dachschindeln, mit denen in wenigen Wochen Tausende hergestellt werden. Die Einwohner, die rege an der Verwandlung ihres Wohnviertels teilnehmen, setzen sie dann zusammen und bemalen sie in verschiedenen Farben. Um allen für ihr Engagement zu danken, graben die Unberührbaren selbst die Abwasserkanäle des Viertels, wodurch die Gemeinschaft 31.000 Euro einspart, und setzen Straßen und Brunnen der Stadt instand.

Diese positive Erfahrung kommt Elango zugute, als er 1998 ein neues Programm vorschlägt, um hohe und niedrige Kasten zusammenleben zu lassen.

---

[142] 17.000 Euro.

Viele Unberührbare und etliche Angehörige höherer Kasten waren obdachlos und es mussten neue Häuser gebaut werden. Dazu muss man wissen, dass die Kastenzugehörigkeit nichts damit zu tun hat, ob man arm oder reich ist. Es gibt reiche Unberührbare und Brahmanen ohne eine Rupie. „Bei der Planung eines neuen Stadtviertels muss man in der Regel getrennte Bereiche für die hohen Kasten, die niedrigen und die Unberührbaren vorsehen. Ich habe mir gedacht, man könnte ja auch versuchen, alle Armen zusammen wohnen zu lassen, ganz gleich, aus welcher Kaste sie sind. Ich habe eine Versammlung einberufen und, nachdem wir lange miteinander diskutiert hatten, waren die meisten Armen mit dem Vorschlag einverstanden. Als ich dem Premierminister von Tamil Nadu von dem Projekt erzählte, war er hellauf begeistert. Denn das war ein historisches Experiment in Indien, bis dahin hatte nie irgendjemand so etwas in Angriff genommen."

Man beschließt, 50 Doppelhäuser mit insgesamt 100 Wohneinheiten zu bauen, wo jeweils eine Familie von Unberührbaren in der einen und eine Familie aus einer anderen Kaste in der zweiten Hälfte wohnt. Auf diese Weise sind sie gezwungen, miteinander Kontakt aufzunehmen. Der Premierminister ist so Feuer und Flamme, dass er persönlich anreist, um das Stadtviertel einzuweihen, das er Samathuvapuram nennt, was im Englischen „Equal Living" bedeutet. Er befürwortet die Nachahmung des Modells und so entstehen über 300 Wohneinheiten des gleichen Stils im Staat. „An diesen Orten wächst eine neue Generation heran, die keine Unterschiede mehr zwischen den Kasten kennt. Wir pflanzen die Keime, damit wir in zwei oder drei Generationen in einer vom Kastensystem völlig befreiten Gesellschaft leben können."

Nach nur einer Amtszeit ist Elangos Bilanz mehr als überzeugend. Aber, da er wiedergewählt wird – wozu sicher weniger gereicht hätte -, beschließt er, noch weiter zu gehen.

„Es ist uns durch die Bemühungen des Gemeinderats und der Versammlungen gelungen, Straßen zu bauen, die Schulen auszubessern, die Straßenbeleuchtung mit Solaranlagen zu versehen, bessere Häuser zu bauen, allen Zugang zu Trinkwasser zu verschaffen. Aber ich habe mir gedacht, dass unsere Gemeinschaft wirklich glücklich wäre, wenn jede Familie eine Tätigkeit ausüben könnte, die ihr genügend Geld zum Leben einbringt, um sich in Sicherheit zu fühlen." Er überlegt also, wie man im Dorf mehr Arbeitsplätze schaffen könnte. Die Antwort liegt auf der Hand: die lokale Wirtschaft stärken. Zahl-

rechts: *Elango und eine Einwohnerin vor der Schule*

reiche Lebensmittel und viele andere Alltagsdinge könnten in Kuttambakkam hergestellt werden, anstatt sie aus dem übrigen Staat oder aus anderen Ecken des Landes einzuführen. Auch diesmal sind die *gram sabhas* gefragt. Natürlich möchten alle Leute gerne Arbeit haben, also wird die Gemeinschaft aktiv, um herauszufinden, wie sie die Sache angehen könnten. Das Nächstliegende ist die Ernährung: Rund um das Dorf wird bereits Reis angebaut. Im Moment wird er aber nach draußen verkauft, weil es an Produktionsmitteln fehlt, ihn vor Ort zu verarbeiten. Der Reis für den eigenen Bedarf wird deshalb eingeführt. Man muss also eine Möglichkeit schaffen, ihn vor Ort zu schälen. Auch diesmal können Elango und der Gemeinderat einfache Gerätschaften auftreiben, die den Reis nicht nur schälen, sondern auch zu Mehl vermahlen. Das gleiche Vorgehen wird beim Kokosöl angewandt. Im Bausektor hat es bereits große Bemühungen gegeben. Die Idee besteht darin, gleichzeitig die Zahl der Arbeitsplätze zu erhöhen und die Spekulation zu verhindern, weil dadurch alle Erzeugnisse immer teurer und für die Dorfbewohner unzugänglich werden. Elango stellt sich ein Konzept vor, bei dem sich zehn bis fünfzehn Dörfer zusammenschließen, die gemeinsam alles herstellen, um die Grundbedürfnisse zu befriedigen. Je nach Art des Dorfes und seiner Ressourcen kann es sich zusätzlich auf ein bestimmtes Produkt spezialisieren und seine Überschüsse mit den anderen austauschen.

Das ist ein ehrgeiziges Vorhaben. Aber es ist zum Teil bereits realisiert, und Elango schätzt, dass sie noch etwa zehn Jahre benötigen, um ihre wirtschaftliche Unabhängigkeit zu erreichen, die schon Gandhi als Ziel formuliert hatte: „Für Ghandi", so Elango, „die Erfüllung unserer Bedürfnisse durch uns selbst, die eigentliche Definition von Unabhängigkeit und einer der sichersten Wege in die Freiheit. Die Entwicklung der heutigen Gesellschaft ist zentripetal[143], sie saugt Energie, Geld und Macht ins Zentrum. Nachhaltigkeit entsteht deshalb durch die größere Unabhängigkeit jeder einzelnen Gemeinde."

Im Jahr 2001 beschließt Elango, das Rathaus nach zwei Amtszeiten zu verlassen und seine Erfahrung weiterzugeben. Er möchte erreichen, dass mehr Orte ihre Bürger an Entscheidungen beteiligen, dass sich die Inder mehr in die Demokratie einmischen. Er gründet die Panchayat Academy, eine Institution zur Fortbildung von Bürgermeistern, damit sie die in Kuttambakkam erprobten Fortschritte nachahmen können. Innerhalb von zehn Jahren hat er 900 gewählten Volksvertretern die Prinzipien der Führung der Bürger durch sie selbst beigebracht. Seine Idee ist die Schaffung einer „Republik der Dörfer",

---

[143] *Von der Peripherie zum Zentrum verlaufend.* (Quelle: Duden)

wie Gandhi sie sich vorstellte, in der die Demokratie schon auf der untersten Stufe stark ist. „Ich reise weiter, treffe mich weiter mit Institutionen und entwickle weiterhin neue Methoden. Und ich wende diese auch immer noch in Kuttambakkam an[144]. Die Bürgermeister kommen hierher, um zu sehen, wie wir vorgegangen sind, dann übernehmen sie für ihre Dörfer[145] das, was ihnen nützlich erscheint."

Während unseres Besuchs hatte Elango gerade ein Programm zur Lösung der sanitären und sozialen Probleme in Angriff genommen, die sich aus den fehlenden Toiletten ergaben. Er hatte sich das Ziel gesetzt, mit Hilfe der indischen Regierung in den kommenden Jahren überall im Land insgesamt 240 Millionen Toiletten einzurichten. Nachdem er im Rahmen einer *gram sabha* den Einwohnern seines Ortes einen Prototyp vorgestellt hatte, lud er die anderen Bürgermeister ein, um sie für das Projekt zu gewinnen. Elango hat nämlich inzwischen ein Netzwerk aus mehr als 600 Bürgermeistern und Gemeinderäten aufgebaut, von denen einige – wie die seines Heimatorts – eine Vielzahl seiner Grundsätze bereits in die Tat umgesetzt haben. Elango ist davon überzeugt, dass „die Bürger, erst wenn sie auch ermächtigt sind, die Demokratie im besten Sinne gestalten können. Wenn die Leute keine Macht haben, dann rennen wir ins Chaos. Aber unsere Bürgerversammlungen bieten uns eine wunderbare Gelegenheit, die Einwohner fortzubilden und ihnen ein volles Mitspracherecht zu geben. Sobald sie informiert genug sind, werden sie die Führung übernehmen und ihre eigene Demokratie aufbauen."

Genauso wie Shane in Detroit, Morten in Kopenhagen, Pam und Mary in Todmorden sowie Emmanuel in Frankreich findet auch Elango, dass niemand kommen wird, um uns zu retten, und dass es allein an uns liegt, den Wandel unserer Gesellschaften in Gang zu setzen, ganz gleich, ob wir gewählte Volksvertreter sind, Unternehmer oder Bürger.

Genau das glaubt auch Vandana Shiva, Philosophin, Physikerin, indische Aktivistin, berühmt geworden durch ihren Kampf gegen Biopiraterie und die Inbesitznahme von Saatgut durch multinationale Konzerne. Der Kampf für echte Demokratie ist für sie eins der wichtigsten Anliegen, sowohl in ihrem eigenen Land Indien als auch in vielen anderen Ländern der Welt. Für alle, die Vandana Shiva noch nicht begegnet sind, sei vorausgeschickt, dass diese

---

[144] Obwohl er kein Bürgermeister mehr ist, genießt Elango dort immer noch eine große Hochachtung und arbeitet eng mit seiner Nachfolgerin zusammen.

[145] Was die Inder ein Dorf nennen, kann bis zu Zehntausenden von Einwohnern haben. Eine Bürgermeisterin, die wir getroffen haben, regierte eine „Dorf" mit 20.000 Einwohnern.

*Cyril mit einer unserer kleinen Zusatzkameras*

Aktivistin ein unvergessliches Erlebnis ist. Vandana ist nicht größer als einen Meter fünfzig, trägt Saris in allen Farben, über die sie bei Bedarf einen Pullover streift, und hat zunächst nichts Außergewöhnliches an sich. Aber sobald sie einem gegenüber sitzt und mit ihrem dunklen, von einem riesigen dritten Auge auf der Stirn gekrönten Blick durchbohrt, ist einem, als ginge von ihrem Gesicht, ihren Händen und der Stimme eine ungeheure, fast magnetische Kraft aus.

Vandana ist eine Kämpferin und gleichzeitig eine hervorragende Rednerin. Von allen Gesprächspartnern, die wir interviewt haben, hat niemand unsere Fragen so präzise und klar beantwortet, niemand hat wie sie ohne das kleinste Zögern deutlich benannt, was zu tun sei, und dabei unseren Zeitplan so hundertprozentig eingehalten. Keiner, der die Filmaufnahmen mit ihr sieht, wird umhin kommen, die Kraft und die totale Standfestigkeit dieser von den Konzernen, die sie bekämpft – allen voran Monsanto -, verfolgten und gedemütigten Frau wahrzunehmen. Was uns betrifft, so war es unmöglich, unsere Reise durch Indien zu beenden, ohne sie zu fragen, was eine echte Demokratie ist.

## 4. BEGEGNUNG MIT VANDANA SHIVA: HÖHERE GESETZE BEFOLGEN

VANDANA SHIVA: Für mich repräsentieren die gewählten Regierungen nicht mehr den Willen ihrer jeweiligen Einwohnerschaft. Eine Demokratie muss aber „vom Volk, durch das Volk und für das Volk sein". Durch die verschärfte Globalisierung der letzten 20 Jahre haben die multinationalen Konzerne bei Regierungsentscheidungen buchstäblich die Federführung übernommen. Sie schreiben die Gesetze und bezahlen die Politiker, damit sie machen, was die Konzerne wünschen, deshalb haben wir inzwischen eine repräsentative Demokratie, die „von den Multinationalen, durch die Multinationalen und für die Multinationalen" ist. Am augenfälligsten ist das im Bereich der Ernährung. Im letzten Jahrhundert haben wir beobachten können, wie der Verlust der Kontrolle über unsere Nahrungsmittelproduktion Gemeinschaften, Gesellschaften und Einzelne hervorbringt, die nicht mehr frei sind.

Mein Engagement begann, als mir bei der Erarbeitung des GATT[146], des Allgemeinen Zoll- und Handelsabkommens, das der Gründung der

---

[146] General Agreement on Tariffs and Trades. Allgemeines Zoll- und Handelsabkommen.

Welthandelsorganisation WTO den Weg ebnete, die Augen geöffnet wurden. Zu diesen Verhandlungen erklärte ein Verantwortlicher von Monsanto 1990 öffentlich: „Als wir dieses Abkommen geschrieben haben, ist uns etwas Beispielloses gelungen; wir haben es ausgearbeitet und die amerikanische Regierung gefügig gemacht, die es anschließend der ganzen Welt auferlegt hat."[147] Und später hat er im gleichen Zusammenhang ergänzt: „Wir waren gleichzeitig der Patient, der Arzt und der Apotheker." Diese Leute haben also ihr Problem erkannt und die Mittel erfunden, es zu beheben. Denn eins ihrer Hauptprobleme war die Fähigkeit der Bauern, ihr eigenes Saatgut herzustellen. Das wollten sie unterbinden, indem sie diese Praxis über den Weg des geistigen Eigentums, sprich durch die Patentierung des Saatguts, kriminalisiert haben. Denn nur wenige machen sich bewusst, dass das Saatgut die Grundlage für unser Überleben auf der Erde ist. Ohne Saaten keine Nahrung, keine Kleidung, kein Holz etc. Die Kontrolle über das Saatgut zu übernehmen bedeutet, die Kontrolle über die gesamte Gesellschaft zu haben. Die Vereinbarung zur Landwirtschaft hat als Teil des allgemeinen GATT-Abkommens den Freihandel im Nahrungssektor eingeführt – wodurch die langsame Zerstörung der lokalen Landwirtschaft begann – und wurde unter der Aufsicht des Verhandlungsführers der USA, dem damaligen Vizepräsident der Firma Cargill[148], ausgearbeitet. Das ist eine neue Art der Diktatur. Das transatlantische Freihandelsabkommen TTIP[149], das derzeit in einer gewissen Undurchsichtigkeit ausgehandelt wird, bereitet die „neue Generation des Freihandels" vor. Ein Weg, die europäischen Schutzregeln zu zerschlagen, welche die sozialen Bewegungen erkämpft haben, indem diese als Verstoß gegen das Freihandelsrecht ausgelegt werden.

Heute können die Konzerne den französischen oder italienischen Staat nur nach den Regeln verklagen, die die jeweiligen Verfassungen vorsehen. Mit TTIP wird versucht, ein neues juristisches Feld zu schaffen, das transnational ist und die Möglichkeit bietet, gegen diese Schutzregeln vor Gericht als Hemmnis des freien Wettbewerbs zu klagen. So kann ein Staat, der gentechnisch veränderte Organismen (GVOs) oder Roundup®

---

[147] James Enyart, „A GATT Intellectual Property Code", Les Nouvelles, Band 25, Nr. 2 (Juni 1990), S. 54-56, zitiert von Vandana Shiva in *Étique et agro-industrie*, L'Harmattan, Sammelband *Femmes et changements*, 1996, S. 12-13.

[148] Nach Monsanto der zweitgrößte Saatguthersteller der Welt.

[149] Abkommen, das die größte Freihandelszone der Welt zwischen den USA und der Europäischen Union einrichten will.

ablehnt, verklagt werden, weil er die betreffenden Unternehmen benachteiligt und anstatt dessen andere Unternehmen vorzieht, welche die Gewinne machen. Einen solchen Prozess hat es schon einmal gegeben, nämlich in Australien, wo die Zigarettenindustrie die Regierung dafür verklagt hat, dass sie eine Anti-Raucher-Kampagne durchgeführt hat. Wir sind genau an diesem Kipppunkt, wo die Menschheit Gefahr läuft, ihre Macht zu verlieren, demokratisch zu handeln, um sich selbst zu schützen und ihre Zukunft zu sichern. Die Staaten neigen dazu, diese Macht abzugeben, weil Einzelne – zumindest einige – dadurch eine ganze Menge Vorteile haben. Denn wir haben eine Gesellschaft aufgebaut, in der der Einzelne mehr gilt als die Gemeinschaft. Je mehr die Staaten nachgeben, desto schwächer werden sie. Das ist eine der Tragödien unserer Zeit.

CYRIL: Was können wir da machen? Wir haben Experten getroffen, die uns aufgezeigt haben, dass es auch andere Demokratiemodelle gibt. Und wir konnten an den Beispielen Irland, Island und Indien sehen, dass die in der Praxis funktionieren. Aber, wenn ich Sie richtig verstehe, muss man sich auch wehren, um diese weiträumige Machtübernahme zu verhindern.

VANDANA: Ich glaube, dass wir 90 % unserer Zeit dazu nutzen müssen, in allen Bereichen, also Landwirtschaft, Energie, Wirtschaft etc. und in der Politik Alternativen zum gängigen Modell auszuarbeiten. In Indien haben wir beispielsweise *Navdanya* gegründet, eine Organisation, die es den Bauern ermöglicht, kostenlos herkömmliches Biosaatgut herzustellen und zu tauschen. Innerhalb von 20 Jahren haben wir 120 Saatenbanken mit gemeinschaftlichem Saatgut aufgebaut. Aber wenn wir die übrigen 10 % unserer Zeit nicht darauf verwenden, das politische System zu überwachen, willigen wir indirekt ein, dass die Macht unserer Regierungen und Volksvertreter an gigantische Konzerne abgegeben wird. Dann wird deren quasi militärische Maschinerie unsere Freiheiten kriminalisieren und beschneiden, immer und immer mehr.

CYRIL: Das heißt, wir sollten uns im zivilen Ungehorsam üben? Halten sie das für einen Schlüssel für die Zukunft?

VANDANA: Wir müssen höheren Gesetzen folgen. Für mich gibt es zwei Arten von Gesetzen. Erstens die Gesetze der Natur, der Vielfalt und des Lebens, von ihnen lernen wir, dass wir mit der Erde und dem System, dem wir unser Leben verdanken, zugrunde gehen werden, wenn wir sie nicht schützen. Zweitens die aus den Menschenrechten abgeleiteten Gesetze unserer Demokratie und unserer Verfassungen. Alle anderen Regeln, die sich als Gesetze ausgeben, aber das natürliche Gleichgewicht gefährden und uns daran hindern, in vollem Umfang Mensch, frei und unabhängig zu sein, sollten wir nicht befolgen. Wir müssen sie sogar bekämpfen. Ich bin der Meinung, dass wir diese toten Demokratien durch lebendige Demokratien ersetzen müssen, bei denen die Bürger jeden Tag an der Orientierung ihrer Gesellschaften teilhaben. Und die einzige Art, das zu tun, ist auf lokaler Ebene anzufangen und wieder die Macht selbst in die Hand zu nehmen. Eine Demokratie kann auf nationaler oder internationaler Ebene nicht richtig funktionieren, wenn sie auf lokaler Ebene tot ist.

CYRIL: Wie sollen wir diese Gesetze bekämpfen? Ich weiß, dass Sie genau das in Indien machen, aber hier scheint es mir immer unglaublich schwierig, die Leute zu motivieren, etwas zu tun …

VANDANA: In Indien ist das auch nicht immer einfach. Man muss Wege finden, den Leuten zu zeigen, dass diese Dinge sie direkt betreffen, in ihrem Alltag. Und man braucht viel Geduld und Hartnäckigkeit, man darf in seinen Bemühungen nie nachlassen. Ab 1987 hatte ich Gelegenheit an einem vermeintlich geheimen Treffen von Industriellen teilzunehmen, wo es um die Einzelheiten der Saatgutpläne von multinationalen Konzernen ging, also um deren rechtliche und geistige Aneignung. Von da an waren wir deshalb vorbereitet, als unsere Regierung unter Druck gesetzt wurde, die entsprechenden Maßnahmen rechtlich durchzusetzen. Also haben wir Informationsmaterial zusammengestellt und mit jedem einzelnen Abgeordneten gesprochen, um ihm zu erläutern, was da auf dem Spiel stand. Anschließend hat mich die Regierung zur Vorsitzenden des Komitees ernannt, das ein Gesetz zur Artenvielfalt ausarbeiten sollte. Wir haben das indische Gesetz zum Schutz der Pflanzenvielfalt und der Rechte der Landwirte[150] geschrieben und eine Klausel eingefügt, die verfügt, dass die Bauern das Recht haben, ihr Saatgut zu erzeugen, zu vermehren, zu lagern, zu tauschen, zu verkaufen, zu sammeln und zu kreuzen. Und dass ihnen dieses Grundrecht nicht genommen werden darf.

Im Jahr 2004 gab es einen Vorstoß, dieses Gesetz wieder zu kippen und ein Neues zu verfassen, um die Vermehrung von Saatgut unter Strafe zu stellen. Damals bin ich durch das ganze Land gereist, habe Bauern informiert und große Versammlungen organisiert. Wir haben 100.000 Unterschriften gesammelt, die ich unserem Premierminister mit den Worten überreicht habe: „Wir sind das Land von Gandhi. Als die Briten versucht haben, uns Gesetze für ihr Salzmonopol aufzuerlegen, ist er mit Hunderttausenden

---

[150] Plant Variety and Farmer's Rights Act.

bis zum Meer gelaufen, hat Salz gesammelt und gesagt: *Die Natur gibt es uns umsonst, um unsere Bedürfnisse zu erfüllen. Wir werden weiter unser eigenes Salz herstellen.* Seinen Kampf müssen wir mit unserem Saatgut fortsetzen. Die Natur gibt es uns seit Generationen reichlich, und wir schulden es zukünftigen Generationen, um ihr Überleben zu sichern. Deshalb werden wir diese Gesetze nicht befolgen, und Sie täten gut daran, sie erst gar nicht zu erlassen." Daraufhin hat sich das Parlament eingemischt und dieses Gesetz hat es nie gegeben. Zwei große Ideen von Gandhi inspirieren uns: die „Selbstorganisation", die man auch „innere Demokratie" nennen könnte, also die Kunst, sich selbst zu regieren, und „der Kampf für die Wahrheit", der sich insbesondere in der Weigerung niederschlägt, schädliche Gesetze zu befolgen. Wie zum Beispiel das Verbot, eigenes Saatgut oder Pflanzen für medizinische Zwecke zu nutzen.

CYRIL: Ich habe Sie schon oft sagen hören, dass die Möglichkeit eines Volkes, seine eigene Nahrung anzubauen, der erste Imperativ einer Demokratie sei.

VANDANA: Das ist für mich der Kern der Demokratie selbst, denn, wie heißt es doch: Du bist, was du isst. Wenn die Bauern ihr Saatgut nicht mehr lagern und vermehren dürfen, wenn die Menschen nicht mehr wissen, wo ihre Nahrung herkommt und wie sie hergestellt wird – wie es in den Vereinigten Staaten der Fall ist, wo es keine Auszeichnungspflicht für gentechnisch veränderte Organismen gibt –, wenn die Unternehmen bestimmen, was wir essen, dann wird uns der intimste Aspekt unserer Freiheit genommen: unseren Körper darin zu unterstützen, uns eine gute Gesundheit zu erhalten oder eben nicht. Verglichen damit sind alle anderen Aspekte der Demokratie hübsche Wandgemälde, sonst nichts.

Die nächste Stufe beim Aufbau einer echten Nahrungsmittel-Demokratie besteht also darin, den Zusammenhang zwischen Gesundheit und Ernährung zu erkennen. Ein Zusammenhang, der eigentlich auf der Hand liegt, aber in unseren Zivilisationen immer mehr aus den Augen verloren, ja sogar vom Gesetz negiert und ausgeschlossen wird.

CYRIL: Glauben Sie, dass angesichts dieser finanziellen, politischen und wirtschaftlichen Dampfwalze, die mit voller Macht über uns hinwegrollt, eine gewaltlose Veränderung unserer Gesellschaften tatsächlich möglich ist?

VANDANA: Ich stamme aus dem Land der Gewaltlosigkeit. Weil es ein Prinzip ist, das funktioniert und echte Veränderungen bewirkt, bin ich aus philosophischen und ethischen Gründen eine große Verfechterin der Gewaltlosigkeit. Aber selbst wenn sie nur als Taktik angewandt wird, würde ich mich immer dafür entscheiden. Schließlich übermittelt die Gewaltlosigkeit denen, die sich nicht engagieren, eine Botschaft. Inzwischen können wir es uns nicht mehr erlauben, nur ein kleiner Kreis zu bleiben, eine – wenn auch sehr gute – Untergrund-Armee aus Aktivisten, die nur wenige Mitglieder zählt. Wenn wir aber den Kreis der Engagierten erweitern wollen, dann ist die Gewaltlosigkeit der einzige Weg. Denn die meisten Menschen wollen weder Gewalt noch Chaos.

CYRIL: Glauben Sie, dass es erst zu Katastrophen kommen muss, damit ein Wandel stattfinden kann?

VANDANA: Durch Katastrophen verändern sich die Menschen nicht, sie geraten in Panik. Katastrophen sind der Nährboden, auf dem Diktaturen und Machtergreifungen über die Bevölkerung gedeihen. Die Vorstellung, dass sich in einer Gesellschaft wie durch ein Wunder die Unterdrücktesten erheben werden, ist unrealistisch. Was dagegen gut funktioniert, ist Solidarität. Der Widerstand gegen jede Art von Ausbeutung schafft eine Verbundenheit zwischen den Menschen und kann echte Veränderungen herbeiführen. Das lässt sich jedenfalls überall beobachten, wo ein Wandel stattfindet.

CYRIL: Sie glauben also, dass sich die Leute als Ergebnis eines längeren Prozesses verändern und nicht, dass sie durch eine Katastrophe plötzlich aufwachen?

VANDANA: Genau, weil dieses plötzliche Aufwachen unmöglich ist. Besonders heutzutage. Früher waren die Dinge einfacher: Man musste sich ernähren, ein Dach über dem Kopf haben, sich kleiden etc. Aber heute weiß man noch nicht einmal mehr, wo unsere Nahrung herkommt und aus was für einer Art Saatgut das Korn für unser Brot gereift ist. Es ist alles sehr kompliziert geworden, und es ist eine Illusion zu meinen, dass eine Katastrophe genügt, um das Bewusstsein von einem Tag auf den anderen zu verändern. Dieser Prozess bedarf der Schulung und Erziehung, deshalb ist unser aller Arbeit so wichtig. Ich glaube an das menschliche Potenzial. Wir können für unseren Planeten eine zerstörerische Kraft sein, aber wir können ebenso eine schöpferische, fürsorgliche Kraft sein. Das ist das Prinzip der Quantenphysik: Nichts ist unveränderlich, nichts ist getrennt, alles kann sich wandeln, nichts ist völlig gewiss. Aus diesem Grund müssen wir das Potenzial der Menschheit entfalten und die heutigen und zukünftigen Generationen in all diesen Fragen schulen.

# V.
# DIE NEUE GESCHICHTE DER ERZIEHUNG

# 1. DIE GESCHICHTE VON GESTERN

Während unserer Reise haben viele Menschen, mit denen wir gesprochen haben, letztlich auf die Erziehung verwiesen, um einen Wandel herbeizuführen. Sie meinten damit sowohl die Erwachsenenbildung als auch die Erziehung der Kinder als Kernaufgabe, die alle anderen Handlungen bestimmt. Wenn die Probleme ihren Ursprung in uns selbst haben, in unseren Köpfen, unseren Neurosen, unseren Verletzungen, dann müssen wir genau dort ansetzen, um unserer Zivilisation die Chance zu geben, sich dauerhaft zu verändern.

Pierre Rabhi hat dazu eine eindeutige Haltung: „Für mich hängt der Wandel von der Bewusstheit ab, die wir für eine bestimmte Situation haben. Dieses Bewusstsein in jedem zu vergrößern, ist bereits ein erzieherischer Akt. Ich bin davon überzeugt, dass es keinen echten Wandel unsrer Gesellschaft geben kann ohne eine tiefgreifende Veränderung des Menschen. Unsere politischen und streitbaren Positionen genügen nicht: Wir können Bio essen, gegen AKWs demonstrieren, unseren Abfall recyceln, aufs Land ziehen und unseren Nächsten ausbeuten. Leider ist das kein Widerspruch. Wir sind es, die die größten Utopien selbst verkörpern müssen. Ein Instrumentarium und materielle Umsetzungen von Ideen werden keinen Wandel herbeiführen können, wenn sie nicht das Werk eines vom primitiven und begrenzten Feld der Macht, der Angst, der Gewalt befreiten Bewusstseins sind.

Die tiefe Krise, die unsere Epoche erlebt, hängt nicht mit irgendeinem materiellen Mangel zusammen. Sie muss in uns selbst gesucht werden, im eigenen Kern, der unsere Weltsicht absteckt, unsere Beziehung zu anderen und zur Natur, der bestimmt, welche Entscheidungen wir treffen und welchen Werten wir dienen. Die Utopie verkörpern bedeutet für mich vor allem zu bezeugen, dass eine andere Seinsweise entwickelt werden muss: ein Mensch mit Bewusstsein, mit Mitgefühl, ein Mensch, der mit seiner Intelligenz, seiner Fantasie und seinen Händen dem Leben huldigt, dessen höchster und subtilster Ausdruck er selbst ist und wofür er die größte Verantwortung trägt. Um solche Menschen zu entwickeln, ist die Kindererziehung ausschlaggebend."

Malik, einer unserer Stadtgärtner von Detroit, war viele Jahre der Direktor einer Schule, ehe er anfing, sich für den biologischen Gemüseanbau einzusetzen. Er vertritt die Ansicht, dass „das amerikanische Bildungssystem das Modell der Fabriken aus der Zeit der industriellen Revolution nachahmt. Es besteht aus sich wiederholenden Abläufen, der Forderung, Befehle zu befolgen, es ist hierarchisch aufgebaut und lässt wenig Raum für kritisches Denken. Ich finde, es ist ein großer Unterschied, ob man ein Kind erzieht oder zur

Schule schickt. Manchmal kann Erziehung auch in der Schule stattfinden, aber das ist selten der Fall. Erziehen kommt vom Lateinischen *educare*, was bedeutet ‚herausziehen', ‚herausführen'. Die Erziehung sollte darin bestehen, die Talente, die wir von Geburt mitbringen, herauszuarbeiten. Nicht darin, uns mit Wissen vollzustopfen, als wären wir ein leeres Gefäß. Jeder von uns hat Talente, Gaben, Eigenschaften, Qualitäten, die erkannt und gefördert werden müssen, um sie der Menschheit verfügbar zu machen. Eine Kernaufgabe der Schule sollte deshalb darin bestehen, diese herauszufinden."

Der indische Friedensnobelpreisträger und Mitbegründer des Mikrofinanz-Gedankens Muhammad Yunus teilt diese Ansicht. Auf dem roten Sofa des Hotels, wo er uns empfängt, kam sein ganzer Körper in Bewegung, als wir das Thema anschnitten: „Unser Bildungssystem ist falsch. Wir unterrichten Mathematik, Physik, Chemie, Geschichte, aber wir helfen den jungen Leuten nicht herauszufinden, wer sie sind und welches ihre Rolle in der Welt sein könnte. Das stillschweigende Ziel der heutigen Schulbildung könnte so lauten: Arbeite hart, schreib gute Noten und kämpfe darum, den besten Job zu ergattern. Das ist als der einzige Lebensinhalt eines Menschen ziemlich dürftig, finden Sie nicht auch? Und es ist deprimierend. Der Mensch kommt ja nicht nur zur Welt, um für einen anderen Menschen zu arbeiten und sein Auskommen zu haben; er ist ein einzigartiges Geschöpf in einer Welt voller Schöpfungen. Aber diese Einzigartigkeit wird völlig beiseite geschoben, verdrängt, in ein Schema gepresst. Erziehung müsste darin bestehen zu sagen: Du bist ein Mensch voller Potenzial, du hast die Kraft, das zu werden und das zu tun, was du willst. Es gibt zehntausende Optionen, die dir offen stehen. In welcher Welt möchtest du leben? Was für eine Gesellschaft willst du mit aufbauen? Heutzutage ist es nämlich so, als würde man allen Schülern ein Skript in die Hand drücken und sie auffordern, ganz brav ihre Rolle in der Gesellschaft zu spielen. Die meisten Schulen arbeiten daran, Maschinen aus den Kindern zu machen, Roboter. Das muss sich ändern."

Als ich in der Leitung von *Colibris* war, haben wir mit dem französischen Meinungs- und Marktforschungsinstitut IFOP vor den Präsidentschaftswahlen 2012 eine Meinungsumfrage gestartet.[151] Wir wollten die Leute nach Dingen fragen, die in klassischen Umfragen nie zur Sprache kommen. Auf die Frage: „Was ist Ihrer Ansicht nach Sinn und Zweck der Schule?" haben 41% der Befragten geantwortet, „sie sollte jedem die Möglichkeit geben, eine

---

[151] www.colibirs-lemouvement.org/agir/campagne-tous-candidats/etude-ifop-pour-colibris-ce-que-veulent-les-francais.

Arbeit zu finden und sich in die Gesellschaft einzugliedern"; 39 % waren der Meinung, es sei ihr Zweck, „jedem Menschen Grundfertigkeiten beizubringen wie Lesen, Schreiben, Rechnen"; und nur 20 % fanden, dass sie „jedem die Möglichkeit geben sollte, sich seinen Talenten und Stärken gemäß zu entfalten, ganz gleich welche Noten dabei herauskommen." Jeremy Rifkin sagt: „Was wir wirklich in den Schulen vermitteln, ist das Bewusstsein einer Epoche"[152]. Mit anderen Worten: Die Schule ist Spiegel unserer Gesellschaft. Sie formt die Kinder dazu, in der Welt mitzumachen, in der sie aufwachsen, mitsamt ihren Überzeugungen, Dogmen, dem sozialen Aufbau etc. Alle unsere Gesprächspartner sind in einer Schule des 20. Jahrhunderts erzogen worden. Mit allem, was dazu gehört.

Jahrhunderte lang war in Europa die Bildung vor allem Sache der Eliten, womit das Klassensystem erhalten blieb. Als sie allen Bürgern zugänglich gemacht wurde, wurde die Schulbildung hauptsächlich von den Kirchen geleistet, die darin eine Möglichkeit sahen, eine christliche Weltanschauung zu verbreiten und aufrecht zu erhalten. Durch die Einführung der kostenlosen, nicht-konfessionellen Schulpflicht durch Jules Ferry im Jahr 1881-1882 fand in Frankreich eine breite Demokratisierungsbewegung statt, die einer größeren Bevölkerungsgruppe die Türen zur Bildung öffnete und der „Gewissensfreiheit" den Vorzug gab. Auf den ersten Blick war das ein großer Fortschritt. Und die Gesellschaft Ende des 19. Jahrhunderts war geradezu „fortschrittsvernarrt". Wie Rifkin hervorhebt, bestand „eins der großen Ziele der Bewegung, die sich für die öffentliche Schule in Europa und in den Vereinigten Staaten einsetzte, darin, das produktive Potenzial jedes Einzelnen zu fördern und eine einsatzfähige Arbeiterschaft heranzuziehen, damit die industrielle Revolution vorankam."[153] Was eine Reihe von Schulkritikern, darunter Ivan Illich in seinem Buch *Entschulung der Gesellschaft*[154], zu der Äußerung veranlasst, die öffentliche Schule diene eher dazu, brave kleine Soldaten des Systems zu formen als freie, nonkonformistische Geister hervorzubringen. Genau das finden auch Malik und Muhammad. Denn seit 150 Jahren hat sich die Welt grundlegend verändert und das, was wir damals als Fortschritt bezeichneten, ist inzwischen auf breiter Linie in Frage gestellt. Die Kinder des 21. Jahrhunderts, geboren in der Epoche des Internets und der Erschöpfung der natürlichen Ressourcen, sehen die Erde und sich als Bürger nicht mehr so wie ihre

---

[152] Jeremy Rifkin, *Die dritte industrielle Revolution, die Wirtschaft nach dem Atomzeitalter*, Aus d. Engl. v. Bernhard Schmidt, Fischer Taschenbuch 2014.

[153] ebd.

[154] Beck 2013, aus dem Englischen von Helmut Lindemann und Thomas Lindquist.

Vorfahren. Aber die Lehre und alles, was sie in Schulen und Universitäten beigebracht bekommen, schaut immer noch durch diese Brille der Welt von gestern, sowohl was die pädagogischen Methoden angeht als auch die Inhalte – bis auf Stanford, Berkeley und andere Einrichtungen dieser Art vielleicht.

Also wie könnte eine Schule für das 21. Jahrhundert aussehen? Um jeden Einzelnen auf die Mitwirkung am Industriezeitalter vorzubereiten, hatte die Schule des 20. Jahrhunderts eine institutionelle Antwort parat, die dem industriellen Modell insgesamt sehr ähnlich ist: Möglichst viele Schüler in möglichst kurzer Zeit auszubilden, ohne deren unterschiedliche Begabungen wirklich zu berücksichtigen, sondern eher mit der Tendenz, das Wissen zu standardisieren und das Denken auch.

In der Schule des 20. Jahrhunderts ist der Lehrer eine Art Referent eines erstarrten, theoretischen Wissens. Er hat die Aufgabe, dieses Wissen jedem Schüler zu vermitteln. Kenneth Bruffee, Forscher und Dozent an der City University von New York, drückt es so aus: „Gemäß der grundlegenden Vereinbarung des Klassenraums muss der Schüler in der einen oder anderen Weise aufnehmen, was der Lehrer sagt. Und dieser muss sein Wissen mit den Schülern teilen, um dann zu bewerten, wie gut sie es behalten haben."[155] Das Lernen ist einsam, mechanisch, standardisiert, beherrscht von der Vormundschaft des Lehrers und eingeengt durch den Lehrplan. Sobald dieses Wissen verinnerlicht ist, dient es als Ausweis, um sich in die Gesellschaft einzugliedern. Verweigert man sich diesen Konventionen – vor allem dem Abitur -, bedeutet das aber, dass einem eine Menge Studien- und Berufsmöglichkeiten verschlossen bleiben, ungeachtet dessen, welche Kenntnisse man tatsächlich besitzt. Was sich in dem verbreiteten Leitsatz niederschlägt: Wenn du dich in der Schule nicht anstrengst, findest du keine Arbeit. Wir könnten also sagen, dass eine der obersten Auflagen der Schule des 20. Jahrhunderts eine Art Unterwerfung unter das Schulmodell ist, eine Erziehung zum Gehorsam. Ein Standpunkt, der mit der erzieherischen Haltung der Gesellschaft insgesamt übereinstimmt, vor allem im Verhältnis zwischen Eltern und Kindern.

Aber die Schüler von 2015 haben sich verändert. In gewisser Hinsicht sind auch die Lehrer im Jahr 2015 andere geworden, vor allem die der jüngeren Generation. Wir befinden uns daher in einem sehr unangenehmen Zwischenstadium. Lehrer, die sich zunehmend der Notwendigkeit bewusst sind, dass das System erneuert werden muss, haben mit Schülern zu tun, die immer mehr aus den autoritären Erwartungen der Älteren und dem Respekt vor der

---

[155] ebd.

Institution entlassen wurden, aber gemessen an der Entwicklung der Welt immer noch in einer prähistorischen Maschinerie stecken. Diese Maschinerie hat inzwischen eine solche Komplexität erreicht, dass sie sich selbst lahm legt und sich damit jede Möglichkeit zu einer echten Veränderung verbietet. Daher ist es höchste Zeit festzulegen, wozu die Schule eigentlich dienen und auf was für ein Gesellschaftsmodell sie unsere Kinder vorbereiten soll.

Ivan Illich erachtet die Schule als die institutionelle Antwort auf ein gesellschaftliches Bedürfnis: „Allen die gleichen Bildungsmöglichkeiten sichern". „Aber", so fügt er hinzu, „wenn man dieses Ziel mit der Schulpflicht gleichsetzt, so ist das, als würde man das Seelenheil mit der Kirche gleichsetzen."[156] Die Schule ist, so könnte man sagen, eine Möglichkeit unter vielen, sich ein gewisses Maß an Kenntnissen, Fertigkeiten und persönlichen Fähigkeiten in der Gesellschaft anzueignen. Betrachtet im Lichte unserer Welt von heute sollten wir vielleicht aufhören, ihr die gesamte Verantwortung für die Bildung unserer Kinder zu übertragen, sondern eher für jedes Kind den ihm angemessenen Weg suchen, damit es sich entfalten kann.

Worauf wollen wir unsere Kinder heutzutage vorbereiten?

Vor allem darauf, die Schwierigkeiten zu bewältigen, die wir ihnen eingebrockt haben: unsere gemeinsame Biosphäre zu reparieren und zu pflegen sowie Wirtschafts- und Gesellschaftssysteme aufzubauen, in denen alle friedlich, lebensbejahend und in Gerechtigkeit leben können.

Dazu brauchen sie zweierlei Ressourcen, einerseits theoretische Kenntnisse und andererseits ein neues Bewusstsein, nämlich die Wahrnehmung unseres Planeten und der Menschheit als ein in wechselseitiger Abhängigkeit existierendes Ganzes. Was bedeutet, dass die neue Generation genauso Fähigkeiten wie Empathie und Kooperation – statt Wettbewerb – sowie eine Beziehung zur Natur pflegen muss, die sie hervorgebracht hat. Eine große Hürde für die Entfaltung dieser Eigenschaften ist häufig ein Unwohlsein und eine Lebensunlust. Damit sie die Ressourcen finden, um eine ökologische, kooperative, gerechte Gesellschaft aufzubauen, müssen unsere Kinder ihre Fähigkeit zum Glück und zur eigenen Entfaltung entwickeln und die Gelegenheit haben, ihre Talente und Leidenschaften zu entdecken sowie die Möglichkeiten, diese in den Dienst der menschlichen Gemeinschaft zu stellen, insbesondere der Gesellschaft, in der sie aufwachsen.

Einige Schulen haben begonnen, dieses Programm in die Tat umzusetzen, darunter die Schule Kirkkojärvi in Finnland, die wir besucht haben.

---

[156] Ivan Illich *Entschulung der Gesellschaft*, Aus dem Englischen: Helmut Lindemann, Thomas Lindquist, Beck 2013.

## 2. JEDER SCHÜLER IST WICHTIG: SCHULISCHE ERZIEHUNG IN FINNLAND

Seit mehr als zehn Jahren hat das finnische Schulsystem in Europa eine Vorbildfunktion übernommen, vor allem für die westlichen Staaten. Um zu verstehen, was diesem kleinen Land seine sagenhaften Ergebnisse[157] in den internationalen Bewertungen der von der Organisation für wirtschaftliche Zusammenarbeit und Entwicklung OECD durchgeführten PISA-Studien[158] bescherte, haben wir eine recht ungewöhnliche Schule besichtigt. Die Schule Kirkkojärvi hat ein nagelneues, kaum vier Jahre altes Gebäude mitten in einem vernachlässigten Viertel der im Großraum von Helsinki gelegenen Stadt Espoo. Rund um den roten, mit Erdwärme beheizten Backsteinbau mit den großen, zur akustischen und thermischen Dämmung dreifach verglasten Fensterfronten und den Solarzellen auf dem Dach stehen triste Wohnsilos aus den 1960er Jahren, deren Hässlichkeit denen in Frankreich in nichts nachsteht.

Auf dem Vorplatz kommt uns der Schuldirektor und einstige Englischlehrer Kari entgegen, der teilweise in England aufwuchs. Kari Louhivuori hat mit seinen 62 Jahren noch keine Lust, seinen Ruhestand anzutreten, obwohl er zu seinem großen Bedauern demnächst dazu verdonnert werden wird. Er ist schlank, eine elegante und zugleich entspannte Erscheinung, hat viel Charme und wirkt eher romanisch als slawisch oder skandinavisch (es gibt eine Debatte, ob die Finnen das eine oder das andere sind), was seine Offenheit im Gespräch angeht. Denn, so erfahren wir von ihm, der Finne spricht nicht viel. „Es gibt dazu einen Witz zwischen Finnen und Schweden, die unsere *lovely enemies* sind. Ein Schwede und ein Finne verbringen das Wochenende in einem Landhaus. Am ersten Abend trinken sie zusammen ein Bier. Da hebt der Schwede sein Glas und sagt: Skol! Der Finne erwidert: Also, wollen wir jetzt trinken oder die ganze Nacht quatschen? So sind wir Finnen, wir brauchen nicht viel zu reden", lacht Kari laut und weiß offensichtlich, dass er eine Ausnahme von der Regel ist. Als wir das Schulhaus von innen kennen lernen, sind wir beeindruckt von der Weite, der Sauberkeit, der Harmonie von Linien und Kurven und

---

[157] Im Jahr 2009 belegte Finnland weltweit den 2. Platz in den Naturwissenschaften, den 3. bei der Lesekompetenz, den 6. in Mathematik und lag damit weit vor allen europäischen und westlichen Ländern. 2012 nahm es in diesen Fächern den 12., 5. und 6. Platz ein, nach einer Reihe asiatischer Länder und vor sämtlichen Ländern des Westens – außer in Mathematik, da wurden die Niederlande, die Schweiz und Estland besser bewertet.

[158] Internationale Schulleistungsuntersuchungen. Siehe Wikipedia. Einzelne Ergebnisse für Deutschland: http://www.oecd.org/berlin/themen/pisa-internationaleschulleistungsstudiederoecd.htm.

davon, wie leise es in dieser Schule zugeht. Die Baumaterialien sind offenbar von hoher Qualität und die Anordnung der Räume scheint wohldurchdacht. „Für den Bau dieser Schule haben wir eine Ausschreibung unter den Architekten gemacht. 69 Entwürfe wurden eingereicht. Ich war in der Jury und hatte das Glück, den Besten aussuchen zu dürfen. Gewonnen haben zwei Brüder, einer hat die Grundschule gebaut, der andere die Mittelschule. Ihr Entwurf stellt die Architektur ganz in den Dienst der Pädagogik. Für jede Aktivität und jedes Alter haben wir eigene Räume." Und als ich ihn frage, ob alle Schulen in Finnland so schön sind, erwidert er: „Wenn eine neue Schule gebaut wird, versuchen wir, unser Bestes zu geben. Das hier ist ein armes Stadtviertel, ein solcher Bau ist eine schöne Art zu zeigen, wie wichtig uns die Erziehung ist. In Finnland haben wir keine Bodenschätze, kein Gold, kein Erdöl, wir haben nur Holz. Unser Hauptreichtum ist deshalb eine gute Schulbildung."

Man könnte vieles über das finnische Schulsystem erzählen, wie es praktiziert wird, wie es aufgebaut ist und wie schulische Leistungen bewertet werden, aber das Wichtigste und vielleicht das Geheimnis seines erstaunlichen Erfolgs steckt in dieser Frage: Soll man den Schüler oder das Wissen ins Zentrum des Schulsystems stellen? Finnland hat sich jedenfalls für Ersteres entschieden. Jeder Schüler ist wichtig, und das System muss sich den Einzigartigkeiten der Kinder stärker anpassen als die Kinder an ein starres System.

In Finnland ist die Vorstellung, dass zufriedene, heitere Schüler, die sich im eigenen Rhythmus entfalten dürfen, zugänglicher sind für ein Allgemeinwissen, nicht die Utopie eines erleuchteten Pädagogen, sie ist schlichtweg die Grundhaltung aller, die an der Bildung beteiligt sind: Staat, Gemeinden, Direktoren, Lehrer etc. Das Schlüsselwort für diese Haltung ist Vertrauen. Dazu erklärt uns Kari: „Der Minister vertraut den lokalen Behörden, die vertrauen dem Schulleiter, der seinen Lehrern vertraut, und die vertrauen ihren Schülern. Als Direktor stelle ich mein Kollegium selbst unter den Bewerbern auf eine frei gewordene Stelle zusammen. Wir haben sehr wenig Bürokratie. So gibt es in Finnland keine Schulinspektoren, die wie in anderen Ländern kommen und überprüfen, ob das, was wir unterrichten, dem Lehrplan entspricht. Unsere Lehrer erhalten eine sehr gute Ausbildung, sie sind die Profis, und sie sind diejenigen, die am besten wissen, wie sie mit ihrer Klasse arbeiten können. Natürlich gibt es auch bei uns Konferenzen, in denen wir uns austauschen, damit wir unsere Arbeit verbessern können, und wir bewerten uns gegenseitig in einem System, das alle drei Jahre rotiert. Dann gehen wir von zehn Dingen aus, die wir wirklich verbessern wollen und wählen davon drei aus: Das ist unser Arbeitsprogramm für die nächsten drei Jahre. Unsere meiste Zeit verwenden wir aber für den

Unterricht, nicht für Bewertungen." In Finnland gibt es auch kein zentralisiertes Bildungssystem, das Reformen lenkt. Jede Schule ist selbstständig, und die Lehrer arbeiten dort so lange, wie es für sie und das Kollegium gut klappt. Kari leitet die Schule seit 30 Jahren. Es gebe auch keine landesweite Bewertung von Schulen, erläutert er, kein Ranking, das sie in bessere und schlechtere einsortiert. „Sie müssen alle gut sein", sagt Kari mit Nachdruck.

Eins der obersten Ziele besteht in Finnland darin, dass sich die Schüler „wie zu Hause fühlen". Dafür wird darauf geachtet, dass die Schulen relativ klein bleiben – 300 bis 400 Schüler in der Mittelschule und 400 bis 500 im Gymnasium -, dass die Klassenzimmer geräumig sind, die Farben angenehm, und dass genügend gemütliche Aufenthalts- und Pausenräume da sind. Die Vertrautheit zwischen Lehrern und Schülern ist ein weiteres wichtiges Anliegen, sie wird gefördert, sodass eine echte Partnerschaft entsteht. Als Kari durch die Flure geht, springen ihm die Kinder spontan in die Arme, und er wirft sie in die Luft, als wäre es das Normalste von der Welt. Und das ist es auch in Kirkkojärvi. In der Mittagspause sind die Lehrer dazu eingeladen, mit den Schülern gemeinsam zu essen. Selbst in der Mittelschule sprechen sich Lehrer und Schüler mit dem Vornamen an. „Das ist Teil unseres Jobs", erklärt Kari, „das Essen ist ein pädagogischer Moment, in dem sich Lehrer und Schüler besser kennenlernen, eine Beziehung aufbauen, die ihnen dann innerhalb ihrer Klassen hilft. Und wir bringen ihnen auch Tischmanieren bei", lächelt er.

Ich erzähle ihm, dass Lehrer in Frankreich Schüler nicht anfassen dürfen, und dass gegen eine solche Vertrautheit die Bedenken bestehen, dass sie die Autorität des Lehrpersonals unterwandern könnte. Das bringt ihn wieder zum Lächeln: „Autorität entsteht durch verschiedene Dinge: zunächst durch berufliche Kompetenz, aber vor allem ... durch Respekt. Wir brauchen uns nicht hinter einem Diplom zu verstecken. Auch hier kennen wir disziplinarische Probleme, wie es sie an jeder Schule der Erde gibt, aber diese Art, engere Beziehungen aufzubauen, hilft uns. Die Schüler wollen uns keinen Schaden zufügen, weil sie uns mögen. Sie merken, dass wir ihnen freundschaftlich begegnen und versuchen, ihnen zu helfen. Natürlich gibt es immer Kinder, die die Grenzen austesten wollen und einen in die Enge treiben, es ist nicht immer einfach, damit umzugehen. Aber meiner Erfahrung nach bringt es nichts, sie zu bestrafen. Häufig ist es wirksamer, mit ihnen zu reden, Argumente auszutauschen, die Eltern einzubeziehen. Man muss ihnen helfen, sich sicher zu fühlen, sie ermutigen, eigene Entscheidungen zu treffen. Dann haben sie mehr Lust zu kooperieren."

Als wir in der Klasse von Maija mit ihren fünfzehn neunjährigen Schülern aufkreuzen, verstehen wir noch besser, was Kari meint. Die Kinder sind mitten im Unterricht der Naturwissenschaften. Sie lernen gerade anhand großer Pusteblumen etwas über Bestäubung. Einige sitzen an ihren Tischen, aber mehr als die Hälfte tut das nicht, einige rekeln sich hinten auf dem Sofa, sechs oder sieben liegen sogar auf dem Boden. Einer beobachtet bäuchlings mit einer kleinen Lupe seine Pusteblume, ein anderer hockt daneben, ein Dritter ist auf den Knien, ein Vierter hopst um seine Kameraden herum. Die Samen und die Schirmchen des Löwenzahns fliegen durch die Luft und bis in den Flur hinein, weil die Kinder pusten. Die Schüler unterhalten sich, aber trotzdem herrscht keineswegs das, was man in einer ähnlichen Situation in Frankreich ein „riesiges Durcheinander" nennen würde. Maija findet: „Eine harmonische Stimmung ist im Klassenraum sehr wichtig. Wenn die Umgebung zu streng ist, dann sind die Schüler beunruhigt und konzentrieren sich nicht mehr auf den Unterricht. Manchmal ist es schwer, eine harmonische Stimmung zu schaffen, weil es so viele verschiedene Persönlichkeiten gibt. Sie müssen miteinander auskommen, sodass sie eine Gruppe werden und jeder sich zugehörig fühlt; dass niemand zu aufgeregt ist und auch nicht die einen die anderen einschüchtern, indem sie die Harten rauskehren. Auch das kommt vor, aber ich versuche, ein Auge darauf zu haben und sage ihnen, dass sie zu mir kommen sollen, wenn etwas schief läuft. Ich spiele so ein bisschen den Polizisten, befrage sie und wir reden darüber …" Maija liebt ihre Arbeit. Sie sagt das unaufgefordert und man merkt es an ihrem Gesichtsausdruck und an ihrer Art, mit den Schülern umzugehen. Das mache sie übrigens am liebsten: „Beziehungen zu ihnen aufbauen, ihnen nahe sein, sodass sie Vertrauen entwickeln und ich ihnen helfen kann, Fortschritte zu machen." Sie mag es, dass die Kinder aus unterschiedlichen Kulturen kommen, denn 50% der Schüler von Kirkkojärvi stammen aus dem Ausland: „Wir lernen viel Neues", sagt sie begeistert. Sie schätzt auch das Vertrauen, das Kari ihr entgegenbringt, und die Zusammenarbeit im Kollegium. „Es ist wichtig, an einem Strang zu ziehen, und selbst, wenn wir uns mal nicht einig sind, finden wir immer Mittel und Wege, zusammen zu arbeiten. Wir sind einfach offen."

Im finnischen System ist es selbstverständlich, dass den Schülern erlaubt wird, im eigenen Rhythmus zu lernen. Sie haben mindestens Zeit, bis sie acht oder neun Jahre alt sind, um lesen zu lernen, und können die ersten Schuljahre in aller Ruhe darauf verwenden, ihrer Neugier zu folgen und ihre Talente und Interessen zu entdecken. Die Wiederholung einer Klasse ist zwar gesetzlich vorgesehen und kann in Ausnahmefällen vorgeschlagen werden, benötigt aber immer das Einverständnis des Schülers und seiner Familie.

Der Schultag ist so eingeteilt, dass er sich auf den Biorhythmus der Kinder einstellt und die unnötige Ermüdung der Schüler möglichst vermeidet: Bis zum sechzehnten Lebensjahr – dem Ende der Schulpflicht – ist eine Unterrichtsstunde nie länger als 45 Minuten, dazwischen gibt es 15-minütige Pausen, in denen die Schüler sich in den Fluren tummeln, in den Pausenräumen unterhalten, etwas spielen können, Musik machen oder sich an die für sie bereitstehenden Computer setzen können. Die finnischen Schulen haben keine großen Klassen – dieses Jahr liegt die Klassenstärke in Kirkkojärvi zwischen 14 und 25 Schülern – und sie haben mehr Betreuer als anderswo: Lehrer, in der Sekundarstufe dazu Berufsberater, in der Grundschule außerdem Erzieher. Auf jede Klasse kommen ein bis drei Fachkräfte, je nach Bedarf. Die meisten Klassen von Kirkkojärvi haben außerdem Assistenzlehrer für Kinder mit Schwierigkeiten, solche, die nicht richtig Finnisch sprechen, oder einfach, um den Unterricht personell zu unterstützen. Die Schule hat auch einen eigenen Psychologen und eine Krankenschwester. Dazu eine Sonderklasse für Kinder mit sehr großen persönlichen oder Beziehungsproblemen bzw. körperlichen Beeinträchtigungen, sodass sie nicht aus dem normalen Schulalltag ausgeschlossen werden müssen. All diese Maßnahmen sorgen für ein personalintensives Lernen.

„Jeder Schüler ist anders und hat seine eigene Art zu lernen", erläutert uns Maija. „Dem trägt unser Schulsystem Rechnung. Heute haben wir es da viel einfacher, weil es so viele Möglichkeiten zum Lernen und so viele Materialien gibt. Mit den Assistenten können wir die Klasse teilen, wir haben digitale Lernmittel, Bücher, DVDs, wir können raus in die Natur gehen etc. Wenn die Schüler zum Beispiel lesen lernen, fangen manche mit den Buchstaben an und kombinieren sie zu Worten, andere fangen mit Wörtern an und zerlegen sie. Es gibt viele Arten, mit dem Lesen vertraut zu werden. Früher, als ich zur Schule gegangen bin, gab es nur eine einzige Methode. Die wir übrigens heute gar nicht mehr anwenden. Und ich habe trotzdem gelernt, na bitte … Auch das hat funktioniert! Es ist wichtig zu verstehen, dass die Kinder immer lernen, egal, welche Methoden wir anwenden. Manche schnell und andere langsamer. Deshalb gibt es für mich nicht nur eine einzige gute Lehrmethode, es gibt zig. Man muss eben für jeden Schüler den richtigen Zugang finden." Seit zehn Jahren ist der Frontalunterricht in Finnland so gut wie abgeschafft. Der Lehrer fungiert als eine Ressource unter vielen, und es wird von ihm erwartet, dass er den Lernprozess seiner Schüler fördert und lenkt, anstatt ihnen seine Autorität und sein Wissen aufzuerlegen. Die Schüler lernen in kleinen Gruppen mit all den Lernmitteln, die Maija aufgezählt hat. Sie ist der Meinung, dass auch die Nutzung des ganzen Raums und die Bewegungsfreiheit der Schüler während des Unterrichts das Lernen erleichtern. „Vor 30 Jahren waren 40 Schüler in einer Klasse. Der Lehrer stand die ganze Zeit vor ihnen, erhöht auf einem Podest, und hat seinen Unterricht gehalten.

Heute befinden wir uns auf der gleichen Ebene mit ihnen und bewegen uns in der Klasse. Die Schüler dürfen miteinander reden, wenn sie ihre Aufgaben machen, natürlich nicht laut, aber leise schon. Sie können herumlaufen, sich auf das Sofa setzen zum Lesen. Sie lernen, dass der Lehrer nicht eine Autorität oder eine Art Gott ist. Das ist sehr wichtig, dass die Schüler verstehen, dass weder Lehrer noch Eltern immer Recht haben. Dass wir zu ihnen sagen können: Ich habe mich geirrt oder ich war sauer und habe dich angeschrien, das tut mir leid. Man redet darüber und lässt es hinter sich, so kommt man weiter. Sie verstehen, dass wir alle gleich sind, ebenbürtig. Das ist freier und offener. Ich glaube, das gibt ihnen Selbstvertrauen und erlaubt ihnen, andere Fähigkeiten zu entwickeln. Sie haben mit ihren Klassenkameraden zu tun und lernen voneinander. Sie werden beziehungsfähig, sozial kompetent. Das ist wichtig für das Leben. Es gilt nicht nur Wissen anzuhäufen. Selbstverständlich müssen wir manchmal auch streng werden und für Ruhe sorgen, wenn es nötig ist. Manchmal ist es schwierig, das rechte Maß zu finden, nicht zu streng zu sein, aber auch nicht zu lasch. Wir sind nicht da, um ihre Freunde zu sein."

Während der „Grundschulausbildung", die vom siebten bis zum dreizehnten Lebensjahr geht, folgen alle dem gleichen Lehrplan. Dann zwischen dreizehn und sechzehn Jahren übernehmen die Schüler langsam mehr Verantwortung für die Zusammenstellung ihres Stundenplans und können zwei bis sechs Wahlfächer dazu nehmen. Im Gymnasium haben sie alle Freiheiten, ihre Fächer selbst zu kombinieren, indem sie sich aus der Liste im Info-Bereich der Schule oder im Internet in die gewünschten Kurse einschreiben. Da gibt es den Klassenverband nicht mehr. Bis zum neunten Lebensjahr werden die Schüler nicht benotet. Zwischen neun und dreizehn Jahren werden ihre Leistungen mit Wortzeugnissen beurteilt. Das Erlernen der Grundfertigkeiten kann also ohne Stress und Stigmatisierungen stattfinden. Jeder kann in seiner Geschwindigkeit lernen, ohne sich als „Versager" zu fühlen. Die numerische Leistungsbeurteilung erfolgt erst ab dem dreizehnten Lebensjahr, mittels einer Skala von vier bis zehn. Die demütigende Note null kommt nicht vor. Ziel der Beurteilung ist es eher zu honorieren, was erreicht wurde, als zu kritisieren, was fehlt. Auf diese Weise verliert sie den Beigeschmack von Konkurrenz und Angst.

Als wir Kari in die Kantine zum Essen begleiten, sind alle Tische voll belegt. Zwischen den voll gehängten Garderobenhaken und den Stuhllehnen bewegt sich ein Strom aus Rosa, Grün und Gelb in alle Richtungen. Dennoch ist der

*Maijas Klasse in Aktion*

Lärm nicht so unerträglich wie in manch anderen Schulmensen. Kari erläutert uns, dass an den Wänden und unter den Stühlen dämmende Materialien verwendet wurden und die Schüler außerdem auf Socken sind. Das Mittagessen ist nicht schlecht und zu unserer Überraschung für alle Kinder kostenlos. Alles, Bücher, die Dienste der Krankenschwester und sämtliche Lernmaterialien, ist gratis. Dabei sind die Gesamtausgaben für Bildung in Finnland in etwa so hoch wie in Frankreich, zwischen 6 und 7% des BIP. „Wenig Bürokratie", wiederholt Kari und lächelt. Für ihn besteht das Geheimnis des finnischen Erfolgs in erster Linie in der hervorragenden Lehrerausbildung. Das sei der Schlüssel, um ein gutes Bildungssystem aufzubauen. Die meisten entscheiden sich aus Interesse an der Pädagogik und an der kindlichen Entwicklung für den Lehrerberuf, nur wenige aus Leidenschaft für das unterrichtete Fach.

Lehrer genießen eine hohe soziale Anerkennung und in einer Gesellschaft, die viel Wert auf ihr Schulsystem legt, sogar ein gewisses Prestige. An der Pädagogischen Hochschule von Joensuu bewerben sich jährlich um die 1.200 Interessierte auf nur 80 Studienplätze. Jeder Grundschullehrer braucht einen Master in Erziehungswissenschaften und jeder Lehrer der Sekundarstufe einen Master in einem bestimmten Fach. Ferner müssen sie ein bis zwei Jahre Pädagogik studieren und eine dreijährige Berufserfahrung als Assistenzlehrer vorweisen, ehe sie sich für eine feste Anstellung bewerben können. „Sie studieren intensiv die Psychologie des Kindes, erlernen verschiedene pädagogische Herangehensweisen, darunter Montessori, Waldorf, Freinet … Die Absicht ist, ihnen zahlreiche Modelle zu vermitteln, viele verschiedene Ideen, ein umfassendes Wissen über das Kind und seine Möglichkeiten zu lernen, über Lernschwierigkeiten und Hilfsangebote, damit das Kind diese überwindet. Anschließend können sie frei entscheiden, welche Methoden sie anwenden. Sie lesen sehr viel über die Geschichte der Pädagogik. Unsere Lehrer bekommen eine fundierte, lange Ausbildung an den Hochschulen", erläutert uns Kari. Wenn sie einmal eine Stelle gefunden haben, arbeiten Lehrer unter sehr vorteilhaften Bedingungen und genießen eine fast grenzenlose pädagogische Freiheit. Das scheint im hohen Maße zu ihrer Motivation beizutragen und dazu, Lernsituationen zu schaffen, die ihren Schülern entsprechen. Doch beschränkt sich ihre Tätigkeit längst nicht auf das Unterrichten, vielmehr werden Lehrer auch zur Aufsicht herangezogen oder um Familien außerhalb der Schule zu besuchen. Und das ist sehr förderlich für eine enge Beziehung zwischen allen Beteiligten. Aber das Sahnehäubchen ihres Berufsstands ist eine sehr gute Bezahlung. Als der Sportlehrer mir erzählte, dass er fast 4.000 Euro im Monat verdient, blieb mir fast die Luft weg. Zugegebenermaßen sind die finnischen Lebenshaltungskosten etwas höher als in Frankreich, aber der Unterschied ist nicht so groß, dass er ein solches Gefälle zum Gehalt von Mittelschul- und Oberschullehrern rechtfertigen würde, die bei uns 2.500 Euro[159] verdienen.

Dank dieser Methoden erzielen die Finnen hervorragende Ergebnisse in den herkömmlichen Schulfächern, denn das Land wird von der OECD stets als das mit dem besten Schulsystem Europas eingestuft, obwohl der wöchentliche Unterricht eineinhalb Stunden kürzer ist als in Frankreich. Das bedeutet 2.000 Stunden weniger Schule zwischen dem siebten und dem fünfzehnten Lebensjahr[160]. Denn das Ziel ist vor allem, dass die Kinder und Jugendlichen lernen zu lernen, dass sie selbstständig werden. Da Wissen heutzutage überall zugänglich ist, helfen Kari und sein Kollegium jedem einzelnen dabei, aus diesen Quellen zu schöpfen und die richtige Art zu finden, sich das Wissen und die Fertigkeiten anzueignen, die ihm für die Zukunft nützen können. In Kirkkojärvi lernen Kinder und Jugendliche nämlich nicht nur Mathe, Finnisch und Geschichte, sie lernen auch stricken, flicken, sich ihre Kleidung nähen, Holz, Metall und Leder verarbeiten, um etwas zu bauen, ihre Wäsche waschen, aufräumen, putzen, kochen, zeichnen, malen, ein Instrument spielen etc. Kari führt uns durch unglaubliche Musikräume, wo die Mittelschüler hingehen, sich einen Bass schnappen, ein Schlagzeug, einen Synthesizer, Tamburine oder ein Saxophon, um mit ihrer Band in den Pausen zu üben; durch Werkstätten, wo sie selbst Gitarren und Musikanlagen bauen oder lernen, aus Eisstielen Brücken mit einer Tragkraft von 60 kg zu konstruieren; durch Lehrküchen, in denen Jungs an die Geheimnisse der Tortenbäckerei und der Zubereitung von Pilzomelettes herangeführt werden; durch ungewöhnliche Räume für eine Schule, wo ihnen das Wäschewaschen in riesigen, der edelsten Waschsalons würdigen Maschinen beigebracht wird. Er zeigt uns Jacken, Hosen und Blusen, die sich die Schüler im Nähkurs selbst geschneidert haben. „Wir vermitteln ihnen die Grundfertigkeiten in all diesen Disziplinen, damit sie herausfinden, ob sie eher handwerklich oder intellektuell begabt sind. Denn ganz gleich, was sie machen, wenn sie die Schule und ihr Elternhaus verlassen, werden sie zurechtkommen." In der Regel gehen 50 % der Absolventen von Kirkkojärvi an die Universität und 50 % erlernen einen praktischen Beruf. Beide Laufbahnen seien gesellschaftlich gleich angesehen, sagt uns Kari, denn: „Wir brauchen alle Berufe!"

---

[159] www.challenges.fr/economie/20140512.CHA3642/l-education-nationale-devoile-enfin-les-salaires-des profs.html.

[160] www.senat.fr/rap/ro9-399/ro9-399_mono.html.

Das finnische Schulmodell wuchs im Laufe von 40 Jahren allmählich heran, Reform für Reform. Als wir Kari fragen, wie das Land dieses Bildungssystem zustande gebracht hat, und dabei an die gute alte staatliche Erziehung denken, die uns jetzt noch viel starrer vorkommt, ist seine Antwort unmissverständlich: „Finnland macht die Bildung nie zum Thema für den politischen Kleinkrieg. Es gibt im Parlament zuständige Ausschüsse, die alle Parteien anhören und sich über die grobe Richtung einigen, die man einschlagen will. Sogar nach den Wahlen, wenn eine neue Regierung an die Macht kommt, tastet diese nicht unser Bildungssystem an. Die Lehrpläne werden etwa alle sechs Jahre angepasst, aber das geschieht immer im Einvernehmen aller Parteien. Bildung ist einfach zu wichtig, um sie zum Spielball von Wahlen zu machen."

Kari ist davon überzeugt, dass Schule „auf die kommenden Lebensphasen vorbereiten muss", aber nicht nur, um eine Arbeit zu finden, sondern um „Toleranz und Verständnis zu erlernen und viel Verschiedenes zu kennen. Es geht darum, die Wertschätzung für andere Kulturen und all die vielen Farben zu entdecken. Zu verstehen, dass jeder wichtig ist, aber dass manche eben etwas mehr Hilfe brauchen. Sich gegenseitig zu mögen. Das ist es, was sie hoffentlich gelernt haben, wenn sie diesen Ort verlassen."

Das finnische Bildungsbeispiel ist durch seine Größe so bedeutsam. Es ist schließlich ein nationales System mit rund einer Million Schülern und Studenten. Das ist der Grund, weshalb wir Finnland für den Film gewählt haben. Dennoch soll nicht unerwähnt bleiben, dass es Tausende großartiger, oft kleinerer alternativer Schulprojekte überall auf der Welt gibt, mehrere hundert davon in Frankreich. Dazu gehört auch der Kinderhof *Ferme des enfants*, gegründet von Sophie Bouquet-Rabhi, der Tochter von Pierre Rabhi, in dem kleinen Ökodorf in der südlichen Ardèche Le Hameau des Buis, die sie mit ihrem Partner betreibt; die *École du colibri,* getragen und geleitet von Isabelle Peloux im Ökodorf Amanins; die *Living School* im 19. Arrondissement von Paris oder die wunderbare kleine Schule *MonteSourire* im Ökoviertel Beauséjour in Saint-Denis-de-la-Réunion, die wir gefilmt haben, aber nicht in den Film aufnehmen konnten. Sie alle betonen die Notwendigkeit, die Kinder zur Selbstständigkeit anzuleiten, zur Zusammenarbeit, zur Gewaltlosigkeit – die auf wohlwollende Erwachsene angewiesen ist -, und sie zur Selbstentfaltung zu bringen, weil das die Voraussetzungen sind, damit jeder seinen Platz in der Welt einnehmen und sich um seine Umgebung kümmern kann. Eine Generation heranzuziehen, die in der Lage ist, die Herausforderungen des 21. Jahrhunderts zu meistern, bedeutet, ihr das Glück zugänglich zu machen, zumindest eine bestimmte Art von Glück.

*Mélanie hält den Kindern aus dem Dorf ihr Display hin*

# VI.
# LOSLEGEN

## BEGEGNUNG MIT ROB HOPKINS

„Ja, aber wie sollen wir anfangen?" Diese Frage spukte uns im Kopf herum, als wir von unserer Reise durch zehn Länder wieder nach Hause kamen. Und vielleicht ist das ja auch Ihre Frage, wenn die Lektüre all dieser Erfahrungen Sie davon überzeugt hat, dass es Zeit wird loszulegen. Die Antwort – jedenfalls eine Antwort – liefert womöglich Totnes, ein kleiner Ort im Südwesten Englands, wo wir zwischen Bristol und Todmorden Station gemacht haben. In den goldenen Schimmer des sinkenden Tages getaucht, wirkt Totnes Mitte Juli wie die ideale Kleinstadt. Jedenfalls finde ich das. Vom *Seven Stars* aus, einem Pub mit unzähligen lokalen Biersorten – was zur Vollkommenheit beiträgt –, steigt die beschauliche Hauptstraße, gesäumt von kleinen mittelalterlichen oder einfach putzigen Häuschen, wie man sie nur in England findet, ins Zentrum hinauf. Die meisten Geschäfte sind unabhängig, viele bieten lokale, fair gehandelte und handwerklich produzierte Bio-Erzeugnisse an. Viele sind mit dem Fahrrad unterwegs und brauchen nur kurze Strecken zurückzulegen, um mitten auf dem Land zu sein.

Hier in Totnes nahm im Jahr 2008 die Bewegung des *Transition Network* ihren Anfang, am treffendsten übersetzt mit *Bewegung der Städte im Wandel*[161]. Seitdem folgten fast 1.200 Städte in 30 Ländern dem Beispiel dieses kleinen, 8.000 Einwohner starken englischen Ortes. Auf halber Strecke zwischen dem *Seven Stars* und dem Platz, wo einer der Mitbegründer des *Transition Network*, Ben Grangwyn, den die Einwohner nur Dr. Bike nennen, Fahrräder im Tausch gegen Umarmungen, Kuchen oder Totnes-Pfund repariert, nehmen wir uns Zeit für einen letzten Austausch mit Rob Hopkins, dem Initiator und der treibenden Kraft der Bewegung. Rob ist riesig, beeindruckend, und auf seinem runden Gesicht lauert stets ein jungenhaftes Lachen. Er strahlt Ruhe aus, ist charmant und so ungemein witzig, wie nur die Engländer es sein können. Er trägt immer – zumindest als wir ihn getroffen haben – eine Jeans mit eingestecktem Hemd, dessen Ärmel bis über die Ellbogen aufgekrempelt sind, was einen zupackenden Eindruck vermittelt. Bevor er nach Totnes kam, führte Rob in Irland Permakultur-Lehrgänge durch. Als er seinen Schülern anbot, diese Prinzipien auf eine Stadt anzuwenden, um die Herausforderungen von Klimawandel und Peak-Oil zu meistern und den Ort widerstandsfähiger zu machen, entstand die Idee der *Transition Town*. In unserem Gespräch brachte Rob es fertig, uns zum Weinen zu bringen, so erfüllt ist er mit einer sehr einfachen menschlichen Wärme, die schlichtweg überwältigend ist.

---

[161] http://www.transition-initiativen.de

ROB: Manchmal fasziniert es mich zu sehen, wie brillant unsere Gattung oder besser unsere Kultur darin ist, sich ihre eigene Auslöschung auszumalen. Wir verbringen unsere Zeit damit, Filme zu drehen, in denen wir von Zombies, Atombomben, Epidemien, Robotern, Außerirdischen oder kleinen Gremlins vernichtet werden. Das lieben wir! Aber wo bitteschön sind die Filme, die uns das Gegenteil erzählen? Filme, in denen wir uns zusammensetzen, um die Probleme unserer Erde zu lösen? Die gibt es so gut wie nicht. Und das ist wirklich ein Problem. Denn die Klimaforscher sagen uns: Wenn ihr die Biosphäre in dem Zustand erhalten wollt, der die Entfaltung des Lebens und all ihrer Vielfalt, die wir heute kennen, ermöglicht hat, dann müsst ihr eure $CO_2$-Emissionen ab sofort jedes Jahr um 8 oder 9% senken. Aber dafür haben wir einfach keine Geschichten, keine Fantasien, die uns vormachen, wie es gehen könnte. Zurzeit sehen wir immer nur die Kehrseite, nämlich dass uns etwas Liebgewonnenes weggenommen werden soll. Viele Leute verstehen unter der Senkung des $CO_2$-Ausstoßes nämlich, dass wir zurück sollen in eine eiskalte Höhle und uns von gammeligen Kartoffeln ernähren.

MÉLANIE: Sie denken, es wäre das Ende der Welt.

ROB: Genau! Dabei kann es ganz wunderbar werden! Der Mensch ist so intelligent, so kreativ. Wir sind fähig, unglaubliche Dinge zu vollbringen, aber dafür müssen wir uns die entsprechenden Geschichten erzählen. Ich erinnere mich, dass mal jemand zu mir gesagt hat: Eine Vision zu haben oder eine Geschichte zu erzählen, ist, als würde man einen Strudel vor sich hinwerfen, der einen mitreißt. Genau das haben wir mit dem *Transition Network* versucht, eine Geschichte von gewöhnlichen Leuten zu erzählen, die sich überall auf der Welt zusammentun, um eine menschlichere, gesündere, der Zukunft gemäßere Kultur aufzubauen; die ihre Städte umgestalten, sodass man dort gut leben kann; die begeistert sind, sich vergnügen, die es lieben, zusammen zu sein. Die Ökobewegung spricht oft von all den negativen Dingen, von dem, was wir nicht mehr wollen. Aber jetzt ist es Zeit, uns eine Zukunft auszumalen, eine positive Zukunft. Das ist doch viel angenehmer und aufregender. Der Bürgermeister von Barcelona hat angekündigt, dass die Stadt im Jahr 2040 ihre gesamte Energie und die Hälfte ihres Lebensmittelbedarfs selbst erzeugen wird. Das klingt ehrgeizig, aber es ist eine Geschichte, die die Leute gerne weitererzählen, und dann sagt vielleicht der nächste: Mensch, das ist super, eigentlich könnten wir das auch machen. Siehe Detroit, das ist eine Wahnsinnsgeschichte, die sich alle erzählen. Wir brauchen mehr von diesen *We-can-do-that-stories*.

MÉLANIE: Wenn ich Ihnen so zuhöre, habe ich natürlich auch Lust, das alles zu machen. Na ja, aber Totnes, das ist eben dieses „hübsche, perfekte Städtchen" mit seinen *free hugs*, seinem Regiogeld, seinen Bioläden … Wenn ich an meinen Alltag in Paris denke, an meine Nachbarn in den großen Wohnblocks, dann kann ich mir kaum vorstellen, dass ich sie mitreißen werde.

ROB: Sie werden erstaunt sein. Haben Sie es denn schon mal versucht?

MÉLANIE: Ich habe einmal vorgeschlagen, an der Fassade Beete anzulegen. Aber einige von meinen Nachbarn haben sofort gesagt, das sei verboten und unmöglich, da habe ich aufgegeben.

ROB: Machen Sie noch einen Versuch, es lohnt sich! Oft funktioniert es nicht auf Anhieb. Ich erinnere mich an eine Frau in Australien, mit der ich kürzlich korrespondiert habe. Sie sagte: Die Bewegung *Städte im Wandel* finde ich prima, ich würde so gerne hier etwas tun, aber das interessiert niemanden, bei solchen Aktionen macht hier niemand mit. Sie hat eine Anzeige in die Lokalzeitung gesetzt und geschrieben: Ich heiße Soundso, mich interessiert die Bewegung der *Transition Towns* und ich würde gerne andere treffen, denen es auch so geht. Sie hat 120 Zuschriften bekommen! In Portugal gibt es Beispiele von Menschen in großen Wohnblocks, die dachten, sie wären die einzigen, die sich von dem Thema angesprochen fühlen. Dann haben sie Einladungen herumgeschickt und mit den Motiviertesten verschiedene Arten von Gemüsegärten angelegt. Man muss nicht alle erreichen, um anzufangen, genügt es, wenn ein paar Leute mitmachen. Man weiß eh nie, wann der Funke überspringt und noch viel mehr Leute erreicht. Wenn ein paar Leute anfangen, dann stellen sie schnell fest, dass sich sogar Mitbürger, die eher skeptisch sind, über offenherzige Menschen freuen, die wirklich motiviert sind und sich manchmal anschließen.

CYRIL: Ich könnte mir vorstellen, dass sich manche Aspekte des Wandels in Städten schwerer umsetzen lassen und an kleinen Orten wie hier einfacher sind.

ROB: Aber andere Dinge sind in der Großstadt viel leichter. In Liège zum Beispiel haben Leute den „Wein von Liège" erschaffen. Sie haben 1,85 Millionen Euro gesammelt und eine Kooperative gegründet, die einen Weinberg unterstützt. Auf diese Weise verbinden sie die Stadt mit dem Umland. Und daran ist nur eine kleine Gruppe, nicht die ganze Stadt beteiligt. Es gibt *Transition*-Initiativen in London, die auf der Ebene von Stadtvierteln laufen und irgendwann die ganze Stadt auf das gleiche Niveau bringen können wie Totnes. Sie haben lokale Währungen, bauen in den Metrostationen Obst und Gemüse an … Sowas geht immer von einer kleinen

Gruppe aus. Und wenn der Vorschlag, ein Gemüsebeet anzulegen, nicht überzeugt, dann können Sie Solarzellen auf Ihrem Dach montieren und damit der Eigentümergemeinschaft ein wenig Geld einsparen.

MÉLANIE: Das stimmt. Ich könnte fragen, wer Lust dazu hat, und mit denen anfangen. Wenn die anderen dann sehen, dass es funktioniert, kommen sie sicher dazu. Es ist nur, dass ich manchmal einfach den Mut verliere. Es geht mir nämlich bisweilen sogar mit Freunden so, die intelligent sind, bewusst und alles: Ich erzähle ihnen von unserem Film, aber es ist ihnen irgendwie egal. Sie verdrehen einfach nur die Augen. Ich weiß dann überhaupt nicht, wie ich es ihnen erklären soll oder sie motivieren kann. Geht es ihnen nie so, dass sie den Mut verlieren?

ROB: Doch klar. Aber auf der anderen Seite sehe ich so viele Beispiele von Leuten, wo es gut läuft, und das gibt mir wieder Kraft. Ich habe neulich mit einer Frau gesprochen, die in der Nähe von London lebt und eine *Transition*-Straße machen wollte, wie wir sie hier in Totnes haben. In einem kleinen vierminütigen Video, das sie heruntergeladen hatte, wird das Prinzip erläutert. Sie hat ihren Nachbarn eine Einladung eingeworfen: Ich mache am Freitag ein Fest, backe Kuchen und es gibt was zu trinken, dabei will ich euch ein Video zeigen und ihr sagt mir, was ihr davon haltet. Sie hat nicht mit viel Resonanz gerechnet, aber es sind so viele Leute gekommen, dass der Platz in ihrem Haus nicht ausreichte! Die Nachbarn haben sich das Video angeschaut und sie gefragt: Wann fangen wir an?

MÉLANIE: Genial!

ROB: Manchmal versucht man etwas und es klappt nicht. Dann muss man etwas anderes ausprobieren. Es gab mal eine *Transition*-Gruppe, die große Schwierigkeiten hatte, die Einwohner ihrer Stadt zu einem Treffen zu bewegen. Irgendwann hat sie sich gefragt: Was interessiert die Leute hier? Peak-Oil? Klimawandel? Oder Bier? Genau, eher Bier! Also hat die Gruppe eine Initiative zur Unterstützung einer örtlichen Kneipe gestartet. Sie hat Kapital in Form von Beteiligungen akquiriert und den Einwohnern Anteile angeboten. Und alle, die sich für die Kneipe eingesetzt haben, haben danach auch bei der *Transition*-Idee mitgemacht. Das war der richtige Zugang für sie. Wichtig ist, dass man sich nicht auf ein einziges Thema festlegt. Wenn Sie nur ein Thema haben, dann sind die Leute entweder „dafür" oder „dagegen". Der Wandel, *Transition*, bietet uns aber zahlreiche Möglichkeiten, anzusetzen. Manche interessieren sich für die Ernährung, andere fangen bei den Pflanzen an. Vielleicht sind Sie aber auch besonders geschäftstüchtig und können mit Geld umgehen … Oder

Sie sind ein Müll-Freak! Die Leute bringen sich nicht nur ein, weil wir ein Problem mit dem Klimawandel haben, sondern weil es Spaß macht! Sie lernen andere kennen, knüpfen Kontakte. Neulich hat eine Frau aus Totnes zu mir gesagt: Ich wohne seit 22 Jahren hier, aber in den letzten beiden Jahren habe ich den Ort durch die *Transition*-Bewegung besser kennen gelernt als je zuvor. Ein anderer hat zu mir gesagt: Selbst wenn es mit all dem morgen vorbei ist, habe ich 200 Leute kennengelernt, die ich noch nicht kannte. Als wir mit der Bewegung angefangen haben, haben wir uns einen ökologischen Prozess vorgestellt, mit Umwelt- und Nachhaltigkeitsthemen … Aber inzwischen sehen wir, dass es ein kultureller Prozess ist. Die wichtigste Frage lautet deshalb: Wie könnte ich anfangen, die Kultur an meinem Wohnort zu verändern? Witzig ist, dass wir inzwischen in der Tageszeitung von Totnes lesen: „In Anbetracht der Tatsache, dass wir eine Stadt im Wandel – *Transition Town* – sind, müssten wir …" Also selbst wenn die Leute nicht mitmachen, verändert sich die Kultur um sie herum.

CYRIL: Und fühlen Sie sich nicht manchmal überfordert von der Größenordnung der Aufgabe? Alles, was Sie hier machen, ist wunderbar, aber angesichts des Zusammenbruchs einer ganzen Zivilisation kann einem das wenig erscheinen.

ROB: Im Moment ist auf der ganzen Welt eine stille Revolution zu beobachten, ob die Leute sich der *Transition*-Bewegung zurechnen oder nicht. Wahrscheinlich merken auch nur wenige, was gerade unter ihren Füßen stattfindet. Millionen von Frauen und Männern warten nicht mehr auf eine Genehmigung von oben, sie krempeln die Ärmel hoch und machen sich an die Arbeit. Sie bauen lokale Wirtschaften auf, Erneuerbare Energien, Infrastrukturen, Unternehmen, sie denken ihre Nahrungsmittelversorgung neu. Sie nutzen ihre Macht als Kunden, wenn sie einkaufen gehen, und entscheiden selbst, wen sie unterstützen wollen. Es ist gerade ein großer Umbruch in Gang. Wir kennen heutzutage alle Lösungen für unsere Probleme und wissen, wie wir sie umsetzen können. Die Schwierigkeit besteht darin, die Bevölkerung in noch größerem Maßstab dazu zu bringen, aktiv zu werden und die Sache in Angriff zu nehmen. Und man muss für die Leute sorgen, für die Gruppen, die was machen, man muss schauen, wie es da läuft. Es gab zu viele Fälle von Aktivisten, die sich zusammengetan und zerstritten haben. Sie gehen auseinander, finden wieder zusammen, das führt zur Ermüdung und bringt uns nicht dahin, wo wir hinwollen. Ein Wandel erfordert, dass die Leute zusammenarbeiten, an einem Strang ziehen, bereit sind, was zu riskieren, sich gegenseitig zu unterstützen, etwas auszuprobieren, miteinander zu feiern, kreativ und fantasievoll zu sein.

CYRIL: Was war für Sie der Auslöser, die *Transition*-Bewegung zu initiieren, und warum engagieren Sie sich so stark?

ROB: Ich habe Kinder, vier Jungs. Für mich ist es wichtig, ihnen eines Tages, wenn sie selbst Kinder haben, sagen zu können, dass ich mein Bestes getan habe, solange es noch eine kleine Chance gab. Dass ich jede wache Stunde dem Versuch gewidmet habe, das Ruder herumzureißen, andere Lebensformen zu finden, die uns aus dem Schlamassel retten können. Und dass ich mich nicht damit zufrieden gegeben habe, mit einem Plakat auf der

*Rob und sein inzwischen berühmter 21-Pfund-Schein aus Totnes*

Straße meinen Unmut zum Ausdruck zu bringen. Was mich motiviert, ist eine Mischung aus Wut gegen jene, die zulassen, dass diese Situation andauert, dass Menschen sterben, leiden, Unrecht erfahren, und einem unglaublichen Optimismus, wenn ich sehe, wozu andere in der Lage sind und was sie in ihrem Ort bewegt haben. Das sind lauter außergewöhnliche Menschen, niemand hat ihnen eine Erlaubnis erteilt, niemand hat ihnen einen dicken Scheck unterschrieben. Sie wachen einfach eines Tages auf und sagen sich: So kann es nicht weitergehen. Was könnte ich tun? Ich liebe es, durch meine Stadt zu schlendern und zu sehen, wie sehr sie sich in den letzten sechs oder sieben Jahren verändert hat. Das gibt mir unglaublich viel Mut. Und, na ja, ich bin auch hartnäckig. Ich lasse nicht so leicht locker. Ich sehe, dass in diesen Bewegungen die Saat für eine nachhaltige Zukunft steckt, die wir unbedingt erschaffen müssen. Ich sehe das Potenzial. Und ich wünsche mir, dass es sich überall, wo es möglich ist, entfaltet und gedeiht.

CYRIL: Glauben Sie noch an politische Führung?

ROB: Für mich gibt es zwei Arten, sich gegenüber der Politik und den Regierungsführern, die sich bei internationalen Gipfeltreffen versammeln, zu verhalten. Die erste besteht darin, viel Zeit und Energie einzusetzen, um sie zu kritisieren und Kampagnen zu führen, die sie verpflichten, die richtigen Maßnahmen zu ergreifen. Das ist oft frustrierend. Die zweite könnte darin bestehen zu sagen: Hört zu, macht, was ihr wollt, aber seid euch darüber im Klaren, dass es außerhalb eurer Büros und Konferenzsäle überall auf der Welt Leute gibt, die sich an die Arbeit machen und anfangen, so zu leben, wie wir alle leben müssen, um die Erderwärmung auf weniger als zwei Grad zu drosseln. Und während sie das tun, knüpfen sie Freundschaften, vergnügen sich, gründen Unternehmen, essen gut, organisieren schöne Feste, trinken das beste Bier, zahlen für ihren Strom immer weniger und fühlen sich als Teil einer historischen Bewegung. Auch ihr könntet eure Energie dazu einsetzen, diesen Prozess zu unterstützen, aber macht, was ihr wollt, denn es passiert ohnehin, mit oder ohne euch. Es ist eine stille Revolution. Also, wenn euer Herz es euch befiehlt, dann macht bei uns mit!" Ich finde das produktiver, als mit dem Zeigefinger auf sie zu zeigen und ihnen die Schuld zuzuschieben.

Und schaut her, wir haben hier einen 21-Pfund-Schein, warum denn auch nicht *(er lacht sich kringelig, als er den Geldschein hochhält)*, und wir haben hier eine Menge Spaß!

# SCHLUSS

Vielleicht kann man das Ganze so zusammenfassen: Dafür sorgen, dass die Menschen zusammenarbeiten, aktiv werden und sich die Hände reichen, um eine andere Welt aufzubauen. Mein Freund Jean-François Noubel pflegt immer zu sagen: „Die größte Herausforderung für die Menschheit sind nicht Hunger, Armut, Entwicklung, Frieden, Gesundheit, Bildung, Wirtschaft oder natürliche Ressourcen, es ist die Fähigkeit, uns kollektiv zu organisieren, um all das zu bewältigen."

Es gibt sicherlich keine perfekte Schule und genauso wenig ein perfektes Demokratie- oder Wirtschaftsmodell, trotzdem hatten wir auf dieser Reise den Eindruck, die Entstehung einer neuen Welt zu beobachten, in der sich Macht und Autorität nicht mehr in den Händen weniger an der Spitze einer Pyramide befinden, sondern wo alles miteinander verbunden und voneinander abhängig ist, in Netzwerken wie in der Natur, eine komplexere Welt, in der unsere wahre Kraft die Vielfalt ist, in der jeder Einzelne und jede Gemeinschaft unabhängiger und freier ist, in der jeder von uns mehr Macht hat, aber auch mehr Verantwortung trägt. So ähnlich wie eine Zelle, die gesund sein muss, damit der Körper funktioniert, aber die gleichzeitig auf die anderen Zellen angewiesen ist. Alle diese Menschen schreiben eine neue Geschichte. Sie sagen uns, dass es nicht zu spät ist, aber dass wir uns bewegen müssen, und zwar sofort.

Es gibt viel zu tun und wir haben ein riesiges Potenzial, aus dem wir schöpfen können: Die Ozeane säubern, die Wälder aufforsten, gesunde Nahrungsmittel für alle erzeugen, indem wir Böden und Ökosysteme regenerieren; dafür sorgen, dass jeder Mensch ein Dach über dem Kopf hat, Gesundheitsfürsorge und Bildung, damit er in Ruhe leben kann; erneuerbare Energie im Überfluss erzeugen; neue Motoren, Autos, Flugzeuge, Maschinen erfinden; die besten Recyclingmethoden finden, damit wir noch lange auf diesem kleinen Planeten leben können, ohne seine Ressourcen aufzubrauchen oder sein Gleichgewicht zu stören. Wir wissen, wie das alles geht, das haben wir auf dieser Reise gelernt. Sicher ist vieles noch nicht ausgereift, aber das ist nur eine Frage der Zeit und des Geldes. Wenn wir den Entschluss fassen, etwas zu verwirklichen, dann finden wir auch die Mittel dafür; diese Erfahrung haben wir etliche Male gemacht und letztlich belegt das auch die Geschichte der Menschheit.

All das ist möglich, wenn wir das im Umlauf befindliche Geld anders investieren oder uns dafür stark machen, Währungen im Dienste dieser Ziele zu erschaffen. Und dieser Wandel kann Hunderttausende von faszinierenden Arbeitsplätzen schaffen. Die Frage ist: Was wollen wir wirklich? Und was verteidigen wir eigentlich, wenn wir das Modell einer kapitalistischen, dem Freihandel verschriebenen Konsumgesellschaft aufrechterhalten? Unsere Freiheit? Auf der Reise haben wir auch gesehen, wie sehr sie uns gerade abhanden kommt. Unseren Komfort? Wenn Sie das Glück haben, zu den Privilegierten der Erde zu gehören, dann wissen Sie wie ich, dass dies kein bleibender Status ist. Unser Glück? Wer wollte schon behaupten, dass wir glücklich sind und in unserem heutigen Leben als Produzenten und Konsumenten Sinn und Erfüllung finden? Wenn Sie mich fragen, befinden wir uns in Wirklichkeit in einer paradoxen Lage, denn wir alle tragen dazu bei, die Privilegien einiger weniger zu sichern, die schlau genug waren, uns weiszumachen, dass es auch unsere Privilegien seien. Und was nützen uns Privilegien, wenn sie uns irgendwann mit in den Abgrund reißen?

Alles, was Sie in diesem Buch gelesen haben, entspricht den Tatsachen. Trotzdem ist dies eine subjektive Sicht, genauso wie der dazugehörige Film. Denn ich habe beschlossen, mich auf die positiven, inspirierenden Aspekte der vorgestellten Initiativen zu konzentrieren, ohne die Schwierigkeiten und die Widersprüche allzu stark in den Vordergrund zu stellen. Ich finde nämlich, dass zu viele Artikel nach dem altbekannten Strickmuster verfasst sind, indem sie sagen: Diese Leute machen großartige Sachen, aber die und die Hürden versperren ihnen den Weg. Fazit: Es wäre in der Tat fabelhaft, so vorzugehen, aber es funktioniert eh nicht. Mit diesem Buch habe ich eine andere Absicht verfolgt. Wie im Vorwort bereits erwähnt, versuche ich darin, eine andere, neue Geschichte zu erzählen und Menschen zu inspirieren, ich versuche uns allen Lust zu machen, uns das Unmögliche vorzustellen und unsere Welt mit neuen Augen zu sehen. Denn wenn Sie diese Themen bei Ihren Freunden ansprechen oder bei Leuten, die ganz anders denken als Sie, dann werden Sie schnell feststellen, dass sich die meisten Gesprächspartner auf Positionen zurückziehen wie: „Das wird eh nie klappen", „Ja, aber die Lobbys", „Die Politiker müssen da was machen", „Das ist zu klein, um was zu bewirken", „Was kann ich denn schon tun", eine Liste, die sich endlos fortsetzen ließe. Nur hat mit dieser Haltung noch nie jemand die Welt verändert. Und niemand hätte die Meere überquert oder Flugzeuge und Raketen abheben lassen, keiner hätte Mittel gegen unheilbare Krankheiten gefunden, niemand hätte Sonaten oder Symphonien geschrieben oder auch die schlimmsten Heimsuchungen ertragen, wenn er solche Sätze wie Mantren vor sich hergetragen hätte. Wir müssen uns heute als menschliche Gemeinschaft in nie dagewesenen Ausmaßen für die Erde einsetzen. Wir müssen die Schatzkammern unserer Kreativität, Solidarität und Intelligenz aufschließen und uns daraus bedienen. Wir müssen unsere persönlichen Interessen hinter uns lassen und uns für die Belange aller stark machen. Was könnte faszinierender sein als diese Aufgaben? Unser Bedürfnis nach Heldentaten kann hier sehr viel intelligenter befriedigt werden als in sämtlichen Kriegen der vergangenen Jahrtausende. Alles, was wir dazu tun müssen, ist, uns diese neue Geschichte zu erzählen, sie gemeinsam auszukleiden …

Stellen Sie sich eine Welt vor, in der die Städte eine angenehme Größe hätten und direkten Zugang zur Natur. Die Einwohner würden einen Teil ihrer Nahrung auf öffentlichen, frei zugänglichen Gemüsebeeten, in Grünanlagen und in Gemeinschafts- oder privaten Gärten selbst anbauen. Der andere Teil würde von kleinen Permakulturhöfen am Stadtrand und im Umland erzeugt. Alle Abfälle würden recycelt und kompostiert. Die Komposterde würde zu den städtischen Bauernhöfen, den Stadtrandhöfen und den landwirtschaftlichen Betrieben im Umland gebracht, sodass sie genügend Muttererde zur Verfügung hätten. Die meisten Leute würden fast kein Fleisch mehr essen, vielleicht ein oder zwei Mal in der Woche, mehr nicht. Aber das wäre ein absolut schmackhaftes Fleisch von Tieren aus artgerechter Haltung mit Freilauf, die mit lokal erzeugtem Biofutter ernährt worden wären. Die Leute hätten wieder gelernt, die vielfältigsten Gemüsesorten schmackhaft zuzubereiten. In den Städten würden sich die Einwohner mit dem Fahrrad, zu Fuß, mit der Straßen- oder U-Bahn und mit dem Bus fortbewegen – aber der wäre mit Biogas, Wasserstoff oder elektrisch betrieben. Es gäbe fast keine Autos mehr und die wenigen verbliebenen würden keine Abgase ausstoßen und die Umwelt nicht verpesten. Die meisten Menschen würden in kleinen Wohnhäusern von vier bis fünf Stockwerken leben, umgeben von Grün, und ihren Energiebedarf selbst erzeugen. Sie hätten begrünte Dächer und Solarzellen, würden das Regenwasser sammeln und es mit Pflanzenfiltersystemen reinigen, um es als Brauchwasser zu verwenden.

In den Städten und Dörfern würde eine beeindruckende Vielfalt an lokalen Betrieben für die Grundbedürfnisse der Einwohner sorgen. Ein großer Bevölkerungsanteil wäre übrigens selbstständig. Die Innenstädte wären dicht besiedelt mit Tausenden kleiner Läden in Fußgängerzonen, wo man gerne flaniert, sich begegnet oder sich in den vielen Museen, Bibliotheken, Opern, Theatern oder Konzertsälen weiterbildet. Eine zunehmende Anzahl an Gebrauchsgegenständen würden die Einwohner gemeinsam nutzen, anstatt sie zu kaufen. Das meiste davon würde in Garagen, zu Hause oder in *fab labs* hergestellt oder repariert, die überall aus dem Boden sprießen würden. Es würde mehrere Parallelwährungen geben, eine für die Stadt, eine für die Unternehmen von Land oder Region, eine für den Staat und eine für den internationalen Zahlungsverkehr. Die Geldschöpfungsmechanismen hätten sich geändert und Zinsen dürften nur in Höhe der Betriebskosten der Kreditinstitute angesetzt werden. Unternehmen würden die Prinzipien der Kreiswirtschaft anwenden und keine Ressourcen mehr zerstören, sondern sich an deren Regenerierung beteiligen. Das Lohngefälle in den Unternehmen wäre gering und die Unternehmensleitung partizipatorisch. Viele Firmen wären genossenschaftlich organisiert und würden den Angestellten gehören. Genauso die Banken, die fast alle wieder auf lokaler und regionaler Ebene operieren würden. Spekulation wäre verboten und Börsengeschäfte wären völlig reformiert, sodass ein transparenter, nützlicher und nachhaltiger Aktienbesitz möglich wäre. Die meisten Betriebe würden das Prinzip des dreifachen Gewinns anwenden. In Schulen würde den Kindern beigebracht, dass es am wichtigsten ist, ihre besonderen Eigenschaften und Talente herauszufinden und diese einzusetzen, um die Probleme der Welt zu lösen oder ihrer Gemeinschaft zu dienen. Weil sie Freude daran hätten, ihrer Leidenschaft zu folgen, würden sie gerne etwas zum Wohl aller und des Planeten beitragen. Sie würden lernen zu kooperieren, anstatt die Besten zu werden.

Diese Städte wären umgeben von wiederbelebten Landschaften, die sich weniger aus Feldern und mehr aus Wäldern, Hecken und Gehölzen zusammensetzen würden. Die Einwohner würden dort Aktivitäten nachgehen, die nur in der Natur möglich sind. Städte und Siedlungsgebiete wären durch Züge miteinander verbunden, die mit erneuerbaren Energien betrieben würden; Länder durch Flugzeuge und Schiffe mit sauberen Motoren. Der internationale Handel würde nach dem Grundsatz der Fairness zwischen Territorien stattfinden, die wirklich eine gewisse Autarkie erreicht hätten. Und die für die Gegend typische Waren, Nahrungsmittel und Dienstleistungen untereinander tauschen würden. Große Unternehmen würden weiterhin bereitstellen, was nur große Unternehmen zu bieten haben: Infrastrukturen, Züge, Schiffe, Flugzeuge, Straßennetze etc. Aber sie würden in ihren Kompetenzen eingeschränkt, damit sie nicht noch einmal die gesamte Ökonomie beherrschen und räuberisch ausnehmen. Um Entscheidungen zu treffen, würden in den Städten Bürgerversammlungen stattfinden. Auf nationaler Ebene wären ein Parlament aus gewählten Volksvertretern und ein Senat aus zufällig ernannten Bürgern tätig, sie würden gemeinsam Gesetze ausarbeiten und prüfen. Auf internationaler Ebene gäbe es ein ähnliches System aus gewählten Staatspräsidenten und Bürgern aus allen Ländern, die nach dem Zufallsprinzip ernannt würden. Diese Gremien würden gemeinsam die den gesamten Planeten betreffenden Entscheidungen fällen. Es gäbe keinen Zusammenstoß der Kulturen mehr, vielmehr würden sie sich gegenseitig bereichern. Die Arten würden nicht mehr sterben, sie würden sich aufs Neue in dichten, reichen, vielfältigen Ökosystemen entfalten.

Eine solche Welt ist nur ein Traum, nur eine Geschichte, die ich mir in Anbetracht all dessen erzähle, was wir gesehen, gehört und erlebt haben. Sie erhebt nicht den Anspruch auf Vollständigkeit und auch nicht den, die beste Lösung darzustellen. Es gibt bestimmt tausend andere klügere, menschlichere, schönere Welten, die wir uns ausmalen können. Vielleicht können diese Welten eines Tages nebeneinander existieren als konkreter Ausdruck unserer Vielfalt quer über den Planeten. Bis es soweit ist, sollten wir diese Geschichte weiter ausschmücken, selbst wenn sie uns noch ein wenig utopisch vorkommt. Ein Mann, den ich sehr verehrt habe, hat es in einem Lied auf den Punkt gebracht: Ich spreche von John Lennons „Imagine"[162].

---

[162] Das Lied findet sich aus urheberrechtlichen Gründen nicht in diesem Buch, der Liedtext kann aber eingesehen werden unter http://www.songtexte.com/songtext/john-lennon/imagine-7bde0e90.html. Zu hören ist das Lied unter https://www.youtube.com/watch?v=VOgFZfRVaww.

## DANKSAGUNGEN

Ein riesiges Dankeschön an Aïté Bresson, die meinen Text gelesen, wieder gelesen, korrigiert und mich unentwegt ermutigt hat. Ein herzlicher Dank geht auch an Jean-Paul Capitani und an Françoise Nyssen für ihr Vertrauen, ihre Begeisterung und ihre unerschütterliche Freundschaft. Vielen, vielen Dank, Mélanie, dass du diese Reise mit mir unternommen und dieses Abenteuer möglich gemacht, ihm soviel Zeit und all deine Begabung gewidmet hast. Einen herzlichen Dank an das ganze Filmteam: Sylvie Peyre, Alexandre Léglise, Laurent Cercleux, Raphaël Dougé, Antoine Brétillard, Isabelle Morax, Julie Lescat und all die anderen und an unseren Produzenten Bruno Lévy, für alles, was ihr für dieses Projekt getan habt, denn das war nicht wenig! Vielen Dank, dass ihr an diese Idee und an mich geglaubt habt, ihr seid großartig! Mein besonderer Dank gilt unserer Cutterin Sandie Bampar, die als Grundlage für dieses Buch einen Großteil der Gespräche transkribiert und mit all ihrer Geduld und wunderbaren Intelligenz zusammen mit mir das Textbuch des Films zusammengestellt hat. Danke, Bénédicte Villain, für die sorgfältige Übertragung des anderen Teils der Gespräche. Von Herzen danke ich Pierre Rabhi, dass du das Bewusstsein für all diese Fragen in mir hast wachsen lassen. Danke, dass du der großartige Mensch bist, der du bist. Danke schließlich an Fanny, die mich unterstützt, meine Texte immer wieder liest, mich wieder aufrichtet, seit mehr als 15 Jahren begleitet und aus mir den gemacht hat, der ich heute bin.

## BILDNACHWEIS:

© Move Movie: 60-61, 66-67, 90-91, 97, 100-101, 106-107, 114-115, 120-121, 140-141, 180-181, 230-231, 268-269, 280
© Laurent Cercleux: 17, 56, 87
© Cyril Dion: 48-49, 180-181
© Grima Irmadottir: 287
© Emmanuel Guionet: 30-31, 200, 239, 243, 246-247
© Alexandre Léglise: 2-3, 209, 225, 292-293
© Sylvie Peyre: 167

**PROJEKTE IN DEUTSCHLAND:**

- Forum anders reisen: https://www.forumandersreisen.de/startseite
  Zusammenschluss von 100 Reiseveranstaltern, die sich für nachhaltigen Tourismus engagieren.
- Portal für ökologisch-nachhaltige Urlaube: https://www.goodtravel.de/
  Einzigartige Unterkünfte, die eines gemeinsam haben: mit ihrer Verbundenheit zur Region machen sie den Urlaub zu einem unvergesslichen Erlebnis.
- Permakultur: http://www.permakultur-info.de/permakultur/
  Grundlage der Permakultur ist die Beobachtung der Natur, wie sich Leben entwickelt, organisiert und erhält. Es werden Gestaltungsprinzipien und Werkzeuge entwickelt, die sich auf viele Systeme anwenden lassen wie Garten, Bauernhof, Karriere oder soziale Struktur.
- Transition Town: http://www.transition-initiativen.de/
  Im Rahmen dieser Bewegung gestalten seit 2006 Umwelt- und Nachhaltigkeitsinitiativen in vielen Städten und Gemeinden der Welt den geplanten Übergang in eine postfossile, relokalisierte Wirtschaft.
- Nachhaltiges Bildungsportal: http://www.yooweedoo.org/das-projekt
  Unterstützt Zukunftsmacher*innen bei der Gründung von ökologisch und sozial nachhaltigen Projekten, Organisationen und Unternehmen.
- Mitmachräume für gesellschaftlichen Wandel: http://www.livingutopia.org/
  Austausch, Empowerment, Vernetzung und Leben einer solidarischen gesellschaftlichen Wirklichkeit werden möglich. Selbstreflexion sowie das Infragestellen und Neudenken gesellschaftspolitischer Verhältnisse spielen eine zentrale Rolle.
- Stiftung Zukunftsfähigkeit: http://www.futurzwei.org
  Ideen für eine bessere und nachhaltige Zukunft, Geschichten von Menschen, Initiativen, Organisationen und Unternehmen, die den Schritt vom Denken zum Handeln schon gewagt haben.
- Fairbindung e.V. „Wirtschaft anders machen": https://www.fairbindung.org/
  Solidarisches und zukunftsfähiges Wirtschaften, Postwachstum und globale sozial-ökologische Transformation.
- Konzeptwerk „Neue Ökonomie": https://www.konzeptwerk-neue-oekonomie.org/
  Unabhängige und gemeinnützige Organisation, die sich seit 2011 für eine soziale, ökologische und demokratische Wirtschaft und Gesellschaft einsetzt.

- Erdcharta – weltweite Bewegung: http://www.erdcharta.de
  Inspirierende Vision grundlegender ethischer Prinzipien für die Entwicklung einer gerechten, nachhaltigen und friedfertigen globalen Gesellschaft im 21. Jahrhundert.
- Grüne und faire Produkte: https://www.greenwindow.com/
  Grüner Konsum für alle Lebensbereiche.
- Demokratische Schule: https://www.neue-schule-hamburg.org/
  Für eine sich verändernde Welt mit der Prämisse: alle Menschen sind neugierig.
- Saubere Gewässer – saubere Zukunft: http://www.oneearth-oneocean.com/
  Menschen, die eine saubere Zukunft aktiv gestalten wollen mit dem Ziel, unsere Gewässer von Plastikmüll, Ölen und Chemikalien zu befreien.
- Vertikale Lufteinhaltung + City Tree: http://www.greencitysolutions.de/
  Ideen und Produkte für kühle und saubere Luft, profitabel.
- E-Roller in Berlin: https://www.emio-sharing.de/de/
  Anmelden. Aufsteigen. Abfahren.
- Bewusster Konsum: http://www.restlos-gluecklich.berlin/
  Verein mit dem Ziel, Lebensmittel wieder mehr wertzuschätzen und Menschen dazu zu bewegen, bewusster zu konsumieren und mehr zu verwerten.
- Social Design Label: http://www.bridgeandtunnel.de/
  Design, das Gesellschaft verändert. Hochwertige Designprodukte werden von gesellschaftlich benachteiligten Menschen mit tollen handwerklichen Fähigkeiten hergestellt. Verwendung von ausschließlich post-consumer waste. Deshalb ist jedes Produkt ein Unikat.
- Legaler Fischfang: http://www.followfish.de/
  Eine Bewegung, die für Transparenz, Nachhaltigkeit und wahren Geschmack steht. Eine Bewegung, welche Synonym ist für eine andere Lebensmittelwelt.
- Dachgärten in Städten: http://www.dachgaertenfueralle.de/
  Initiative mit dem Ziel, die Idee vom Gemeinschaftsdachgarten als erstrebenswerter Wohnform zu verbreiten. Konzepte für den Umbau von Dächern.
- Nachhaltige Projekte: https://www.gruenewerte.de/projekte/
  Investition in intelligente Anlagen und Unternehmen zur Erzeugung von erneuerbaren Energien.
- Limonade aus biologischen Zutaten und fairem Handel: http://www.lemon-aid.de/
  Projekt, das sozialen Wandel aktiv mitgestaltet. Mit den Einnahmen aus

dem Verkauf werden unterschiedliche Projekte der Entwicklungszusammenarbeit unterstützt.
- Grüne Crowdfunding-Projekte: https://www.econeers.de/howto
Gemeinsam für eine lebenswerte Zukunft. Crowdfunding für Energieeffizienz und grüne Technologien.
- Ethische Banken/Projekte: https://www.utopia.de/ratgeber/nachhaltige-banken-projekte/
Nachhaltige Banken? Grünes Girokonto? Ja, das gibt es.
- Green City: https://www.greencity.de/
Mit Umweltschutzprojekten zu nachhaltiger Mobilität, urbanem Gärtnern, spannender Umweltbildung für Klein und Groß und einem bewussten Umgang mit Energie für mehr Klimaschutz.
- Gemeinschaftliche Finanzierung von Bildungsangeboten: https://www.chancen-eg.de/
Für chancengerechte und solidarische Bildungsfinanzierung. Gemeinsam! Chancengerechtigkeit und Selbstbestimmung in der Ausbildung und in der Berufsgestaltung – für jeden, unabhängig vom finanziellen Hintergrund.
- Online-Petitionen: https://www.campact.de / https://www.openpetition.eu / http://www.abgeordnetenwatch.de/

- Buch zum Thema:
Kosha Anja Joubert und Leila Dregger, *Ökodörfer weltweit, Lokale Lösungen für globale Probleme*

Weitere Projekte und Hinweise finden Sie auf der Webseite zum Film:
**http://www.tomorrow-derfilm.de/blog.html**